W0312964

Neue Ausgabe

Colegas 2

Berufsorientierter Spanischkurs für Fortgeschrittene

Lehrbuch mit Audio-CD

Lola Martínez
Maria Lluïsa Sabater

Colegas 2
Lehrbuch

Autoras
Lola Martínez, Maria Lluïsa Sabater

Asesoría y revisión
Antonio Barquero, Sandra Becerril, Francisco González, Virtudes González

Coordinación pedagógica
Agustín Garmendia

Coordinación editorial
Jaime Corpas, Ester Lázaro

Redacción y traducción del Vocabulario
Fina Colomé, Mª Paz Alonso

Diseño y dirección de arte
Nora Grosse, Enric Jardí

Maquetación
Liliana Palau

Ilustración
Joma, Daniel Jiménez, Piet Luthi

Grabación
CYO Studios

Locutores
Claudia Abarzúa (Chile), Cristina Carrasco (España), Sergio M. Curuchet (Uruguay), José Luis Fornés (España), Danilo Mazuera (Colombia), María Inés Molina (Argentina), Natalia Ortiz (España), Albert Puideute (España), Amalia Sancho (España), Víctor J. Torres (España), David Velasco (España)

Fotografías
Cubierta García Ortega, Stockbyte/Ciaran Griffin/Getty Images; **Unidad 1** pág. 10 David Lees/Getty Images; pág. 12 Yulia Saponova/Dreamstime, Alcoholic/Dreamstime, Ron Chapple Studios/Dreamstime, Ricardo Verde Costa/Dreamstime, Franz Pfluegl/Dreamstime, Zlatko Kostic/Dreamstime, Adela Manea/Dreamstime; pág. 14 Rui Matos/Dreamstime, Rui Vale De Sousa/Dreamstime, Jason York/Dreamstime; pág. 17 Eastwest Imaging/Dreamstime, William Blakey/Dreamstime, Dimitrije Paunovic/Dreamstime, Rafa Irusta/Dreamstime, Gino Santa Maria/Dreamstime; **Unidad 2** pág. 20 ARV/Taxi/Getty Images; pág. 21 Juan Lobo/Dreamstime; pág. 24 Celso Diniz/Dreamstime; pág. 25 Anna Tatti, Billyfoto/Dreamstime, Bona Koenig/Dreamstime, Karin Van Der Laan/Dreamstime, Alex Bramwell/Dreamstime, Ronald Manera/Dreamstime; pág. 26 Christophe Baudot/Dreamstime, Anke Van Wyk/Dreamstime, Michael Klenetsky/Dreamstime; pág. 27 Frank Herholdt/Stone/Getty Images, Ary Diesendruck/Stone/Getty Images; pág. 29 Ben Chastain/Dreamstime, Celso Pupo Rodrigues/Dreamstime, Photonimo/Dreamstime, Paul Reid/Dreamstime, Meghan Pusey Diaz/Dreamstime, Ian Walker/Dreamstime; **Unidad 3** pág. 32 Ron Chapple Studios/Dreamstime; pág. 33 David Shawley/Dreamstime; pág. 34 AHP de Lugo; pág. 38 Jaimie Duplass/Dreamstime; pág. 39 Alexey Petrunin/Dreamstime, dutchinny/stockxpertcom, Marc Dietrich/stockxpertcom, Monika Adamczyk/stockxpertcom, Patrícia Porfírio/stockxpertcom, Olga Shelego/stockxpertcom, sgame/stockxpertcom, Vincent Giordano/Dreamstime, Tyler_derden/Dreamstime, zts/stockxpertcom; pág. 41 Elnur/Dreamstime, franckito/stockxpertcom, Franz Pfluegl/Dreamstime, Ghazali Abdul Wahab/Dreamstime, Graça Victoria/Dreamstime, Gustavo Fadel/Dreamstime, Les Cunliffe/Dreamstime, Michael Shake/Dreamstime, Norma Cornes/Dreamstime, Orest/Dreamstime, Saniphoto/Dreamstime, Tanya Brila/Dreamstime; pág. 42 AHP Lugo. Fondo Vega; pág. 43 AHP Lugo, Sergio; **Unidad 4** pág. 44 Getty Images; pág. 46 Bsilvia/Dreamstime, Andres Rodriguez/Dreamstime; pág. 49 Lajos Attila Répási/Dreamstime; pág. 50 Florea Marius Catalin/stockxpertcom, Sergey Galushko/stockxpertcom, Dori OConnell/stockxpertcom, Marek Kosmal/stockxpertcom, Darren Hester/stockxpertcom, Elena Elisseeva/stockxpertcom, Yuri Arcurs/stockxpertcom, Julián Rovagnati/stockxpertcom, forwardcom/stockxpertcom, anikasalsa/stockxpertcom; **Unidad 5** pág. 54 Keith Dannemiller/Alamy/ACI; pág. 58 Stachu343/Dreamstime; pág. 63 Kirill Zdorov/Dreamstime, Diego Cervo/Dreamstime, Dana Bartekoske/Dreamstime; pág. 64 Volkan Ersoy/Dreamstime; pág. 65 Jose Manuel Gelpi Diaz/Dreamstime; **Unidad 6** pág. 66 Chris Graythen/Getty Images; pág. 68 Lisa F. Young/Dreamstime; **Unidad 7** pág. 76 Jens Lucking/Stone/Getty Images; pág. 79 Ondrej Krupala/Dreamstime, Rafa Irusta/Dreamstime; pág. 80 Jón Helgason/stockxpertcom, Leah-Anne Thompson/stockxpertcom, BVDC/stockxpertcom, Tom Perkins/stockxpertcom, Olga Lyubkina/stockxpertcom; pág. 82 Olivier Le Queinec/Dreamstime; **Unidad 8** pág. 86 Reza Estakhrian/Stone/Getty Images; pág. 95 Jackie Egginton/Dreamstime, Rafa Irusta/Dreamstime, Nikola Bilic/Dreamstime, Christophe Testi/Dreamstime, Josef Bosak/Dreamstime, Ramon Grosso/Dreamstime, Antonio Esparraga Godoy/Dreamstime, Stuart Monk/Dreamstime, Luca Chiartano/Dreamstime, Fernando Gómez Fernández/Dreamstime, Albo/Dreamstime; pág. 96 Andres Rodriguez/Dreamstime; **Unidad 9** pág. 98 Edwin Verin/Dreamstime; pág. 99 Fundación Affinity; pág. 100 Ministerio de Sanidad y Consumo; pág. 102 Pemotret/Dreamstime, Kitsen/Dreamstime; pág. 107 Johannes Kaestner/Dreamstime; **Unidad 10** pág. 108 Tiago Estima/Dreamstime; pág. 112 Marcin Balcerzak/Dreamstime; pág. 116 Patrick Hermans/Dreamstime; **Unidad 11** pág. 118 Bernhard Lang/Photographer's Choice/Getty Images; pág. 124 Georgios Wollbrecht/sxc.hu; **Unidad 12** pág. 128 David Lees/Taxi/Getty Images; pág. 134 Gina Smith/Dreamstime, Gleb Semenov/Dreamstime, Claudio Baldini/Dreamstime; **Y además...** pág. 141 Ron Chapple Studios/Dreamstime; pág. 142 Marcello Silvestre/Dreamstime; pág. 143 Bona Koenig/Dreamstime; pág. 144 Sergio Calleja, losmininos; pág. 145 Sebastian Kaulitzki/stockxpertcom; pág. 146 Jorge Aragonés; pág. 149 Sumaiya Ahmed; pág. 151 Dídac Margaix; pág. 153 Kazuhito Kidachi; pág. 154-155 Simon Krzic/Dreamstime; pág. 156 César García; pág. 159 Billyfoto/Dreamstime; pág. 162 Carme Balcells/Dreamstime.

Agradecimientos
María Azkargorta (FUNDACIÓN AFFINITY), Sendu Canals (LA COMPANYIA & GÜILMON).

Reimpresión: febrero 2015
ISBN: 978-3-12-516205-1
Depósito Legal: B-29106-2012
Impreso en España por T. G. Soler

difusión
Centro de Investigación y Publicaciones de Idiomas, S. L.

C/ Trafalgar, 10, entlo. 1ª
08010 Barcelona
Tel. (+34) 93 268 03 00
Fax (+34) 93 310 33 40
editorial@difusion.com

www.difusion.com

Klett

Einführung

Das zweibändige Lehrwerk **Colegas** wendet sich besonders an die Lernenden, die die spanische Sprache in berufsorientierten Situationen verwenden möchten. Das Lehrwerk erfüllt somit die doppelte Anforderung, zum einen die Lernenden mit der spanischen Sprache vertraut zu machen, zum anderen auf die Besonderheiten der Geschäftssprache Spanisch hinzuweisen.

Die vorliegende Neubearbeitung beruht auf den Vorschlägen, Kommentaren und Erfahrungen sowohl des Autorenteams als auch eines Beraterteams, bestehend aus Fachlehrern und Fachlehrerinnen der verschiedensten Berufs- und Ausbildungszweige. Berücksichtigt wurden somit z. B. die Besonderheiten der Sektoren Tourismus und Hotelwesen, aber auch die Ansprüche von Berufsschulen und firmeninterner Sprachkurse, wobei Bewährtes aus der bisherigen Ausgabe beibehalten wurde.

Die **Neubearbeitung** betrifft im Wesentlichen sechs Aspekte:

- Sämtliche Übungen und Aktivitäten des *Lehr-* und des *Arbeitsbuches* sind einer gründlichen Prüfung unterzogen worden, mit einem besonderen Augenmerk auf die Aktivitäten, die sich bei Lehrern und Lehrerinnen bzw. Lernern und Lernerinnen als unbefriedigend herausgestellt haben. Diese Übungen wurden umgearbeitet, mit sprachlichen Hilfen oder kulturellen Hinweisen ausgestattet oder auch ganz ersetzt.
- Das Lehrwerk wurde auf die Richtlinien des **Gemeinsamen europäischen Referenzrahmens** abgestimmt, sowohl in Bezug auf Methodologie und Didaktik als auch auf den Inhalt. All die Aktivitäten, die in das **europäische Sprachenportfolio** mit aufgenommen werden können, sind durch ein entsprechendes Symbol gekennzeichnet.
- Grafik und Gestaltung sind vollständig überarbeitet worden, um ein aktuelles, übersichtliches und attraktives Lehrwerk zu bieten.
- Einen neuen Stellenwert hat die Grammatik erhalten: Die grammatischen Strukturen werden übersichtlicher, stringent und vollständiger präsentiert. Die Grammatik wird immer kontextbezogen und mit konkreten bildgestützen Beispielen dargestellt, um ein besseres Verständnis zu gewährleisten. Alle Erklärungen sind in deutscher Sprache.
- Eine eigene Sektion bietet zu jeder Lektion zusätzlich Texte, die wahlweise bearbeitet werden können und vor allem kulturelle Aspekte behandeln. Die Texte stehen jeweils mit dem Thema der jeweiligen Lektion in direktem Zusammenhang und sind mit entprechenden Übungen ausgestattet.
- Um den Lernenden eine maximale Autonomie zu gewähren, wurde sowohl dem *Lehr-* als auch dem *Arbeitsbuch* die entsprechende Audio-CD beigelegt sowie die Transkriptionen der Hörtexte im Anhang aufgeführt.

Wir sind fest davon überzeugt, dass die **Neubearbeitung** von **Colegas** wesentlich zu einer höheren pädagogischen Effizienz bei Lehrenden und Lernenden beitragen wird.

Wie ist **Colegas** aufgebaut?

Der vorliegende Band besteht aus 12 Lektionen, denen jeweils die gleiche Struktur zugrunde liegt:

DIE LEKTIONEN

Jede Lektion beginnt mit einer **Einstiegsseite**, auf der die Abschlussaufgabe der Lektion beschrieben wird. Auch werden die lexikalischen, grammatikalischen und kommunikativen Inhalte genannt, die zur Durchführung der Aufgabe im Laufe der Lektion erlernt und geübt werden.

Die **Übungen**, die in diesem Teil vorkommen, lassen sich zwei Kategorien zuordnen: zum einen eher rezeptive Übungen, in denen die Mechanismen der spanischen Sprache aufgezeigt werden, zum anderen Übungen, die aktiv von den Lernenden mit entsprechender Hilfestellung umgesetzt werden, um auf die erfolgreiche Durchführung der Abschlussaufgabe vorzubereiten.

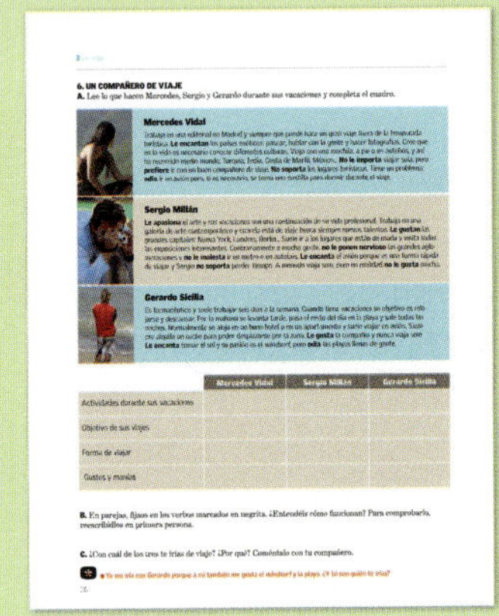

Die eher rezeptiven Übungen geben Hinweise auf die Schwerpunkte der Lektion. Es handelt sich um drei bis vier Aktivitäten mit zahlreichen mündlichen und schriftlichen Textbeispielen, die dem Lernenden abwechslungsreiches sprachliches Input bieten. Es wurde darauf geachtet, dass vor allem die erste Übung stark motiviert, relativ einfach durchzuführen und ist repräsentativ für die Inhalte und Situationen steht, die in der Lektion bearbeitet werden.

Die praxisorientierten Übungen bieten dem Lernenden die Möglichkeit, mit entsprechender Hilfestellung die Inhalte zu üben, die am Ende der Lektion zur Bewältigung der Abschlussaufgabe notwendig sind. Es handelt sich um abwechslungsreiche Übungen, die grundsätzlich kommunikativ angelegt sind. Ausschließlich strukturierte Übungen wurden möglichst vermieden, der Kommunikation und dem Meinungsaustausch wird konsequent Platz eingeräumt.

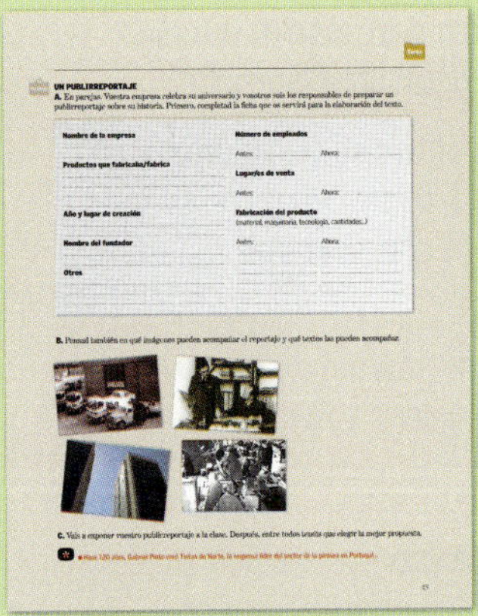

Nach Bearbeitung des Lektionsinhalts sind die Lernenden für die Durchführung der **Abschlussaufgabe** bereit. Hier sind die Interaktionen zwischen den Lernenden wesentlich weniger stark gesteuert, es wird ihnen Spielraum gelassen, die Strukturen frei einzusetzen, die in den vorausgegangenen Übungen erlernt wurden. Die Abschlussaufgabe besteht aus verschiedenen Teilen, die aufeinander aufbauen, wobei alle Fertigkeiten zum Einsatz kommen.

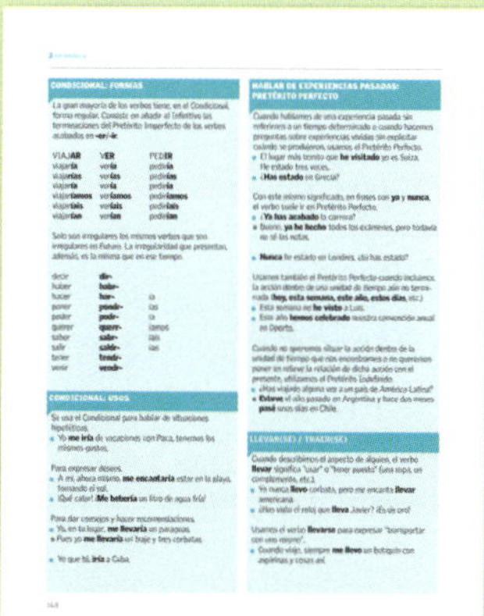

Folgende Sektionen ergänzen das Lehrbuch:

DER TEXTTEIL „Y ADEMÁS..."

Im Anhang befindet sich eine neue Sektion mit einer Auswahl von Texten und zusätzlichen Übungen. Diese Texte bieten thematisch zu den Lektionen passend eine Vielzahl an kulturellen und landeskundlichen Informationen.

DER GRAMMATIKTEIL „GRAMÁTICA"

In dieser Sektion wird die in den einzelnen Lektionen behandelte Grammatik systematisiert und übersichtlich dargestellt. Die Erklärungen sind in deutscher Sprache gehalten, begleitet von zahlreichen sprachlichen Beispielen sowie Illustrationen. Somit werden den Lernenden alle Werkzeuge in die Hand gegeben, um selbst die Mechanismen der spanischen Sprache zu entdecken.

DIE TRANSKRIPTIONEN

Hier sind die Transkriptionen aller in den Lektionen vorkommenden Hörtexte aufgeführt.

DIE WÖRTERVERZEICHNISSE

Im **Wortschatz nach Lektionen** werden alle neuen Wörter in der Reihenfolge ihres Vorkommens aufgeführt. Das alphabetische Wörterverzeichnis **Wortschatz von A bis Z** enthält alle Vokabeln des Lehrbuchs, unter Angabe der Lektion, wo sie erstmalig vorkommen.

Zum **Lehrbuch** gehört ein passendes **Arbeitsbuch** mit einer Vielzahl von Übungen zur Wiederholung und Festigung des Gelernten. Für die neubearbeitete Ausgabe wurde sowohl dem Lehr- als auch dem Arbeitsbuch jeweils die dazugehörige Audio-CD beigelegt. Das **Lehrerhandbuch** ist für die Kursleiter und Kursleiterinnen ein unverzichtbares Werkzeug bei der Vorbereitung. Es bietet allgemeine Tipps zum Einsatz des Lehrwerks im Unterricht, detaillierte Hinweise zur Bearbeitung der einzelnen Übungen sowie alternative Übungsvorschläge.

Portfolio Dieses Symbol zeichnet die Übungen aus, die in das Portfolio mit aufgenommen werden können.

CD Dieses Symbol steht bei Hörverstehensaufgaben. Eine Zahl weist auf den entsprechenden Track hin.

***** Dieses Symbol leitet die Sprechbeispiele ein.

1 Compañeros de trabajo

En esta unidad vamos a elaborar el organigrama de una empresa y a crear el perfil de los responsables de cada departamento.

Para ello vamos a aprender:
- Usos de las preposiciones **por** y **para**
- Estructuras para expresar y precisar una opinión
- A expresar una acción pasada en su desarrollo: **estar** + Gerundio
- A hablar sobre los estados de ánimo: **estar**
- A hablar sobre las características de una persona: **ser** y **parecer**
- A hablar de relaciones personales: **llevarse bien/mal, caer bien/mal**
- A describir las funciones de una persona: **llevar, encargarse de, dedicarse a...**

1. CONOCERSE

A. Hoy es el primer día de clase: preséntate a tu compañero. Si ya os conocéis, podéis comentar qué habéis hecho estas últimas vacaciones.

* Hola, me llamo Wulf. Trabajo en un bufete de abogados. Me encargo de...

B. Haz preguntas a tu compañero para conocerlo mejor. Encuentra cinco cosas que tenéis en común. Puedes preguntarle sobre su trabajo o sus estudios, sus gustos, sus aficiones...

* ¿Qué idiomas hablas?
* Inglés, francés y algo de español, ¿y tú?
* Yo también hablo inglés y algo de español. Francés, no.

C. En parejas, explicad al resto de la clase qué tenéis en común.

* Los dos hablamos inglés...

2. ¿POR QUÉ ESTUDIAS ESPAÑOL?

A. ¿Por qué estudias español? ¿Con cuáles de estas opiniones te identificas más?

¿Por qué estudias español?	Yo	Mi compañero/a
Estudio español para conseguir un buen trabajo en el futuro.		
Me encantan los idiomas y el español en especial. Estudio por placer.		
Estudio por obligación: el español es obligatorio en mi escuela.		
Quiero aprender español para hablar con algunos amigos.		
Estudio español porque quiero vivir y trabajar en un país de habla hispana.		
Estudio español para poder hablar por teléfono, escribir cartas... Lo necesito para el trabajo.		
Estudio español por motivos personales.		
Viajo mucho por países de habla hispana y necesito el español para poder comunicarme con la gente.		

B. ¿Y tu compañero? ¿Por qué piensas que estudia español? Haz hipótesis y márcalas en la tabla. Luego, comprueba tus hipótesis hablando con él.

* Yo creo que estudias español para conseguir un buen trabajo.
* Sí, pero también porque me encantan los idiomas...

C. ¿Con qué opinión se identifica más toda la clase?

3. DEPARTAMENTOS

A. Aquí tienes el organigrama de OPTICAL, un laboratorio de productos para ópticas. ¿Qué crees que hace cada departamento? Coméntalo con tu compañero.

Organigrama de OPTICAL, S.A.

OPTICAL, S.A.

DIRECTOR GENERAL

DIRECCIÓN COMERCIAL	DIRECCIÓN DE PRODUCCIÓN	DIRECCIÓN DE PERSONAL	DIRECCIÓN FINANCIERA
Dpto. de Marketing	Dpto. de I+D	Dpto. de Selección y Formación	Dpto. de Administración
Dpto. de Ventas	Dpto. de Logística	Dpto. de Administración de Personal	Dpto. de Contabilidad

* En el Departamento de Contabilidad llevan las cuentas de la empresa, ¿no?
* Sí, y también controlan las facturas.

B. Todas estas personas trabajan en OPTICAL. ¿En qué departamento crees que trabajan?

1. Rosa Izuel. Lleva las nóminas. Se encarga de preparar los nuevos contratos y de tramitar las bajas por enfermedad de los trabajadores.

2. Elisa Moreno. Es responsable de los envíos de los productos al extranjero: prepara la documentación necesaria, supervisa el proceso de embalaje y controla el transporte.

3. Jorge Merino. Organiza cursos para la formación complementaria del personal. También es responsable de preparar las entrevistas a los candidatos a nuevos puestos de trabajo en la empresa.

4. Claudio Soto. Se dedica a visitar a los distribuidores y a los clientes. Toma nota de los pedidos.

5. Clara Pereira. Se encarga de detectar nuevas necesidades del público para ofrecer los productos adecuados. También es responsable de la publicidad.

6. Irma Ponte. Es una estudiante en período de prácticas. Es ayudante de la persona encargada de probar los nuevos materiales ópticos.

7. Raúl Herrero. Por sus manos pasan todas las cuentas. Se encarga de las facturas y los albaranes, da órdenes de pago a los proveedores y controla los cobros.

8. Rosa Mateo. Atiende las llamadas. Realiza gestiones administrativas como enviar la correspondencia o cursar reclamaciones. Es responsable de comprar el material de oficina.

OPTICAL, S.A.

C. Fíjate en los verbos que aparecen en el texto anterior. Haz una lista con los diez o doce que te parezcan más interesantes y anota algunas cosas que te ayudarán a usarlos mejor en el futuro: ¿qué significan? ¿Son reflexivos (como encarga**rse**)? ¿Se usan con alguna preposición (dedicarse **a**)? ¿Qué tipo de palabras los complementan (encargarse de **las facturas** –nombre–, encargarse de **preparar** –Infinitivo–)?

4. SELECCIÓN DE PERSONAL

CD 1-4

A. Todas estas personas tienen hoy una prueba de selección. Escucha y escribe el número que corresponde a cada candidato.

CD 1-4

B. Escucha otra vez y marca con una cruz las casillas que describen cómo está cada candidato. Después, compara tus respuestas con las de tu compañero.

	1	2	3	4
Está cansado/a				
Está nervioso/a				
Está triste				
Está contento/a				
Está preocupado/a				
Está tranquilo/a				
Está enfermo/a				
Está enfadado/a				

C. Y tú, ¿cómo estás hoy? Explícaselo a tus compañeros.

*

- Hoy estoy un poco cansado porque no he dormido bien.
- Sí, ya lo veo. Pues yo...

5. COMPAÑEROS DE TRABAJO

A. Ernesto, Laura y Luis trabajan en la misma empresa. ¿Cómo crees que son?

* ● Laura parece una persona simpática...

CD 5 **B.** Escucha a dos compañeros de la misma oficina que hablan sobre Ernesto, sobre Laura y sobre Luis. ¿Qué dicen sobre ellos? ¿Coincide con lo que has pensado?

¿Cómo son?	Ernesto	Laura	Luis
1. Es una persona muy simpática y se lleva bien con todos.			
2. Es una persona muy tranquila.			
3. Es una persona caótica y muy despistada.			
4. Le cae mal a todo el mundo.			
5. Cuando está nervioso o de mal humor, es mejor no hablar con él.			
6. Parece muy serio pero, en realidad, siempre está de buen humor.			

C. En la primera frase, aparece la expresión **llevarse bien** y, en la cuarta, la expresión **caer mal**. ¿Qué crees que significan? Piensa en una persona con la que te llevas bien y en otra que te cae mal. ¿Por qué? Coméntalo con tus compañeros.

* ● Yo me llevo muy bien con Elena, una compañera de trabajo, porque es un persona muy simpática y muy abierta...

6. REQUISITOS PROFESIONALES

A. Elisa Valencia, experta en Recursos Humanos, ha sido entrevistada por la revista *Trabajo*. Según ella, ¿por qué es difícil encontrar trabajo? Haz una lista que resuma sus opiniones.

¿Formación o experiencia?

Hoy en día, hay empresas a las que les resulta difícil encontrar a personas con el perfil profesional adecuado. Elisa Valencia es experta en Recursos Humanos y recientemente ha publicado *El candidato ideal,* un libro sobre los requisitos que debe tener en cuenta una empresa a la hora de contratar a sus trabajadores.

A las personas que buscan su primer empleo les piden tener experiencia, además de una sólida formación, y a las que tienen experiencia les exigen ser más jóvenes... ¿Qué está pasando?
El problema es que en muchas ocasiones los estudios no incluyen prácticas en empresas, algo que, en mi opinión, es fundamental. Para mí, una buena formación es indispensable, por supuesto, pero muchas veces, se aprende a trabajar trabajando. Por esa razón la experiencia es uno de los aspectos más valorados por las empresas. Por otro lado, es verdad que las personas con experiencia son más exigentes y quieren mejores condiciones, cosa que las empresas no siempre están dispuestas a aceptar. La solución no es fácil.

Junto con la falta de experiencia, ¿qué creen las empresas que les falta a los candidatos ?
En España, en concreto, a muchas empresas les resulta difícil encontrar gente dispuesta a cambiar de lugar de residencia. Cuanto mayor es el candidato, peor. A mí, personalmente, me parece que esto es un gran inconveniente porque cada vez hay más multinacionales que buscan profesionales con movilidad.

¿Piensa usted que hay aspectos que los candidatos valoran mucho y que las empresas, sin embargo, valoran poco?
Sí, los sueldos y el trabajo. Me explico: muchas veces los salarios no se corresponden con el trabajo que se realiza. Las empresas quieren candidatos con una buena formación y con experiencia y resulta que no les pagan en función de los requisitos que les piden, sino de los beneficios que la empresa genera. Muchos buenos candidatos dicen no a un trabajo por la remuneración ofrecida. Realmente pienso que, a veces, las empresas no valoran el trabajo de los empleados.

B. ¿Por qué razones crees tú que hay gente que tiene dificultades para conseguir un trabajo adecuado? Coméntalo con tus compañeros.

1. Las empresas quieren gente con experiencia.	**5.** Las empresas exigen demasiados títulos.
2. Los sueldos son bajos.	**6.** Las ofertas de trabajo son insuficientes.
3. Los horarios no son buenos.	**7.** La mayoría de los contratos son temporales.
4. Los trabajos que se ofrecen no son interesantes.	**8.** Las empresas exigen personal especializado.

*
- A mí me parece que las empresas buscan gente con experiencia y que es difícil tener un primer trabajo...
- Pues yo creo que lo que pasa es que hay pocas ofertas de trabajo.

7. UN ENCUENTRO CASUAL

CD 6 **A.** Concha y Javier se encuentran en la calle. Escucha su conversación. ¿Qué relación crees que tienen? ¿Cuánto tiempo hace que no se ven?

CD 6 **B.** ¿Qué han estado haciendo en todo este tiempo? Escucha la conversación y completa con las informaciones adecuadas.

CONCHA

1. Durante estos dos últimos años **ha estado viviendo** en ______

2. Al principio **estuvo trabajando** como ______

3. En su segundo empleo, **estuvo** 6 meses **trabajando** como ______ , luego la hicieron ______

JAVIER

4. Durante estos dos años **ha estado trabajando** en ______ , la misma empresa en la que **estuvo haciendo** ______

5. El año pasado **estuvo saliendo** con ______

C. Fíjate en los verbos marcados en negrita, ¿crees que se podrían sustituir por otras formas sin Gerundio? ¿En qué cambian las frases?

D. Piensa en los últimos seis meses... ¿qué cosas has estado haciendo?

Prácticas, viaje por España...

* ● Yo he estado haciendo prácticas en una empresa y también estuve viajando con unos amigos por España en agosto.

8. EL PERFIL ADECUADO

A. En parejas, ¿qué perfil creéis que deben tener las personas que trabajan en estos departamentos? Completad las fichas.

DPTO. DE VENTAS

Para trabajar en el Dpto. de Ventas hay que ser una persona activa y...

DPTO. DE RELACIONES PÚBLICAS

DPTO. DE ADMINISTRACIÓN

DPTO. DE FORMACIÓN

DIRECCIÓN

B. Trabajas en el Departamento de Recursos Humanos de una empresa. ¿Qué departamento crees que pueden llevar estas personas? ¿Por qué? Coméntalo con tu compañero.

Jaime Ferro

Creativo, innovador, activo y flexible. Es un buen comunicador. Le gustan las ideas originales y está al día de las nuevas tendencias. Tiene mucha paciencia.

Rosalía Nieto

Seria, independiente, metódica, organizada y segura de sí misma. Se le dan muy bien los números. No le gusta tener jefes muy estrictos.

Agustín Goya

Diplomático, extravertido y excelente comunicador. Sabe escuchar a los demás. Se lleva bien con todo el mundo.

Marta Melero

Muy dinámica y persuasiva. No le gusta nada trabajar sola ni estar siempre en el mismo sitio. Es una persona bastante ambiciosa.

Nuria Arias

Tranquila, segura. Tiene mucha capacidad para analizar situaciones. Sabe llegar a los objetivos que se ha marcado.

- Yo creo que Jaime puede encargarse del Departamento de...

9. UN CORREO ELECTRÓNICO

A. ¿Escribes correos electrónicos, cartas o faxes? ¿En el trabajo o en casa? ¿A quién? ¿Sobre qué aspectos escribes? Coméntalo con tu compañero.

*

- En mi trabajo tengo que escribir muchos correos electrónicos y, de vez en cuando, cartas comerciales. Casi nunca mando faxes...
- Pues yo, escribo muchos correos electrónicos a mis amigos y...

B. Carmen ha escrito un correo electrónico a una amiga para explicarle cómo le van las cosas. ¿Sobre qué aspectos escribe? Coméntalo con tu compañero.

vacaciones - relaciones personales - tiempo libre - estudios - familia - trabajo

Nuevo mensaje

Enviar Chat Adjuntar Agenda Tipo de letra Colores Borrador

De: Carmen Fraiz <carmenfr@hola.es>
Fecha: sábado, 20 de octubre, 14:19
Para: Marga Rodríguez <margar@difusion.es>
Asunto: Buenas noticias

¡Hola, Marga!

¿Qué tal? ¿Cómo estás? Espero que bien. Yo estos meses he estado muy ocupada haciendo entrevistas y pruebas y... buenas noticias: ¡he encontrado trabajo! He empezado a trabajar en una empresa que se llama Arquitectura Integrada, en el Departamento de Proyectos. Estoy muy contenta. De momento, me llevo muy bien con mis compañeros y además el trabajo es muy interesante. Estoy muy bien. Esta mañana, por ejemplo, hemos estado preparando un nuevo proyecto: una zona de juegos infantiles para una calle peatonal. ¿Qué te parece?

Oye, ¿sabes con quién estuve ayer? ¿Te acuerdas de David? Pues estuve cenando con él y con un amigo suyo, Peter, que me cayó muy bien. Es muy simpático y parece muy interesante. No sé, no sé, creo que me gusta. Bueno... ya te contaré.

Más cosas: me he apuntado a un gimnasio. Está al lado de casa y voy casi todos los días. ¡Me encanta! Todo el mundo es muy simpático. Ayer estuve tres horas haciendo ejercicio sin parar.

Ahora tengo que dejarte porque tengo un montón de trabajo. Contéstame pronto y me cuentas cosas de ti, ¿vale?

Un beso,

Carmen

C. Elige tres de los temas anteriores y escribe una carta o un correo electrónico a un amigo. Cuéntale qué has hecho últimamente. No firmes la carta y entrégasela a tu profesor.

D. En parejas. Leed la carta que os ha entregado vuestro profesor e intentad adivinar de quién es.

Portfolio

UNA NUEVA EMPRESA

A. En grupos de cuatro o cinco, vais a hacer de consultores. VitaSport es una nueva empresa que fabrica productos deportivos de varios tipos y que os ha pedido consulta. Decidid, en primer lugar cómo podría ser el organigrama de la empresa.

*
- Tiene que haber una Dirección General, un Departamento de I+D...
- Sí, y también un Departamento de...

B. También tenéis que definir los perfiles ideales de los responsables de los departamentos que habéis creado.

*
- Yo creo que el responsable del Departamento de Relaciones Públicas tiene que ser una persona comunicativa y dinámica.
- Sí claro, pero además tiene que ser organizada, ¿no?

C. Ahora, presentad vuestro organigrama al resto de la clase. Al final, entre todos elegiréis la mejor propuesta.

D. ¿Y tú? ¿Crees que podrías trabajar en algún departamento de VitaSport? Intenta convencer a tus compañeros.

*
- Me parece que soy un buen candidato para el Departamento de I+D. He estudiado Biología y tengo experiencia como investigador. El año pasado estuve trabajando varios meses en...

2
De viaje

En esta unidad vamos a decidir un lugar para una reunión de ejecutivos, vamos a organizar su tiempo libre y a redactar un documento informativo para los asistentes.

Para ello vamos a aprender:
- Las formas del Condicional
- A hablar de situaciones hipotéticas
- A hablar de experiencias pasadas: Pretérito Perfecto
- A expresar deseos
- A aconsejar
- A expresar gustos y sentimientos
- A hablar del tiempo meteorológico
- Algunos cuantificadores para referirse a personas (**la mayoría de la gente**, **muchas personas**, etc.)
- El uso de los verbos **llevar(se)/traer(se)**, **ir/venir**

1. VACACIONES

A. Lee este artículo sobre las diferentes formas de pasar las vacaciones; después, completa el cuadro.

Vacaciones

Cuando el buen tiempo anuncia la llegada del verano, la pregunta más escuchada en la oficina, con los amigos o con la familia es siempre la misma: ¿qué vas a hacer estas vacaciones?, ¿adónde vas a ir este verano? Hay mucha gente que no tiene dudas: planifica sus vacaciones con tiempo, elige destinos ya conocidos y en el mes de marzo ya tiene alquilado, como en años anteriores, un apartamento junto al mar. Algunas personas, sin embargo, pocos días antes del comienzo de sus vacaciones, se siguen peleando con los folletos de cinco o seis agencias de viajes buscando un destino no demasiado caro y, al mismo tiempo, atractivo.

Solos, en compañía de amigos o familiares; en viajes organizados o por su cuenta; en apartamentos, en hoteles o en cámping; a destinos conocidos dentro del propio país o a lugares exóticos y remotos donde vivir aventuras; viajes para descansar en pueblos tranquilos o vacaciones para visitar museos y callejear por grandes ciudades; todo sirve para "recargar las pilas".

España, uno de los países del mundo que recibe más turistas, empieza a ser también un país emisor de turistas.

Actualmente, la mayoría de los españoles consume más de 15 días fuera de su casa, aunque muchos lo hacen dentro del país. En ese sentido, las compañías aéreas de bajo coste (las llamadas *low cost*) han contribuido de manera muy importante a cambiar los hábitos de los españoles, al poner a su disposición viajes baratos hacia destinos de toda Europa desde numerosos aeropuertos españoles.

¿Con quién?	Destinos	Alojamientos	Actividades

B. Y en tu país, ¿qué tipo de vacaciones prefiere la gente? Coméntalo con tu compañero.

- Yo creo que aquí casi toda la gente, cuando se va de vacaciones, sale al extranjero, ¿no?
- No sé, mi familia, por ejemplo...

>

La mayoría de los/las
Casi todos/as los/las
Muchos/as españoles/personas
Algunos/as
Pocos/as

(Casi) todo el mundo
(Casi) toda la gente

2. DE VIAJE

A. La revista *Vivir y viajar* ha publicado este cuestionario. ¿Quieres saber qué tipo de viajero eres? Marca la opción con la que más te identificas.

Vivir y viajar

¿Cómo te gusta viajar?

1. Cuando me voy de viaje,
a. me pone nervioso tener que preparar las maletas. Nunca sé qué llevarme.
b. me gusta llevarme un poco de todo. Nunca sabes en qué situación te vas a encontrar.
c. me encanta hacer las maletas durante días; hacer una lista de cosas y prever todas las situaciones y necesidades que pueden surgir en el viaje.

2. Siempre me llevo...
a. un pijama y un paraguas.
b. una guía y una cámara de fotos.
c. un saco de dormir y una toalla.

3. Cuando estoy de vacaciones,
a. me molesta no ver todo lo que hay en un lugar.
b. me interesan los monumentos y los museos, pero no necesito verlo todo; siempre puedo volver otra vez.
c. lo que más me divierte es pasear por las calles y ver cómo vive la gente.

4. Respecto a la comida:
a. Reconozco que soy un poco especial para comer y sólo como platos que conozco.
b. Intento comer los platos del país, pero no como cosas muy raras.
c. Me encanta probar platos nuevos del país o de la región.

5. Durante las vacaciones,
a. siempre pienso en lo que tendré que hacer a la vuelta; nunca desconecto.
b. a veces me acuerdo del trabajo; pero no mucho.
c. me molesta pensar en el trabajo. Consigo olvidarme de todo.

6. Prefiero viajar...
a. con todo organizado por una agencia y con un guía turístico.
b. con el vuelo y el hotel reservado.
c. por mi cuenta y sin reservas. No soporto los viajes organizados.

7. Normalmente viajo...
a. con mi familia.
b. con mi pareja.
c. con algún amigo o solo.

8. Con relación a las compras:
a. Compro compulsivamente y vuelvo a casa con muchas cosas que no necesito.
b. Me encanta comprar recuerdos típicos de los lugares a los que viajo. Siempre compro regalos.
c. Si estoy en el extranjero, compro cosas que realmente me gustan y que sé que no voy a encontrar en mi país, por ejemplo, ropa de un diseñador local o algún libro.

9. Cuando voy de vacaciones,
a. odio los lugares donde hace frío y llueve. Me apasionan el sol y la playa.
b. intento viajar cuando hace buen tiempo.
c. no me importa el clima.

10. Si me interesa un viaje,
a. primero veo si dispongo de dinero suficiente para hacerlo con toda comodidad. Si no lo tengo, elijo otro destino.
b. durante el año intento ahorrar para las vacaciones.
c. lo planifico en función de mi presupuesto: si tengo mucho dinero, paso muchos días y veo el máximo de lugares. Si tengo menos dinero, paso menos días o gasto menos en hoteles, pero intento disfrutar de cada cosa.

B. Ahora, lee las soluciones. ¿Te identificas con los resultados del test?

Mayoría de respuestas A: ¿Está seguro de que usted viaja para relajarse y descansar? Recuerde que las vacaciones también sirven para desconectar.
Mayoría de respuestas B: En general, es usted un buen viajero. Le da mucha importancia a la comodidad, pero se adapta a todo tipo de situaciones. Puede ser muy exigente si sus expectativas no se cumplen.
Mayoría de respuestas C: El mundo es suyo. Es usted un auténtico viajero que disfruta de todas las nuevas experiencias. ¡Cuidado: a veces las aventuras pueden ser desagradables!

C. Comenta tus respuestas con dos compañeros. ¿Con quién tienes más cosas en común a la hora de viajar?

- Yo nunca sé qué ropa llevarme.
- Pues a mí me encanta hacer las maletas.
- Pues a mí...

3. EL PASAPORTE

CD 7 **A.** Carlos está mirando su pasaporte con un amigo. Escucha la conversación y marca si las siguientes frases son verdaderas o falsas.

	Verdadero	Falso	No se sabe
1. Ha estado en Brasil, Kenia y Turquía.			
2. Ha viajado mucho por África.			
3. Estuvo en la filial de Brasil hace unos cinco años.			
4. Fue a Kenia cuando se casó.			
5. Ha estado dos veces en Turquía por motivos laborales.			
6. Ha estado en Nueva York muchas veces.			
7. Estuvo en Venezuela el año pasado en un congreso.			
8. Esta semana ha ido a Suiza.			

CD 7 **B.** Compara tus respuestas con tu compañero. Después, vuelve a escuchar y comprueba.

C. ¿Y tú? ¿Viajas mucho? ¿Dónde has estado? Completa tu pasaporte con nombres de lugares que has visitado. Después coméntalo con tu compañero.

*
- ¿Este año has estado en Canadá?
- Sí, en junio fui a Montreal de vacaciones...

4. VIAJAR A LA PAZ

A. La próxima semana vas a realizar un viaje de placer a La Paz (Bolivia). Lee estas recomendaciones y haz una lista de las cosas que te vas a llevar teniendo en cuenta el texto y tus propias necesidades. Después, compárala con la de tu compañero. ¿Os vais a llevar las mismas cosas?

Bolivia | La Paz

de negocios o de vacaciones

La Paz puede ser un destino interesante para hacer negocios o para sus vacaciones en cualquier época del año. El clima de esta ciudad no tiene grandes variaciones a lo largo del año; la situación tropical de Bolivia hace que las estaciones estén directamente relacionadas con las lluvias. Así, no hay cuatro estaciones (primavera, verano, otoño e invierno), sino una estación seca (el invierno) y otra húmeda (el verano).

¿Cúando hay que viajar?

Estación seca o húmeda

La mejor época del año es la estación seca (de mayo a octubre). En estos meses llueve poco y durante el día la temperatura es muy agradable (entre 15 y 20°C). Hace mucho sol y hay que protegerse porque, debido a la altura de la ciudad (3 000 metros sobre el nivel del mar), es muy fácil sufrir quemaduras. Por la noche, la temperatura baja rápidamente y puede hacer frío (1°C sobre cero). Si viaja durante la estación húmeda (entre noviembre y marzo/abril), tenga en cuenta que en diciembre empiezan las lluvias, que pueden ser casi diarias. Las temperaturas oscilan entre los 7°C por la noche y los 18°C durante el día.

¿Qué hay que llevar?

Ropa y medicamentos

En cualquier época del año, ponga en su maleta prendas de entretiempo: jerseys de lana y algún abrigo ligero. En la estación húmeda es aconsejable llevar un impermeable y un paraguas. La Paz es una ciudad grande y agotadora, ya que tiene enormes desniveles. Lleve zapatos cómodos o zapatillas de deporte. Un traje con corbata para los señores y ropa elegante (sin olvidar las medias o *pantys*) para las señoras son recomendables para entrar en los restaurantes de algunos hoteles. Llévese medicamentos para combatir los efectos de la altura, el soroche, que puede provocar dificultades respiratorias o fuertes dolores de cabeza. Unas gafas de sol y una buena crema de protección solar son igualmente fundamentales.

B. Cuando tú viajas, ¿qué cosas te llevas siempre? ¿Te llevas algo especial? Cuéntaselo a tus compañeros de clase.

* ■ Yo siempre me llevo un buen libro y una foto de mi familia.

5. UN VIAJE DE EMPRESA: DOS POSIBILIDADES

A. Mira estas fotografías. Corresponden a dos países muy diferentes. ¿Sabes qué países son? ¿Qué tipo de clima crees que tiene cada uno?

1

2

* ■ Yo creo que las fotos del recuadro 2 son de un país tropical, ¿no? Parece...

CD 8 **B.** Ana es la directora de una empresa y quiere premiar a algunos trabajadores con un viaje. Decide pedirle consejo a un amigo que ha estado en los dos países del apartado A. Escucha la conversación y comprueba de qué países hablan.

CD 8 **C.** Escucha otra vez y marca cuáles de las siguientes opiniones corresponden a la opinón del amigo de Ana.

- [ ] Él personalmente preferiría ir a Cuba.
- [ ] Chile sería un destino más interesante.
- [ ] Como viaje de incentivos, él enviaría a sus trabajadores a Chile.
- [ ] Cuba sería un destino más vacacional.

>

En el norte / sur / este / oeste
En las montañas / la costa

En primavera / verano / otoño / invierno

Hace (mucho/bastante) frío
Hace (mucho/bastante) calor

(Casi) siempre hace sol
hace viento
está nublado
hay niebla

Llueve poco / bastante / mucho
Nieva poco / bastante / mucho

6. UN COMPAÑERO DE VIAJE

A. Lee lo que hacen Mercedes, Sergio y Gerardo durante sus vacaciones y completa el cuadro.

Mercedes Vidal

Trabaja en una editorial en Madrid y siempre que puede hace un gran viaje fuera de la temporada turística. **Le encantan** los países exóticos: pasear, hablar con la gente y hacer fotografías. Cree que en la vida es necesario conocer diferentes culturas. Viaja con una mochila, a pie o en autobús, y así ha recorrido medio mundo: Turquía, India, Costa de Marfil, México... **No le importa** viajar sola, pero **prefiere** ir con un buen compañero de viaje. **No soporta** los lugares turísticos. Tiene un problema: **odia** ir en avión pero, si es necesario, se toma una pastilla para dormir durante el viaje.

Sergio Millán

Le apasiona el arte y sus vacaciones son una continuación de su vida profesional. Trabaja en una galería de arte contemporáneo y cuando está de viaje busca siempre nuevos talentos. **Le gustan** las grandes capitales: Nueva York, Londres, Berlín... Suele ir a los lugares que están de moda y visita todas las exposiciones interesantes. Contrariamente a mucha gente, **no le ponen nervioso** las grandes aglomeraciones y **no le molesta** ir en metro o en autobús. **Le encanta** el avión porque es una forma rápida de viajar y Sergio **no soporta** perder tiempo. A menudo viaja solo, pero en realidad **no le gusta** mucho.

Gerardo Sicilia

Es farmacéutico y suele trabajar seis días a la semana. Cuando tiene vacaciones su objetivo es relajarse y descansar. Por la mañana se levanta tarde, pasa el resto del día en la playa y sale todas las noches. Normalmente se aloja en un buen hotel o en un apartamento y suele viajar en avión. Siempre alquila un coche para poder desplazarse por la zona. **Le gusta** la compañía y nunca viaja solo. **Le encanta** tomar el sol y su pasión es el *windsurf*, pero **odia** las playas llenas de gente.

	Mercedes Vidal	Sergio Millán	Gerardo Sicilia
Actividades durante sus vacaciones			
Objetivo de sus viajes			
Forma de viajar			
Gustos y manías			

B. En parejas, fijaos en los verbos marcados en negrita. ¿Entendéis cómo funcionan? Para comprobarlo, reescribidlos en primera persona.

C. ¿Con cuál de los tres te irías de viaje? ¿Por qué? Coméntalo con tu compañero.

* ■ Yo me iría con Gerardo porque a mí también me gusta el *windsurf* y la playa. ¿Y tú con quién te irías?

7. MEDIOS DE TRANSPORTE

A. De los siguientes medios de transporte, ¿cuáles crees que utiliza más la gente en tu ciudad para ir al trabajo? Coméntalo con tu compañero.

>
ir en coche
autobús
tren
metro
bicicleta

ir a pie

* ■ Yo creo que la mayoría de la gente va en autobús.
■ Yo diría que también hay muchos que van en bicicleta...

CD 9 **B.** Escucha a Gabriel y a Paula. Hablan sobre los medios de transporte que se utilizan en Barcelona y en Buenos Aires. Escucha y toma nota de los medios de transporte que se nombran.

Barcelona

Buenos Aires

CD 9 **C.** Vuelve a escuchar. ¿Qué medios de transporte son más comunes en estas ciudades? ¿Se llaman de la misma forma en Argentina y en España?

	Barcelona	Buenos Aires
1. La mayoría		
2. Mucha gente		
3. Muy poca gente		

D. Ahora, pregunta a tu compañeros qué medio de transporte utiliza normalmente a lo largo de la semana para desplazarse a diferentes lugares.

* ■ ¿Cómo vienes a clase?
■ Casi siempre a pie, porque vivo aquí al lado. Pero voy al trabajo en tren y, luego, en metro porque...

8. ¡BUEN VIAJE!

A. Todo el mundo tiene sus gustos y preferencias cuando hace un viaje de negocios o de placer. ¿Con cuáles de estas afirmaciones te identificas tú? Márcalo con una cruz.

- [ ] Me encanta preparar el equipaje.
- [ ] Me pone nervioso tener que hacer cola.
- [ ] Me aburre tomar el sol.
- [ ] Me divierte comprar regalos.
- [ ] Los retrasos en los aeropuertos me ponen de mal humor.
- [ ] Me encanta aprender a decir cosas en el idioma del país donde estoy.
- [ ] Me molestan los lugares con aire acondicionado.
- [ ] No soporto la comida que te dan en los aviones.
- [ ] Me encanta probar la comida de otros países.
- [ ] Me interesa mucho la historia de los países que visito.
- [ ] Siempre voy a hoteles cómodos, no me importa el precio.
- [ ] Me apasiona visitar los mercados y ver qué compra la gente.

B. Haz preguntas a tus compañeros para saber quién está de acuerdo contigo.

* A mí me molestan los lugares con aire acondicionado. ¿Y a ti?
* Pues a mí, si hace calor, me encanta el aire acondicionado.

9. LUGARES Y EXPERIENCIAS

A. ¿Has viajado mucho? ¿Qué experiencias has tenido? Completa el cuadro con los nombres de los países o las ciudades que, por una razón u otra, recuerdas.

El lugar...	Yo	Mi compañero
... más bonito		
... más divertido		
... más aburrido		
... que tiene el monumento más impresionante		
... más lejano		
... donde se come mejor		
... al que me gustaría volver		

B. Ahora pregúntale a tu compañero.

* ¿Cuál es el lugar más bonito que has visitado?
* Viena, estuve unos días el año pasado... Es una ciudad preciosa, muy romántica. ¿Y tú?
* El lugar más bonito que he visitado yo es Suiza. He estado tres veces, pero siempre por trabajo.

10. POSTALES

A. Lee esta postal que Pepa ha escrito a sus compañeros de trabajo. ¿En qué país está ?

¡Hola a todos y a todas!
¿Qué tal por la oficina?
Este país es maravilloso. Hace muchísimo calor, pero por suerte, tengo la playa al lado y en mis tardes libres puedo ir a nadar un rato.
¡Qué café tan bueno! Por cierto, si quieres tomarte uno, tienes que pedir un "tinto".
Realmente el paisaje es mágico: hay momentos que creo que estoy en un libro de García Márquez.
Mañana llegan los compañeros de Barcelona, y luego nos vamos todos juntos a Cartagena de Indias, dicen que es una ciudad preciosa.
Un abrazo,

Pepa

B. Mira estas fotos, elige una y escribe un correo electrónico a tus compañeros de trabajo o de clase. Ellos tienen que adivinar dónde estás.

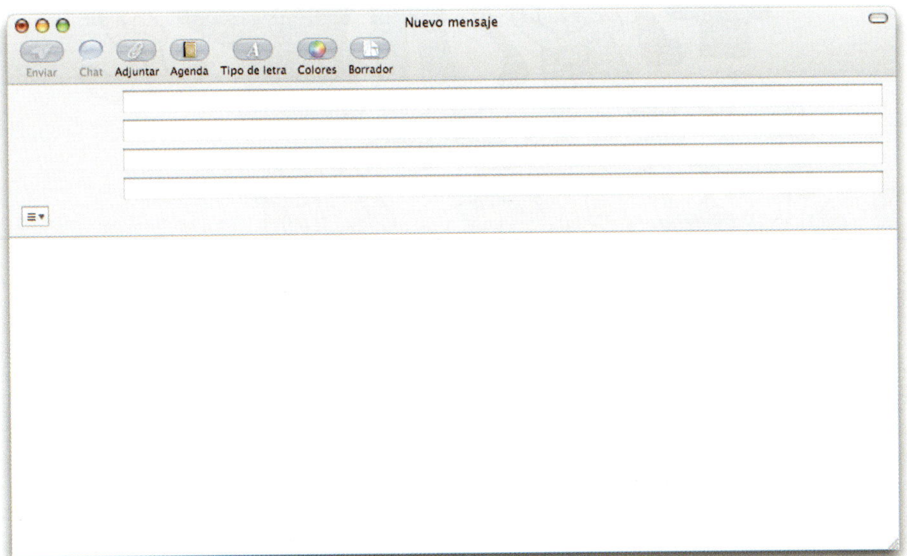

11. EL EQUIPAJE

A. Tienes que ir a Bilbao para asistir a un congreso sobre medio ambiente. Este es el programa de lo que vas a hacer. ¿Qué pondrías en la maleta? ¿Por qué? ¿Te llevarías otras cosas?

IX Congreso Internacional de Medio Ambiente

6, 7 y 8 de octubre · Bilbao · Palacio de Congresos

Martes, 6 de octubre

9.30 Entrega de documentación.
11.00 Inauguración del Congreso a cargo del consejero de Medio Ambiente del Gobierno Vasco.
11.30 Sesión a cargo de representantes del Ministerio de Medio Ambiente: "Nuevas leyes para la protección del medio ambiente"
12.30 Pausa.
13.00 Debate.
15.30 Mesa redonda: "La contaminación industrial. Responsabilidad y respuestas técnicas".
17.30 Debate.
21.00 Recepción del alcalde de Bilbao en el Ayuntamiento y cena de gala en el Hotel Arcilla.

Miércoles, 7 de octubre

9.30 Conferencia: "Contaminación y medios de transporte: los vehículos eléctricos".
11.00 Pausa.
12.00 Presentación de nuevos productos: "Auto 1000, un nuevo modelo de coche eléctrico".
13.00 Presentación de nuevos productos: "Fertilizantes ecológicos".
15.30 Experiencias: "Tratamiento de los residuos: el caso del municipio de Erzea".
17.30 Excursión y caminata por el monte Artxanda.

Jueves, 8 de octubre

9.30 Mesa redonda: "La contaminación y la salud", con la asistencia de representantes del Ministerio de Sanidad.
11.30 Pausa.
12.00 Conferencia: "Estudio sobre los efectos de la contaminación en la población infantil de las grandes ciudades".
15.30 Clausura a cargo del comisario de la Dirección de Medio Ambiente de la Unión Europea.
18.00 Paseo por la ciudad. Visita al Museo Guggenheim.
21.00 Concierto de la Orquesta Sinfónica de Bilbao en el Teatro Arriaga.

- traje
- camiseta
- jersey
- vestido
- albornoz
- corbata
- camisa
- zapatos
- polo
- cinturón
- vaqueros
- zapatillas de deporte
- paraguas
- gafas de sol
- calzoncillos
- bragas
- sujetador
- neceser
- calcetines
- medias
- pijama
- abrigo

B. Coméntalo con tu compañero. ¿Os llevaríais las mismas cosas?

- Pues yo me llevaría un traje y dos o tres corbatas...
- Yo corbata, no. Nunca llevo. ¿Llevarías abrigo?

>
llevar
Nunca llevo corbata.

llevarse
Cuando viajo, siempre me llevo la cámara.

Portfolio

UNA CONVENCIÓN

A. Pharmaleta, una multinacional farmacéutica, quiere celebrar una convención de dos días para los ejecutivos de todas las filiales del mundo y vosotros vais a ser los encargados de organizarla. En grupos de tres o cuatro, decidid qué ciudad vais a proponer y pensad también qué actividades de tiempo libre pueden hacer en esa ciudad o en sus alrededores.

Actividades de tiempo libre	
en la ciudad	en los alrededores
....	....
....	....
....	....
....	....

B. Presentad vuestras propuestas al resto de la clase.

* ● Pensamos que la convención podría ser en Granada. El primer día, las reuniones de trabajo serían por la mañana, hasta las 12.30, y luego por la tarde de 14.30 a 17.30. Por la noche podrían cenar en algún sitio típico y ver un espectáculo de flamenco y antes...

C. Elegid la propuesta más interesante (podéis tener en cuenta varias) y preparad un documento para los asistentes. En él, daréis información sobre la convención (horarios de las reuniones, comidas y actividades propuestas), algunos apuntes sobre la ciudad (breve descripción, actividades de tiempo libre, lugares que se pueden visitar,...) y también consejos para la estancia (tipo de ropa, tiempo meteorológico, idiomas u otras cosas que se deben tener en cuenta).

I Convención PHARMALETA

Reuniones
....

Actividades
....

Horarios de las comidas
....

Tiempo libre
....

Consejos para la estancia
....

3

Productos de ayer y de hoy

En esta unidad vamos a elaborar un plublirreportaje sobre una empresa.

Para ello vamos a aprender:

- Los usos y algunas formas irregulares del Pretérito Indefinido
- La forma y los usos del Pretérito Imperfecto
- A contrastar situaciones pasadas y actuales
- A describir las características de una empresa (u otra cosa) en el pasado y a contar qué eventos marcaron su evolución
- Expresiones temporales referidas al pasado
- A expresar continuidad: **seguir** + Gerundio, **todavía** + Presente
- A expresar interrupción: **dejar de** + Infinitivo, **ya no** + Infinitivo
- A expresar inicio: **empezar a** + Infinitivo
- A expresar hábitos en el presente: **soler** + Infinitivo
- A pedir disculpas: **perdonar, disculpar, lamentar**
- Los pronombres de OI + OD: **me / te / se... + lo / la / los / las**

1. EL CHOCOLATE

A. ¿Te gustan los dulces? Responde a estas preguntas sobre el chocolate. Después, comenta tus respuestas con tu compañero.

1. ¿Te gusta el chocolate?
2. ¿Comes mucho chocolate? ¿En qué productos?
3. ¿Sueles tener chocolate en casa? ¿De qué tipo?
4. ¿Te gusta regalar chocolate?
5. ¿Crees que es malo para la salud?
6. ¿Has hecho alguna vez un pastel de chocolate?

■ A mí me encanta el chocolate. ¿Y a ti?

B. Aquí tienes un texto extraído del sitio web de una marca de chocolates. ¿Qué título pondrías a cada párrafo?

El **cacao** es un alimento muy antiguo: sabemos que los olmecas, en el antiguo México, ya lo conocían hace 2 600 años. Según la mitología maya, después de la creación de la humanidad, el dios Kukulkán dio el chocolate a los hombres. Los mayas, además, celebraban todos los años una fiesta en honor del dios del cacao: le ofrecían sacrificios y le regalaban cacao y plumas de pájaros. En el siglo XIV, los aztecas tomaban una bebida amarga y picante llamada *xocoatl*, que además de cacao y agua, llevaba chile y otras especias picantes.

También se sabe que Colón, a la vuelta de América, llevó cacao a los Reyes Católicos, pero la bebida no tuvo éxito porque era demasiado fuerte. Años más tarde, en el siglo XVI, Hernán Cortés introdujo el cacao en la corte española.

Parece que fueron los monjes de algunos conventos de México y España los primeros que hicieron chocolate, tal como hoy lo conocemos, mezclando el cacao con azúcar, vainilla y canela. A lo largo del siglo XVII, el chocolate se introdujo en Francia, Italia, Alemania e Inglaterra, pero durante mucho años fue una bebida muy cara, que solo podían tomar, por su elevado precio, los reyes y nobles.

A principios del siglo XIX aparecieron las primeras fábricas en Suiza, en 1847 se fabricó en Inglaterra la primera tableta de chocolate y en 1875 el suizo Daniel Peter inventó el chocolate con leche.

La historia de **Chocolate Tula** comienza hace exactamente 100 años, cuando el pastelero Vicente Tula empezó a elaborar chocolates de manera artesanal en su pastelería de San Ginés del Valle. Diez años más tarde, animado por el éxito, Don Vicente, bisabuelo del actual director, abrió una pequeña fábrica en la que trabajaban 20 mujeres. En aquella época la producción era de 5 000 tabletas mensuales, todas ellas de chocolate con leche.

A partir de los años setenta, se crearon nuevos productos, algunos muy populares: las chocolatinas, el chocolate con almendras, el chocolate con avellanas, el chocolate blanco y los bombones **Tuletes**.

Actualmente nuestra marca está presente en 50 países de los cinco continentes. El proceso de producción se lleva a cabo usando las últimas novedades tecnológicas, y nuestra planta de producción, en la que trabajan 500 empleados, permite la elaboración de 4 000 kilos diarios de chocolate de la mejor calidad.

C. En el texto se usan dos tiempos diferentes del pasado. ¿Sabes cuáles son? Márcalos de manera diferente y observa cómo se usan. Discute con un compañero tus conclusiones.

2. UN COCHE HISTÓRICO

A. El 600 (Seat 600) es un coche de fabricación española. ¿Sabes de qué época es? ¿Conoces otros coches históricos? Coméntalo con tu compañero.

*
- Es un coche de los años cincuenta, ¿no?
- A mí me parece de la misma época que...

B. Estas frases están relacionadas con el 600. ¿Cuáles crees que son verdaderas? Después, compara tus respuestas con tu compañero.

	Verdad	Mentira
1. El 600 era considerado un coche para jóvenes.		
2. El primer modelo se fabricó a mediados de los años sesenta.		
3. Durante los primeros años, el proceso de montaje se hacía manualmente.		
4. Para poder comprar un 600, muchos españoles tenían que trabajar en dos o más lugares (el llamado pluriempleo).		
5. Un 600 costaba unas 70 000 pesetas (el sueldo de un obrero era de unas 3 000 pesetas al mes).		
6. Los primeros años, salían diariamente de la fábrica unos 300 coches.		

*
- Era un coche para jóvenes.
- ¿Tú crees que los jóvenes en España tenían dinero para comprar un coche?

CD 10 **C.** Ahora escucha a Manuel López, un obrero que trabajaba en la fábrica que producía "seiscientos" en aquella época, y comprueba tus respuestas.

D. ¿Y tú?, ¿tienes un recuerdo especial de algún coche?

*
- Cuando tenía 10 años mis padres tenían un...

3. MÁS DE 60 AÑOS

A. Lee este anuncio. ¿A qué tipo de empresa corresponde? ¿Cuál es el mensaje que quiere transmititr?

Llevamos más de 60 años **trabajando** a su lado

En 1947 abrimos nuestra primera oficina y **comenzamos a apoyar** el desarrollo económico del país. Éramos así:

En 1961 **ya teníamos** 40 sucursales en toda España y durante la década de los sesenta **continuamos creciendo** para estar más cerca de usted.

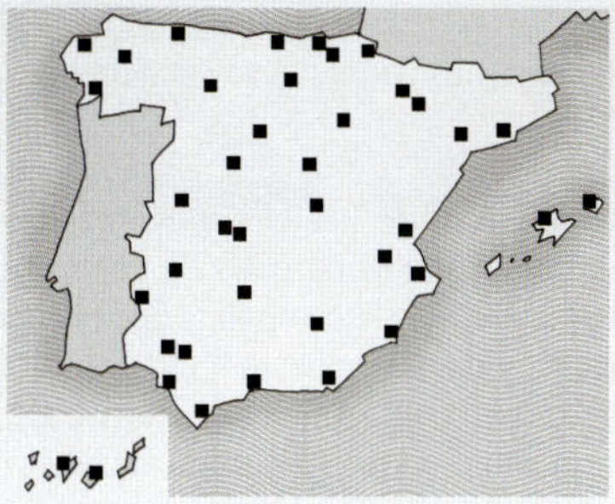

En 1971 revolucionamos el sector y creamos la primera cuenta vivienda de España.

En 1982 **volvimos a ser** los primeros y **empezamos a trabajar** también así:

Desde 1999 estamos a su lado cuando usted está en su casa o su oficina.

Hoy en día, más de un millón de clientes **sigue confiando** en nosotros. ¿Por qué? Porque nunca **hemos dejado de trabajar** así:

B. Fíjate en las expresiones destacadas en negrita del anuncio.
¿Entiendes qué significan? ¿Existen en tu lengua expresiones equivalentes?

C. Como cliente de un establecimiento o servicio, ¿qué es lo que más valoras? ¿Qué cosas te hacen volver a usarlo? Piensa, por ejemplo, en restaurantes, entidades bancarias, bares, librerías, escuelas, portales de compra por internet u otros. ¿Están tus compañeros de acuerdo contigo?

la decoración del establecimiento
la atención al cliente
el precio
la rapidez en el servicio
la flexibilidad de horarios
la calidad del producto
otros

>
En un restaurante
Lo que más valoro es...
Lo principal es...
Lo que me hace volver a ir es...

* En un restaurante, lo que más valoro es la calidad de la comida, pero también la rapidez y la atención de los camareros...

4. ATENCIÓN AL CLIENTE

A. Lee esta carta y completa la ficha de abajo.

Juan Fabricio
C/Valencia 160, 4º D
08015 Barcelona

Dpto. de Comunicación Teletel
Avda. Diagonal, 56
08020 Barcelona

Barcelona, 3 de septiembre

Estimados señores:

Me dirijo a ustedes para expresarles mi descontento por el nuevo servicio de atención telefónica al cliente.

Hace cuatro años que utilizo los servicios telefónicos de Teletel. Antes, cuando necesitaba hacer una consulta o una queja, llamaba al número 400 y, después de una espera, hablaba directamente con un empleado de la compañía. Era, normalmente, alguien que me atendía con amabilidad y daba respuesta a mis consultas. Desgraciadamente, ahora tengo que hablar con un contestador automático que me obliga a seguir unas instrucciones interminables y que, a menudo, después de un largo proceso, no me ofrece la solución que necesito. Por lo visto, ya no existen operadores en su compañía.

Imagino que Teletel ha querido, de este modo, adaptarse a las nuevas tecnologías y, sobre todo, ahorrar costes, pero lo cierto es que el resultado es muy poco satisfactorio. Quiero expresarles mi queja por este cambio que no responde en absoluto a mis necesidades como cliente ya que existen multitud de problemas que un servicio automático no puede resolver.

Espero que busquen una manera de mejorar la calidad de su atención telefónica; en caso contrario, optaré por cambiar de compañía.

Atentamente.

Juan Fabricio

Juan Fabricio

SERVICIO DE ATENCIÓN AL CLIENTE

Fecha: ______ Cliente: ______

Destinatario: ______

Motivo de la carta:

______

B. En Teletel han recibido cientos de cartas como la de Juan Fabricio. ¿Qué medidas crees que deben tomar para no perder a sus clientes? Coméntalo con tus compañeros.

*
- Deberían ofrecer un servicio...
- Pues yo creo que tienen que...

C. Ahora lee la carta que Teletel ha enviado a su cliente. ¿Ofrecen una solución adecuada?

TELETEL Avda. Diagonal, 56. 08020 Barcelona

Juan Fabricio
C/Valencia 160, 4º D
08015 Barcelona

Barcelona, 12 de septiembre

Distinguido Sr. Fabricio:

Hemos recibido su carta y lamentamos mucho su descontento con nuestros servicios. Implantamos el nuevo sistema de respuesta automatizada pensando que, de este modo, el cliente podía llamar a cualquier hora del día o de la noche.

Hemos realizado un estudio sobre el grado de satisfacción de nuestros clientes y hemos comprobado que, aunque la mayoría se declaran satisfechos, algunos usuarios, como usted, prefiere hablar con operadores. En vista de estos resultados, hemos decidido implantar un sistema mixto. A partir del mes que viene, ofreceremos una atención personalizada en nuestro horario comercial (de 9.00 a 14.00) y un servicio automatizado durante el resto del día. De esta forma, esperamos cubrir las necesidades de todos nuestros clientes.

Le rogamos disculpas por las posibles molestias ocasionadas y deseamos poder seguir teniéndole como cliente durante mucho tiempo.

Un cordial saludo.

Sara Chillida

Sara Chillida
Jefa del Departamento de Comunicación

D. ¿Cómo son los servicios telefónicos y de internet en tu país? ¿Han cambiado mucho en los últimos años? ¿Qué cambios crees que son necesarios? Coméntalo con tus compañeros.

*
- Hasta hace unos años sólo había una compañía telefónica y llamar por teléfono era muy caro...
- Sí, ahora hay más competencia y todo es más barato...

5. ÉPOCA DE CAMBIOS

A. Lee el artículo. Teniendo en cuenta el título del texto, subraya las palabras o ideas que consideres más importantes.

Comer en treinta minutos

30'

A finales de los años setenta del siglo pasado se produjeron en España grandes transformaciones en diversos ámbitos. Hubo importantes cambios políticos y económicos y, por supuesto, profundos cambios biológicos. Desde entonces hasta nuestros días muchos aspectos de la vida de los españoles han experimentado una gran transformación. Uno de los aspectos en los que se han producido cambios más significativos es el relativo a la comida: en la actualidad, los españoles comemos de forma diferente a como lo hacíamos en los años setenta.

Es verdad que hay cosas que siguen siendo igual: el aceite de oliva es aún uno de los pilares de nuestra dieta, así como el pescado, que antes se consumía, sobre todo, fresco. Sin embargo, la incorporación de la mujer al trabajo favoreció la aparición de productos que en aquellos años no existían: los alimentos congelados y los platos precocinados. Si antes preparar el almuerzo diario de una familia podía llevar horas, en nuestros días es normal dedicar mucho menos tiempo a esta labor: calentar un plato precocinado en un microondas (aparato inexistente en los hogares españoles de los setenta) es una práctica habitual en muchos hogares españoles.

Junto a los precocinados y los congelados aparecieron muchos productos "nuevos", poco conocidos hasta entonces para los españoles; las hamburguesas, el *ketchup*, las pizzas... Otro ejemplo podrían ser los cereales, que se introdujeron como alimento infantil y se convirtieron, más tarde, en el desayuno de toda la familia, desplazando las clásicas galletas o el pan tostado.

Pero no sólo ha cambiado lo que se come, sino cuándo y cómo se come y dónde se adquieren los alimentos. Así, en los años setenta los españoles empleaban una hora y media para comer mientras que hoy en día muchos comen en 30 minutos. Por otro lado, si hablamos de establecimientos, las españolas (las mujeres eran casi exclusivamente las responsables de esta tarea) compraban casi siempre en mercados o en pequeñas tiendas de barrio y debían ajustarse a un horario limitado, mientras que hoy en día las compras se hacen, en buena parte, en grandes superficies.

Así pues, paradójicamente, estos 30 años de progreso nos han traído más prisas y una alimentación menos sana.

B. Ahora haz un resumen del texto a partir de lo que has subrayado. Intenta utilizar tus propias palabras.

C. ¿Y en tu país? ¿Ha habido en los últimos años cambios en los hábitos relacionados con la alimentación? Y tú, ¿has cambiado tus hábitos? Coméntalo con tu compañero.

*

- El año pasado trabajaba mucho y nunca tenía tiempo de cocinar.
- Yo siempre comía fuera de casa.

>

Palabras para organizar un texto

Para expresar la causa:
porque/como/debido a

Para presentar una idea que contrasta con la anterior:
sin embargo/en cambio/ mientras que

Para presentar una idea nueva:
además
por otro lado

6. LOS REYES MAGOS

A. ¿Sabes quiénes son los Reyes Magos? Si no lo sabes, pregúntale a tu profesor. ¿Cuál es el equivalente para los niños de tu país?

B. Observa estos juguetes. ¿Con qué crees que juegan los niños actualmente? Coméntalo con tu compañero.

*
- Ahora los niños ya no juegan con canicas...
- Pues yo creo que sí. Mi sobrino todavía juega con canicas.

CD 11 **C.** Sara, la hija de Pedro, ha escrito su carta a los Reyes Magos. Escucha la conversación de Pedro con una compañera de trabajo. ¿Qué regalos ha pedido Sara?

CD 11 **D.** Escucha el diálogo otra vez. ¿Qué van a traerle los Reyes a Sara?

E. ¿Y tú, cuando eras pequeño, con qué jugabas? ¿Qué regalos recuerdas? ¿Quién te los hizo? Coméntalo con el grupo.

*
- Yo tenía una guitarra. Me la regaló mi hermano.
- Pues a mí una vez...

>

(un tren)
Me **lo** regaló...

(una guitarra)
Me **la** regaló...

(unos patines)
Me **los** regaló...

(unas cartas)
Me **las** regaló...

7. UN PRODUCTO CON HISTORIA

CD 12 **A.** La empresa Jabones de Castilla celebra su 90 aniversario. El Departamento de Marketing ha preparado un publirreportaje de animación para la promoción de sus productos. Escúchalo y ordena los dibujos que van a acompañar el publirreportaje.

☐ Los egipcios

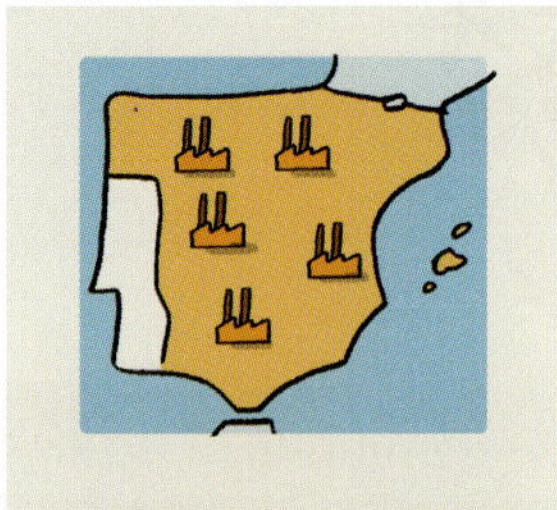

☐ Cinco fábricas en España

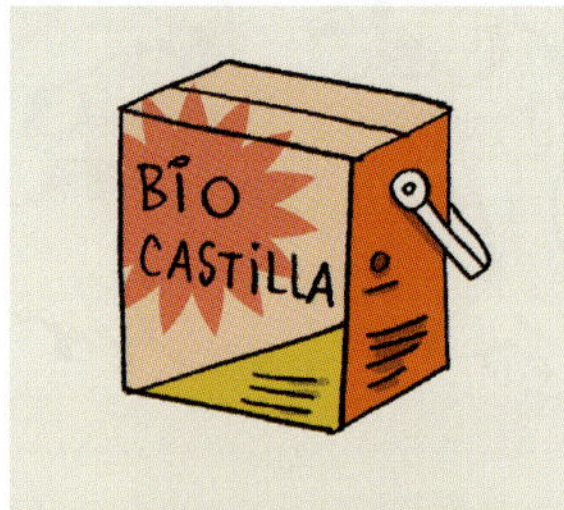

☐ Detergente **Bio Castilla**

☐ Jabón de rosas

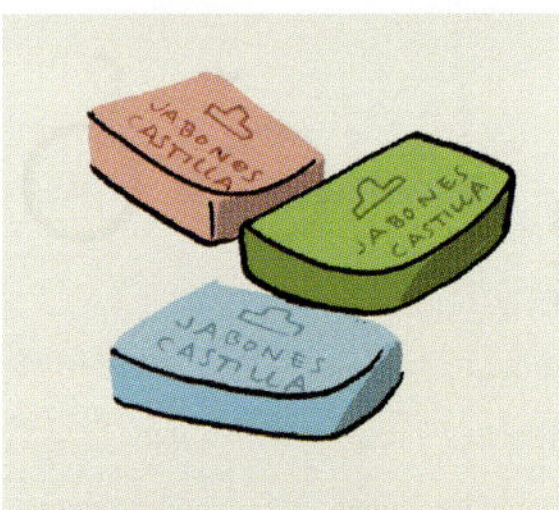

☐ **Jabones de Castilla**

☐ Los sumerios

☐ El aceite de oliva

☐ Valladolid (España)

CD 12 **B.** Escuchad de nuevo el publirreportaje. En parejas y con ayuda de los dibujos, escribid una frase al lado de cada fecha.

2500 a.C. ....

1500 a.C. ....

Siglo XII ....

1920 ....

1925 ....

1930 ....

1950 ....

En la actualidad ....

8. GRANDES INVENTOS

A. De los siguientes inventos, ¿cuáles crees que son los tres que han mejorado más la calidad de vida de la gente?

el móvil
la televisión
la cremallera
el ordenador
el automóvil
internet
la cámara fotográfica
la lavadora
el avión
el CD
las lentes de contacto
el mp3

1

2

3

4

5
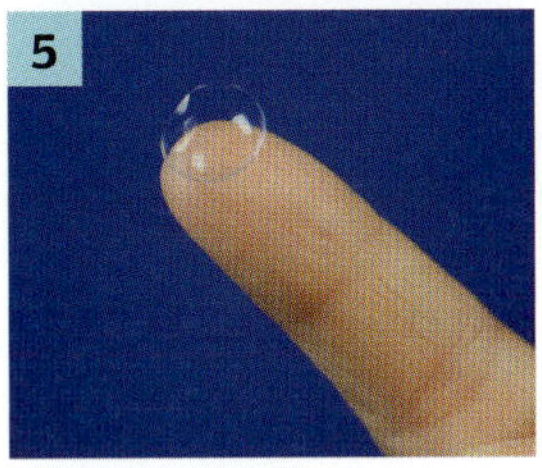
6

7

8

9

10

11

12

B. Prepara argumentos e intenta convencer a tu compañero de que los tres inventos que has escogido son los mejores.

* ● Pues yo creo que la lavadora ha sido uno de los tres inventos más importantes. Antes las mujeres pasaban horas y horas lavando la ropa...

C. En grupos de cuatro, poneos de acuerdo sobre cuáles han sido los tres inventos más importantes. Luego, con toda la clase y con los resultados de todos los grupos, decidid qué tres inventos han sido más decisivos para mejorar la calidad de vida de la humanidad.

9. PREVISIONES

Aquí tienes el comienzo de un artículo aparecido hace 25 años. Trataba sobre el futuro de algunos productos. Léelo. ¿Tenía razón? Coméntalo con tu compañero.

¿Desaparecerá el dinero?

La agencia de consultoría internacional PREVISIÓN acaba de finalizar un estudio sobre el futuro del consumo en el mundo. Han analizado los hábitos actuales de compra y, teniendo en cuenta las tendencias del desarrollo tecnológico, han hecho algunas sorprendentes previsiones.
Esta es una lista de 10 productos que, según el informe, dejaremos de usar en los próximos años:

- los pañuelos de tela
- los discos de vinilo
- el dinero en metálico
- las cerillas
- la escoba
- las gafas
- la máquina de escribir
- el magnetófono
- la prensa en papel
- las cintas de vídeo

>

Dejar de + Infinitivo
Mucha gente ha dejado de usar los pañuelos de tela.

Ya no
Ya no se usan casi cintas de vídeo.

Seguir + Gerundio
Algunos aficionados a la música siguen usando discos de vinilo.

*
- A mí me parece que sí, que la gente ha dejado de utilizar pañuelos de tela.
- Pues yo sigo utilizándolos. No me gustan nada los de papel.

10. OFICINAS DE AYER Y DE HOY

A. Esta foto corresponde a una oficina en los años sesenta. ¿Sabes cómo era el trabajo en esa época? Haz una lista con tus ideas. Después, habla con tu compañero y comparad vuestras listas.

*
- Trabajaban muchas horas.
- Sí, y todo era más lento, porque no había fotocopiadoras ni impresoras, por ejemplo.

B. ¿Qué cosas han cambiado en tu trabajo o en tus estudios en los últimos años? Coméntalo con el grupo.

*
- Antes iba mucho a la biblioteca, pero ahora ya no voy tanto. Soluciono muchas cosas con internet.
- Yo, sin embargo, sigo yendo mucho porque...

Portfolio

UN PUBLIRREPORTAJE

A. En parejas. Vuestra empresa celebra su aniversario y vosotros sois los responsables de preparar un publirreportaje sobre su historia. Primero, completad la ficha que os servirá para la elaboración del texto.

Nombre de la empresa

Productos que fabricaba/fabrica

Año y lugar de creación

Nombre del fundador

Otros

Número de empleados

Antes: .... Ahora: ....

Lugar/es de venta

Antes: .... Ahora: ....

Fabricación del producto
(material, maquinaria, tecnología, cantidades...)

Antes: .... Ahora: ....

B. Pensad también en qué imágenes pueden acompañar el reportaje y qué textos las pueden acompañar.

C. Vais a exponer vuestro publirreportaje a la clase. Después, entre todos tenéis que elegir la mejor propuesta.

*

- Hace 120 años, Gabriel Pinto creó Tintas do Norte, la empresa líder del sector de la pintura en Portugal...

4

Normas en la empresa

En esta unidad vamos a elaborar las normas internas para los empleados de una empresa.

Para ello vamos a aprender:

- Formas y usos del Imperativo afirmativo y negativo
- El Imperativo con pronombres de OD y OI
- A expresar impersonalidad: **se** + verbo en 3ª persona (singular y plural); 2ª persona del singular
- A preguntar y hablar de la salud
- A referirnos a colectivos de personas: **la gente**, **todo el mundo**...
- A expresar obligación y prohibición: **deber** + Infinitivo, **estar prohibido**, **prohibir**, **no permitirse**, etc.

1. ¡SALUD!

A. ¿Qué les pasa a estas personas?

1. Andrés

2. Paula

3. Roberto

4. Lidia

5. Pancho

6. Irene

7. Sandra

CD 13-19 **B.** Escucha y comprueba.

C. Todos trabajan en una oficina. ¿Crees que todos pueden ir a trabajar hoy? Coméntalo con tu compañero.

*

- Yo creo que Andrés no puede ir a trabajar.
- Depende...

D. Y tú, ¿en qué casos dejas de ir al trabajo o a clase? Coméntalo con tu compañero.

2. CULTURA DE EMPRESA

CD 20 **A.** Una estudiante está realizando un estudio sobre la vida diaria en las empresas españolas y tiene una conversación con dos profesionales. Escucha y marca los temas de que hablan.

- La formalidad en el trato
- La flexibilidad de horarios
- Las jerarquías
- Los sueldos
- Las celebraciones
- El trabajo en equipo
- La formalidad en la manera de vestir
- Las comidas
- Las vacaciones
- La formación de los empleados

CD 20 **B.** Escucha otra vez la entrevista y completa el cuadro con las respuestas de Clara Andueza, directora del Departamento de Créditos de un banco, y Ernesto Rúa, grafista de una agencia de publicidad.

Clara

Ernesto

En la empresa de...	Clara Andueza			Ernesto Rúa		
	Sí	No	Depende	Sí	No	Depende
1. ¿Se viste de manera formal?						
2. ¿Es posible emplear más de una hora para comer?						
3. ¿La gente se llama por el apellido?						
4. ¿Se tutea todo el mundo?						
5. ¿Se hacen regalos en alguna ocasión?						
6. ¿Es muy importante la puntualidad?						

C. ¿En cuál de las dos empresas preferirías trabajar? Explícaselo a tus compañeros.

* ● Yo preferiría trabajar en...

3. NORMAS DE SEGURIDAD

A. ¿En qué tipo de empresas crees que trabajan las personas que tienen que cumplir estas normas?

BARROSO, S.A.
AVISO

1. Tu tarjeta de identificación es personal e intransferible: **no** la prestes ni la **pierdas**.
2. **Utiliza** los guantes en todo momento.
3. **No olvides** cerrar con llave el armario de los fármacos.
4. Pónte la máscara para manipular productos tóxicos.
5. No entres en la sección de radiología sin la protección adecuada.
6. **No escribas** a mano las notas para tus compañeros de equipo: usa siempre intranet.
7. Al salir, **recoge** toda la ropa que has usado e **introdúce**la en una bolsa para su estirilizado.

CONSTRUTOP Normas de seguridad

- **Lleve** puesto siempre el casco.
- **No utilice** el montacargas para subir a pisos superiores: está destinado al transporte de material.
- Respete las normas de seguridad en todo momento.
- Mantenga las herramientas en buen estado y **recója**las siempre después de usarlas.
- En caso de detectar alguna anomalía, **diríja**se al técnico correspondiente.
- Si viene al trabajo en coche, **no** lo **meta** en el recinto de la obra: el seguro no cubrirá ningún desperfecto.
- **No permita** la entrada a la obra de personas ajenas; si es necesario, llame al servicio de seguridad.

A mil x hora

Recordad:

- **Usad** siempre el casco.
- **Conducid** respetando las normas de circulación y, en especial, **no circuléis** por las aceras: la empresa no se hará cargo de las multas.
- No hagáis **ni recibáis** llamadas particulares con el móvil de la empresa: debe estar siempre disponible para avisos de recogida.
- No olvidéis que los albaranes tienen que estar firmados por el cliente y, por favor, ¡**no** los **perdáis**!
- Al acabar vuestro horario, **devolved** el cuaderno de albaranes a Contabilidad.

* Probablemente estas normas son de... porque...

B. Fíjate en los verbos destacados en negrita y colócalos en el cuadro siguiente: ¿ves cuáles son las terminaciones de cada grupo?

FORMAS AFIRMATIVAS	Verbos en -ar	Verbos en -er	Verbos en -ir
Tú			
Usted			
Vosotros			
FORMAS NEGATIVAS	**Verbos en -ar**	**Verbos en -er**	**Verbos en -ir**
Tú			
Usted			
Vosotros			

4. PROHIBIDO

A. ¿Qué crees que indican estas señales?

1

2

3

4

5

6

- Es obligatorio el uso del cinturón de seguridad.
- No se permite el uso de teléfonos móviles.
- Es obligatorio el uso de casco.
- Se prohíbe hacer fotografías.
- Prohibido fumar.
- Está prohibido comer y beber.

B. Habla con tu compañero y dibujad una señal que podría haber en los siguientes lugares:

en una oficina

en un ascensor

en un restaurante

en un supermercado

en un vestuario

en un hospital

en un aparcamiento

en un cine

en una piscina

C. Enseñad los dibujos a otra pareja de compañeros y pedidles que los interpreten.

* ■ Aquí se prohíbe...

5. MOTIVACIÓN

A. Lee el texto y señala qué aspectos motivan a los empleados y cuáles los desmotivan.

Un buen ambiente en el trabajo

En el mundo empresarial actual, cada vez más especializado y competitivo, contar con una plantilla formada y motivada es esencial para obtener buenos resultados.

Son diversos los aspectos que cualquier equipo directivo debe tener en cuenta para conseguir un ambiente de trabajo adecuado y productivo en su empresa. Sin duda, es esencial contar con una buena política retributiva; en otras palabras, ofrecer salarios justos en todos los niveles. Pero este no es el único factor: tener un trato personal con los empleados y fomentar sus iniciativas son también condiciones indispensables para mantener una alto grado de motivación. Empleados bien pagados, pero a los que se trata de modo poco respetuoso, o trabajadores que no pueden expresarse y tener ideas propias, pueden perder la ilusión y el deseo de trabajar de manera eficaz.

Del mismo modo, es necesario fomentar en los equipos un sentimiento de responsabilidad compartida: todas las personas que participan en un proyecto deben sentirse (en el grado en que les corresponde) responsables de su éxito o de su fracaso, pero "responsabilidad" no quiere decir "culpa", por lo que los directivos no deben culpabilizar a sus subordinados de los resultados negativos ni de los problemas surgidos. Una cultura de empresa motivadora es aquella en la que los errores y dificultades son tomados como una lección que hay que aprender, de manera responsable, para el futuro.

En muchas empresas existen, sin embargo, prácticas que resultan desmotivadoras. Hay, por ejemplo, empresas que no valoran los esfuerzos de sus trabajadores. O empresas que tienen normas poco coherentes: piden a los empleados flexibilidad de horario cuando un determinado proyecto lo requiere mientras que ponen mala cara cuando es el empleado el que solicita esta flexibilidad por cuestiones personales. Algunas empresas, además, practican una política de puertas cerradas; es decir, mantienen las puertas de los despachos cerradas y, de ese modo, marcan excesivamente las distancias entre trabajadores y directivos (y entre los directivos mismos). Como consecuencia de este tipo de prácticas, surge la falta de comunicación y las ideas no circulan, por lo que es siempre aconsejable adoptar dinámicas que favoren la comunicación: reuniones informativas, boletines internos, actividades conjuntas, etc.

Se pueden citar muchos otros factores que intervienen en la motivación de la plantilla. En cualquier caso, debemos tener siempre en cuenta que motivar a los empleados y hacerles sentirse parte integrante de la empresa es esencial para mejorar los resultados.

Aspectos que motivan	Aspectos que desmotivan

B. Ahora, basándote en lo que dice el texto y en tus propias ideas, elabora con un compañero una lista de las cosas que debe y no debe hacer un jefe para motivar a sus empleados.

*
- Para motivar a sus empleados, un jefe debe...
- Sí, y no debe...

6. MEDICINA

Aquí tienes una serie de cosas que se utilizan cuando alguien no se encuentra bien. Juega con tus compañeros. Explícales qué es y ellos intentarán adivinarlo.

una infusión

unas gotas

una venda

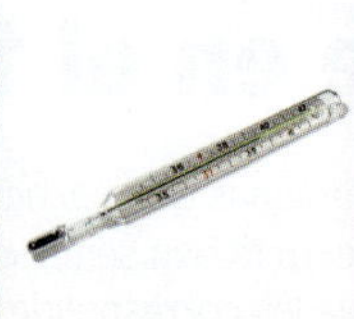
un termómetro

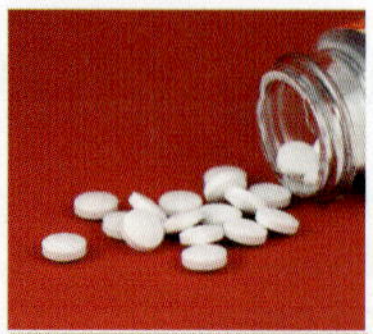
unas aspirinas

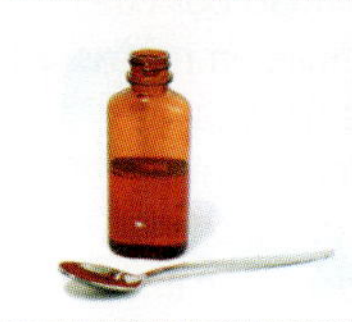
un jarabe

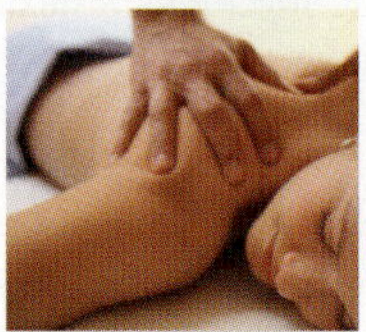
un masaje

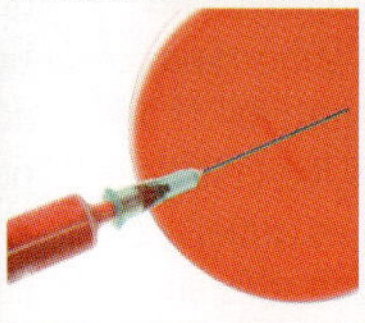
un análisis de sangre

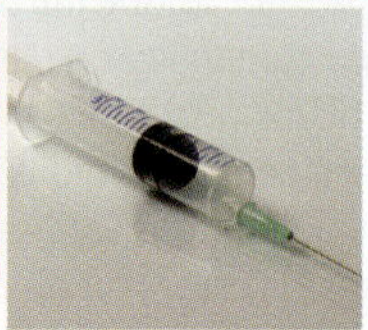
una inyección

unos pañuelos de papel

*
- Es algo que se bebe. Lo tomas para la garganta, cuando tienes tos...
- ¡Jarabe!
- Exacto...
- Ahora yo. Es una cosa que...

>

Impersonalidad

Es una cosa que
se usa/usas
se toma/tomas
te pones/te ponen
te hacen

Cuando se tiene tos
tienes tos

Síntomas

Tener fiebre/tos/mocos
Estar enfermo/resfriado

Tener dolor de espalda
muelas
cabeza

Doler el estómago
la cabeza
el oído

7. IR AL MÉDICO

A. ¿Vas mucho al médico? Marca en qué ocasiones. Después coméntalo con tu compañero.

- ☐ Cuando estoy mareado/a.
- ☐ Cuando estoy muy triste sin motivo.
- ☐ Cuando no puedo ir a trabajar porque estoy enfermo/a y necesito la baja.
- ☐ Cuando estoy muy cansado/a sin motivo.
- ☐ Cuando necesito una receta.
- ☐ Cuando quiero empezar a hacer dieta.
- ☐ Cuando me duele la cabeza.
- ☐ Cuando, después de una enfermedad, quiero volver a trabajar y necesito el alta.

CD 21 **B.** Escucha ahora la conversación entre un médico y un paciente. ¿Qué le pasa al paciente?

CD 21 **C.** Escucha otra vez y toma nota de las instrucciones que el médico da al paciente.

Puede	No puede	Debe	No debe

D. ¿Y tú?, ¿haces siempre lo que te dice el médico? Coméntalo con tu compañero.

*
- A mí, el médico siempre me dice que no puedo tomar mucha sal, pero...

8. UNA OFICINA CAÓTICA

Las personas que trabajan en esta oficina son muy desordenadas y no cuidan el material, el mobiliario y las instalaciones. Imaginad, en parejas, que sois los jefes de esta empresa: escribid una lista de normas para poner un poco de orden en la oficina.

LISTA DE NORMAS

No dejéis las mesas desordenadas. Por favor, ordenadlas todos los días.

9. UN NUEVO COMPAÑERO

A. Responde a estas preguntas sobre tu clase.

	Sí	No
¿Se puede comer en clase?		
¿Está permitido llegar tarde?		
¿Está prohibido consultar el diccionario?		
¿Es obligatorio hacer los deberes?		
¿Se puede ir vestido de manera informal?		
¿Hay que hablar solo en español en clase?		
¿Es obligatorio tratar de usted al profesor?		
¿Está permitido tener el móvil conectado?		

B. Imaginad que llega a vuestra clase un estudiante nuevo. En grupos de tres, elaborad una lista con todas las recomendaciones y consejos que le daríais.

1. En clase no se puede comer.

2. ....

C. Leed vuestra lista al resto de la clase y a vuestro profesor. ¿Estáis todos de acuerdo?

10. UN PROSPECTO

A. Kerstin lleva un tiempo estudiando español en España. Está enferma y guardando cama. El médico le ha recetado un medicamento, pero hay algunas palabras del prospecto que no entiende. ¿Qué crees tú que significan? Coméntalo con tu compañero.

producir somnolencia
procesos gripales
estados febriles

* ● Yo no sé qué significa "somnolencia"...

CD 22 **B.** Ahora, para comprobar tus hipótesis, escucha cómo Isabel, una amiga española de Kerstin, le explica esas palabras.

CD 22 **C.** Vuelve a escuchar la conversación. Isabel emplea las expresiones destacadas en negrita. ¿Sabes para qué sirven? ¿Conoces otras con el mismo significado?

"se recomienda para procesos gripales, **o sea**, si tienes gripe"
"es aconsejable para estados febriles, **o lo que es lo mismo**, si tienes fiebre"
"puede producir somnolencia, **eso quiere decir que** te da sueño"

Otras expresiones: ....

Portfolio

NORMAS

A. Trabajáis en el Departamento de Personal de una empresa de nueva creación. En parejas, vais a escribir las normas internas para los empleados. Podéis elegir una de estas empresas u otra.

un parque de atracciones
un restaurante
un gimnasio
una peluquería
una tienda de ropa
un banco
una estación de esquí
...

B. Vais a redactar las normas de la empresa que habéis elegido. Podéis considerar los siguientes aspectos:

EL VESTUARIO
uniforme
ropa formal
informal
...

LOS HORARIOS
entrada
salida
vacaciones
pausas
comidas
...

EL TRATO AL CLIENTE
tú/usted
...

LAS RELACIONES PERSONALES
celebraciones
regalos
fiestas
...

LA SEGURIDAD
alarmas
llaves
puertas
acceso restringido
...

LA HIGIENE
manipulación de productos
herramientas
...

*
- No se puede trabajar en pantalón corto.
- Vale. Todos los empleados deben llevar...

C. Explicad las normas de vuestra empresa a vuestros compañeros.

*
- Nuestra empresa es... y tenemos las siguientes normas...

D. Entre todos, decidid en qué empresa trabajarán mejor los empleados.

5 Dinero

En esta unidad vamos a solicitar o conceder un crédito bancario.

Para ello vamos a aprender:

- El Presente de Subjuntivo
- El Futuro
- A hablar de acontecimientos futuros: **cuando** + Presente de Subjuntivo
- Algunos usos de **por**
- A expresar posibilidad: **poder** + Infinitivo
- A expresar necesidad o conveniencia: **es necesario/básico/útil/mejor/conviente...** + Infinitivo
- **Acabar de** + Infinitivo
- **Antes/después de** + Infinitivo

1. COSAS DE BANCOS

A. ¿Qué están haciendo o van a hacer en cada situación?

	Abrir una cuenta.		Sacar dinero del cajero.
	Cobrar un cheque.		Domiciliar pagos.
	Revisar el extracto de una cuenta.		Cambiar dinero.

CD 23-28 **B.** Escucha y comprueba.

C. ¿Haces estas operaciones frecuentemente? ¿Cuándo fue la última vez? Coméntalo con un compañero.

D. ¿Conoces otras palabras o expresiones relacionadas con operaciones bancarias? Escríbelas para, después, hacer una lista entre toda la clase.

2. UNA SOLICITUD

A. Mira la siguiente solicitud. ¿Para qué cosas se rellenan formularios de este tipo? ¿Has rellenado alguna vez alguno? Coméntalo con tu compañero.

DATOS PERSONALES

Nombre | Apellidos | e-mail

Dirección | Código Postal | Localidad | Provincia

Nacionalidad | Teléfono fijo | Teléfono móvil | Fecha de nacimiento / /

Estado civil: ☐ Soltero/a ☐ Casado/a ☐ Divorciado/a ☐ Viudo/a

Sexo ☐ Mujer ☐ Hombre

Vivienda: ☐ Propietario/a con hipoteca ☐ Propietario/a sin hipoteca ☐ Vive con su familia ☐ Alquilado ☐ Otros

☐ **DNI/NIF** ☐ **Pasaporte** ☐ **Tarjeta de residencia** **Nº**

DATOS PROFESIONALES

Empresa | Sector de actividad | Tipo de contrato: ☐ Autónomo **Contrato:** ☐ Indefinido ☐ Temporal ☐ Otros

Nombre de la empresa | Teléfono de la empresa | Dirección | Provincia

Posee tarjetas de crédito: ☐ Visa ☐ Master Card ☐ Amex ☐ Diners ☐ Otros

DOMICILIACIÓN BANCARIA

Nombre y apellidos del titular de la cuenta | Código Cuenta Cliente (C.C.C.):

Código Cuenta Cliente (C.C.C.): Entidad | Oficina | D.C. | Nº de cuenta | Banco o Caja de ahorros | Sucursal

FIRMA DEL TITULAR

- No sé, yo nunca he rellenado un formulario de este tipo...
- Pues a mí me parece una solicitud para...

B. Se trata de un formulario para contratar una tarjeta de crédito o débito. Ahora puedes rellenarlo. Fíjate en los datos que se solicitan. ¿Son los mismos que se piden en tu país?

C. Lee ahora esta publicidad de Tarjebank. ¿Qué te parecen las prestaciones de la tarjeta? Coméntalo con tu compañero.

Ya está aquí Tarjebank

Ya ha llegado la tarjeta preferida por millones de personas. La forma más flexible, cómoda y segura de hacer sus compras: desde un café hasta un billete de avión. Tarjebank es la tarjeta que usted esperaba.

Con Tarjebank usted elige

¿Cuándo usarla?
Cuando necesite dinero en efectivo, en más de 500 000 cajeros de 130 países.
Cuando quiera pagar sus compras, en más de 20 millones de establecimientos de todo el mundo.
Cuando necesite un crédito, Tarjebank se lo proporcionará: hasta 30 000 €, sin trámites.

¿Cuánto pagar?
Cuando reciba el extracto mensual detallado de sus gastos, usted decidirá la cantidad que va a pagar, desde un mínimo del 3% del crédito dispuesto (nunca menos de 10 €), hasta el importe que usted elija. Para cambiar el importe de su pago mensual, solo tiene que comunicárnoslo.
Nuestro teléfono es el 900 900 909.

¿Cómo obtenerla?
Para disfrutar de su tarjeta Tarjebank, no necesita cambiar de banco. Pídanosla. Llámenos o rellene la solicitud.
Si quiere hacernos alguna consulta, no dude en contactar con nosotros.
Recuerde, estamos en el 900 900 909.

Tarjebank

*
- Lo de obtener un crédito de hasta 30 000 euros está muy bien, ¿no?

D. Y tú, ¿utilizas tarjetas bancarias? ¿De crédito? ¿De débito? ¿Para qué? ¿Coincides con tu compañero?

*
- Yo utilizo bastante la de crédito, para comprar por internet y para...
- Pues yo uso más la de débito, sobre todo para sacar dinero y...

3. CLIENTES BIEN INFORMADOS

A. ¿Para qué sirven los bancos? ¿Crees que en tu país ofrecen un buen servicio? Coméntalo con tu compañero.

* Depende. Yo, con mi banco, estoy muy satisfecho porque...

B. En España, muchos bancos intentan conseguir nuevos clientes ofreciendo interesantes regalos. Lee la primera parte del artículo "Nadie regala nada a nadie", aparecido en la revista de una asociación de consumidores, y completa la información en el cuadro.

Nadie regala nada a nadie

Coches de lujo, teléfonos móviles, calculadoras, vajillas, enciclopedias, vales de gasolina... Todo eso y más le ofrecen los bancos y las cajas de ahorro por abrir una cuenta o una libreta de ahorro, domiciliar la nómina, solicitar una tarjeta de crédito, pedir un préstamo o comprar productos financieros. Las ofertas suelen ser irresistibles.

La relación entre usted y su banco es un matrimonio de conveniencia. Usted dispone de dinero y el mejor sitio para guardarlo es, precisamente, el banco. A cambio, este paga por usted la luz, el teléfono, el agua, le ingresa talones en su cuenta, le envía transferencias, le adelanta dinero o le facilita la moneda extranjera que usted necesita.

También le puede proporcionar seguros de vida, del hogar o hipotecas para adquirir la casa con la que siempre soñó.

Sin embargo, al final, descubrirá que detrás de todos estos servicios siempre hay intereses, comisiones, gastos, que le pueden suponer una fortuna... Y tarde o temprano tendrá que pagarlos.

Un crédito en las mejores condiciones

Recomendaciones:

1. Antes de contratar un crédito, se debe pedir información en diferentes bancos y comparar las condiciones.

2. Puede parecer obvio, pero es fundamental leer todas las cláusulas del contrato, incluso "la letra pequeña". Después de firmar, puede ser demasiado tarde.

3. Cuando pida un préstamo, en lugar de aceptar las condiciones del banco a la primera, negocie, pelee, regatee.

4. Antes de firmar cualquier crédito, es conveniente conocer la opinión de otros usuarios: busque información en internet o pregunte a sus conocidos.

5. No olvide que domiciliar su nómina en el banco es una buena arma para obtener ventajas en la negociación.

6. Para comprobar el nivel de atención al cliente de un banco es útil visitar una oficina y pedir el máximo de información.

7. Es importantísimo no tomar una decisión precipitada. Cuando tenga que elegir un crédito entre varias ofertas, hágalo sin prisas. Es su dinero.

Ofertas del banco para captar clientes	Operaciones más frecuentes que realizan los clientes	Servicios que ofrece el banco a sus clientes
coches de lujo,		

C. Ahora lee las recomendaciones que ha redactado la asociación de consumidores para obtener un crédito en las mejores condiciones y ordénalas según su importancia.

D. En grupos. Explica a tus compañeros cómo has ordenado las recomendaciones anteriores y decidid cuáles son las tres más importantes para obtener un crédito ventajoso.

* En mi opinión, lo principal es...

4. CIRCULAR DE UN BANCO

A. Lee la carta que el Banco Orbis envía al señor Estebas y decide cuáles son las opciones correctas.

BO Banco Orbis

C/ Estudios, 99 - 25040 Logroño
Tel.: 941 658 532 Fax: 941 658 533

Logroño, 4 de marzo de 2008

Estimado Sr. Estebas:

Me complace comunicarle que el Banco ORBIS acaba de inaugurar una nueva oficina en la calle Estudios 99, cerca de su domicilio.

Todos los que formamos el equipo de esta moderna y acogedora sucursal nos dirigimos a usted para saludarle cordialmente y para invitarle a conocer nuestras instalaciones. Le atenderemos personalmente y le informaremos sobre cualquier cuestión que sea de su interés. Estamos seguros de que le sorprenderá gratamente la variedad y la calidad de los servicios y productos que tenemos a su disposición.

Como todas nuestras nuevas oficinas y dentro del plan de renovación impulsado por nuestro centenario, hemos equipado estas nuevas instalaciones con la más moderna tecnología. Esperamos así dar respuesta eficaz a las necesidades de todos nuestros clientes. Venga a conocernos.

Esperamos tener la oportunidad de recibirle en nuestras oficinas personalmente.

Reciba un cordial saludo,

G.LLorente

Gloria Llorente
Directora

1 El señor Estebas
- **a.** ha dejado de ser cliente del banco.
- **b.** acaba de hacerse cliente del banco.
- **c.** es un cliente potencial.

2 Gloria Llorente informa sobre
- **a.** la ampliación del banco.
- **b.** el cambio de dirección del banco.
- **c.** la apertura de una sucursal.

3 Según el texto,
- **a.** el banco acaba de crearse.
- **b.** el banco es muy antiguo.
- **c.** el banco va a cerrar.

4 El Banco Orbis intenta captar al cliente ofreciéndole
- **a.** tecnología punta y un esmerado trato al cliente.
- **b.** un regalo.
- **c.** un horario ininterrumpido de atención al público.

B. ¿Crees que este tipo de cartas es un buen medio para captar clientes? ¿Tienes tú otras ideas? Coméntalas con tu compañero.

* ● A mí me parece que no está mal la carta, pero, en general, este tipo de cartas las tiro casi sin leerlas. Sería mejor...

5. UNA HIPOTECA

A. Juan va al banco para pedir información sobre una hipoteca para comprarse un piso. Estas son algunas palabras y expresiones técnicas que, seguramente, saldrán en la conversación. Relaciona cada una con su definición.

1. Cuota mensual
2. Importe máximo que concede el banco
3. Cancelación anticipada
4. Amortización
5. Comisión de apertura
6. Tipo de interés
7. Domiciliación de la nómina
8. Tasación

	Nº definición	✓
Cantidad de dinero que el banco cobra por abrir una hipoteca; en general, es un porcentaje de la cantidad prestada.		
Cantidad de dinero que hay que pagar cada mes.	**1, Cuota mensual**	
Ingreso directo del salario de una persona en su cuenta bancaria.		
Cantidad máxima de dinero que el banco presta; en general es un porcentaje del precio del inmueble.		
Devolución del dinero prestado por el banco.		
Porcentaje de intereses que hay que pagar al banco.		
Devolución de la cantidad prestada por el banco antes de que termine el plazo establecido.		
Estimación, normalmente realizada por un especialista, del precio real del inmueble.		

CD 29 **B.** Ahora escucha y marca los aspectos sobre los que pregunta el cliente.

CD 29 **C.** Escucha otra vez el diálogo y completa la ficha.

Información para el cliente

Importe de la hipoteca:

Años:

Tipo de interés que aplica el banco:
EURIBOR +

Comisión por amortización anticipada:

Comisión por cancelación total anticipada:

6. EXTRACTOS

A. Observa este extracto mensual de una tarjeta de crédito. Busca la información y completa la ficha.

EXTRACTO MENSUAL TARJETA VISA INTER ORO

BANCO**INTER %**

TITULAR: ANA ROCA RUIX SC **TARJETA:** 6205989015368054 **MONEDA:** EUROS **LÍMITE:** 10.000 EUROS Hoja N 001

REFERENCIA OPERACIÓN		CONCEPTO	IMPORTES	
FECHA	NÚMERO		A SU CARGO	A SU FAVOR
		SALDO ANTERIOR		**3.800,00**
19-04	48970987685784003202909547657708	RENT-AUTO MADRID AEROPUERTO-BARAJAS	290,00	3.510,00
19-04	4887Y546765475396834309124353232	RESTAURANTE CASA FERNANDO	126,00	3.384,00
20-04	48095387673546893421920576768729	CAFETERÍA SERRANO	33,50	3.350,50
20-04	4832853948560210865487692389856	JOYERÍA TORRES	199,00	3.151,50
20-04	4894876566912548645692047553954	RESTAURANTE PLAZA MAYOR	150,20	3.001,30
21-04	48538766458765476745697843287478	ÓPTICA RODRÍGUEZ	65,00	2.936,30
21-04	4897098768578403202909548765776	TOLEDO SOUVENIRS	20,00	2.916,30
22-04	4897098768578003767607648765708	HOTEL ALCALÁ	360,00	2.556,30
22-04	4897098765784076763202909576788	CAFETERÍA AEROPUERTO-BARAJAS	15,00	2.541,30
			TOTAL 1.258,70	
		SALDO ACTUAL		**2.541,30**

Banco Inter Español, S.A. Domicilio Social Balmes, 34, MADRID (D52099) Reg. Merc. de Madrid, G.123, L.78, F. 4560, Inscrip.1 N.I.F. X-230988775

ADEUDAREMOS, sin nuevo aviso, el día **30-04-08** en su cuenta, el importe TOTAL indicado

CUOTA MENSUAL DE AMORTIZACIÓN	INTERESES		COMISIONES	IMPORTE ADEUDADO
	% Mensual	Importe		
				1.258,70

DOMICILIACIÓN DEL PAGO VALENCIA, TURIA 34				**BANCO INTER**
CÓDIGO CUENTA CLIENTE (C.C.C.)	**Entidad**	**Oficina**	**D.C.**	**Nº de cuenta**
	0019	0020	02	8010658436

Titular: ....

Límite de la tarjeta: .... Moneda: ....

Saldo actual a su cargo: ....

Total a cargar en cuenta: ....

Fecha de domiciliación del pago: ....

Código de la entidad: .... Código de la oficina: ....

Dígito de control: .... Número de cuenta: ....

B. ¿Qué crees que ha estado haciendo el titular de la tarjeta? Coméntalo con tu compañero.

*
- Ha estado de viaje.
- Sí, porque ha ido a...

7. RECORTE DE GASTOS

A. Pront S.A. es una empresa de venta e instalación de *software*. ¿Qué partidas presupuestarias crees que suponen más gastos? Coméntalo con tu compañero.

* Las empresas gastan el dinero, sobre todo, en...

B. Si una empresa está pasando por un momento de crisis, ¿qué gastos crees que puede reducir?

* Yo creo que es básico controlar...
* Sí, y también...

>
material de oficina
teléfono
desplazamientos
alquiler
limpieza
vigilancia
mensajeros
nóminas
electricidad
reparaciones
publicidad
equipamiento

C. Pront S.A. está en crisis. El Departamento de Administración envía una nota interna a la dirección para proponer medidas de ahorro. ¿Qué partidas del presupuesto pueden recortarse? ¿Coinciden con las que tú has comentado?

Pront S.A.

De: Central
A: Responsables de Delegaciones Comerciales
Asunto: Recorte de gastos
Fecha: 20 de febrero

Ante la delicada situación económica que estamos viviendo y, tras haberse reunido el Comité de Dirección, se ha decidido adoptar una serie de medidas con el fin de recortar al máximo todos los gastos y así aumentar la productividad de la empresa. Para conseguir este objetivo, se deberán implantar las siguientes medidas:

- Controlar el uso del teléfono. Durante lo que va de año, esta partida se ha incrementado más de un 10%, lo que no se justifica teniendo en cuenta que se han reducido las llamadas internacionales.
- Es necesario hacer un esfuerzo personal y colectivo para controlar el gasto en electricidad: apagar las luces, los aires condicionados y los ordenadores cuando termine la jornada laboral y en períodos de ausencia prolongada.
- Es básico eliminar cualquier gasto superfluo (regalos de empresa innecesarios, elementos decorativos, etc.).
- Es responsabilidad del área comercial revisar y reducir los gastos en combustible. Por ello, a partir de ahora queda totalmente prohibido utilizar los coches de la empresa durante los fines de semana, salvo en casos de uso justificado.
- Todas las sucursales deberán solicitar presupuestos a 3 empresas diferentes de limpieza para reducir el gasto en esta partida.
- Es absolutamente necesario recortar los gastos de representación, comidas de trabajo en restaurantes lujosos, etc.

Cualquier otra sugerencia será bienvenida.

Firmado:
Administración

8. CUESTIÓN DE DÍAS

A. Últimamente has necesitado pedir dinero prestado a tus compañeros de clase. Ahora te lo reclaman. Tú no tienes dinero, pero les dices que se lo vas a devolver. ¿Cuándo? Piensa una buena excusa para darles.

* ● De verdad, es cuestión de días; os devolveré el dinero cuando...

B. Decidid entre todos cuáles son las tres explicaciones que tendrían mayor credibilidad.

1. ....

2. ....

3. ....

9. BUENOS PROPÓSITOS

CD 30-32 **A.** Escucha a diferentes personas que vuelven al trabajo después de las fiestas de Navidad. ¿Cuáles son sus propósitos para este nuevo año?

PROPÓSITOS	ACCIONES
Paloma...	
Julio...	
Raúl...	

CD 30-32 **B.** Escucha otra vez y completa la tabla. ¿Qué van a hacer para conseguir sus propósitos?

C. ¿Cuáles son tus buenos propósitos para los próximos meses? ¿Hay algún compañero en la clase que se proponga lo mismo?

* ● A partir de la semana que viene, voy a ir al gimnasio dos o tres veces por semana. Y tú, ¿te has propuesto hacer algo?

Tarea

Portfolio

EL MEJOR BANCO

A. Tienes intención de llevar a cabo uno de estos proyectos (u otro) el próximo año. Elije cuál.

Comprarte una casa.
Comprarte un coche.
Hacer reformas en casa.
Hacer una gran viaje.
Empezar a estudiar en la universidad.
Casarte.

B. Imagina que necesitas un crédito para hacer realidad ese plan. Busca a alguien en la clase que quiera pedir el dinero para lo mismo que tú.

- ¿Para qué vas a pedir el crédito tú?
- Pues, para irme de viaje, a Sudamérica... cuando termine la carrera. ¿Y tú?
- Yo también quiero hacer un viaje.

C. Aquí tenéis la publicidad de varios bancos. Decidid juntos en cuál vais a pedir el préstamo.

- Este es mejor porque no hay comisión de apertura y...

Banco del SUR

CREDICASA

En Banco del Sur sabemos lo importante que es tener una vivienda propia. Por eso queremos ofrecerle para su hipoteca las mejores condiciones del mercado. Usted sólo tiene que preocuparse de buscar su nueva vivienda, el resto es cosa nuestra.

Sin gastos de tramitación y con la comisión de apertura menor del mercado: 0,15%.

Con un interés fijo del

4,75%

Y sin comisión de amortización parcial o cancelación anticipada.

Con un plazo de devolución de **hasta 20 años**, el más prolongado del mercado de las hipotecas a interés fijo.

Su hipoteca no le quitará el sueño.

BC BANCO

PRÉSTAMO VIVIENDA

Dicen que todos los préstamos hipotecarios se parecen y es verdad que muchas condiciones son iguales en casi todos los bancos. Por ejemplo: la mayoría de los bancos le proporcionará hasta el 80% del precio de tasación de la vivienda... La mayoría, porque BCBanco le da hasta el 100% del valor tasado.

Y es que los pequeños detalles son los que marcan las grandes diferencias. Nadie le ofrecerá más que BCBanco.

Aquí tiene nuestras condiciones:

- Comisión de apertura: **0,25 %**
- Interés variable al **4%** el primer año; los siguientes, **EURIBOR + 0,50**.
- Comisión de amortización parcial y de cancelación anticipada sólo del **1%**.
- Y hasta 35 años para pagar.
- Además, si usted está pagando un alquiler, podemos ajustar las cuotas de su préstamo vivienda al importe de su alquiler actual. De este modo, el acceso a una vivienda de su propiedad no le supondrá un esfuerzo suplementario.

FusiónBanco

Las pequeñas cosas son a veces las más importantes. Por eso, pensando en lo más inmediato, FusiónBanco le ofrece el préstamo **0%**
Desde **600** euros y hasta un máximo de **3000** euros y para cualquier finalidad: gastos de estudios, reformas en la vivienda, etc.

0% TAE

Sin intereses ni comisión
por cancelación anticipada. Solo tiene que venir a vernos y decirnos lo que necesita. El dinero será suyo inmediatamente.

Un **5%** de comisión de apertura. Y para poder pedir este crédito solo es necesario tener domiciliada la nómina en FusiónBanco y comprometerse a seguir confiando en nosotros durante ocho años. **No se arrepentirá.**

Banco Unión
Préstamo Confianza

¿Un coche?
¿Un viaje?
¿Una reforma?

Todo es posible. Haga realidad sus sueños con un préstamo a su medida, con el Préstamo Confianza.
- Hasta **30 000** euros y con un plazo de hasta 5 años.
- Un interés envidiable: **6,5%**.
- Comisión de apertura: **2%** (mínimo **50** euros).
- Comisión de cancelación anticipada: **3%.**
- En **24** horas tendrá su dinero y puede pagarlo cómodamente en **12** o **14** cuotas anuales.

Documentación necesaria:
- DNI o pasaporte
- declaración de bienes
- tres últimas nóminas
- última declaración de la renta

UNIBANCA
Préstamo Personal

Hasta **30 000** euros.
Y un plazo de hasta 8 años.

Dinero para hacer realidad sus deseos. Y un plazo de devolución amplio.
- Interés: **7,25 %**
- Comisión de apertura: **1,5 %**
- Comisión de cancelación anticipada: **2%**

Probablemente, el crédito que usted se daría a sí mismo.
- Porque usted sabe si lo tiene concedido en el momento mismo de solicitarlo.
- Porque puede disponer de su dinero en **48 horas** desde la concesión.
- Porque, al aplicar el tipo de interés variable, se ajusta al mercado.
- Porque las cuotas de devolución pueden ser mensuales, trimestrales o semestrales. La flexibilidad es total.
- Y porque sólo tendrá que presentar esta documentación:
  - su DNI o pasaporte
  - las tres últimas nóminas (si usted trabaja por cuenta ajena)
  - la licencia de alta fiscal (si trabaja por cuenta propia)

D. Ahora completad la ficha y explicad a la clase qué vais a hacer, qué banco habéis elegido y por qué.

Plan para el próximo año: ....

Cantidad solicitada: ....

Banco que va a conceder el crédito: ....

Condiciones y ventajas: ....

....

6 Salones y ferias

En esta unidad vamos a redactar un informe sobre una feria.

Para ello vamos a aprender:

- A describir situaciones en el pasado
- El Pretérito Pluscuamperfecto
- A valorar en pasado
- A expresar simultaneidad en el pasado
- A contar anécdotas: **pasar**
- A hablar de creencias equivocadas
- El uso de **faltar** y **sobrar**
- Los conectores del discurso: **resulta que, en primer lugar, además, respecto a, por ejemplo, sin duda alguna, según, ya que, por una parte, así pues, de repente, total que...**

1. EL STAND

A. La empresa Nauticlub participa en una feria internacional. Observa el stand e identifica todos los elementos.

planta
cartel
panel
almacén
papelera
televisor
expositor
mesita
reproductor de DVD
perchero
silla
sillón

* ● Esto es el almacén, ¿no?

B. Hace unos meses, Nauticlub envió una carta para confirmar su asistencia a esta feria. Comprueba si el stand se ajusta a lo que pidieron. Coméntalo con tu compañero y haced la lista de lo que falta o de lo que sobra.

* ● A ver, no está todo; fíjate, faltan seis macetas, sólo hay una.
● Sí, y sobran...

Santiago Navarro
FIREMAR
Feria de Barcelona,
08030 Barcelona

NautiCLUB

Zaragoza, 4 de febrero de 2008

Estimado Sr. Navarro:

Tal como acordamos telefónicamente, les confirmamos nuestra asistencia a la próxima edición de FIREMAR.

Aprovechamos la ocasión para recordarles los elementos y el personal que vamos a necesitar y que ya nos detallaron ustedes en el presupuesto.

Estructuras:	**Equipamiento:**	**Muebles:**
3 paneles separadores	1 televisor con	4 sillones
1 almacén	pantalla de plasma	1 mesita
Grafismos:	2 ordenadores	2 sillas
2 carteles	con acceso a internet	2 papeleras
Jardinería:	1 reproductor de DVD	2 expositores
8 macetas con	**Personal:**	
plantas	3 azafatas	

Les comunicamos que llegaremos el día del montaje para supervisar la instalación del stand.

Un cordial saludo,

NautiCLUB

2. UN SALÓN INTERNACIONAL

A. El año pasado la empresa Muñoz Joyeros participó por primera vez en Expojoya, un salón internacional. ¿En qué orden crees que dio los siguientes pasos?

- ☐ Consolidaron su posición en el sector.
- ☐ Participaron en la feria y se destacaron por dar una atención al público muy personal y especializada.
- ☐ Contrataron el mejor espacio en el salón.
- ☐ Visitaron la feria durante la edición anterior para recoger información.
- ☐ Decidieron participar en la feria.
- ☐ Analizaron toda la información.

B. Lee la entrevista que le hicieron a la propietaria de Muñoz Joyeros en una revista del sector y comprueba si el orden que has establecido es el correcto.

El año pasado Muñoz Joyeros participó por primera vez en un salón de su sector. ¿Fue una experiencia satisfactoria?
Rotundamente sí. Fue un éxito. Los resultados fueron realmente satisfactorios.

¿En qué aspectos?
En todos. Por una parte, dimos a conocer dos nuevas líneas de diseño y comprobamos la aceptación de nuestras joyas de una manera directa. Y por otra, nuestra presencia entre un público de profesionales nos permitió establecer algunos contactos que hasta entonces no habíamos podido realizar. Y eso generó un volumen de ventas que nunca antes habíamos alcanzado.

¿Por qué no habían participado en ediciones anteriores?
Nos lo habíamos planteado en dos ocasiones, pero nuestra posición en el sector no estaba suficientemente consolidada y las circunstancias económicas de la empresa no nos permitían invertir en una feria. Hace dos años empezamos a poder considerar la idea y llegamos a la conclusión de que era muy conveniente acudir a una feria internacional, concretamente a Expojoya.

¿A qué atribuye el éxito de su participación?
Sin duda alguna, a la preparación. Un año antes ya habíamos fijado unos objetivos muy concretos. Teníamos muy claro que deseábamos conseguir nuevos clientes y realizar el mayor número de ventas posible.

Unos objetivos ambiciosos...
Sí. Muy ambiciosos. Por ese motivo la preparación fue tan intensa.

¿Podría darnos más detalles?
Pensamos mucho en todo. Por eso, el año anterior realizamos una visita al salón. En aquella ocasión, fueron dos personas. Mientras una analizaba el trato al cliente en los stands y observaba cuáles eran, por su situación, los más visitados, la otra analizaba servicios anexos: cafetería, transporte, etc. Un montón de cosas. Y por último, después de analizar toda la información que habíamos reunido, decidimos participar y apostar fuerte: contratamos uno de los mejores espacios del recinto y creamos un diseño exclusivo para el stand, todo con un presupuesto muy ajustado.

¿Algo más?
Sí, por supuesto: la formación del personal. Habíamos hecho un trabajo de observación directa de los stands de la competencia y habíamos tomado nota de los errores y las carencias en la atención al público para no repetirlos nosotros. Créame, estoy convencida de que la calidad del trato personal en el stand fue una de las bases de los resultados obtenidos.

C. Lee otra vez el texto y señala lo que Maruja Muñoz considera más importante para tener éxito en una feria.

D. Ahora, compara con tu compañero lo que has señalado y proponed un título para la entrevista.

* ■ Según Maruja Muñoz, es básico... por eso, el título puede ser...

3. PROBLEMAS TÉCNICOS

A. En una feria a veces surgen dificultades. Haz una lista con tu compañero de problemas que pueden surgir.

* ■ Por ejemplo, el stand puede estar mal situado...

CD 33 **B.** Escucha a Beatriz y a Javier recordando lo que les pasó en una feria y decide cuál de estos dibujos responde a lo que describen.

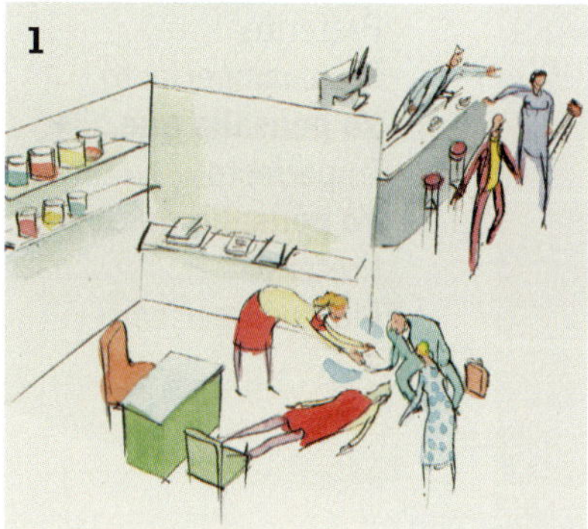

CD 33 **C.** Escucha otra vez el diálogo y elige la opción correcta en cada caso.

1. Este año no saben si ir al Salón de Valencia porque...
- ☐ la situación de la empresa no es buena.
- ☐ la última vez que fueron hubo pocos visitantes.
- ☐ la última vez que fueron tuvieron algunos problemas.

2. El stand estaba situado cerca de...
- ☐ la cafetería y por eso no iba nadie.
- ☐ la zona de descanso y la gente iba a descansar.
- ☐ la cafetería y por eso olía a comida.

3. El primer día el stand se manchó porque...
- ☐ unas azafatas estaban pintando unos paneles.
- ☐ se cayeron unos botes de pintura que transportaban unos empleados de la feria.
- ☐ se cayeron unos botes de pintura que alguien había abierto.

4. No pudieron repartir folletos porque...
- ☐ estaban llenos de pintura.
- ☐ desaparecieron.
- ☐ se los habían dejado en la oficina.

5. Los paneles estaban mal instalados...
- ☐ y por eso se cayeron.
- ☐ porque eran de mala calidad.
- ☐ y por eso se movían mucho.

4. UN STAND DE PERÚ

A. En un importante salón de turismo internacional hay un stand de Perú. En él han colocado unos grandes carteles con informaciones sobre este país. Lee estas informaciones y marca las que no sabías.

- [ ] El lago Titicaca, situado a 3820 m sobre el nivel del mar, es el lago más grande de América del Sur y el mayor del mundo por encima de los 2000 m.
- [ ] Chan Chan es la ciudad precolombina más grande de América y la más grande del mundo construida en adobe.
- [ ] El Cañón del Cothauasi es el cañón más profundo del mundo.
- [ ] Perú es el segundo productor mundial de plata.
- [ ] Cuzco es la ciudad más antigua del continente americano que ha estado siempre habitada.
- [ ] En la Cordillera Blanca hay más de 50 montañas de más de 5700 m.
- [ ] Los primeras ciudades-estado de América surgieron en Perú, a mediados del III milenio a d.C.
- [ ] El imperio inca llegó a extenderse por una superficie de 3 millones de km^2.

>

Yo no sabía que... + Imperfecto
Yo no sabía que... + Pretérito Pluscuamperfecto
Yo pensaba que... + Imperfecto
Yo pensaba que... + Pretérito Pluscuamperfecto

B. Ahora coméntalo con tu compañero.

*
- Yo no sabía que el lago Titicaca era... Pensaba que...

5. UN INFORME

A. El director de Modapiel pide un informe para evaluar las ventajas de acudir a una feria. En la página siguiente tienes dos informes elaborados por el Departamento de Ventas. Léelos y decide cuáles de las siguientes afirmaciones se pueden aplicar a cada informe.

	Informe 1	Informe 2
1. El título informa de manera adecuada sobre el contenido del informe.		
2. El desarrollo del informe es claro, detallado y preciso.		
3. El informe tiene tres partes diferenciadas: introducción, desarrollo y conclusión.		
4. Las ventajas y los inconvenientes no se explican suficientemente.		
5. Es poco preciso: no ofrece cifras exactas.		
6. Las ideas están bien conectadas.		

Participación en el Salón Pielespain de Madrid. Resultados del estudio **1**

Según su petición, se ha realizado un estudio sobre nuestra posible participación en el Salón Pielespain.

En primer lugar, debemos citar que en su última edición el salón alcanzó la cifra de 132 expositores y 20 000 visitantes. Cabe señalar que en la edición anterior habían participado 98 firmas del sector y 11 300 visitantes, lo que muestra que es una feria en crecimiento.

En segundo lugar, y teniendo en cuenta los datos facilitados por la organización, hay que subrayar los siguientes aspectos:

1. Estaban acreditados más de 800 profesionales nacionales e internacionales de la piel.
2. Se presentaron innovaciones interesantes en lo relativo a nuevos tratamientos de la piel. En cuanto al diseño, parece ser que el salón mostró las tendencias más actuales.
3. La oferta de actividades paralelas fue muy variada y los fabricantes tuvieron la oportunidad de presentar sus creaciones. Se celebraron, por ejemplo, varios desfiles con una gran asistencia de público y prensa.

Así pues, parece clara la tendencia al aumento, en importancia y calidad, de expositores, aunque han subido las tarifas por metro cuadrado (300 € por m^2 + IVA frente a 230 € el año pasado) y el coste de los derechos de inscripción (150 € + IVA frente a 120 en la edición anterior).

Respecto a nuestra posible participación, por un lado, es cierto que la inversión es elevada y que desplazar a 3 personas (mínimo necesario) nos obligaría a hacer un esfuerzo financiero importante. Por otro lado, hay que destacar que toda nuestra competencia directa, española e internacional, estará presente en el salón y que Pielespain supone una gran oportunidad para realizar contactos interesantes. Además, es una muy buena ocasión para presentar directamente nuestros productos.

Así pues, creemos aconsejable nuestra participación en el próximo Salón Pielespain, ya que los beneficios que podemos obtener compensarían previsiblemente la inversión y el esfuerzo.

Fernando Revilla

Dpto. de Ventas

Pielespain **2**

Creo que puede ser muy interesante participar en el Salón Pielespain porque las ventajas son superiores a los inconvenientes.

- El último año, los visitantes y expositores aumentaron respecto al año anterior.
- Las tarifas del m^2 y de los derechos de inscripción son más elevadas que los de la edición anterior; el precio del metro cuadrado está alrededor de los 300 €.
- Normalmente en Pielespain hay representadas muchas firmas del sector, tanto nacionales como extranjeras.
- En la última edición hubo muchos desfiles de moda, lo que resulta especialmente interesante para nosotros ya que nos dedicamos a la confección de piel. Un desfile es algo muy bueno para darnos a conocer.

Después del estudio, y para concluir, estoy convencido de que hay que participar en el próximo Salón Pielespain y creo que soy el mejor candidato para organizar nuestra participación.

Nacho Tejero

N. Tejero

Dpto. de Ventas

B. A la vista de los resultados del cuadro que has rellenado, ¿cuál crees que es el mejor informe? ¿Por qué? Coméntalo con tu compañero.

* • Para mí, el mejor es... porque...

6. UNA ENCUESTA

A. ¿Has estado alguna vez en una feria? Si es así, ¿por qué motivo fuiste? Coméntalo con un compañero.

*

- Yo no he estado nunca en una feria.
- Pues yo estuve en... y fui porque quería...

CD 34 **B.** Escucha la encuesta que una empresa realiza a diez personas que visitan un salón del mueble. ¿Cuáles son los motivos citados en cada caso?

	1	2	3	4	5	6	7	8	9	10
Ver novedades										
Realizar compras										
Conocer a nuevos proveedores										
Conocer la oferta internacional										
Captar clientes										
Ver clientes										
Conocer nuevas tendencias										
Vender										
Otros										

CD 34 **C.** Compara tus respuestas con las de tu compañero. Después, escuchad otra vez la encuesta.

7. ANÉCDOTAS

A. Este correo electrónico no tiene asunto ¿Cuál le pondrías tú?

Nuevo mensaje

Enviar Chat Adjuntar Agenda Tipo de letra Colores Borrador

De: Luisa <luisa@servi.com>
Para: Sandra <sandra@mundo.com>
C/c:
Asunto:

¡Hola, Sandra!

¿Qué tal van las vacaciones? Yo bien, viajando un montón estas dos últimas semanas.

¿A que no sabes lo que me pasó la semana pasada? Estaba en Madrid porque tenía que firmar aquel contrato tan importante con la editorial Discusión en la Feria del Libro. Llegué a Madrid tardísimo porque el avión había salido con dos horas de retraso de Tenerife. Así que, cuando bajé del avión, fui rápidamente a buscar un taxi; saqué el móvil del bolso para avisar al cliente y, de repente, me dieron un golpe, se me cayó al suelo y se rompió. Entonces el taxista me llevó a la feria a toda prisa. Estaba tan nerviosa que me dejé los papeles del contrato en el asiento trasero del taxi. Total, que llegué tarde y sin el contrato. Por suerte, el cliente no se enfadó e incluso nos hicimos muy amigos. Por cierto, el contrato lo firmamos ayer aquí en Tenerife...

Besos,

Luisa

B. Ahora vuelve a leer el texto y haz un resumen. Utiliza el cuadro.

Acontecimientos ¿Qué pasó en Madrid?	**Situaciones que envuelven los acontecimientos** ¿Dónde estaba? ¿En qué circunstancias? ¿Cómo estaba?	**Acontecimientos anteriores** ¿Qué había pasado antes de llegar a Madrid?

C. Compara tu resumen con el de tu compañero. ¿Habéis seleccionado la misma información? Fijaos en los tiempos verbales que aparecen en cada columna: ¿cuáles son?

D. Escribe ahora una anécdota tuya. Puede ser real o inventada. Para crearla, puedes utilizar alguno de los siguientes elementos. En cualquier caso, intenta emplear los tiempos verbales de pasado siguiendo tus conclusiones del apartado C.

- en una feria
- en el trabajo
- en una presentación
- en una fiesta
- en unos grandes almacenes
- en una terraza de un bar
- en una entrevista
- en clase
- en una cena
- en un viaje
- en casa
- otros

- la semana pasada
- hace dos semanas
- un domingo por la mañana
- la otra noche
- ayer
- otros

- encontrarse con una persona famosa y....
- escuchar un grito y...
- llegar la Policía y...
- encontrarse algo y...
- ir al hospital y...
- volver a casa
- estar preparando la cena
- otros

E. En grupos, cuenta tu anécdota a tus compañeros. Elegid la más divertida o interesante para contársela al resto de la clase.

>
cuando
y, de repente,
(y) entonces,
total, que
resulta que
así que

8. ESTE STAND ES UN DESASTRE

A. Tu compañero y tú sois los encargados de supervisar el stand de vuestra empresa en una feria. Ayer llegasteis y observasteis una serie de irregularidades. Mira el dibujo y coméntalas.

* ■ Un empleado estaba leyendo un periódico y eso no anima al público a acercarse, ¿no?

B. Habéis decidido escribir un correo electrónico a vuestro jefe para explicarle la situación.

Nuevo mensaje

Enviar | Chat | Adjuntar | Agenda | Tipo de letra | Colores | Borrador

De: Jaime Díaz
Fecha:
Para:
Asunto: anomalías stand

Tal como indicaste, pasamos ayer por el stand para ver cómo iban las cosas y sentimos tener que informarte de que observamos una serie de anomalías.

En primer lugar, ______

______

______

______

Un saludo

\>
en primer lugar,
por una parte,
por otra (parte),
respecto a...
además,
por eso,
por último,

Portfolio

DESPUÉS DE LA FERIA

A. En parejas. Trabajáis para una empresa que ha participado en una feria. Vosotros os habéis encargado de organizarlo todo. Primero, pensad cómo se llama vuestra empresa, qué producís, en qué feria habéis estado y también dónde y cuándo ha tenido lugar.

Nombre de la empresa ....

Nuestros productos ....

Habéis participado en la feria y .... en ....

B. Vuestro jefe os ha encargado que redactéis un informe con todos los detalles. Lo tenéis todo en forma de notas. Podéis utilizarlas para explicar diferentes aspectos.

Stand
- Muy bien localizado, poco espacio, insuficiente iluminación.
- En general, mal sonido.

Problemas
- Azafatas bilingües y no trilingües (figuraba en el contrato).
- Jueves, problemas con el teléfono y con el fax.

Visitantes
- Poca gente de la calle, pero muchos profesionales.

Organización
- Regular; señalización correcta.

Propuestas
- Tenemos que mejorar nuestra página web...

Contactos
- Sr. Varela (muy interesado) quiere recibir detalles concretos.
- Sra. Iriarte (muy importante), jefa de Presinet, posible visita.
- Otros...

Nuevos clientes
- Logos
- Alfa-tres
- Sunsol

Material
- Entregados 500 folletos.
- 100 solicitudes de información.

La competencia
- Una empresa ha lanzado un nuevo producto...

7

Internet

En esta unidad vamos a encargar el diseño de una página web.

Para ello vamos a aprender:

- A hablar del tiempo transcurrido hasta el presente: **llevar** + Gerundio, **hace... que, desde hace...**
- A hablar sobre el inicio de una actividad: **desde/desde que...**
- A comparar: **igual de... que, tan... como, más/menos... (de lo) que**
- A expresar finalidad: **para/nuestro objetivo es** + Infinitivo/**que** + Presente de Subjuntivo
- A expresar deseos e intenciones: **querer/desear/esperar** + Infinitivo/**que** + Presente de Subjuntivo
- A expresar necesidad o preferencia: **necesitamos/preferimos que** + Presente de Subjuntivo
- A pedir, sugerir, proponer: **rogar/sugerir/proponer que** + Presente de Subjuntivo
- A valorar: **vale/merece la pena** + Infinitivo/**que** + Presente de Subjuntivo
- A expresar conveniencia: **es básico/fundamental/importante/útil que** + Presente de Subjuntivo
- A disponer elementos en un espacio

1. INTERNET Y LAS EMPRESAS

A. Estos son fragmentos de un artículo sobre el uso de internet como medio de comunicación y publicidad para las empresas. ¿En qué fragmento se trata cada uno de estos puntos?

- el diseño de las páginas web
- las tendencias actuales de internet
- la publicidad
- ventajas de internet
- pasos previos a la creación de una web

1

Últimamente en internet aparecen más y más blogs (los conocidos diarios personales on-line, con comentarios y citas a otros blogs), se difunden cada vez más noticias mediante podcasting (archivos de sonido que se descargan y se pueden escuchar en cualquier momento), se coeditan de forma participativa enciclopedias on-line, como Wikipedia, se consultan o cuelgan anuncios clasificados, se añaden comentarios, fotografías, canciones, etc., que se cuelgan en la red, se usan procesadores de texto que utilizan internet como plataforma, etc.
Todo esto es lo que llamamos Web 2.0, la nueva era de internet. Y las páginas de las empresas no pueden permanecer ajenas a esta evolución.

2

Si usted quiere que su empresa se abra un lugar en el ciberespacio, no vale la pena empezar si antes no tiene claros sus objetivos. Para ello, es fundamental que diseñe un plan de marketing y que defina qué tipo de presencia desea tener en internet. Debe estudiar las estrategias de sus competidores y, sobre todo, saber si sus clientes potenciales usan internet para buscar servicios o productos como los que usted ofrece.
Lo ideal es que su empresa forme un equipo de trabajo, integrado por técnicos, creativos y profesionales del marketing y la comunicación. Una vez determinados esos objetivos, comenzará el trabajo de los diseñadores de su página web.

3

Es importante que la página sea atractiva visualmente. No obstante, lo fundamental es que sea funcional: debe ser fácil de usar y permitir una navegación sencilla, con un menú claro para que el internauta encuentre lo que busca rápidamente y sin perderse. Para ello, es básico que los contenidos estén bien estructurados.

4

Muchas empresas solo usan la red para vender; pero internet ofrece hoy en día muchas más posibilidades, como la compra on-line a proveedores, la gestión de recursos humanos, el ahorro de costes en información y comunicación interna y externa, la apertura de nuevos mercados, la personalización del servicio al cliente y la creación de marca. Un ejemplo convincente: la compra de mobiliario o de material informático puede resultar entre un 30% y un 40% más económica si se hace a través de internet.

5

El *banner* es el medio más tradicional de promoción en internet. Se trata de un pequeño anuncio que normalmente está en los márgenes superiores o inferiores de las pantallas y que a veces tiene movimiento. Pero hoy en día, muchas empresas aprovechan las nuevas opciones que ofrece la red para darse a conocer: participan en foros en los que se tratan temas que les interesan, crean wikis sobre su empresa o sobre temas relacionados, negocian enlaces con páginas que tratan de cuestiones relacionadas; en fin, están realmente presentes en la red.

B. Resume en una frase uno de los fragmentos. Léela a tus compañeros, ellos tendrán que adivinar a qué texto se refiere.

2. INTERNET Y TÚ

A. Lee las siguientes frases y marca aquellas con las que te identifiques.

- ☐ Hace bastante tiempo que tengo ADSL.
- ☐ En casa, no tengo conexión a internet. Me conecto en bares, cafés, bibliotecas...
- ☐ Desde que existe internet para móviles gasto más en teléfono.
- ☐ A mí me parece que internet es el invento más importante del siglo XX.
- ☐ Nunca he participado en un chat.
- ☐ Cuando navego, a veces voy haciendo clic en los enlaces y olvido para qué he entrado en internet.
- ☐ Compro bastante por internet.
- ☐ A mí internet me sirve, sobre todo, para enviar y recibir correos electrónicos.
- ☐ Desde que estudio español busco información y entro en páginas web en español.
- ☐ Creo que, gracias a internet, la gente se relaciona más con personas de otros países y culturas.

B. Habla con tu compañero para ver en qué coincidís.

- Yo hace mucho tiempo que tengo ADSL.
- Pues yo uso la conexión de...

3. DIRECCIONES ELECTRÓNICAS

A. ¿Recuerdas cómo se dicen en español estos signos y letras? Coméntalo con tu compañero.

@ | - | W | A | · | a | _ | : | /

- Esto es una "a" minúscula, ¿no?
- Sí, y esto, una "barra".

uve doble
guión
guión bajo
punto
"a" minúscula
"A" mayúscula
barra
arroba
dos puntos

CD 35-37

B. Vas a escuchar a varias personas dictando direcciones de sitios web y de correo electrónico. Marca en la lista las que oigas.

- ☐ www.oenege.org
- ☐ amor@espanet.org.es
- ☐ mar@chevere/net.com
- ☐ www.ong.org
- ☐ amor@espanet.com.co
- ☐ mar@cheve-re.net.com

C. Ahora pídeles a tus compañeros su dirección electrónica para hacer una lista con los e-mails de los alumnos de la clase.

- ¿Cuál es tu correo electrónico?
- Es muy fácil...

4. UNA PÁGINA WEB

A. ¿Qué crees que ofrece esta página web? Coméntalo con tu compañero.

* A mí me parece que es una empresa de... porque...

CD 38 **B.** Escucha a dos personas que hablan sobre esta página web. ¿A qué se dedica la empresa Aconcagua?

Nombre de la empresa: **Aconcagua**

Actividad: ....

CD 38 **C.** ¿Las personas que hablan están de acuerdo con las siguientes afirmaciones?

	Sí	No
1. El texto se lee bien.		
2. Es una web segura.		
3. No se ve claramente lo que ofrece la empresa.		
4. La barra del menú es confusa.		
5. Da la impresión de ser una empresa seria.		
6. Capta la atención de los internautas.		

D. ¿Y tú, estás de acuerdo con las afirmaciones anteriores? Coméntalo con tu compañero.

* Yo creo que el texto se lee perfectamente...

5. NETGOURMET

A. Aquí tienes el correo electrónico que el director de Netgourmet envía a Internet Creación, la empresa que va a hacer el diseño de su página web. ¿Está conforme con la propuesta que le han hecho?

Nuevo mensaje

Enviar | Chat | Adjuntar | Agenda | Tipo de letra | Colores | Borrador

De: Julio Coello <jcoello@netgourmet.com>

Para: Teresa Maldonado <maldonado@internetcreacion.com>

Asunto: Proyecto de página web

Fecha: martes, 12 de julio

Estimada Sra. Maldonado:

Hemos recibido su proyecto para nuestra nueva página web y debemos decirles que su propuesta no se ajusta a nuestra idea. Les recordamos que el objetivo de nuestra web debe ser promocionar y vender nuestro fondo: libros y publicaciones de cocina y gastronomía. Su propuesta tiene un diseño muy original, pero nosotros **necesitamos que** la página inicial **tenga** más relación con nuestros libros.
Por otra parte, han situado la barra del menú en la parte inferior de la pantalla; el nombre de nuestra empresa en la parte superior izquierda y una fotografía de un chef de cocina en el centro. **Preferimos que** en la primera página **se presenten** fotografías de portadas de algunos de nuestros libros y que dispongan el menú verticalmente, mejor en el margen izquierdo. También queremos que el nombre de la empresa aparezca en el centro, bien visible. Ustedes pueden decidir dónde poner las fotografías. **Pretendemos que** el cliente **tenga** una idea visual muy clara de lo que ofrecemos. Asimismo, les **rogamos que hagan** algo para destacar los enlaces con otras páginas.
Necesitamos que nos **envíen** una nueva propuesta lo antes posible y queremos saber también cuándo podrían tener la página completa acabada. Les recordamos que vamos a estar presentes en la Feria del Libro de Guadalajara dentro de tres meses y **esperamos** que para entonces nuestra página **esté** lista y sin problemas para poderla lanzar durante la feria.

Esperamos recibir su respuesta con la mayor brevedad posible.

Atentamente,

Julio Coello

B. Identifica cuál es la página propuesta por Internet Creación y cuál la deseada por el cliente.

- La página que propone Internet Creación es... porque...

C. Fíjate en las estructuras que en el correo están marcadas en negrita. ¿Qué tienen en común? ¿En qué tiempo está el segundo verbo de cada construcción? Comenta tus conclusiones con tu compañero.

D. Lee otra vez el correo electrónico y haz una lista de las cosas que el director de Netgourmet pide a Internet Creación.

6. ¿CÓMO ESTÁN?

A. Estas personas están en momentos diferentes, pero su estado de animo tiene que ver con internet. Lee los cuatro textos y cuenta a un compañero si tú te has encontrado alguna vez en una situación similar.

Edith está muy enfadada. **Hace una hora que** intenta conectarse a internet y no lo consigue. Ha llamado a su servidor y, en teoría, no hay ningún problema, pero al intentar conectarse, su ordenador le dice que no hay línea.

Esther hizo un curso de internet para la tercera edad y ahora está encantada. **Desde que** sabe usar los programas de mensajería instantánea y el correo electrónico, tiene más contacto que nunca con su familia, que está repartida por todo el mundo.

Sergio está desesperado y casi arruinado. **Hace** dos años invirtió todo su dinero en una empresa que opera en internet, ha perdido mucho dinero.

Edu está agotado. Está buscando información para un trabajo que tiene que hacer y **lleva** casi 24 horas **navegando** por internet.

- Yo una vez pasé muchas horas sin dormir, trabajando para acabar un proyecto...
- Pues yo tengo bastantes problemas con mi servidor de internet. Por ejemplo, una vez...

B. Fíjate en las estructuras marcadas en negrita en los textos. Observa qué tiempos verbales y qué palabras acompañan esas estructuras. ¿Entiendes lo que significan? ¿Existe una estructura en tu lengua que sirve para expresar lo mismo? Coméntalo con tu profesor.

C. Ahora, completa estas frases (u otras semejantes) con informaciones sobre ti.
Cuantas más frases escribas, mejor.

Hace más de un año/un mes que (no)...
Llevo una semana/... meses/... años...
Desde que empecé a aprender español/a hacer deporte/estudiar en la universidad...

D. Comentad en parejas vuestras frases. ¿Os sorprende alguna información de vuestro compañero?

- Hace más de un año que no voy al cine.
- ¿De verdad? ¡Yo voy casi todas las semanas! ¿Por qué no vas?

7. ¿QUÉ HACES POR INTERNET?

A. Pregunta a tu compañero si hace estas cosas por internet, por qué y qué ventajas o inconvenientes le ve.

1. Comprar libros, discos, componentes informáticos, etc.

2. Buscar información.

3. Comprar billetes de avión y reservar hoteles.

4. Poner anuncios.

5. Hacer operaciones bancarias.

6. Chatear.

7. Vender objetos que no quiere más.

8. Participar en foros, blogs.

9. Colgar vídeos y fotos personales o profesionales.

10. Colgar música.

11. Buscar gente para relacionarse, profesional o personalmente.

12. Otros:...

*
- ¿Compras mucho por internet?
- Sí, por ejemplo bastantes libros, sobre todo en italiano, aquí no encuentro nunca y...
- ¿Y te llegan rápido?

8. UNA PÁGINA WEB PARA ESTUDIANTES

A. Queréis lanzar una página web de los cursos de español de tu escuela. En parejas, pensad en un nombre para la web, una dirección y un logotipo. Pensad también en la finalidad de la página (anunciar los cursos, informar sobre los exámenes, poner los deberes, descargar vídeos, audios u otros archivos, publicar trabajos de estudiantes, informar sobre enlaces de interés, etc.).

*

- ¿Por qué no le ponemos...?
- De acuerdo. Y la dirección puede ser www...

B. Aquí tenéis algunos elementos que pueden aparecer en la página de presentación. Decidid dónde los colocaríais para conseguir una página sugerente. Podéis añadir otras cosas que os parezcan interesantes. No os olvidéis de poner también el nombre y el logotipo. Después, explicad vuestra propuesta al resto de la clase.

Biblioteca | Chat | Publicaciones en español | Noticias | Enlaces | Buzón

Biblioteca
Chat
Publicaciones en español
Noticias
Enlaces
Buzón

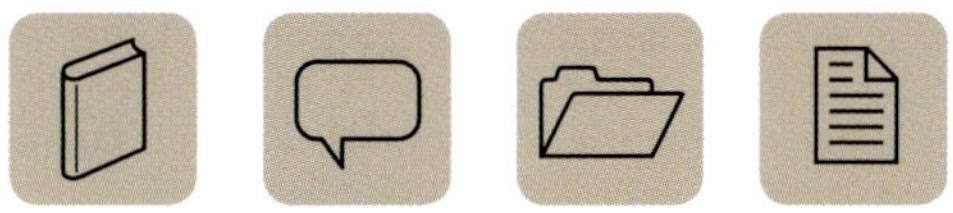

cursos | consultas al profesor | becas | ofertas de empleo

>

al lado / encima / debajo / a la izquierda / a la derecha ... de...
entre... y...
en la parte / en el margen / en la esquina ... superior / inferior / izquierdo/a / derecho/a / de arriba / de abajo
en el centro
arriba
abajo

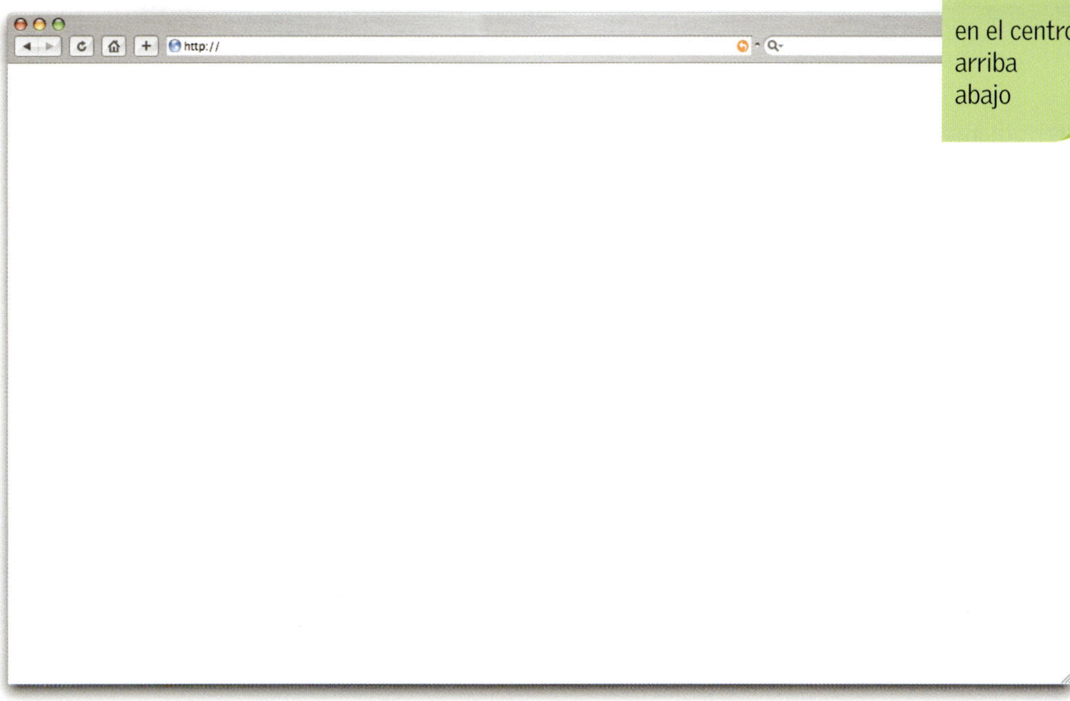

9. CAMBIOS EN LA WEB

A. Lee el correo electrónico que la empresa Rico-rico ha enviado a sus clientes. ¿Cuál es el objetivo de este correo?

Nuevo mensaje

Enviar Chat Adjuntar Agenda Tipo de letra Colores Borrador

De: Bibiana Torres<btorres@rico-rico.com>

Para: Ricardo Amat<r.amat @wenidoo.es>

Asunto: Web Rico-Rico

Fecha: martes, 12 de noviembre 2008

Estimado cliente:
En Rico-rico queremos que usted disfrute de nuestros servicios de la manera más cómoda y rápida, manteniendo y aumentando la calidad de nuestra oferta. Por ello, le recordamos que, desde hace un mes, tenemos a su disposición una nueva página web para que pueda encargarnos la comida desde su lugar de trabajo. Además, puede seguir haciéndolo por teléfono.
Deseamos ofrecerle un servicio igual de variado que siempre, con nuestra reconocida calidad, pero con muchas más ventajas para usted.
No olvide que ahora puede consultar nuestros menús clásicos y los platos del día en **www.rico-rico.com**, cómodamente sentado delante de su ordenador. Solo deberá rellenar la hoja de pedido y tendrá su plato cuando lo desee.
Le sugerimos que realice su encargo, como mínimo, una hora antes de la hora de recepción. Nuestro objetivo es que nuestros clientes disfruten de nuestra cocina sin tener que esperar.
www.rico-rico.com, una página llena de nuevas ideas, sugerencias y promociones: ¡visítela!

Reciba un cordial saludo.

Bibiana Torres
Jefa del Departamento Comercial

RICO-RICO

Abrir nuevos restaurantes cerca de los lugares donde hay numerosas oficinas.
Prolongar las horas del servicio hasta la cena.
Preparar menús de cocina típica para los visitantes extranjeros.
Aceptar los vales de restaurante.
Organizar recepciones y cócteles.
Ofrecer una tarjeta de cliente que acumule puntos para comidas gratuitas.

B. En parejas, escribid un correo electrónico a los clientes, anunciándoles los nuevos servicios que ofrece vuestra empresa (puede ser real o imaginaria).

* • Yo propongo que la gente también pueda...

Portfolio

UNA NUEVA WEB

A. Aquí tienes tres ideas de negocios. En grupos, decidid cuál de las empresas puede tener más éxito en la red (también podéis proponer otra empresa). Una vez decidido, pensad en el tipo de clientes que tendría esa empresa y en los objetivos de su presencia en internet.

- A mí me parece que la más viable y la que más posibilidades ofrece es...
- Sí, y su público meta es sobre todo...

LA CASA
- Residencia para animales
- Alojamiento para animales
- Asistencia sanitaria 24 horas
- Comidas especiales
- Otros

D-FIESTA
- Organización de fiestas
- Comidas de empresa
- Despedidas de soltero/a
- Fiestas infantiles
- Banquetes
- Otros

MUNDO-FLOR
- Floristería
- Envío de flores y plantas a todo el mundo
- Servicio de jardinería a domicilio
- Alquiler de parques y jardines
- Consultas a especialistas
- Otros

B. Preparad, como borrador, un esquema con vuestras ideas sobre cómo debería ser la primera página de la web para que resulte útil y atractiva. Tened en cuenta la localización de todos los elementos: el logotipo, la barra de menú, los iconos... No olvidéis que podéis usar todo tipo de recursos: imágenes, sonido...

- Para que sea una página útil y atractiva debería...

C. Ahora ya tenéis una idea precisa de lo que queréis. Escribid un correo electrónico para encargar la página a una empresa especializada dando toda clase de detalles y explicaciones. Debéis incluir también los datos de vuestra empresa, vuestros objetivos, potenciales clientes, etc.

Asunto: encargo página web
Para:

Estimados señores:

Tal y como hablamos por teléfono, les enviamos unas primeras pautas para el diseño de nuestra página web.
Les recuerdo que nuestra empresa se llama .... y se dedica a ....
Nuestros clientes son personas de .... años que ....
Nuestro objetivo es que ....
Y queremos que la página principal .... Le sugerimos que el diseño ....

Esperamos que ....

Atentamente,

....

8 Correspondencia comercial

En esta unidad vamos a redactar una carta informativa sobre los servicios de una escuela de idiomas.

Para ello vamos a aprender:

- Recursos para la correspondencia comercial: destinatario, lugar y fecha, formas de saludo, fórmulas para anunciar un envío; hacer referencia a una carta o pedido anterior; hacer una petición; especificar condiciones de un pedido; reclamaciones o quejas; despedidas, etc.
- Recursos para negociar: **proponer que** + Presente de Subjuntivo, **¿Qué te/le/os parece?**, **podríamos** + Infinitivo, **¿Y si...?**
- A resaltar una información: **tenga en cuenta que...**
- A presentar una condición: **si, en el caso de que, siempre y cuando...**
- A interrumpir para pedir una aclaración: **perdone, ¿cómo dice?**
- A tranquilizar al interlocutor
- Los marcadores conversacionales: **claro, efectivamente, fíjate/fíjese, pues...**

1. ¿DISEÑO O CONTENIDO?

A. Cuando recibes una carta de una empresa, ¿te influye la presentación o sólo te fijas en el contenido? Comenta con tu compañero con cuál de estas tres afirmaciones te identificas más.

"Las cartas son un medio de comunicación de las empresas y pueden tener tanto impacto como un anuncio. Por eso es fundamental la imagen: un buen diseño, la calidad del papel y el tipo de letra".
Antonio Quesada,
director de marketing

"Lo más importante de una carta comercial es su contenido. Tiene, además, que estar bien redactada, ser clara y precisa".
Román Fuentes,
director de una PYME

"En la correspondencia comercial todo es importante; tanto la redacción como la presentación. Una carta puede decir mucho sobre la empresa que la envía".
Manuela Vázquez,
directora de comunicación

* A mí me parece que Antonio Quesada tiene razón. Yo, cuando recibo una carta comercial...

B. Estos son algunos de los elementos que integran una carta comercial. ¿Puedes identificarlos en la carta?

Modas Sara

Paseo de la Estación, 12
37004 SALAMANCA
Tel.: 923 69 34 56

S/ref. BP/EA   n/ref.:145

D. *
Sr. Francisco Aguirre
DISEÑO GRÁFICO S.A.
Avda. de Madrid, 235
31002 PAMPLONA

Salamanca, 20 de mayo de 2008

Asunto: petición de catálogo, precios y condiciones.

Estimado ~~señor~~ Sr. Aguirre:

Le agradecería que nos enviara, con la mayor brevedad posible, una lista de precios de sus servicios de diseño gráfico. Tenemos la intención de renovar nuestro material de papelería, destinado a la correspondencia con nuestros clientes, y estamos estudiando la posibilidad de encargarles la realización de un nuevo logotipo. Rogamos, asimismo, especifiquen todo lo que se refiere a los plazos de entrega y formas de pago.
Esperando sus noticias, aprovechamos la ocasión para saludarles atentamente.

Blanca P.

Blanca Paredes
Jefa de Marketing

- membrete
- referencia
- fecha
- dirección
- destinatario
- asunto
- saludo
- despedida
- firma

* Sra. Dnã María López
Sr. Aguirre

C. Comenta con tu compañero si los elementos anteriores se escriben y se colocan en el mismo lugar en la correspondencia comercial de vuestro país. ¿Podéis detectar otras diferencias?

* Fíjate, la fecha se escribe a la derecha.
* Sí, y después del saludo hay que escribir...

2. CONDICIONES DE VENTA

A. Lee la carta que la empresa ESPAN envía a la compañía TEVSA. ¿Cuál es el motivo de la carta?

ESPAN
Paseo de Portugal, 13
28003 MADRID
Teléfono 91 456 23 45

su/referencia BP/CG 543
n/referencia: AM/MT. 987

TEVSA SA
García Solier, 33
42006 SORIA

Madrid, 10 de noviembre de 2008

Muy señores míos:

Nos complace enviarles los documentos que nos solicitaron: catálogo general y lista de precios.

En cuanto a las condiciones de pago, aplicamos las siguientes: para todo importe inferior a 9 000 euros, el pago se efectúa al contado al recibir la mercancía ya sea por cheque o por transferencia a nuestra cuenta del Banco Vartra. En caso de que el importe sea superior, aceptaremos una letra bancaria a 30 días de la fecha de factura y aplicaremos un descuento suplementario del 5% sobre el precio del catálogo (IVA no incluido). El tipo de descuento podrá aumentar siempre y cuando el importe del pedido sea superior a 12 000 euros.

La entrega se realizará en un plazo de 15 días hábiles, como máximo.

El embalaje está incluido en el precio y el transporte corre a su cargo.

Esperando que estas condiciones les convengan, quedamos a su disposición para cualquier información.

Atentamente,

Ángel Manzano
Departamento Comercial

Anexo: 1 catálogo, 1 lista de precios

- Solicitar información sobre condiciones de pago.
- Confirmar un pedido.
- Reclamar una factura no recibida.
- Cursar un pedido.
- Enviar información sobre precios de productos, condiciones de pago y de entrega.
- Reclamar un pago.
- Acusar recibo de una factura y notificar la devolución o la falta de algunos productos.

B. Lee otra vez la carta y completa las siguientes frases.

1. La carta lleva adjuntos .../...

2. Si el pedido es de menos de 9 000 euros, el cliente debe pagar .../...

3. El cliente puede escoger entre varias modalidades de pago: .../...

4. A partir de los 9 000 euros, las condiciones mejoran: .../...

5. El cliente tiene garantía de que recibirá la mercancía antes de .../...

6. .../... debe pagar el transporte de la mercancía.

C. En los últimos meses, ESPAN ha recibido quejas de sus clientes por la rigidez de las condiciones de pago que aplican. Aquí tienes otras condiciones de pago posibles. Comenta con tu compañero cuáles podrían ofrecer, dependiendo del tipo de cliente.

Tipos de cliente
- antiguos clientes que pagan puntualmente
- antiguos clientes que últimamente tienen problemas de liquidez
- antiguos clientes con serios problemas de liquidez
- clientes con facturas impagadas
- nuevos clientes con cierto riesgo
- nuevos clientes con buenas referencias de otros proveedores

Condiciones de pago
- pago a 120 días de la fecha de factura
- pago a 90 días de la fecha de factura
- pago a 30 días de la fecha de factura
- pagaré a 60 días
- pagaré a 30 días
- pago al contado
- un descuento adicional de...

* ● A los antiguos clientes que pagan puntualmente podrían ofrecerles...

3. UNA NEGOCIACIÓN

A. Juan González, director de una pequeña empresa que confecciona corbatas, y Delia Ortega, jefa de compras de unos grandes almacenes, están en una reunión. Mira el dibujo. ¿Sobre qué crees que están negociando? Coméntalo con tu compañero.

- Sobre el precio de los productos.
- Sobre los descuentos.
- Sobre el transporte de los productos.
- Sobre los plazos de entrega.

* ● Están negociando sobre...

CD 39 **B.** Escucha la conversación. ¿A qué acuerdos llegan?

Cantidad: 5 mil corbatas   2,5 mil el 15 de noviembre

Plazo de entrega: 2,5 mil el 1 de diciembre

Forma de pago: 30 días

C. Aquí tienes algunas de las frases que dicen Juan González y Delia Ortega durante la conversación. ¿Recuerdas quién dice cada una?

	Juan González	Delia Ortega
1. Tenga en cuenta que somos una empresa pequeña.	✓	
2. Propongo que retrasemos la entrega hasta el 15 de noviembre.	✓	
3. No, imposible; no podemos esperar tanto.		✓
4. A ver, podríamos entregar la mitad de la mercancía el 15 de noviembre.	✓	
5. Me lo pone difícil. ¿Y si les entregamos 5 modelos el 15 y después...	✓	
6. Perdone, pero eso no es negociable. Necesitamos los 10 modelos al mismo tiempo.		✓
7. Tiene que asegurarme que la mitad de la mercancía, de la gama completa, estará el 15 de noviembre en el almacén.		✓
8. Le garantizo que la tendrán.	✓	

CD 39 **D.** Escucha otra vez y comprueba. ¿Quién te parece que es más flexible, Juan González o Delia Ortega?

4. UN PEDIDO

A. Lee este pedido, busca y escribe en el recuadro las abreviaturas que equivalen a estas palabras.

Capitán Arenas, 90
09080 BURGOS
CIF: S-0928436-I
www.viajes-falcon.es

Viajes Falcón

s/ref: NR/LM 2256
n/ref: LO/DR. 543

IMPRENTA PRADO
Pl. Romana S/N
09080 BURGOS

Burgos, 13 de abril de 2008

Muy señores míos:

De acuerdo con su presupuesto del 7 del presente, les cursamos pedido de:
- 3000 folletos "Costa Cantábrica" de 30 x 25 cm, a 1,15 euros/u.
- 2000 folletos "Picos de Europa" de 30 x 25 cm, a 1,15 euros/u.

El importe total es de ~~6830~~ 5750 euros más el 16% de IVA. Efectuaremos el pago por letra 90 días f.f. Les recordamos que es imprescindible que los materiales se entreguen, como fecha límite, el 30 de este mes.

Los folletos deben ir en cajas de 1000 unidades y el transporte lo efectuará Transportes Trans y correrá a nuestro cargo, a nuestra razón social.

Reciban un cordial saludo.

JL Luján

Fdo.: José Luis Luján
Dpto. de Compras

	abreviaturas
departamento	
unidad	
Impuesto sobre el Valor Añadido	
firmado	
fecha de factura	
referencia	
Código de Identificación Fiscal	
sin número	

IMPRENTA PRADO

Pl. Romana S/N
09080 BURGOS
CIF: S- 7898701-J

Nº 987 **Burgos,** 23 de abril de 2008

Viajes Falcón, Capitán Arenas, BURGOS, con el CIF nº S-0928436-I

DEBE

Por las siguientes mercancías remitidas por IMPRENTA PRADO

pago a 90 días

CANTIDAD	CONCEPTO	PRECIO	IMPORTE
3000	folletos de 30 X 25 cm	1,15 euros/u	3450 euros
2000	folletos de 30 X 25 cm	1,15 euros/u	2300 euros
		TOTAL	5750 euros
		IVA	920 euros
		TOTAL A PAGAR:	6670 euros

B. Ahora completa la factura que emite la Imprenta Prado.

5. UNA CARTA EFICAZ

A. Lee estas dos cartas. ¿Qué objetivo tienen?

ALMACENES ZABALETA, S.L.

Máximo Aguirre, 26
Apartado 305 BILBAO
Tel.: 94 442 22 89
admin@zabaleta.es

CASA ABASOLO
Paseo Colón, 124
21800 MOGUER

su referencia: BA/VL
n/referencia: GZ/NA

Bilbao, 30 de mayo de 2008

Distinguidos clientes:

El motivo de nuestra carta es recordarles que hasta la fecha de hoy no han hecho efectivo el pago de la factura nº 1334, que tenía que efectuarse por transferencia bancaria. Imaginamos que este retraso se debe a un error o descuido de su Departamento de Contabilidad.

Esperamos que ingresen el importe lo antes posible. No duden en ponerse en contacto con nosotros para cualquier cuestión. Si cuando reciban esta carta ya se ha efectuado el pago, les rogamos que no la tengan en consideración.

Quedamos a la espera de sus noticias.

Muy atentamente,

Zubía

Gabriel Zubía
Jefe Administrativo
Almacenes Zabaleta

MOBILSA
Huertas, 32
15075- SANTIAGO
Tel. 981 56 60 13
mobilsa@mobilsa.com

IMCB
Fernández Viana, 11
01007 Vitoria

su referencia: CB/ TO
n/referencia: MA/LS

Santiago, 2 de septiembre de 2008

Estimados señores:

Nos vemos obligados a recordarles que todavía no hemos recibido el importe de nuestra factura nº 333 que asciende a 30 000 euros. Ustedes se comprometieron a pagar con fecha 30 de junio y ante su falta de respuesta, queremos comunicarles que si no efectúan el pago dentro de una semana, tomaremos otro tipo de medidas, lo que incluye la vía judicial.

Atentamente,

Miguel Arce

Miguel Arce
Gerente

* ■ Bueno, las dos son cartas son para...

B. ¿Qué diferencias ves entre las dos cartas? ¿En qué situaciones sería adecuada cada una? Coméntalo con tu compañero.

* ■ Para mí, la primera sería...

6. UNA HOJA DE PEDIDO

CD 40 **A.** Escucha la conversación telefónica entre un empleado de Textil Rius y un cliente, y completa la ficha de pedido.

Hoja de pedido	Fecha
TR08-0890	18/08/2008

Cliente	Hotel VISTAMAR
Dirección	Paseo Marítimo, 165 07720 Villacarlos (Menorca)
Teléfono	971 356 789
CIF	F3245798
S/ref.	32434

Modelo	Referencia	Cantidad	Precio unidad	Dto. acordado	IVA
	_/___				16%
	_/___				16%

Importe total	

Forma de pago: 60 días / fecha factura
Plazo de entrega: ____________
Envío: TRANSMAD, portes debidos.

B. El Hotel Vistamar ha recibido su pedido. Este es el albarán que lo acompaña. ¿Han recibido lo que pidieron?

TEXTIL RIUS
Valencia, 345
08021 BARCELONA
ventas@ textilrius.es

TEXTIL RIUS

HOTEL VISTAMAR
Paseo Marítimo 165,
07720 Villacarlos-Menorca

N.º 891
Barcelona, 22 de septiembre de 2008

Les remitimos los siguientes géneros por medio de Transmad:

MODELO	REFERENCIA	CANTIDAD	PRECIO UNITARIO	PRECIO TOTAL
SOL	M/234	2000	2,0 euros	4000 euros
CAMPO	N/765	500	3,5 euros	1750 euros
			TOTAL	5750 euros

Recibí conforme:

C. ¿Qué medidas crees que debe tomar el Hotel Vistamar? ¿Qué debería hacer Textil Rius para compensar a su cliente? Coméntalo con tu compañero.

* ■ El Hotel Vistamar debería negarse a...

7. LA CESTA DE NAVIDAD

A. En España es frecuente que en Navidad las empresas hagan un regalo a sus clientes o a sus trabajadores. El regalo más tradicional es la cesta de Navidad, pero hay empresas que prefieren obsequiar otras cosas, como un cheque-regalo de alguna tienda para sus trabajadores o un regalo más personal para los clientes más importantes. También existe la posibilidad de convertir el regalo en una donación para una ONG o para algún proyecto social. La empresa ÚNICA S.A., después de estudiar varias posibilidades, ha seleccionado estas tres. ¿Cuál de estos regalos te gustaría recibir?

1

2

3

Estimados señores:
La empresa ÚNICA S.A. ha decidido este año convertir los obsequios navideños en regalos solidarios, apoyando proyectos sociales en el Tercer Mundo.

Por este motivo ha efectuado a su nombre una donación para la organización Escuelas para África. Con este gesto queremos agradecerles su confianza en nuestra empresa y les deseamos una Feliz Navidad y un Año Nuevo lleno de éxitos y prosperidad.

ÚNICA S.A.

Escuelas para África

B. ¿Qué incluirías tú en una cesta de regalos para tus clientes? Coméntalo con tu compañero.

* ● No sé, pondría cosas diferentes, como unas entradas para ir al teatro o...

8. UN REGALO PARA TUS CLIENTES

Vamos a trabajar en parejas: A y B.

Alumno A

A. Se acerca la Navidad y, como muchas empresas españolas, la tuya quiere hacer un regalo a sus mejores clientes. Has contactado con un proveedor que te ofrece en su página web el catálogo de productos para elaborar la cesta. Negocia con él e intenta conseguir el mejor regalo. Ten en cuenta los siguientes datos:

- Tienes un presupuesto de 35 000 euros, para 100 regalos.
- No tienes problemas de liquidez, pero te interesaría pagar a 120 días f. f.
- Tus clientes están repartidos por todo el país.
- El embalaje y la entrega de las cestas debería correr a cargo del proveedor.

Toma notas para recordar a qué acuerdo llegáis.

....

....

....

B. Después de cerrar el trato, escribe una carta de pedido a tu proveedor.

Alumno B

A. Tu empresa se dedica a la elaboración de regalos de empresa. Vas a tener que negociar con un cliente que está interesado en regalar 100 cestas de Navidad. En tu página web tienes el catálogo de productos que ofrece tu empresa para elaborar los regalos. Negocia con él e intenta conseguir el mayor beneficio.
Ten en cuenta que:

- Tienes problemas de liquidez y te interesa cobrar lo antes posible.
- Estás dispuesto a hacer un descuento.
- El embalaje y la entrega están incluidos en el precio, siempre y cuando los destinatarios estén en la misma ciudad.

Toma notas para recordar a qué acuerdo llegáis.

....

....

....

B. Después de cerrar el trato, prepara la factura que vas a enviar a tu cliente.

Su Cesta de Navidad.com

Cesta de fruta	*Brandy*. Reserva 12 años (1 copa de regalo)	Cava *brut nature* (de regalo, 2 copas de cava)	Jamón ibérico de Pata Negra
12 €	25 €	21 €	250 €

Caja de bombones de chocolate	Caja de galletas	Surtido de embutidos ibéricos	Vino tinto de Rioja. Calidad: Gran Reserva (lote de 2 botellas)
25 €	13 €	60 €	38 €

Turrón de almendras (lotes de 3 barras)	Aceite de oliva virgen extra (tres variedades)	Surtido de quesos curados	Vino tinto (lote de 4 botellas)
19 €	30 €	45 €	22 €

Tarea

Portfolio

MÁS INFORMACIÓN

A. En parejas. Trabajáis en una empresa a la que se van a integrar dos directivos que tienen que aprender español: vosotros sois los encargados de buscar un centro donde puedan hacer un curso intensivo. Aquí tenéis cuatro propuestas en cuatro ciudades diferentes, ¿cuál elegís?

Centro de Lenguas Santia

Inglés - Francés - Alemán - Español - Ruso

Centro especializado en programas para empresas y en la enseñanza de idiomas para profesionales.

- Cursos a medida durante todo el año.
- Sala multimedia.
- Preparación para exámenes.
- Cursos de lengua y cultura.
- Alojamiento con familias, en residencias universitarias o en piso compartido.

Centro de Lenguas Santia
Diagonal 564, 08013 Barcelona
Tel.: 93 441 25 98 www.lenguassantia.es

Escuela de Alta Formación

Cursos de Español para Profesionales

- Profesorado especializado
- Gran flexibilidad de horarios: de 08.00 a 22.00, de lunes a sábado
- Programas específicos para empresas
- Programas especiales de inmersión (8 horas de clase+comidas y descansos con profesor)
- Servicio de traducciones comerciales, técnicas y jurídicas
- Internet, laboratorio de idiomas, TV satélite
- Alojamiento en familia, en hotel o residencia universitaria

EAF - Escuela de Alta Formación
C/María de Molina 45
28065 MADRID
Tel.: (+34) 91 310 50 92
www.eaf.edu

Escuela Internacional de Idiomas

- Gran experiencia en la enseñanza de segundas lenguas.
- Lengua y culturas española e hispanoamericana.
- Profesorado nativo especializado.
- Clases: en grupos reducidos, en empresas o individuales.
- Laboratorio multimedia.
- Preparación a exámenes oficiales.
- Horarios flexibles.

EII
Albareda 17, 41001 Sevilla
Tel.: (+34) 95 450 21 31
www.escuelainternacional-sevilla.es

PANAMERICANA DE LENGUAS

· Gran experiencia en la didáctica de lenguas
· Profesorado altamente cualificado
· Clases a grupos reducidos y en empresas
· Literatura, música y gastronomía argentina
· Laboratorio multimedia
· Horarios flexibles

Panamericana de Lenguas
25 de Mayo, 251
1002 Buenos Aires
(+54) 11 33 43 11 96
www.panamericana.com.ar

* ■ De las cuatro, la que me parece más profesional es...

B. ¿Qué otras informaciones necesitáis saber? Elaborad una lista.

precios	matrícula	OTROS
horarios	instalaciones	
pruebas de nivel	cancelación de clases	
ubicación		

● Necesitamos saber exactamente...

C. Ahora completad la carta.

Apreciados señores:

Les agradecería que me enviaran información detallada sobre...

Asimismo, les ruego que...

Si quieren ponerse en contacto conmigo, pueden hacerlo por teléfono en el nº...

A la espera de sus noticias, reciban un cordial saludo.

9

Estrategias de publicidad

En esta unidad vamos a idear una campaña publicitaria.

Para ello vamos a aprender:

- El Futuro Compuesto
- A expresar hipótesis y probabilidad: Futuro Simple y Compuesto, **a lo mejor** + Indicativo, **seguramente** + Indicativo, **tal vez/quizás** + Indicativo/Subjuntivo, **puede/es probable que** + Subjuntivo
- A ofrecer una opinión: **en mi opinión/me parece que/me da la impresión de que** + Indicativo, **no me parece que/no considero/ no creo/no pienso que** + Subjuntivo
- Manifestar acuerdo, desacuerdo y duda ante opiniones ajenas: **desde luego, depende, por supuesto, de ninguna manera**

1. ÉL NUNCA LO HARÍA

A. Mira el cartel. ¿Cuál crees que es la palabra que falta? ¿Qué mensaje quiere transmitir?

* ● Yo diría que es un anuncio contra...

B. Este cartel fue utilizado en una campaña publicitaria que tenía un presupuesto muy bajo. ¿Qué otros soportes publicitarios utilizarías tú?

	anuncios de televisión
	cuñas de radio
	folletos
	vallas publicitarias
	banners en internet
	anuncios de prensa
	otros:

* ● Yo usaría otros soportes en internet...

C. Ahora lee el texto y comprueba qué soportes se usaron y cuál era el objetivo comercial de la campaña.

Él nunca lo haría

Nuestro objetivo con este anuncio era conseguir sensibilizar a la gente y para ello contábamos con un presupuesto reducido. El anunciante era la Fundación Purina (actualmente Fundación Affinity), una asociación creada por un fabricante de alimentos para animales de compañía que nació con el objetivo de defender los derechos de perros y gatos. Se trataba, en último término, de hacer la publicidad de alimentos para perros pero, al mismo tiempo, de reflejar que el anunciante también se preocupaba por los animales. Y pensamos que recoger una realidad tan terrible como el abandono de animales de compañía durante los meses de verano podría impresionar mucho. ¿Y por qué no usar la foto de un perro recién abandonado por sus dueños en la carretera que mira tristemente a la cámara? La campaña dio mucho que hablar.

Al principio, sólo se utilizaron como soportes carteles pegados en tiendas que querían colaborar voluntariamente y que se identificaban con la idea que transmitía el anuncio. Aquel mismo verano la campaña se amplió a vallas, que se programaron gratuitamente gracias a la colaboración de algunas compañías. Nuestro esfuerzo estratégico se había visto premiado. La mayor satisfacción fue conseguir el premio "Valla de oro" a la mejor valla del año. La temporada siguiente nuestro anuncio se estrenó en televisión. Ha sido una de las campañas más rentables que recuerdo.

(Texto adaptado de *El libro rojo de la publicidad*, Lluís Bassat)

2. CAMPAÑAS PUBLICITARIAS

A. Aquí tienes la descripción de cinco de los tipos de campañas publicitarias más frecuentes. Léela y, luego, decide a qué tipo de campaña corresponden los siguientes anuncios.

Campañas de publicidad comparativa. El anunciante compara su producto o servicio con los de la competencia. Su desventaja es que el público puede sentir rechazo hacia estas campañas en las que se ataca al adversario. Además, en algunos países está prohibido mencionar el nombre del competidor.

Campañas de solución a un problema. Se basan en ofrecer un producto o servicio que soluciona un problema. Son ejemplos de este tipo de publicidad las campañas que presentan un medicamento contra el dolor de cabeza, un champú que acaba con la caspa o un ambientador que elimina los malos olores.

Campañas de impacto social. Son campañas que generan a menudo mucha polémica o un gran impacto. Son de este tipo, por ejemplo, las campañas que realizan los gobiernos para prevenir accidentes de tráfico, con escenas muy dramáticas, que parecen reales y que impresionan mucho al espectador. A veces, son campañas muy provocativas, que consiguen que todo el mundo hable de ellas.

Campañas de intriga. En estas campañas, el mensaje se lanza por etapas y el consumidor no sabe qué se está anunciando hasta el final. Presentan la desventaja de que el espectador puede sentirse perdido. Son campañas muy caras y no siempre consiguen buenos resultados.

Campañas de actitudes. Presentan una pequeña historia o una situación que tiene relación con un producto. Son anuncios que muestran ciertas actitudes ante la vida: personas que llevan una vida sana, gente original que no se deja influir por los demás, aventureros, etc. Este tipo de anuncios intenta crear un vínculo entre esas actitudes y un cierto producto (vida sana y un tipo de yogur; gente original y una nueva revista; aventura y un modelo de coche, etc.).

* • El anuncio de... corresponde a una campaña de...

B. Piensa en alguna campaña publicitaria de alguna marca o producto. ¿La recuerdas por algo en especial? Si tus compañeros no la conocen o no se acuerdan de ella, explícales cómo eran los anuncios. Entre todos decidid a qué tipo de campaña correspondía y por qué.

* • Yo me acuerdo de una campaña que anunciaba....

3. REACCIONES

A. Aquí tienes estas opiniones a favor y en contra de la publicidad. Léelas y marca tu reacción ante ellas.

A FAVOR ✓

1. La publicidad es la mejor manera de que los consumidores estemos bien informados.
- [ ] a. Sí, claro; yo también lo creo.
- [ ] b. Bueno, depende, no siempre.
- [ ] c. ¡Qué va! Los anuncios nunca dicen toda la verdad.

2. La publicidad es una de las mayores aportaciones al arte del siglo XX. Andy Warhol es un ejemplo.
- [ ] a. Por supuesto. Sin la publicidad no se entendería el arte del siglo XX.
- [ ] b. Pues... no sé, tal vez, pero no estoy tan seguro/a.
- [ ] c. En absoluto. El arte es otra cosa.

3. Normalmente los anuncios tienen más calidad que los programas de televisión.
- [ ] a. Sí, sí, sin duda. Son mucho mejores.
- [ ] b. Yo no diría tanto... puede ser.
- [ ] c. No, en absoluto. Los espacios publicitarios son demasiado largos y muy aburridos.

4. La publicidad responde a las necesidades que tiene la sociedad.
- [ ] a. Sí, totalmente de acuerdo.
- [ ] b. Es posible.
- [ ] c. No, ¡qué va! De ninguna manera.

EN CONTRA ✗

1. La publicidad engaña a los consumidores.
- [ ] a. Sí, sin ninguna duda.
- [ ] b. Posiblemente.
- [ ] c. No, en absoluto. No estoy nada de acuerdo.

2. La publicidad no tiene nada que ver con el arte.
- [ ] a. Yo también lo veo así.
- [ ] b. Yo no diría tanto.
- [ ] c. No estoy nada de acuerdo. Por supuesto que tiene relación, y mucha.

3. Tendrían que prohibir todos los anuncios en televisión.
- [ ] a. Totalmente de acuerdo; yo también lo pienso.
- [ ] b. No, no creo que haya que ser tan radical.
- [ ] c. ¿Prohibir todos los anuncios? ¡Qué va!

4. La publicidad crea en los consumidores necesidades que no existen.
- [ ] a. Desde luego. Se inventan las necesidades.
- [ ] b. Puede que sea así, pero no estoy tan seguro/a.
- [ ] c. Yo no lo veo así.

B. ¿Con qué opiniones estás más de acuerdo? Lee la solución para saber cuál es tu idea sobre la publicidad.

A FAVOR
Mayoría de respuestas a. Eres un fanático de la publicidad. Contigo los creativos y los anunciantes no tienen problemas. Piensa que, a lo mejor, eres un consumidor demasiado confiado. **Mayoría de respuestas b.** La publicidad es para ti algo inevitable en nuestros días, y la aceptas con sus consecuencias. De todas formas, sabes que seguir la publicidad a ciegas tiene sus riesgos. **Mayoría de respuestas c.** Realmente confías poco en la publicidad y no tienes muy buena opinión de ella; sin embargo, los buenos anuncios también te llegan.

EN CONTRA
Mayoría de respuestas a. Eres el mejor candidato para una asociación de consumidores concienciados y combativos. Para ti no hay solución intermedia. ¿Eres tan radical en todo? **Mayoría de respuestas b.** Sabes que luchar contra la publicidad es inútil, pero no te crees todo lo que la publicidad cuenta. Tienes una postura moderada, que ve ventajas e inconvenientes. **Mayoría de respuestas c.** Te gusta la publicidad y la aceptas sin problemas. Eres el tipo de público que gusta a los anunciantes. Cuidado, a veces, es bueno ser un poco más crítico.

C. ¿Qué opiniones son mayoritarias en la clase? Pregunta a tus compañeros para saber cuáles son.

4. CAMPAÑAS PUBLICITARIAS

A. Ésta es una propuesta para la nueva campaña publicitaria de una empresa. ¿Qué producto crees que anuncia?

B. En la empresa han tenido una reunión. Después de la reunión, alguien ha escrito un acta, pero no se ha acordado de escribir el asunto. Hazlo tú.

Presentes en la reunión: Alfonso Martín, Jorge Pena, Lupe Ruiz, Águeda Sánchez, Rosa Villa
Fecha: 12 febrero
Asunto:

Reunidos para decidir sobre la próxima campaña publicitaria "Ni se notan" para la nueva línea de calcetines, no llegamos a un acuerdo sobre la propuesta de la agencia.
Alfonso Martín considera que la propuesta es demasiado innovadora, que rompe con la imagen de la empresa y que es muy probable que esta publicidad desconcierte a los clientes.
Por su parte, Lupe Ruiz piensa que es necesario hacer un cambio de imagen de la casa; no considera que sea malo ofrecer una imagen nueva porque, según dice, de ese modo podemos atraer a un público más amplio.
Rosa Villa defiende esta idea; está segura de que la campaña puede funcionar perfectamente y conseguir los objetivos que nos hemos marcado.
Águeda Sánchez opina que es un cambio muy radical de imagen y que tal vez los consumidores no entiendan el anuncio. Propone hacer un pequeño sondeo entre algunos clientes.
A Jorge Pena no le parece que sea una propuesta tan original. Señala que es muy posible que la competencia lance una campaña más fuerte e innovadora que la nuestra. Sugiere que encarguemos el proyecto a otra agencia antes de tomar una decisión al respecto.
Habrá una nueva reunión con la Gerencia dentro de dos semanas.

C. Vuelve a leer el texto anterior. ¿Cuál es la opinión de la gente de la empresa? Completa el cuadro.

Persona	Opiniones	Consecuencias posibles
Alfonso Martín	**La idea es demasiado innovadora.**	**Puede desconcertar a los clientes.**
Lupe Ruiz		
Rosa Villa		
Águeda Sánchez		
Jorge Pena		

D. ¿Y a ti?, ¿qué motivo o imagen te llamaría más la atención en una campaña de una marca de calcetines? ¿Se te ocurre alguna idea? Coméntalo con tus compañeros.

* A mí me parecería divertido incluir fotos de niños con zapatos de adultos y los calcetines...

5. HIPÓTESIS

A. Mira los dibujos. ¿Qué crees que pasa en cada situación?

* Aquí están repartiendo propaganda, ¿no?

B. ¿A cuáles de las situaciones anteriores corresponden las siguientes frases?

1. Será el mensajero.	**2.** ¡Qué raro! ¿Qué le habrá pasado?
3. A lo mejor están rodando un anuncio para la tele.	**4.** Puede que acabemos de repartir antes de las cinco...

CD 41-44 **C.** Ahora escucha y comprueba.

6. UNA CAMPAÑA

A. Pakesprés es una empresa de mensajería para particulares y empresas que tiene tres sucursales en todo el país. Cuenta con un presupuesto de 60 000 euros para la próxima campaña publicitaria. En grupos, examinad el cuadro con las tarifas y, después, decidid qué soportes deberían utilizar y cuánto dinero deberían destinar a cada uno.

SOPORTE	CARACTERÍSTICAS	TARIFAS
DIARIOS NACIONALES	Soporte de gran cobertura, pero orientado al público general. Limitación del uso del color.	1 página blanco y negro: 12000 - 15000 €
DIARIOS REGIONALES	Buena cobertura en sus zonas geográficas de influencia.	1 página color: 2500 - 5000 €
SEMANARIOS DE INFORMACIÓN GENERAL	Lectores de poder adquisitivo medio. Buena reproducción del color.	1 página color: 9000 - 12000 €
REVISTAS DE INFORMACIÓN ECONÓMICA	Lectores de alto poder adquisitivo. Soporte adecuado para productos de empresa: productos bancarios, seguros, telefonía, software...	1 página color: 5500 - 6500 €
RADIO DE DIFUSIÓN NACIONAL	Buen apoyo para acciones puntuales. Falta de atractivo visual.	1 cuña de 10": 1500 - 2000 € 1 cuña de 15": 2500 - 3000 €
TELEVISIÓN DE ÁMBITO ESTATAL	Respuesta inmediata del público. Demostración visual del producto. Coste muy superior a otros medios.	Spot de 20" sobremesa: 30000 - 60000 € Spot de 20" máxima audiencia: 40000 - 80000 €
VALLAS	Son a veces difíciles de contratar en los mejores lugares, porque hay mucha demanda. Es un soporte espectacular. Se considera un canal barato con fuerte impacto.	30 vallas, 14 días, 1 ciudad y su área: 15 000 €
BANNER	Permite conocer en tiempo real el número de clics que se hacen sobre el *banner*, y cambiar de estrategia sobre la marcha si no se obtienen los resultados perseguidos.	1000 apariciones del *banner* en pantalla: 27 €

PAKESPRÉS
«Transporte rápido y seguro»

SOPORTES	EUROS
DIARIOS NACIONALES	
DIARIOS REGIONALES	
SEMANARIOS DE INFORMACIÓN GENERAL	
REVISTAS DE INFORMACIÓN ECONÓMICA	
RADIO DE DIFUSIÓN NACIONAL	
TELEVISIÓN DE ÁMBITO ESTATAL	
VALLAS	
BANNER	
OTROS:	
TOTAL	

* En mi opinión, deberían poner anuncios en...

B. Explicad al resto de la clase vuestra propuesta.

* Nosotros creemos que deberían invertir en... porque opinamos que es un buen soporte y estamos seguros de que...

7. CUÑAS DE RADIO

CD 45-49 **A.** Vas a escuchar el principio de cinco cuñas de radio. Toma nota de los productos que crees que se anuncian y coméntalo después con tu compañero.

1. ....
2. ....
3. ....
4. ....
5. ....

*
- La primera cuña puede que anuncie...
- Sí, es posible...

>
(Yo) creo que + Indicativo
(A mí) me parece que + Indicativo

(Yo) no creo que + Subjuntivo
(A mí) no me parece que + Subjuntivo

CD 50-54 **B.** Escucha otra vez y comprueba.

C. En grupos, pensad en un producto y escribid el texto de una cuña publicitaria para promocionarlo. Pensad también en el tipo de música que elegiríais.

8. TENDENCIAS

A. Tal vez la publicidad cambiará mucho en el futuro. ¿Tú qué opinas? Marca en el cuadro tu opinión sobre las siguientes tendencias y coméntalo con tu compañero.

Tendencia	Sí	No	Razones
1. La publicidad de tabaco y alcohol estará totalmente prohibida.			
2. No se permitirá anunciar productos bajos en calorías.			
3. Las campañas dirigidas a las personas de la tercera edad disminuirán.			
4. Las mujeres seguirán siendo las protagonistas de muchos anuncios de productos para el hogar.			
5. Los juguetes bélicos tendrán más presencia en la publicidad que ahora.			
6. La publicidad en la televisión dejará de existir.			
7. Los hombres seguirán siendo los protagonistas de los anuncios de coches de lujo.			
8. No habrá publicidad en los periódicos ni en las revistas.			

*
- No creo que se prohíba totalmente la publicidad de tabaco y alcohol...
- Pues yo creo que sí se prohibirá totalmente en algunos países...

CD 55 **B.** Escucha un fragmento de la entrevista que le hacen a David Guzmán, profesor de publicidad, y comprueba si sus opiniones coinciden con las tuyas.

9. ¿DÓNDE ESTARÁ? ¿QUÉ LE HABRÁ PASADO?

A. Imagina que hoy no has venido a clase. Piensa en qué ha pasado, dónde estás o qué estás haciendo. Escríbelo en un papel junto con tu nombre y entrega el papel a tu profesor.

B. Tu profesor va a escoger, de uno en uno, los papeles que le habéis entregado. Si dice tu nombre, tendrás que salir de clase. Entre todos tenéis que hacer hipótesis para averiguar por qué no está vuestro compañero. El profesor confirmará vuestras hipótesis. Gana quien descubra a más compañeros.

*

- Laura no ha venido, ¿qué imagináis que le ha pasado?
- Estará durmiendo...
- No.
- Habrá perdido el tren.
- Sí.

10. ¿Y TÚ QUÉ OPINAS?

Aquí tienes las opiniones de algunos consumidores sobre la publicidad. Lee a tu compañero aquellas con las que realmente te identifiques. ¿Está de acuerdo contigo?

- ☐ El buzoneo no sirve de mucho. Casi nadie lee lo que se encuentra en el buzón de su casa.
- ☐ En mi opinión, la publicidad es cada vez mejor y más interesante.
- ☐ Me parece que los productos de marcas conocidas que salen en televisión son mejores que los que no se anuncian
- ☐ A mí me parece mal que los anuncios impongan unos modelos de belleza que no tienen nada que ver con la realidad.
- ☐ Considero que actualmente hay demasiado sexo en la publicidad.
- ☐ Estoy seguro de que en algún momento todos hemos comprado cosas porque las hemos visto anunciadas en televisión
- ☐ Me da la impresión de que los publicitarios ya no saben qué hacer para atraer al público y por eso, cada vez más, asocian productos o servicios a obras humanitarias.
- ☐ Tal vez cuando una marca se anuncia mucho es porque no se vende bien.

>

Acuerdo
Estoy de acuerdo.
Soy de la misma opinión.
Es cierto/verdad.

Dudas
No sé, depende.
No estoy tan seguro/a.
Eso, en parte, es cierto.

Desacuerdo
Bueno, (eso) no es (del todo) así.
Pues no estoy de acuerdo.
No creo/me parece que sea así.

*

- Yo creo que el buzoneo no sirve de mucho. Nadie lee lo que se encuentra en el buzón de su casa.
- Hombre, no sé, puede ser pero...

11. UNA CAMPAÑA DE INTRIGA

A. Observa este cartel que ha aparecido en numerosas ciudades españolas. En grupos, haced hipótesis sobre el producto o servicio que puede promocionar.

- A lo mejor es un anuncio de una agencia de viajes.
- O quizás es el eslogan de una campaña para...

CD 56 **B.** Escucha a la jefa de Marketing de la empresa anunciante y rellena la ficha siguiente.

Nombre de la empresa ....

Producto que anuncia ....

Tipo de público ....

Portfolio

CAMPAÑA PUBLICITARIA PARA LA ESCUELA

A. La dirección de la escuela en la que estudiáis quiere promocionar los cursos de español, pero tienen un presupuesto muy reducido. Os han pedido ideas para una campaña publicitaria. Decidid, en grupos, cómo podría ser. Para ello, primero, completad la ficha.

Eslogan y texto ....

Imagen (fotos o dibujos) ....

Lugares donde se va a promocionar la escuela ....

Soportes publicitarios ....

Público ....

Informaciones destacadas: ¿cursos que se ofrecen?, ¿precio?, ¿otros? ....

B. Si podéis, buscad en internet las imágenes que necesitéis, luego elegid el tipo de letra y organizad la información de manera atractiva y visualmente clara. Explicad y mostrad vuestro proyecto al resto de la clase. Entre todos, debéis decidir cuál es la mejor propuesta para conseguir el mayor número de alumnos.

10
Seguros

En esta unidad vamos a decidir sobre la indemnización que ofrece una compañía de seguros y a redactar una carta de reclamación.

Para ello vamos a aprender:

- A comparar cantidades proporcionales: **cuanto/a/s más/menos..., más/menos...**
- A hablar de cantidades indeterminadas: **nada, algo, algún, ningún, cualquier...**
- A transmitir palabras de otros: **decir que...**
- A trasmitir una petición o un deseo: **querer/pedir que** + Presente de Subjuntivo, **le gustaría** + Infinitivo
- A resumir una intención: **recomendar/proponer/recalcar que...**
- A juzgar: **me parece bien/mal que** + Presente de Subjuntivo
- A indicar el motivo de una llamada: **llamaba para, resulta que, quería...**
- A introducir un comentario: **por cierto**
- A añadir una información: **incluso**

1. TIPOS DE SEGUROS

A. Una empresa de seguros ha ido a tu escuela para promocionar sus productos. Te ofrecen un seguro gratuito durante un año, pero con una condición: tienes que ponerte de acuerdo con tu compañero para elegir el mismo.

ASEGUR, S.A.

1. SEGURO DE ASISTENCIA SANITARIA

Disfrute de la más completa asistencia médica, quirúrgica y hospitalaria con ASEGURSALUD.

- Con libre elección de médico.
- Sin listas de espera.
- Con derecho a habitación individual en nuestros hospitales.
- Sin límites de edad.
- Con servicio telefónico de asistencia médica 24 horas.
- Con asistencia sanitaria en cualquier lugar del país e incluso en el extranjero.
- Con atención domiciliaria.

2. SEGURO DE AUTOMÓVIL

Contrate un seguro de automóvil a su medida: ASEGURAUTO. Además del Seguro de Responsabilidad Civil Obligatoria, usted puede escoger:

- Seguro a terceros.
- Seguro a todo riesgo.
- Responsabilidad civil ilimitada.
- Defensa jurídica.
- Asistencia en viaje.
- Seguro de accidentes para los ocupantes.
- Daños sufridos por el vehículo asegurado.

3. SEGURO DE VIDA

Garantice a su familia un futuro tranquilo con ASEGURVIDA, un seguro de vida diseñado especialmente para usted y los suyos. Para que, si usted falta, a ellos no les falte nada. ASEGURVIDA es compatible con cualquier otro seguro y le ofrece las mejores coberturas del mercado:

- Pólizas de hasta 250 000 € en caso de fallecimiento o invalidez absoluta.
- A partir de 500 000 € por fallecimiento o invalidez absoluta en caso de accidente.

4. SEGURO MULTIRRIESGO DEL HOGAR

Disfrute de las mejores coberturas en seguros para el hogar, ASEGURCASA.

- Le pagamos los daños que se puedan producir en caso de incendio, tanto en la vivienda como en el contenido de esta.
- Le pagamos, en caso de necesidad, el alquiler de otra vivienda,
- Y los daños en caso de robo dentro o fuera del hogar.
- Y los daños por posibles inundaciones, así como los gastos derivados de la búsqueda y localización de averías.
- Y respondemos por los daños producidos a vecinos.

En ASEGUR le enviamos a nuestros técnicos para que no tenga que preocuparse de nada. Asistencia 24 horas, 365 días al año.

5. SEGURO DE VIAJE

Disfrute de sus vacaciones con ASEGURVIAJES, el seguro que le permitirá recorrer el mundo con una amplísima cobertura.

- Una asistencia total en caso de enfermedad o accidente durante sus viajes, para usted y los suyos.
- Nuestras garantías le permitirán pasar sus vacaciones tranquilo.
- Olvídese de los retrasos y de los problemas con el equipaje.

6. SEGURO DE RESPONSABILIDAD CIVIL

No solo significa calidad de vida para usted y su familia, sino también para los que le rodean. ASEGURCIVIL le garantiza el pago de las indemnizaciones por daños corporales causados a terceras personas y daños materiales a bienes de terceros.

Le ofrecemos:

- Responsabilidad civil familiar. En su actuación como cabeza de familia y como responsable de las personas que dependen legalmente de usted, en el ámbito de su vida privada.
- Responsabilidad civil de animales domésticos. Como dueño de animales domésticos.
- Responsabilidad civil de inmuebles. Como propietario o inquilino.

- ¿Tienes algún seguro?
- Sí, uno de asistencia sanitaria.
- ¿Y te interesa alguno de los que nos ofrecen?
- La verdad es que cualquiera de estos me iría bien, menos...

B. Explicad al resto de la clase qué seguro habéis elegido y por qué.

- Nosotros hemos elegido..., porque...

2. RECADOS

CD 57-62

A. Simón Melero trabaja en un gabinete de abogados. Como hoy no está en la oficina, su ayudante ha tomado nota de las llamadas. Escúchalas y escribe a cuál corresponde cada nota.

1

Ha llamado Paco: dice que no puede llegar a la reunión porque ha tenido un pequeño accidente con el coche (nada grave). Te pide que le envíes por fax las condiciones de los seguros. Te llamará.

2

Ha llamado tu madre para felicitarte. Dice que no te olvides de llamar a tu hermano por lo del seguro.

3

Ha llamado Miguel Campos: quería saber si están ya preparados los contratos. Le gustaría tener una reunión lo antes posible.

4

Ha llamado Fina: que "Felicidades" y que quería invitaros a cenar el sábado; que la llaméis para quedar.

5

Ha llamado Mónica Ferrero, la abogada de Almacenes Modernos, quería informarte de la valoración de los daños del incendio en Almacenes Modernos y quiere que le aclares algunas cantidades de las indemnizaciones. Ha dicho que llamará la próxima semana.

6

Ha llamado Maite: quiere que la llames a primera hora porque hay algunos problemas con la documentación del incendio en Almacenes Modernos. Faltan algunos datos. Tel.: 908400323

CD 57-62

B. Escucha otra vez y señala el motivo o motivos de las llamadas. Después, coméntalo con tu compañero.

Ha llamado:	**para...**
su madre → recordarle algo, pedirle algo	recordarle algo
Maite	felicitarlo
Mónica Ferrero	pedirle algo
Miguel Campos	invitarlo a cenar
Paco	preguntarle algo
Fina	fijar una reunión
	informarle
	avisarlo de algo

- Su madre ha llamado para recordarle...
- Sí, y también para...

3. ME ASEGURARON QUE...

CD 63 **A.** Ana ha llegado tarde al trabajo porque ha ido a la compañía de seguros. Escucha la conversación que ha tenido con una compañera de trabajo y decide cuál de las siguientes frases la resume mejor.

1 Está furiosa. La compañía de seguros le ha dicho que no pagará los daños porque los provocó ella: se dejó abierto un grifo.

2 Está tranquila porque el perito, en su informe, le ha asegurado que la compañía va a cubrir todos los daños.

3 Está enfadada porque hace dos semanas hubo una inundación en su casa y el perito de la compañía de seguros todavía no ha ido a evaluar los daños.

B. Completa las siguientes frases de Ana y Luisa.

1. Luisa: Me han dicho que tienes problemas con la ....

2. Ana: Yo les dije la verdad, que me había dejado ....

3. Luisa: Y ahora me dicen que yo soy la responsable y que por eso el seguro no cubre ....

4. Ana: Me aseguraron que todo estaba cubierto y ahora me vienen con que tengo yo ....

5. Luisa: En el contrato no pone nada sobre qué pasa cuando el asegurado ....

6. Ana: Me dijeron que el seguro me pagaría las reparaciones en caso de ....

CD 63 **C.** Escucha y comprueba. Aquí tienes algunas de las condiciones que Ana suscribió con la compañía aseguradora. ¿A quién le darías tú la razón? ¿Por qué? Coméntalo con tu compañero.

12) Reembolso de los daños causados por el agua, gas o electricidad.
En caso de daños producidos en el domicilio habitual del asegurado/a, que estén causados por agua, gas o electricidad, el asegurador pagará las reparaciones en el plazo máximo de un mes.

13) Búsqueda, localización y reparación de averías.
La compañía aseguradora se hará cargo de los gastos causados por la búsqueda y localización de averías y se responsabilizará de las reparaciones que correspondan.

14) Responsabilidad civil.
La entidad aseguradora responderá de los daños producidos a vecinos por las causas establecidas en el artículo 12.

15) Responsabilidades del asegurado/a.
La compañía aseguradora no se responsabilizará, en ningún caso, de los daños que...

*
- Yo le daría la razón a Ana porque...
- Pues no lo veo tan claro. En el contrato pone que...

4. LO QUE SE DIJO EN LA REUNIÓN

A. En Vita Seguros tuvieron una reunión la semana pasada. Ésta es el acta de la reunión. ¿Qué tema trataron? ¿Llegaron a algún acuerdo?

(Vita Seguros)

Reunidos: director general, directora financiera, director de Marketing, director del Dpto. de Automóvil y directora del Dpto. de Asesoría Jurídica.
Asunto: intercambio de información con otras compañías del ramo.
Fecha: 5 de septiembre de 2007

Reunidos para discutir una propuesta sobre el posible intercambio de información con otras compañías del ramo sobre asegurados conflictivos, se exponen las distintas opiniones.

Álex Martínez, director del Dpto. de Marketing, se muestra contrario a la propuesta. Dice que somos la compañía líder y comenta que la medida puede favorecer a nuestros competidores, que tienen menos información que nosotros.

Amparo Silva, directora financiera, recuerda que somos la compañía con menos siniestros y advierte de que podríamos perder esa posición si no disponemos de datos que puede tener la competencia.

Manuel Ibarra, director general, pide a Asesoría Jurídica que se encargue del tema de la agencia oficial de protección de datos y solicita al Dpto. de Marketing que realice un informe sobre la opinión de otras compañías.

Ramón Aguirre, director del Dpto. del Automóvil, propone que el intercambio de información se haga sólo con empresas regionales.

Julia Morán, directora del Dpto. de Asesoría Jurídica, recomienda que seamos prudentes porque el intercambio de información puede ser ilegal. Aconseja consultar con la agencia oficial de protección de datos.

Se convoca una reunión para la próxima semana.

B. Lee el texto otra vez e identifica quién realizó las siguientes intervenciones. Coméntalo con tu compañero.

"Creo que debemos tener mucho cuidado porque el intercambio de datos, en principio confidenciales, puede ir contra la ley de protección de datos personales. Lo mejor sería, antes de adoptar una decisión, consultar con la agencia oficial de protección de datos para estar más tranquilos".

____

"Yo no soy partidario de eso. Vita Seguros es la compañía líder en el mercado y si damos información a nuestros competidores, ellos pueden salir favorecidos y nosotros, perjudicados. Cuanta menos información tengan sobre nuestros clientes, mejor".

____

"Sí, pero no debemos olvidar que el año pasado tuvimos el porcentaje de siniestros más bajo del sector. Y quiero que quede una cosa muy clara: sólo podremos mantener nuestra posición si tenemos acceso a la información que nos pueden facilitar nuestros competidores".

____

"¿Y por qué no hacemos intercambio de información sólo con empresas regionales? En realidad, a nosotros no nos va a afectar el crecimiento de las pequeñas empresas. Nuestros competidores son las grandes multinacionales, los demás no tienen por qué quitarnos el sueño".

____

* • Esto lo dijo...

C. Y ahora, ¿qué dijo el director general? Escribe cómo crees que fue su intervención en la reunión

D. En grupos. ¿Qué opináis del intercambio de datos personales entre empresas? ¿Se hace en vuestro país?

- La verdad es que no sé si se hace..., a mí me parece que...

5. SEGUROS

A. ¿Qué tipo de seguros cubrirían los siguientes casos? Coméntalo con tu compañero.

1. Tu maleta llega rota al aeropuerto.
2. Tienes un accidente esquiando.
3. Tienes problemas con la instalación del agua y se inunda el piso de tu vecino.
4. Quieres hacerte una revisión médica.
5. Tienes una avería de coche yendo a trabajar.
6. Han entrado en tu casa y se han llevado tu ordenador.
7. Tu perro ha mordido a una persona en la calle.
8. Te roban el bolso en una ciudad donde estás de vacaciones.

- SEGURO DE ASISTENCIA SANITARIA
- SEGURO DE AUTOMÓVIL
- SEGURO DE VIDA
- SEGURO MULTIRRIESGO DE HOGAR
- SEGURO DE VACACIONES
- SEGURO DE RESPONSABILIDAD CIVIL

- Una maleta rota la cubre un seguro...

B. ¿Has estado alguna vez en alguna de las situaciones anteriores? ¿Tenías algún seguro? Coméntalo con tu compañero.

- Yo no he estado nunca en ninguna de esas situaciones.
- Yo sí. Me han perdido las maletas varias veces...

CD 64-66

6. MENSAJES

A. Varias personas llaman a una compañía de seguros. Escucha y escribe el nombre de la persona que llama en cada caso y el nombre de la persona o del departamento por el que preguntan.

Mensajes

Fecha: 10/03 Hora: 10.45

Sr. ______

De: ______

Para: ______

Mensaje: ______

Mensajes

Fecha: 10/03 Hora: 11.50

Sr. ______

De: ______

Para: ______

Mensaje: ______

Mensajes

Fecha: 10/03 Hora: 12.20

Sr. ______

De: ______

Para: ______

Mensaje: ______

CD 64-66

B. Escucha otra vez los mensajes y redacta las notas correspondientes.

7. SEÑALES DE VIDA

A. Inma está trabajando en Buenos Aires. Ha escrito dos correos electrónicos diferentes a sus compañeros de España. En parejas, elegid un correo electrónico cada uno y comentad lo que os cuenta Inma.

ALUMNO A

Nuevo mensaje

Enviar Chat Adjuntar Agenda Tipo de letra Colores Borrador

De: Inma Orta <iorta.com@>
Fecha: martes, 9 de agosto, 12.53
Para:
Asunto: señales de vida

¿Qué tal estás...? ¿Qué tal va todo?
Bueno, tengo mucho que contarte desde el último e-mail que te mandé, pero no tengo mucho tiempo. Sigo saliendo con Óscar; todo va bien y en estos meses hemos recorrido todos los rincones de Buenos Aires. Es una ciudad increíble.
Estuvimos una semana esquiando en Bariloche. Es precioso y no te puedes ni imaginar la marcha que hay. Pero... el último día me caí, me hice daño en la rodilla y tuve que estar dos semanas de reposo. Menos mal que tenía un seguro de viaje que funcionó muy bien. No tuve ningún problema y me pagaron toda la asistencia médica.
¿Sabes? Me gustaría quedarme más tiempo aquí. No sé si hay muchas posibilidades de firmar una prórroga.
La verdad es que no tengo muchas ganas de volver a la oficina...
Y a ti, ¿no te apetece venir a Buenos Aires? ¿Por qué no te animas? En internet se pueden conseguir vuelos muy baratos. Además, tienes el alojamiento asegurado, el apartamento (aquí lo llaman "departamento") en que vivimos es muy grande. ¡Anímate!
Bueno, hasta pronto. Escríbeme y dame noticias de todo el mundo.
Un beso fuerte
Inma

ALUMNO B

Nuevo mensaje

Enviar Chat Adjuntar Agenda Tipo de letra Colores Borrador

De: Inma Orta <iorta.com@>
Fecha: martes, 10 de agosto, 13.15
Para:
Asunto: saludos

¡Holaaaaaaaaa!
¿Qué tal va todo por la oficina? Ya sé que prometí escribir pronto pero es que no paro un momento, en serio.
Ahora estoy aprovechando la pausa del almuerzo para escribirte este e-mail.
La verdad es que estoy muy ocupada con proyectos muy interesantes. Por cierto, necesitaría información sobre seguros de transporte marítimo. ¿Sabes dónde puedo conseguir información sobre ese tema?
Me sería muy útil y te estaría eternamente agradecida.
Esto es fantástico, como dicen aquí, "bárbaro". El ambiente en el trabajo es excelente y todo el mundo es muy simpático conmigo.
Oye, ¿no es pronto tu cumpleaños? ¿O me equivoco? Bueno, por si acaso, felicidades.
Un abrazo
Inma

*
- ¿Sabes? He recibido un correo de Inma y me cuenta que trabaja mucho...
- Pues yo también he recibido uno.

B. ¿Y tú? ¿Tienes algún amigo que ahora mismo esté lejos de aquí? ¿Por qué no le escribes un correo electrónico contándole las cosas que te han pasado últimamente a ti o a tus amigos?

8. UN SEGURO POR 50 MILLONES DE EUROS

A. ¿Qué cosas crees que se pueden asegurar por 50 milloners de euros? Coméntalo con un compañero.

B. Este texto trata sobre una persona que desea contratar un seguro por 50 millones de euros. ¿Lo que pretende asegurar está entre las cosas que habéis comentado en el apartado anterior? ¿Qué te parece su idea?

50 millones de euros por...

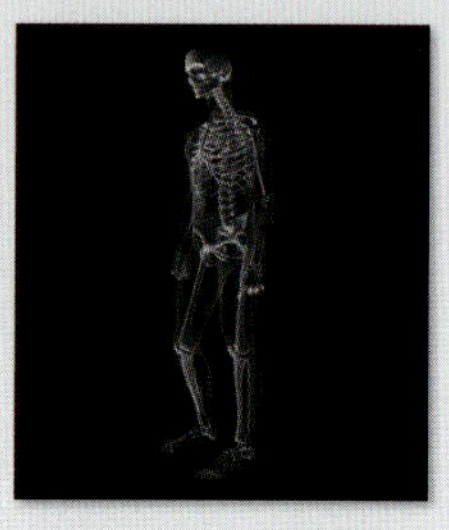

El delantero argentino del club de fútbol F.C. Barcelona, Lionel Messi, está negociando con dos compañías aseguradoras italianas para asegurar sus piernas en 50 millones de euros (unos 70 millones de dólares), un seguro que pocos futbolistas en todo el mundo estarían en condiciones de afrontar.

Según publicó un diario deportivo español, "el jugador argentino lleva un tiempo dándole vueltas a la idea de asegurar sus piernas". Messi, considerado por muchos el mejor futbolista del mundo y sucesor del mítico Maradona, no está dispuesto a aceptar menos de 30 millones de euros de poliza.

"El problema –dice el diario español– es la cuantía de las cuotas de un seguro de este tipo. El jugador nacido en Rosario, y conocido con el sobrenombre de *Pulga* tendría que pagar anualmente una cantidad que va de los 300 000 a los 400 000 euros. Una cifra difícil de asumir hasta para Messi", que actualmente cobra cinco millones de euros (siete millones de dólares) al año.

El tema de los deportistas que aseguran parte de su cuerpo tiene muchos antecedentes y, recientemente, el portero español Iker Casillas aseguró en algo más de 10 millones de dólares sus manos. Uno de los casos más conocidos es el del inglés David Beckham, que aseguró todo su cuerpo por 148 millones de euros (unos 210 millones de dólares).

C. ¿Conoces más casos como el del texto? Coméntalo con tus compañeros.

* ■ Hace unos años Jennifer López aseguró su...

D. ¿Qué otras noticias sorprendentes has leído últimamente en la prensa? Piensa en una que te haya parecido especialmente curiosa y cuéntasela a tus compañeros.

* ■ Yo, el otro día, leí que han encontrado una especie nueva de mamífero en... el artículo decía que...

Portfolio

UNA INDEMNIZACIÓN

A. Un oyente llama a un consultorio jurídico de la radio y expone su caso a un experto. Escucha la llamada. ¿Cuál es el motivo de su consulta?

CD 67

CD 67

B. Estas son las notas de Paula Merino, la abogada del programa de radio. Completa los datos que faltan.

Jaime Claver realizó el viaje hace .... semanas.

La compañía aérea le ha pagado .... euros.

La compañía de seguros le ofrece .... euros más.

Jaime Claver quiere que la compañía le pague .... euros.

Asegura que la póliza le garantiza una indemnización de .... euros.

C. Estas son las condiciones del seguro de viaje que contrató Jaime Claver. ¿Coinciden con lo que él explicó en el programa de radio? Coméntalo con tus compañeros.

CONTRATO DE ASISTENCIA EN VIAJE - CONDICIONES GENERALES

Este documento contiene la definición de todas las cláusulas, prestaciones y exclusiones que afectan a los distintos productos ofrecidos.

G. SEGURO DE EQUIPAJE

Artículo 14. Prestaciones cubiertas. Excepciones.
El presente contrato cubre la pérdida, robo y cualquier daño ocasionado al equipaje del asegurado, desde que cruza la aduana o sube al avión, al tren o al barco para iniciar el viaje, hasta que cruza la aduana o sube al avión, tren o barco para regresar al lugar de origen. Quedan expresamente excluidos del seguro los animales, joyas, armas de cualquier clase, documentos legales o profesionales, dinero en metálico, acciones, así como gafas y lentes de contacto.

Artículo 15. Responsabilidad en el pago.
Cuando la compañía de transporte sea la causante de los daños o la pérdida del equipaje, la compañía de seguros actuará como asegurador secundario (previa presentación de la reclamación a la compañía de transporte).

Artículo 16. Procedimiento y plazo para reclamar.
Para reclamar las indemnizaciones por los objetos dañados, perdidos o robados, será necesario rellenar el impreso de reclamación y presentar el comprobante de compra del objeto, la reclamación hecha a la compañía de transporte, el billete de avión, tren o transporte, y la denuncia hecha a la Policía, cuando proceda. El plazo para reclamar es de dos semanas a partir del robo, pérdida o daño del objeto.

Artículo 17. Valoración de los objetos e indemnizaciones.
Para valorar los objetos asegurados, se tendrá en cuenta el precio de compra establecido en el comprobante de compra. En ningún caso se devolverá el total del precio pagado. La valoración la realizará un perito cualificado, quien establecerá el valor en función de la antigüedad del objeto. Las indemnizaciones se efectuarán de acuerdo con la siguiente escala:
En caso de robo: hasta 3 000 euros.
En caso de pérdida: hasta 2 000 euros.
En caso de daños: hasta 1 500 euros.

* ■ En el programa, Javier ha dicho que el seguro cubría... y resulta que en la póliza pone que...

D. ¿Es justo lo que pide Jaime Claver? Explicad al resto de la clase la conclusión a la que habéis llegado. ¿Os ha pasado a vosotros algo parecido?

E. Escribe la carta de reclamación que Jaime Claver podría enviar a su compañía de seguros.

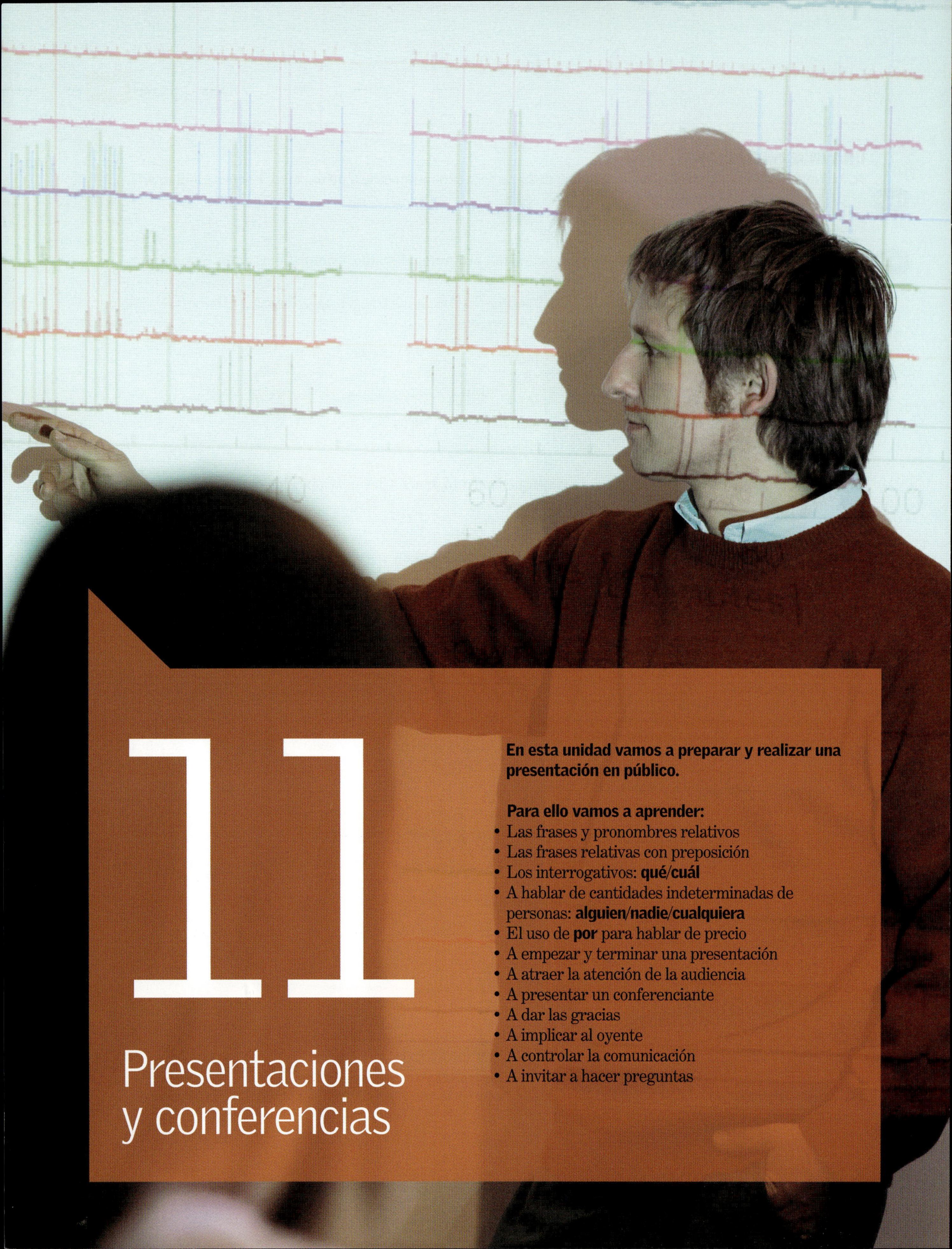

11 Presentaciones y conferencias

En esta unidad vamos a preparar y realizar una presentación en público.

Para ello vamos a aprender:
- Las frases y pronombres relativos
- Las frases relativas con preposición
- Los interrogativos: **qué/cuál**
- A hablar de cantidades indeterminadas de personas: **alguien/nadie/cualquiera**
- El uso de **por** para hablar de precio
- A empezar y terminar una presentación
- A atraer la atención de la audiencia
- A presentar un conferenciante
- A dar las gracias
- A implicar al oyente
- A controlar la comunicación
- A invitar a hacer preguntas

1. MATERIAL DE APOYO

A. ¿Has hablado alguna vez en público? ¿En qué situación? Comenta con tu compañero cómo te sentiste.

- Yo nunca he hablado en público; creo que me pondría muy nervioso.
- Yo sí, muchas veces. He presentado trabajos en...

B. Imagina que tienes que hablar ante tus compañeros de clase o tus colegas de trabajo, ¿qué material usarías? ¿Cuál sabes usar? ¿Cuál preferirías no utilizar?

- una pantalla interactiva
- una pizarra
- un retroproyector
- una transparencia
- un micrófono
- fotocopias
- un reproductor de DVD
- un cañón de proyección
- un ordenador

- Yo usaría mi ordenador portátil y un cañón de proyección. Me sentiría cómodo porque sé usarlos. No usaría nunca el retroproyector...

2. BUENOS DÍAS A TODOS

CD 68-70 **A.** Vas a escuchar el principio de tres presentaciones. ¿A qué situación corresponde cada una?

☐ una clase ☐ la presentación de un producto ante unos clientes ☐ una conferencia

B. Aquí tienes las primeras frases de esas tres presentaciones. Relaciónalas con las situaciones anteriores. Marca las palabras que te han ayudado a entender cuál es el contexto.

☐	☐	☐
Muy buenos días a todos y a todas. Antes de nada, quiero darles las gracias por estar aquí... El título de...	Hola, buenos días. Bien, antes de empezar, ¿tienen ustedes alguna pregunta sobre lo que vimos ayer...?	Hola, buenos días a todos. Soy Arturo Monje, de Markusa. Si les parece bien, primero les voy a enseñar una muestra de nuestro nuevo producto. Estoy seguro de que les va a interesar porque se trata de algo realmente nuevo en el mercado...

CD 71-73 **C.** Escucha y comprueba.

3. INFORMACIÓN SOBRE LA EMPRESA

A. Vas a escuchar una presentación: un directivo recibe a un grupo de clientes en la planta de producción de su empresa. ¿Cuáles de los siguientes aspectos crees que se van a mencionar?

- los productos que fabrica
- el número de empleados
- los orígenes de la empresa
- el público al que se destinan los productos
- la política de precios
- las estrategias de publicidad y de marketing
- la evolución de la empresa en los últimos años

* Seguramente dirá algo sobre...

CD 74 **B.** Escucha la presentación y comprueba si menciona los aspectos que habéis predicho.

CD 74 **C.** Este es el guión que preparó la persona que hizo la presentación. Decide a qué parte del mismo corresponden las frases de la derecha. Escucha de nuevo para comprobar.

KALEM
PRESENTACIÓN PARA GRUPOS

1. Bienvenida
2. Introducción del tema de la presentación

Desarrollo de la presentación:
3. ¿Quiénes somos?
4. ¿Qué hacemos?
5. Nuestra estrategia de desarrollo (interpretación de gráficos sobre el crecimiento de la facturación)
6. Final: mercados internacionales (gráficos)

7. Turno de preguntas

- [ ] Y por último, quisiera hablarles de nuestra vocación internacional, que nos ha llevado a estar presentes en los mercados más competitivos del mundo.
- [ ] Kalem es una empresa familiar española.
- [ ] Antes de empezar la visita, voy a hacerles una breve presentación de nuestra empresa.
- [ ] En estos gráficos, pueden ver ustedes la curva ascendente de nuestras exportaciones durante los cinco últimos ejercicios.
- [ ] Buenas tardes y bienvenidos a KALEM. Les agradecemos mucho su visita a una de nuestras plantas de producción.
- [ ] Si tienen alguna pregunta, la contestaré con mucho gusto.
- [ ] Se dedica a la fabricación y comercialización de zapatillas y ropa de deporte de alta calidad.

D. ¿Qué te ha parecido la presentación que has escuchado? Escoge los adjetivos que, según tú, la describen mejor. Coméntalo con tu compañero.

clara	desordenada	estructurada	dinámica	amena	aburrida
interesante	abstracta	correcta	divertida	técnica	larga

* A mí me ha parecido bastante...

4. UNA EXPOSICIÓN EN CLASE

A. Vas a leer el texto de una exposición que un estudiante hizo ante sus compañeros, se titulaba "Se venden siestas". Antes de leerlo, ¿de qué crees que trataba?

B. Ahora lee el texto que el estudiante preparó para leer en clase y descubre qué dijo exáctamente.

Se venden siestas

(1.) Hola a todos. Muy buenas tardes. **(2.)** Para mi exposición, he seleccionado una empresa que creo que os va a interesar mucho. El título que le he dado a mi presentación es "Se venden siestas" porque el negocio, como voy a intentar explicar, consiste en eso, en vender tiempo de sueño o de descanso; concretamente, siestas.

(3.) ¿Sabíais que el cerebro necesita descansar y desconectar dos veces al día? Por la noche y durante el día, entre dos y cuatro de la tarde. **(4.)** ¿Quién no ha sentido alguna vez sueño después de comer? Seguro que muchos de vosotros habéis estado en alguna clase o en alguna reunión a primera hora de la tarde y habéis tenido que tomar mucho café y hacer serios esfuerzos por no dormiros. ¿Me equivoco?

(5.) Pues para dar respuesta a esta necesidad, un joven empresario ha creado una franquicia de establecimientos de salud y belleza que ofrecen la posibilidad de dormir en sus instalaciones después de un breve masaje antiestrés. Y todo ello por 7 euros.

(6.) El producto estrella de esta cadena son los masajes rápidos antifatiga, al final de los cuales el cliente puede echar una breve siesta de unos 20 minutos. Según el doctor Eduardo Sancho, especialista en trastornos del sueño, "lo mejor es dormir unos 20 minutos". Si se duerme más tiempo, la persona puede despertar de mal humor; estos 20 minutos son suficientes para descansar un rato y poder continuar el resto del día con energía.

(7.) Los masajes, que suelen durar de cinco a diez minutos, se realizan en una silla especial, ergonómica, en la que el cliente se coloca sin tocar el suelo. (Parece complicado, pero yo lo he probado y os aseguro que funciona). Bueno, pues después del masaje, el cliente puede echar una pequeña siesta. La decoración es muy importante: luz suave, temperatura cálida y música suave, especial para la relajación.

(8.) Por lo que respecta al tipo de clientes que "compra" siestas, la mayoría son personas con trabajos sedentarios y con un fuerte estrés; son personas que no tienen tiempo de ir a comer a casa y que aprovechan un rato de la hora de la comida para relajarse y recuperar fuerzas.

(9.) Para terminar me gustaría decir que, aunque la siesta es una costumbre mediterránea, la cultura anglosajona, que lucha contra el sueño del mediodía con bebidas estimulantes como el café o el té, también se interesa por ella. Muchas investigaciones han demostrado que la siesta responde a una necesidad biológica y que incluso puede ayudar a prevenir enfermedades del corazón. Y esto es lo que quería explicaros. **(10.)** Si tenéis alguna pregunta para plantearme, estaré encantado de responderos, si puedo.

C. ¿Puedes situar en el texto estas partes en las que dividió el estudiante su exposición?

- Presentar el producto principal y su razón de ser.
- Describir el público que consume el producto.
- Concluir.
- Introducir el tema de la presentación.
- Hablar de la empresa.
- Despertar el interés del publico.
- Abrir un turno de preguntas.
- Involucrar al público preguntándole sobre sus experiencias personales.
- Explicar detalladamente en qué consiste el producto: duración, lugar, condiciones en que se produce, etc.
- Saludar.

D. ¿Os gustaría poder utilizar el servicio del que se habla en el texto? En parejas, pensad en preguntas que le podríais plantear al estudiante que presentó la exposición.

*
- A mí me encantaría poder relajarme y descansar media hora todos los días...
- Pues a mí me gustaría saber qué tipo de música ponen...

5. UN PROYECTO INTERESANTE

A. En una escuela de Ciencias Empresariales se ha presentado una serie de proyectos de creación de nuevas empresas. Francisco Cantero ha asistido y ha preparado el siguiente informe para su empresa. Léelo y rellena luego la ficha.

De: Francisco Cantero
A: María Rico
Asunto: Presentaciones de proyectos de la última promoción de la ESCE

Según su petición, esta semana he asistido a las presentaciones de los proyectos de creación de empresas realizados por los titulados de la Escuela Superior de Ciencias Empresariales.

De las cuatro presentaciones, tres resultaron muy poco interesantes ya que las propuestas no aportaban ninguna novedad respecto a productos o servicios que ya existen actualmente en el mercado.

En cambio, creo que el proyecto titulado "Tramitalia" podría merecer nuestra atención. Además, su presentación, realizada por los cuatro titulados que la habían preparado, fue dinámica y estuvo muy bien estructurada.

Los creadores de este proyecto pretenden lanzar una empresa que <u>asesore</u> y <u>ayude</u> a ciudadanos extranjeros que <u>tengan</u> la intención de fijar temporalmente su residencia en España.

Tramitalia buscará su público meta entre todo tipo de personas que, por diferentes motivos, <u>necesiten</u> información, asesoría o gestión de trámites: estudiantes Erasmus que <u>deseen</u> encontrar una residencia o un piso para compartir; ejecutivos que <u>necesiten</u> clases particulares de español, familias que <u>quieran</u> buscar un colegio internacional y matricular a sus hijos, etc. La empresa, además, se encargará de realizar todos los trámites burocráticos que <u>puedan</u> necesitar sus clientes: desde los permisos de trabajo hasta los contratos de alquiler, pasando por la inscripción en el padrón.

Creo que la idea es muy interesante porque actualmente no hay ninguna empresa que se <u>dirija</u> a todos estos clientes potenciales y no existe en nuestro país ninguna compañía que <u>pueda</u> proporcionar servicios tan variados como los que proponen.

Por todo ello, creo que el proyecto Tramitalia merece un análisis detallado para decicir sobre una posible financiación por nuestra parte.

Francisco Cantero

Fdo. Francisco Cantero

Nombre de la empresa: ....

Público meta: ....

Tipo de actividad: ....

Puntos positivos del proyecto: ....

....

B. ¿Alguna vez te has encontrado en una situación semejante a las que se citan en el informe sobre Tramitalia? ¿Utilizarías tú sus servicios a un precio razonable?

* ● Bueno, yo pasé un año en Londres, con una beca Erasmus y...

C. Fíjate en los verbos subrayados: están en Presente de Subjuntivo. Observa en qué frases aparecen: ¿puedes hacer hipótesis sobre por qué se usa el Subjuntivo en esas construcciones?

6. MANUAL DE CONSEJOS

A. Una escuela especializada en cursos de comunicación ha preparado un cartel con consejos y sugerencias sobre presentaciones. ¿Puedes ordenar los dibujos teniendo en cuenta a qué recomendación corresponden?

Consejos y sugerencias sobre presentaciones

1 Cuidado con los cables de proyectores y micrófonos. A nadie le agrada un tropezón en público.

2 Numere y ordene el material (transparencias, fotocopias, etc.) y decida de antemano qué no utilizará si se queda corto de tiempo.

3 No abuse de gráficos y estadísticas.

4 Si utiliza transparencias o diapositivas de PowerPoint, ponga poco texto en cada una de ellas y utilice un tamaño de letra de, al menos, 20 puntos.

5 Si va a utilizar fotocopias, haga siempre de más para evitar sorpresas. A los asistentes no les gusta nada quedarse sin su juego de material.

6 Si en un momento de la presentación se queda en blanco y no se acuerda de nada, puede elegir entre estas tres alternativas: hacer una pequeña pausa, volver a una idea anterior o confesarlo con naturalidad; muy posiblemente el público sonreirá y lo entenderá.

7 Recuerde que es mucho más natural y agradable desarrollar su presentación de forma hablada que leída.

8 Sobre sus nervios, recuerde: disminuyen si está de pie y se apoya, por ejemplo, en una mesa. Además, el público no suele notarlos tanto como usted.

A

E

B

F

C

G

D

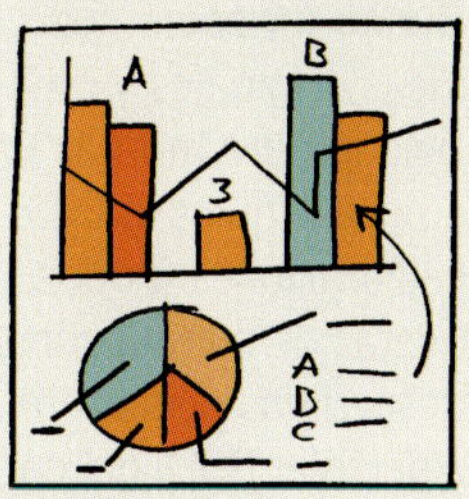

H

B. Elige las tres recomendaciones que consideres más útiles para ti. Puedes proponer otras. Justifica tu elección o tu propuesta.

- A mí me parece muy buena idea eso de no abusar de los gráficos.
- Yo también daría algún consejo sobre la manera de ir vestido. Creo que cuando tienes que hablar en público, es mejor...

7. EN UNA CONFERENCIA

CD 75-81

Vas a escuchar varios fragmentos de distintas exposiciones orales. ¿En qué momento se dicen? Marca en la lista el número que corresponde a cada uno.

- Al principio: cuando se presenta al conferenciante.
- En los primeros minutos: cuando se quiere agradecer algo a alguien.
- En el principio de la conferencia: cuando se explica algo de lo que se va a hacer o decir.
- En el desarrollo de la conferencia: cuando surge un problema técnico.
- Durante el turno de preguntas: cuando el orador reformula una pregunta que el público plantea.
- En el turno de preguntas: cuando el orador no sabe la respuesta a una pregunta.
- Al final: a veces se repite la idea central de la charla.

8. SE BUSCAN SOCIOS

A. La clase se divide en alumnos A y alumnos B . Cada alumno (A o B) elige cuál de los anuncios es el suyo.

Alumno A

Tienes un proyecto para montar un negocio y buscas socios. ¿Cuál de estos anuncios es el tuyo?

SE BUSCAN SOCIOS

Buscamos socios con terreno en zona rural. Ahora puede ser propietario de una granja de pollos sin preocuparse de cuidarlos. Nosotros nos encargaremos de la explotación y comercializamos sus productos. Negocio rentable y con futuro.
Teléfono de contacto: 643 632 254

Busco un socio con ideas originales y creatividad para montar una empresa que organice celebraciones (bodas, fiestas de cumpleaños, despedidas de soltero...) Aporto el 80% del capital. Número de anuncio: 00801

Busco socio que aporte casa con encanto para proyecto de restauración y turismo rural. Preferentemente en una región poco explotada y con atractivos naturales y culturales.

Buscamos socios para crear una empresa de turismo alternativo en una de las islas Baleares. Queremos ofrecer actividades de senderismo, rutas a caballo, salidas en barco y submarinismo. Necesitamos capital.
Apartado de correos 6789 Madrid 28075

Alumno B
Tienes algo que ofrecer para montar un negocio y buscas socios. ¿Cuál de estos anuncios es el tuyo?

APORTACIONES

Ofrezco 8 hectáreas de terreno para granja con instalaciones en perfecto estado. Acepto propuestas para alquilar o montar cualquier otro negocio. Teléfono de contacto: 985 123 489

Empresa inversora desea contactar con empresas o particulares que tengan proyectos innovadores para desarrollar. Teléfono de contacto: 962 234 567

Pueblo de Valladolid. Tengo una casa (s. XVIII) de 300 m^2 con extenso terreno alrededor. Deseo alquilar o asociarme para montar hostal rural. Llamar al teléfono de contacto: 983 283 456

Aporto capital y grandes dosis de creatividad e inventiva para cualquier tipo de negocio en el que las relaciones humanas sean el elemento primordial. Puede llamar o enviar fax al 915 432 012

B. Los alumnos A buscarán socios entre los alumnos B. Para ello deberán explicar sus proyectos y necesidades. Los alumnos B deben explicar qué pueden aportar al proyecto. Intentad ser persuasivos y encontrar a alguien que se asocie con vosotros.

*
- Busco un socio que tenga una casa en una zona rural...
- Mmm, yo busco a alguien que quiera montar una granja...

C. ¿Ya tenéis socio? ¿Os ha convencido alguien?

*
- Yo no he encontrado a nadie que quiera montar una granja conmigo...
- Pues yo ya tengo socio: Katia me ha convencido para montar una empresa de...

9. DOS DIAPOSITIVAS

CD 82 **A.** Escucha un fragmento de una conferencia sobre "presentaciones" y toma notas de las ideas principales.

CD 82 **B.** Escucha otra vez el fragmento. ¿Cuál de estas diapositivas crees que ha proyectado el conferenciante?

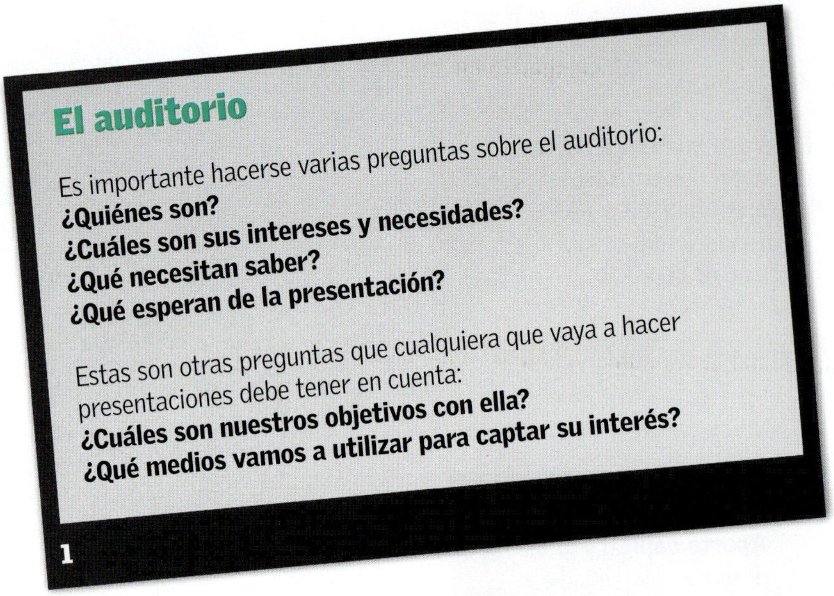

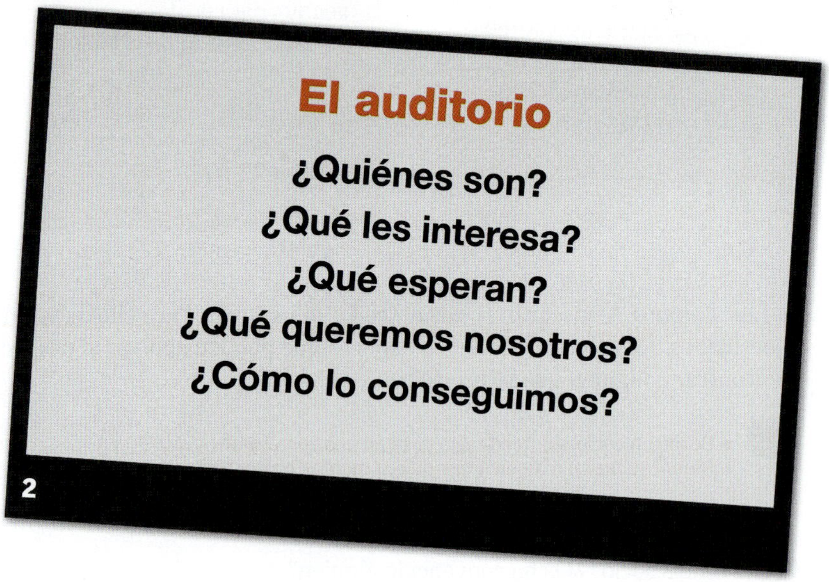

C. ¿Y tú, cuál de las dos diapositivas utilizarías? ¿Por qué?

- ¿Tú cuál usarías?
- Creo que la primera porque...

Portfolio

UNA PRESENTACIÓN

A. Trabajad en grupos de tres o cuatro. Una asociación de empresarios ha convocado un concurso para premiar el proyecto de empresa mejor y más original. Los proyectos tienen que presentarse ante una comisión que los evaluará. Pensad en una empresa, en un servicio o producto que queréis ofrecer, y completad la ficha.

Nombre de la empresa: ....

Actividad: ....

Público meta: ....

Diferencias con la competencia: ....

Inversión inicial: ....

Plazo para que sea rentable: ....

B. Preparad la presentación. Aquí tenéis una lista de aspectos que podéis considerar para que sea convincente.

- **La estructura**. Mirad, por ejemplo, la estructura de la presentación de la actividad 4, pero tened en cuenta que, en este caso, vosotros sois los emprendedores.
- **Los recursos** que podéis utilizar para captar el interés de vuestros compañeros y **las estrategias** para convencerlos.
- **El principio** y **el final** de la presentación.
- **Los elementos de apoyo** para vuestra presentación (pizarra, DVD, ordenador portátil...).

C. Ahora, realizad la presentación, mejor si la hacéis entre todos los miembros del equipo. Os será muy útil seguir los consejos de la actividad 6. ¡Buena suerte!

D. Mientras escuchas las presentaciones de tus compañeros, completa la ficha para evaluar los diferentes proyectos. Si tienes alguna pregunta, plantéala al final de la presentación. Al final, con todos los datos, podréis decidir qué proyecto tiene más posibilidades de presentarse al concurso y ganarlo.

Criterios de evaluación (de 0 a 10 puntos)	grupo 1	grupo 2	grupo 3	grupo 4
¿El proyecto es innovador?				
¿El proyecto presenta diferencias con otras empresas ya existentes?				
¿El publico meta está bien definido?				
¿Parece un negocio rentable?				
Otros				

E. ¿Cuál es el proyecto con más posibilidades? ¿Crees que la manera de presentarlo ha influido en vuestra elección?

*

- ¿Para mí el mejor proyecto es el del primer equipo, el de la agencia matrimonial. Me ha gustado mucho cómo lo han presentado porque...

12
Felicitaciones y despedidas

En esta unidad vamos a pronunciar un discurso de despedida.

Para ello vamos a aprender:
- El Pretérito Perfecto de Subjuntivo
- El Infinitivo Pasado
- El Pretérito Imperfecto de Subjuntivo
- A hablar de una situación hipotética: **si**+ Imperfecto de Subjuntivo, Condicional
- El uso de **acordarse de/ recordar**
- El uso de la preposición **por** para brindar
- A expresar deseos y sentimientos: **ojalá/qué raro que/nos alegramos de que** + Subjuntivo
- A felicitar a alguien: **enhorabuena, muchas felicidades**...
- A disculparse: **sentir, lamentar, disculpar**

1. FELICIDADES

A. Lee las siguientes tarjetas. ¿Con qué motivo se han escrito?

1

Si pudiera vivir nuevamente mi vida,
en la próxima trataría
de cometer más errores.
No intentaría ser perfecto,
me relajaría más y
correría más riesgos.
Si tuviera otra oportunidad para vivir,
iría a lugares a donde
nunca he ido.
Subiría más montañas,
nadaría en más ríos,
comería más helados y
tendría más problemas reales y
menos imaginarios.
Yo nunca iba a ninguna parte
sin un termómetro, un paraguas
y una aspirina...
Si pudiera volver a vivir,
viajaría más ligero de equipaje.

Que el espíritu de estas palabras inspire
muchos momentos de felicidad en este
nuevo año.
Con nuestros mejores deseos,

C.G.

Cosme González
Escuela de Arte PictoGrama

2

¡ENHORABUENA!

Nos alegramos mucho de que todo haya ido bien.
Un beso muy grande para la mamá y el pequeñín.

Alicia, Javier y Nina

3

Que pases un muy, muy feliz día del Carmen.
Muchas felicidades y un abrazo muy fuerte.

Rosa y Esteban

4

Super-CO

Estimada Sra. Román:
Le deseamos un feliz cumpleaños en este día tan señalado. Nos gustaría compartir con usted este día. Por esta razón, entregando esta tarjeta en caja o al responsable de su Super-Co, tendremos el placer de obsequiarle con:

una caja de bombones

Una vez más le agradecemos la confianza que ha depositado en nosotros.

5

Enhorabuena

Os deseamos toda la felicidad del mundo en el día de vuestra boda.
Ojalá todos vuestros planes futuros se hagan realidad.
Un beso muy fuerte para los dos.
Vuestros primos

Lola y Juan

B. Y tú, ¿envías tarjetas de papel? ¿Solo electrónicas? ¿En qué ocasiones? Coméntalo con tu compañero.

- ¿Tarjetas? Envío muchísimas, a...

C. Como cliente, ¿qué empresas te envían tarjetas y en qué ocasiones? ¿De papel o electrónicas? Coméntalo con tu compañero.

- En Navidad, por ejemplo, recibo tarjetas de...

\>

- (Para felicitar) por un cumpleaños
- (Para dar la enhorabuena) por una boda
- Para felicitar las fiestas navideñas
- (Para felicitar) por el día del santo
- (Para dar la enhorabuena) por el nacimiento de un hijo

2. NO SABES CUÁNTO LO SIENTO...

A. Aquí tienes una nota y una carta en las que se piden disculpas. Léelas y decide cuál puede ser el motivo de la disculpa en cada caso.

Elena, quiero disculparme contigo. Realmente mis comentarios del otro día no fueron muy afortunados; comprendo que te sentaran mal y siento mucho que te haya dolido la crítica que te hice. No estaba justificada y fue excesiva. De verdad. Perdóname.
Sé que no es excusa, pero últimamente estoy pasando una mala racha y, a veces, las situaciones me desbordan y, luego, como en esta ocasión, tengo que lamentarlo.
Lo siento, y te pido perdón de nuevo.
Me gustaría mucho que un día de estos quedáramos para tomar un café y hablar tranquilamente de todo lo que ha pasado.
¿Qué te parece? Te llamaré.

Un beso,

Alicia

AireNostro

Pº de Gracia, 34 - 08002 Barcelona
www.airnostro.com

Alicia Muñoz
Tarjeta de fidelidad AN232345-Q
Consejo de Ciento 189 5º A
08015 Barcelona

Barcelona, 12 de agosto de 2010

Estimada Sra. Muñoz:

Como cliente habitual de AireNostro, es probable que en las últimas semanas haya sufrido algunas de las incidencias que se han producido en nuestro servicio: retrasos, cancelaciones, etc.

Permítanos, antes de cualquier otra explicación, trasmitirle nuestro más sincero pesar. Lamentamos todos los inconvenientes de las últimas semanas y el no haber podido informarle puntualmente sobre estas incidencias. Lo sentimos y estamos poniendo en marcha todas las medidas a nuestro alcance para corregirlo.

El origen de la actual situación es complejo. Por diversos factores, los espacios aéreos europeos se han quedado pequeños. No se les ha dotado de la capacidad necesaria para absorber la demanda de un tráfico aéreo en pleno crecimiento. Las autopistas del aire se comportan como las terrestres: si hay más vehículos que capacidad, se producen colapsos y retrasos.

Nosotros, como ya sabrá por los medios de comunicación, hemos decidido recortar parcialmente nuestro programa de verano. No obstante, queremos informarle de que dispondremos de vuelos suficientes para atender la demanda y que cumpliremos con todos nuestros compromisos. Esperamos que la situación se vaya normalizando gradualmente y que podamos disfrutar de un verano sin incidencias.

De nuevo le pedimos disculpas y le agradecemos la confianza que ha depositado en nuestra compañía.

Cordiales saludos.

Javier Guzmán

Javier Guzmán
Director de Atención al Cliente
atencionalcliente@airnostro.com

B. En los textos anteriores tienes varias fórmulas para pedir disculpas. Búscalas y subráyalas. Luego, con un compañero, reflexiona sobre si esas fórmulas os parecen más o menos formales. ¿Cuáles creéis que podríais usar en una conversación con un amigo?

* • Creo que "Permítanos..." no es una forma muy adecuada para...

C. En tu país, en el mundo del trabajo, ¿cuáles de las siguientes faltas se consideran más graves? ¿Hay otras situaciones en las que la gente se disculparía? ¿Cuáles?

Llegar 20 minutos tarde a una cita/reunión/comida/entrevista de trabajo.
Enviar a un cliente un producto que llega, sin saber por qué, en malas condiciones.
Llamar a un compañero a su teléfono privado a una hora inadecuada.
Entrar en el despacho de alguien e interrumpirlo cuando está hablando.
Cometer un error en un informe importante.
Enviar un correo electrónico por error a un destinatario incorrecto.
Entregar un documento dos días más tarde del plazo fijado.

D. ¿Alguna vez te has encontrado en una de las situaciones anteriores o en otras parecidas? ¿Qué has hecho para disculparte?

* • Recuerdo una vez que...

3. CAUSAR BUENA IMPRESIÓN

Lee este artículo sobre algunos usos sociales en las empresas españolas. En tu país, ¿se actúa igual en estas situaciones? Coméntalo con tu compañero.

¿Cómo quedar bien en el trabajo?

Es indudable que las relaciones personales en el trabajo no son iguales en todos los países y que, además, en un mismo país las costumbres pueden variar de una empresa a otra.

De todos modos, las siguientes ideas son representativas de lo que sucede en muchas empresas españolas y te pueden ser de utilidad si algún día trabajas en una.

¿Qué hacer en estos casos?

Cumpleaños: normalmente, la persona que cumple años invita a los compañeros a un café o lleva a la oficina alguna cosa de comer y una botella de cava, por ejemplo.

Bodas: es bastante habitual que los compañeros de trabajo del novio o de la novia le organicen una pequeña fiesta en la oficina y le den el dinero que han recogido entre todos, aunque no estén invitados a la boda. Si han recibido una invitación para ir, el regalo suele ser de mayor importancia.

Nacimiento: la empresa envía flores y los compañeros más cercanos van al hospital a ver al bebé y le llevan un regalo entre todos.

Jubilación: no hay nada establecido; a veces se organiza una comida y se entrega un pequeño detalle.

Navidad: la empresa da a cada trabajador una paga extra, equivalente a una mensualidad (en verano suele haber otra), y muchas empresas regalan cestas con productos navideños. También se suele hacer una comida o una cena que, muchas veces, paga la empresa. La gente suele vestirse bien para la ocasión.

Fallecimiento: si muere un empleado, la empresa envía una corona de flores y van todos los compañeros de trabajo al funeral. Si muere el familiar de un empleado, la asistencia al funeral depende de si es un familiar cercano o no y del grado de amistad con el compañero.

* ● A mí me llama la atención lo de los cumpleaños, porque...

4. UN DISCURSO

A. Imagina que vas a dejar tu empresa y que tienes que dar un discurso de despedida. ¿Qué cosas harías en esa situación? ¿Cuáles no? Coméntalo con tu compañero.

Agradecer el buen trato recibido en la empresa.
Desear buena suerte a tus compañeros.
Agradecer el regalo que has recibido de tus compañeros de trabajo.
Dar las gracias por estar todos presentes.
Disculparte por los posibles errores cometidos.
Expresar alegría por el nuevo trabajo.
Explicar un chiste.
Criticar a una persona de la empresa.
Recordar alguna anécdota.
Justificar por qué abandonas la empresa.
Animar a los compañeros a buscar otro trabajo.

* ● Yo agradecería...

CD 83 **B.** Clara se va de su empresa y está celebrando su despedida con sus compañeros de trabajo. Escúchala y marca en la lista anterior qué cosas hace ella en su discurso.

CD 83 **C.** Vuelve a escuchar el discurso de Clara. ¿En qué orden dice las cosas? Toma notas y coméntalo con tu compañero.

* ● Primero ha agradecido...

5. DESEOS Y SENTIMIENTOS

A. Mira los dibujos y lee las frases. ¿Quién crees que las puede estar diciendo? Coméntalo con tu compañero.

1. ¡A ver si nos toca!
2. ¡Qué raro que no haya llegado todavía! Normalmente es muy puntual...
3. ¡Qué extraño que no conteste nadie a esta hora...!
4. ¡Que te mejores!
5. Perdona que no te haya escrito antes.
6. ¡Ojalá apruebe!

* ■ "Que te mejores" se lo está diciendo esta chica a...

>
¡A ver si + Indicativo
¡Qué raro/extraño/fantástico... que + Subjuntivo
¡Que + Subjuntivo
¡Ojalá + Subjuntivo

B. En dos de las frases anteriores aparece un nuevo tiempo del Subjuntivo. ¿En cuáles? ¿Para qué te parece que se usa?

C. ¿Qué dirías en estas situaciones?

A un amigo que ha encontrado un magnífico trabajo.

....

A tu jefe, su madre está en el hospital.

....

A un amigo que se va de vacaciones.

....

A un nuevo compañero que llega a la empresa.

....

A un amigo que se va a examinar por sexta vez del carné de conducir.

....

A un compañero que se va a dormir. Estáis en el mismo hotel por cuestiones de trabajo.

....

6. SI FUERA A...

A. Hay muchas maneras de viajar. Fíjate en este test. ¿Con cuáles de las siguientes posibilidades te identificas?

1. Si pudiera elegir un lugar de vacaciones en España o Latinoamérica...
- ☐ a. escogería un lugar de playa, exclusivo y tranquilo.
- ☐ b. preferiría ir a varias ciudades, visitar museos y monumentos e ir a buenos restaurantes.
- ☐ c. iría a ver naturaleza y paisajes.

2. Si por trabajo tuviera que pasar cuatro días en una ciudad de España,
- ☐ a. me compraría una guía e intentaría visitar cosas después del trabajo.
- ☐ b. pediría informaciones a mis compañeros/clientes e intentaría salir con ellos a visitar sitios interesantes.
- ☐ c. no haría nada, me quedaría cada día en el hotel.

3. Si estuviera en un restaurante y no entendiera casi nada de la carta,
- ☐ a. pediría una en mi idioma.
- ☐ b. preguntaría al camarero.
- ☐ c. eligiría cualquier cosa.

4. Si durante el viaje perdiera mis documentos,
- ☐ a. iría a la embajada o al consulado de mi país.
- ☐ b. llamaría a mi familia para que me ayudara.
- ☐ c. Otros.

5. Si durante unas vacaciones en Argentina, unos amigos de allí me invitaran a ir al teatro,
- ☐ a. les diría que no me apetece ir. Seguro que no entendería nada.
- ☐ b. iría con ellos. Así conocería un aspecto nuevo de su cultura.
- ☐ c. les propondría un plan alternativo, por ejemplo, ir a un concierto.

6. Si tuviera que trabajar durante dos semanas en una oficina de mi empresa en México,
- ☐ a. hablaría con todo el mundo en español.
- ☐ b. usaría el español para charlar informalmente con la gente, pero el inglés para las reuniones importantes.
- ☐ c. intentaría hablar lo mínimo posible.

B. Comenta tus respuestas con tu compañero. ¿Qué tipo de viajero sois cada uno?

* ● Yo creo que tú eres un viajero bastante aventurero, ¿no?, porque...

7. BUENAS NOTICIAS

CD 84-86 **A.** Marta llega a su casa y tiene tres mensajes en el contestador. Escúchalos y toma notas en un papel.

CD 84-86 **B.** Vuelve a escuchar los mensajes. Marta quiere obsequiar a Inés, a su sobrina y al señor Cortina con un regalo? ¿Cuál de los siguientes tres regalos (u otros que te parezcan adecuados) le puede regalar a acada uno?

para

Inés

el Sr. Cortina

su sobrina Rosa

C. Marta va a acompañar los regalos con una tarjeta. Ayúdale a escribirlas.

8. Y AHORA, VAMOS A BRINDAR...

CD 87 **A.** Vas a escuchar a Juanjo. ¿Cuál es el motivo de su discurso?

CD 87 **B.** Vuelve a escuchar y decide si estas afirmaciones coinciden con lo que se dice en el discurso.

	Lo dice	No lo dice
1. Eva se vuelve a su país a trabajar en otra empresa.		
2. Sus compañeros la echarán de menos.		
3. Sus compañeros la consideran simpática.		
4. A Eva no le gusta mandar correos electrónicos.		
5. Eva se va para terminar sus estudios.		
6. En la oficina le han hecho un regalo de despedida.		

C. Imaginad que Eva da un pequeño discurso para darles las gracias a sus compañeros. En parejas, preparad su discurso. Escribidlo y después leédselo a la clase.

> Primero, muchísimas gracias por...

* ■ Eva podría decir, por ejemplo, "no teníais que haberme regalado nada".

9. ME GUSTARÍA QUE...

A. Algunas personas nos hablan de su trabajo ideal. Lee sus ideas y comenta con tu compañero si estás de acuerdo con ellas.

- Me gustaría que la sede de la empresa estuviera en un lugar bonito; cerca de un parque, por ejemplo.
- Me gustaría que la empresa fuera internacional y que hubiera trabajadores de muchos países y culturas.
- Me encantaría poder hacer parte de mi trabajo desde casa.
- Me gustaría que los horarios fueran muy flexibles.
- Me encantaría que mi jefe fuera una mujer.
- Me gustaría que se pudiera ir vestido de manera informal.
- Me gustaría ganar mucho dinero.

>

Me gustaría + Infinitivo

Me gustaría que + Imperfecto de Subjuntivo

* Pues a mí también me gustaría que mi trabajo estuviera en un sitio bonito, pero, sobre todo, me gustaría que estuviera cerca de mi casa...

B. ¿Tenéis más ideas sobre vuestro trabajo ideal? En parejas, escribid una lista con sus características. Algunos de los temas sobre los que podéis reflexionar son: ubicación e instalaciones, ambiente de trabajo, compañeros, reglas y normas, salarios y beneficios, etc.

* A mí me encantaría que la oficina fuera amplia y que hubiera luz natural...
Estoy de acuerdo...

10. RECLAMAR UN SERVICIO

CD 88 **A.** Un empleado de Resón, una casa de reparaciones, está atendiendo la reclamación de un cliente. Escucha la audición y responde a estas preguntas. Coméntalo luego con tu compañero.

- ¿Qué problema tiene el cliente?
- ¿Qué disculpa ofrece el empleado?

* Lo que pasa es que...

B. ¿Qué te parecen las disculpas que da el empleado? ¿Qué le dirías tú? Coméntalo con tu compañero.

* Me parece poco profesional...

B. A la vuelta del verano, el director de Resón encarga que se redacte una carta de disculpa para el cliente por el retraso en la reparación. Escríbela tú ofreciéndole disculpas.

Resón Reparaciones
Avda. América 156
28004 Madrid

Estimado cliente:

11. ¿Y TÚ QUÉ DIRÍAS?

CD 89-93

A. Vas a escuchar cinco diálogos. ¿A qué situación crees que puede corresponder cada uno?

- alguien se va a dormir
- alguien ha tenido un accidente
- alguien se va de vacaciones
- alguien está enfermo en el hospital
- alguien llega a una fiesta

CD 89-93

B. Vuelve a escuchar los diálogos. Anota las fórmulas que se usan en cada caso.

1. ....
2. ....
3. ....
4. ....
5. ....

>

Que + Subjuntivo
Ojalá + Subjuntivo
Qué bien que + Subjuntivo

C. Ahora crea otras tres fórmulas más. Tus compañeros tienen que adivinar a qué situación corresponden.

....

....

....

Portfolio

EL DISCURSO DEL ÚLTIMO DÍA DE CLASE

A. En parejas o en pequeños grupos, tenéis que preparar un pequeño discurso de despedida para leer ante vuestros compañeros. Antes, preparad un borrador. Aqui tenéis una lista de aspectos que podéis incluir.

- opinión sobre el curso
- anécdotas que recordáis
- dificultades
- progresos durante el curso
- buenos deseos
- agradecimientos
- ...

B. Cada pareja se dirige al grupo y lee su discurso. La clase decide qué pareja ha hecho el discurso...

más divertido		**más emotivo**	
más simpático		**más triste**	
más optimista		**más original**	

Y

Y además...

Y además...

A. En parejas, comentad qué responsabilidades os parece que tiene un director de hotel, cómo se desarrolla su carrera profesional y qué cualidades os parecen imprescindibles para ocupar ese puesto.

B. Leed el artículo de la página siguiente y comprobad si vuestras opiniones eran ciertas. Anotad en el cuadro la información nueva que habéis obtenido.

Responsabilidades	Trayectoria profesional	Cualidades

C. Habla con tu compañero. ¿Podéis detectar cuál es el problema que se plantea en España en relación con la contratación de estos profesionales?

D. Colaboras en la redacción de una guía de profesiones. Te han dado este borrador de la descripción del puesto del director de hotel. Vuélvelo a escribir completándolo con los puntos que a ti te parecen fundamentales. Dispones de 14 líneas como máximo.

Director de hotel

El puesto de director de hotel es comparable al de un director general de una pequeña o mediana empresa. Es responsable de la gestión económica, coordina al equipo a su cargo y, además, se ocupa de la resolución de problemas con los clientes. Estos profesionales, en su mayoría diplomados en turismo u hostelería, ascienden por promoción interna. Para realizar una buena carrera lo más importante es que estén dispuestos a cambiar de lugar de residencia con facilidad.

Director de hotel

Profesión: director/a de hotel en España

En España, la dirección de un hotel perteneciente a un grupo hotelero (son españoles cuatro de los 30 mayores grupos del mundo) es un cargo comparable en dificultad, complejidad y responsabilidad al puesto de director general en una empresa mediana de otro sector. Sin embargo, es interesante saber que la mayoría de estos directivos han empezado trabajando como recepcionistas, después de haber realizado estudios de hostelería y turismo, y que luego han alcanzado ese puesto por promociones internas.

El director es responsable de la cifra de negocios del hotel y de la satisfacción de los clientes, así como de la buena marcha de la organización interna y del mantenimiento de la calidad del establecimiento. También es, lógicamente, el interlocutor principal con los servicios centrales del grupo. Para todo ello, organiza y coordina al equipo humano del hotel, impulsa acciones de promoción comercial y se responsabiliza de resolver los problemas con los clientes.

Tener capacidad para dirigir un equipo humano diverso, saber orientar su acción hacia la calidad, la satisfacción del cliente y los resultados, y poseer iniciativa y facilidad para las relaciones humanas son las principales cualidades que se les piden a estos profesionales.

Estar dispuesto a cambiar de lugar de residencia, tanto dentro de España como fuera, es clave para desarrollar una carrera en estos puestos, ya que los ascensos consisten en el traslado a otros centros de mayor volumen de negocio o categoría superior.

Saber inglés, además de español, por supuesto, es imprescindible para ser admitido en el proceso de selección, y son muy valorados los conocimientos de francés, alemán o italiano. En general, podemos decir que la preparación de estos profesionales está mejorando mucho en España, pero todavía faltan candidatos cualificados para ocupar estos cargos, duros en términos de horarios y trabajo los fines de semana.

En estos momentos la demanda de directores de hotel en las cadenas españolas es fuerte, tanto para ocupar cargos dentro como fuera de España. Habitualmente, las empresas dan prioridad a la promoción interna, pero muchas veces deben salir al mercado para encontrar a estos profesionales.

Por lo que dicen los expertos en contratación de directivos, en España las deficiencias generales de este perfil son los idiomas y la disponibilidad de movilidad geográfica por lo que, a veces, los candidatos españoles encuentran una fuerte competencia en profesionales de otras nacionalidades que, aunque tienen la misma cualificación, dominan cuatro o cinco idiomas y no tienen dificultad en irse a vivir a otro lugar.

Los salarios de estos directivos varían notablemente en función de la categoría del hotel. Normalmente tienen un salario fijo que va progresando a lo largo de su carrera con los cambios de destino. En general, se les paga por objetivos y en función de resultados, y no por comisiones, como a los comerciales.

Y además...

A. Vas a leer un texto sobre un crucero a La Antártida. Antes de leerlo, en grupos, intentad hacer una lista con las informaciones y los datos que os gustaría conocer sobre este viaje. Luego, leed el texto. Comprobad si ofrece respuesta a lo que queríais saber.

Navidades en el verano antártico

Una expedición clásica por un territorio espectacular

Focas sobre enormes extensiones de hielo, ballenas, elefantes marinos, pingüinos, volcanes activos y bloques de hielo que navegan en una de las zonas menos explotadas de nuestro planeta: **La Antártida**. En la actualidad, este continente salvaje atrae a pequeños grupos de turistas durante el verano. Del 15 de diciembre al 2 de enero, Viajes del Mundo ofrece un crucero a bordo de una embarcación perfectamente preparada para la navegación polar.

Durante el crucero los visitantes estarán acompañados por un **equipo de especialistas** que ofrecerán todas las explicaciones necesarias y que coordinarán, además, los equipos que se encargan de la recogida de muestras de agua antártica. Estas muestras se analizarán para estudiar las concentraciones de organismos marinos que sirven de alimento a las ballenas y a otros animales. Durante el viaje también se organizan charlas divulgativas y se preparan las actividades y excursiones previstas.

El punto de partida es **Usuahia** (Argentina), la ciudad más austral del mundo. Allí embarcaremos en el ***Capitán Drake***, el buque que será nuestro hogar durante los 12 días del crucero y que nos llevará, a través del canal de Beagle y pasando por el Cabo de Hornos, hasta el Pasaje de Drake y las Islas Shetland del Sur, donde empezamos a ver las primeras colonias de albatros y los primeros icebergs. Antes de continuar navegando y si la condiciones meteorológicas lo permiten, se realizará un breve vuelo en helicóptero para admirar la inmensidad del paisaje.

En **Deception Island** intentaremos desembarcar en Baily Head para observar los miles de pingüinos que viven allí. Seguimos rumbo a Orne Islands, donde hay más colonias de pingüinos y unas bellas vistas del **estrecho de Gerlache**. Continuamos a Cuverville Island y Bahía Paraíso, ya en la **Península Antártica**, con icebergs flotando cerca y los impresionantes fiordos de la Península donde, si hay suerte, se pueden ver **grandes ballenas**. Con las lanchas Zodiac nos acercaremos a los fiordos y cruzaremos el espectacular Lemaire Channel, con impresionantes acantilados. Una vez dentro del canal, visitaremos la Isla Petermann, lugar más austral de nuestra expedición. Allí desembarcaremos para ver la colonia más austral del mundo de pingüinos papua, de pingüinos adelaida y de cormoranes de ojos azules.

Las condiciones del territorio hacen que no haya dos expediciones iguales y que el itinerario pueda verse modificado en función de las condiciones. El capitán y el jefe de la expedición evalúan a diario esas condiciones para que las actividades sean seguras y satisfactorias. Diariamente se distribuye una lista de actividades donde se detallan las excursiones, las conferencias y las actividades a bordo.

Por lo que respecta a la nave, el *Capitán Drake* es un buque de investigación oceanográfica, moderno, cómodo y reforzado contra el hielo. Además, esta nave ha sido adaptada para el turismo y tiene capacidad para 52 viajeros en cómodos camarotes. El barco dispone de magníficas zonas de observación al aire libre. Otras áreas de acceso público son los comedores, que se habilitan como salas de conferencias, un salón, un bar, una pequeña biblioteca, una enfermería y una sauna. La nave transporta también equipos completos de lanchas Zodiac, imprescindibles para desembarcar y observar la fauna en varias zonas.

BARCO: *Capitán Drake*	PRECIOS
Camarote doble con baño	7 000 €
Camarote doble sin baño	6 550 €
Camarote superior	9 000 €
Tasas Aéreas (aprox.)	180 €

Información práctica

¿Se necesita un buen estado de salud?
Este viaje no está recomendado para personas que necesiten algún tratamiento médico especial.

¿Es necesario estar en forma para participar en este viaje?
No, no es un viaje que exija una condición física especial. La vida a bordo es relajada. Durante las excursiones en tierra puede elegirse entre realizar paseos más largos para explorar áreas remotas y paseos fáciles sin alejarse del lugar de desembarque.

¿Cuánto tiempo se pasa en tierra?
Hay viajes en los que se efectúan desembarques dos o tres veces al día, con numerosas caminatas y excursiones en botes neumáticos; en otros, se pasa más tiempo a bordo y se toca tierra en lugares más lejanos.

¿Qué compañeros de viaje se pueden esperar?
La estadística sitúa la media entre los 45 y los 65 años.

¿Qué condiciones del mar pueden esperarse?
Es muy probable encontrar mar fuerte y grandes olas. En estos casos, el problema no es la seguridad (total con una embarcación de este tipo), sino el riesgo de mareo. En las etapas que discurren alrededor de la península Antártica, el mar suele estar tranquilo

El mareo
En caso de ser una persona propensa al mareo, es conveniente consultar con un médico. En general, las pastillas antimareo funcionan bastante bien. La sensación de malestar también mejora acostándose con los ojos cerrados o sentándose en cubierta y fijando la vista en el horizonte.

¿Qué actividades están disponibles a bordo?
Cada tarde se distribuye el programa de actividades del día siguiente (horario de comidas, conferencias, vídeos, excursiones, etc.). El Puente de Mando es accesible para los pasajeros y es un lugar de observación excelente.

Dinero
El dólar es la moneda del crucero. Los pagos pueden efectuarse en efectivo o con tarjeta de crédito (VISA o Mastercard).

Seguro de rescate
Es muy recomendable contratar un seguro de rescate urgente en alta mar. El rescate en áreas polares no suele estar cubierto por los seguros comunes de viaje turístico

B. Lee otra vez el texto y marca en el mapa la zona que este crucero propone recorrer.

C. ¿Te gustaría hacer este crucero? ¿Con quién irías? Si pudieses ofrecérselo a alguien como regalo, ¿a quién se lo regalarías? Y como viaje de incentivos para los trabajadores de una empresa, ¿te parece adecuado? Coméntalo con tus compañeros.

Y además... ↘

A. El texto de la página siguiente trata sobre dos teatros españoles. Antes de leerlo, en parejas intentad pensar qué elementos comunes y qué aspectos diferentes tienen.

Palau de les Arts Reina Sofía,
espacio multiescénico levantado en 2005 en Valencia

Corral de Comedias
de Alcalá de Henares (Madrid), construido en 1601

B. Leed el texto. Comprobad si vuestras intuiciones son correctas y completad el cuadro con la información que habéis obtenido.

	Corral de Comedias	Palau de les Arts
Características del escenario		
Distribución del público		
Las representaciones: hora de comienzo, días, duración		
Elementos que facilitan el seguimiento de la obra por parte del público		
Características de las representaciones		
Comidas y bebidas		

Del corral de comedias al espacio multiescénico

Corral de Comedias de Alcalá de Henares (1601) vs. Palau de les Arts Reina Sofía (2005)
¿En qué se parecen un teatro levantado a principios del s. XVII por un carpintero y un moderno espacio escénico construido en 2005 por Santiago Calatrava, un arquitecto español de gran prestigio internacional?

Pues lo cierto es que en pocas cosas. En los corrales españoles del s. XVII había un escenario separado del lugar en el que el público asistía a la representación (el patio), y los autores dramáticos eran numerosos y bien conocidos por el público. Recordemos que en España esta es la época de Lope de Vega y de Calderón de la Barca; en Francia, la de Molière, y en Inglaterra, la de Shakespeare, famosos todos ellos en vida.

El **Corral de Comedias de Alcalá**, uno de los teatros públicos más antiguos del mundo, ocupaba un corral, es decir, el patio de un edificio de viviendas. Era, por tanto, un espacio descubierto. El escenario se situaba enfrente de la entrada, y detrás de este estaban los camerinos. Este escenario no era más que una tabla levantada sobre columnas con una simple cortina pintada que funcionaba como decorado. De octubre a abril, las representaciones comenzaban a las dos de la tarde; en el resto de meses de primavera, a las tres y en verano, a las cuatro. Y siempre terminaban antes de la puesta del sol.

En aquella época, hombres y mujeres asistían separados a la representación. Así lo exigía la estricta moral de la época. Las mujeres se situaban en la primera planta del edificio, frente al escenario, en un lugar llamado cazuela. A ambos lados de la cazuela había corredores y, al final, habitaciones privadas que alquilaban las familias nobles. Estas habitaciones poseían accesos independientes para mantener el anonimato de sus ocupantes y a veces eran ocupadas incluso por miembros de la familia real. Los hombres del pueblo ocupaban el patio y eran los espectadores más temidos, ya que con sus aplausos, silbidos y gritos (e incluso con el lanzamiento de objetos al escenario) determinaban el éxito de la obra.

El **Palau de les Arts de Valencia** ocupa cuarenta mil metros cuadrados, tiene una altura de setenta y cinco metros y dispone de cuatro espacios para diferentes tipos de espectáculos. Su sala principal, en la que se ofrecen óperas y piezas de ballet y teatro, tiene capacidad para 1700 personas, distribuidas en el patio de butacas y en cuatro niveles de palcos. Esta sala tiene un escenario capaz de almacenar decorados para poner en escena dos óperas. Además, las butacas están provistas de pantallas que permiten leer la traducción del texto en varios idiomas. Las representaciones comienzan a las 20.30 y disfrutar de una ópera desde el patio de butacas puede costar hasta 175 €. No obstante, no hay que asustarse, podemos subir hasta el cuarto piso y encontrar entradas a 25 €.

Hoy en día los espectadores aprovechan los entreactos para acercarse a la cafetería, y muchos teatros, como el Palau, ofrecen servicio de restaurante. En el s. XVII debajo de la cazuela se vendía una bebida elaborada con agua, miel, canela y especias, ya que en los corrales estaba prohibido vender bebidas alcohólicas.

En los primeros años del s. XVII, solo había función los domingos y festivos. Más adelante, las obras se empezaron a representar también los martes y jueves; no obstante, el domingo era el día con más público y de todos los domingos del año, el que más expectación despertaba era el Domingo de Resurrección, pues durante las semanas anteriores de Cuaresma las representaciones teatrales estaban prohibidas.

Las obras solían permanecer en cartel una semana como máximo y aquella que se representaba durante quince días seguidos era considerada un gran éxito. Si ahora conocemos la programación a través de la cartelera de periódicos y revistas, y podemos consultarla en internet, en el s. XVII las obras se anunciaban a viva voz en la calle o mediante carteles colocados en puntos importantes de las ciudades. Las obras eran en verso ya que al público le resultaba más fácil recordar así el texto. Además, el verso facilitaba la comprensión, pues la rima y la estructura de las estrofas preparaban a los espectadores para adivinar la frase siguiente. Las representaciones solían duran tres horas, lo que incluía, además de la obra en sí, otros elementos típicos de la época: las loas, los entremeses y los bailes.

Las loas, recitadas al principio de la obra, servían para facilitar la comprensión de esta pues contaban al público el argumento de la pieza que se iba a representar. Más adelante, las loas incorporaron otros contenidos: elogios al público para ganarse su atención y su respeto y críticas a quienes interrumpían la representación con gritos o lanzamiento de tomates.

Los entremeses eran obritas que se representaban en los intermedios de la obra principal. Con ellos, el público descansaba de la tensión dramática de la obra; los entremeses ofrecían cuadros de la vida diaria desde un punto de vista humorístico, lo que provocaba la risa de los espectadores. Los bailes, normalmente, se daban al final de la representación. El teatro, en aquel entonces, constituía un espectáculo total.

C. Hoy en día, el Corral de Comedias de Alcalá ofrece una programación variada que incluye desde conciertos de jazz hasta obras clásicas, sin olvidar el teatro actual y la danza. El Palau de les Arts centra su oferta en óperas y conciertos. ¿Qué teatro preferirías conocer y por qué? Coméntalo con tu compañero.

Y además...

A. ¿Cómo sería la empresa perfecta? ¿Cómo crees que debería ser la relación con los compañeros y con los jefes? ¿Qué tipo de facilidades o beneficios debería haber? Coméntalo con tu compañero, y juntos, haced una lista de todos los aspectos que os parecen más importantes para crear un entorno de trabajo ideal.

B. Ahora lee el siguiente texto sobre la clasificación de los mejores lugares para trabajar en España. ¿Se citan los aspectos que para vosotros son importantes? ¿Falta alguno?

Empresas sin lunes

El síndrome del lunes, una mezcla de cansancio y tristeza que sufren los trabajadores cuando deben empezar la semana laboral, no se da entre los empleados españoles de Bankinter, Automóviles Utilitarios (Ausa), Infojobs, Grupo Intercom, MRW y Muebles Expomobi. En estas empresas, los trabajadores tampoco odian a sus jefes ni desean cambiar de empresa si les ofrecen el mismo sueldo en otra. ¿Qué tienen en común estas empresas? Pues que todas ellas son las únicas empresas de capital español que están en la lista de los mejores lugares para trabajar en España, según el informe de 2007 de la filial española del Instituto Great Place to Work.

En la clasificación de los mejores lugares para trabajar del año 2007 participaron 200 empresas con un total de 130 000 empleados. De todas las candidaturas presentadas, 30 fueron las seleccionadas como las mejores organizaciones para trabajar en España.

Todas las empresas seleccionadas tienen cinco rasgos distintivos: "las personas confían en sus jefes, sienten que reciben un trato justo, son tratadas con respeto, están orgullosas de lo que hacen y existe camaradería entre compañeros", destacan los autores de esta clasificación.

Esas compañías también comparten otra serie de características que son poco habituales en el resto de empresas. El índice de absentismo es del 3,13 %, frente a una media nacional de entre el 15% y el 25%. El índice de rotación voluntaria se sitúa en un 8,31% cuando en algunos sectores puede llegar a alcanzar una media del 75%. También el porcentaje de mujeres con puestos de mando intermedio y directivo es alto, pues está en el 38%.

C. Vuelve a leer el texto y explica a qué se refieren los siguientes conceptos:

Índice de absentismo
Índice de rotación voluntaria
Igualdad de oportunidades
Beneficios especiales

D. ¿Has encontrado en el texto muchas palabras nuevas relacionadas con el mundo del trabajo? Anótalas. ¿Has necesitado buscarlas en el diccionario? ¿Son parecidas a palabras de tu lengua o de otras lenguas que conoces? Haz una frase con las que te parezcan más interesantes.

E. Observa la clasificación de las 30 mejores empresas. ¿Qué sectores son los más representados? ¿Crees que en tu país sería igual? Busca la clasificación de los mejores lugares para trabajar de tu país y compárala con la clasificación española. ¿Se parece?

Los resultados del informe de 2007 mostraron también otros datos interesantes. Por ejemplo, se está produciendo un aumento de credibilidad en las empresas españolas, pues ocho de cada diez entrevistados en 2007 dijeron que confiaban en sus jefes, mientras que en años anteriores eran siete de cada diez. El orgullo es otro de los aspectos que mejoraron en las empresas desde 2003; un 76% de los entrevistados dijo sentirse orgulloso de lo que hace. Y respecto a la igualdad de oportunidades, el 87% de los entrevistados consideró que, en su organización, hombres y mujeres son tratados de igual modo.

Otro dato revelador de este estudio es que las prácticas de Recursos Humanos, por sí solas, no parecen ser la clave del éxito. Solo seis de cada diez empleados valoraron positivamente beneficios especiales (guardería, masajes, parking) como elementos esenciales para crear un clima de confianza.

Pero no solo los trabajadores se benefician de un excelente entorno laboral, las empresas también lo hacen. Las compañías que, como las 30 de la lista, son muy bien valoradas por sus empleados reciben más y mejores solicitudes de trabajo de personas muy cualificadas, reducen los costes por absentismo laboral, disfrutan de mayor lealtad por parte de los clientes y tienen más espíritu de innovación, todo lo cual repercute en una mayor productividad y rentabilidad.

	Empresa	Sector
1	Microsoft	Tecnología
2	Lilly	Farmacéutica
3	Danone	Alimentación
4	Procter & Gamble	Comercializa productos de limpieza e higiene
5	American Express	Servicios financieros
6	Bankinter	Financieros y seguros
7	Masterfoods España	Alimentación
8	Roche Farma, S.A.	Farmacéutica
9	McDonald's Sistemas de España Inc.	Restauración servicio rápido
10	Novartis	Farmacéutica
11	AUSA - Automóviles Utilitarios	Construcción de maquinaria
12	Avon Cosmetics	Perfumería
13	Hewlett Packard	Tecnología
14	Randstad	Trabajo temporal
15	Aguas Font Vella y Lanjarón S.A.	Industria y producción
16	Royal Canin Ibérica	Alimentación animal
17	Infojobs	Servicios Internet
18	TNT Express Worldwide	Transporte
19	Grupo Intercom	Telecomunicaciones
20	Unique Interim	Trabajo temporal
21	Sun Microsystems	Tecnologías de la información
22	Sandoz Farmacéutica	Farmacéutica
23	Starbucks Coffee España	Hostelería y servicios
24	MRW	Transporte
25	Cushman & Wakefield	Consultora inmobiliaria
26	PricewaterhouseCoopers	Auditoría, asesoramiento legal y fiscal, consultoría
27	Muebles Expomobi	Mobiliario y complementos del hogar
28	Everis	Consultora informática
29	Línea Directa	Seguros
30	Merck, Sharp & Dohme	Farmacéutica

Y además...

A. Antes de leer el artículo, comentad en parejas las siguientes cuestiones: ¿sabéis quién es el Dr. Yunus, premio Nobel de la Paz en 2006? ¿Habéis oído hablar de los microcréditos? Si es así, ¿podéis explicar en qué consisten? Después, leed el artículo y comprobad si vuestras hipótesis eran ciertas.

B. Ahora, lee la siguiente afirmación, discútela con tu compañero y tratad de ver la relación que tiene con el contenido del texto.

La mejor manera de ayudar a la población por debajo de la línea de pobreza es a través de esfuerzos sostenibles. Es decir, en lugar de dar dinero a alguien es más eficaz proveer de trabajo, educación y recursos financieros para que esta persona pueda generar riqueza.

¿Una alternativa viable?

Los microcréditos son pequeños créditos concedidos a personas con tan pocos recursos económicos que no son interesantes para los bancos tradicionales. Esta modalidad financiera consiste en prestar pequeñas cantidades de dinero sin aval y nació de la iniciativa del profesor de economía Dr. Muhammad Yunus, que empezó su lucha contra la pobreza en su país, Bangladesh.

Yunus se dio cuenta de que un pequeño préstamo podía producir un cambio sustancial en la vida de una persona sin recursos. El primero que dio eran 27 dólares propios que dejó a una mujer que hacía muebles de bambú. Los beneficios que obtuvo con su venta fueron fundamentales para ella y su familia ya que gracias a ellos pudieron subsistir.

Yunus fundó el Banco Grameen, que ha concedido microcréditos a más de 7 millones de personas y ha conseguido que abandonen su situación de extrema pobreza y pongan en marcha su propio negocio.

Y lo ha logrado sobre todo a través de la concesión de créditos a mujeres (el 97% del total), que suelen ser más responsables a la hora de invertir ese dinero para el bien familiar. Una de las condiciones que pone el Banco Grameen es que todos los hijos de las familias beneficiarias de estos préstamos tienen que estar escolarizados, lo que ha abierto el camino a la educación a un gran número de niños que no tenían acceso a ella.

Actualmente, más de 100 países utilizan el "método Grameen" para conceder microcréditos a la población desfavorecida. Existen numerosas instituciones financieras y ONG que conceden microcréditos tanto en África como en Latinoamérica, especialmente en Perú, Ecuador, Colombia, Guatemala y El Salvador.

C. En parejas, imaginad que no tenéis dinero y que deseáis crear un pequeño negocio basado en vuestras habilidades, en alguna cosa que sabéis hacer o crear o en vuestra profesión actual. Tened en cuenta que solo podéis pedir 5 000 euros y que ese es el único dinero con el que vais a contar. Preparad un pequeño informe para el banco; en él explicaréis:

- cuáles son los objetivos de vuestra empresa,
- qué haréis cada uno de los dos y
- en qué invertiréis los 5 000 euros.

objetivos

reparto de tareas

inversión de los 5 000 €

Dr. Muhammad Yunus

Este sistema, cuya filosofía consiste en ir a buscar directamente al cliente y ayudarle en caso de que no pueda efectuar la devolución de su crédito, fue creado originariamente para sociedades agrarias, pero ante su éxito, se ha llevado también a contextos no rurales e incluso a países desarrollados.

En España, algunas entidades financieras, especialmente cajas de ahorro, han implantado este tipo de créditos, orientándolos principalmente al autoempleo. Este se potencia con la concesión de pequeños créditos, de un valor medio de 9 000 euros, que ayudan a desarrollar todo tipo de trabajos y negocios propios: desde montar un taller de carpintería o de costura hasta crear empresas de transporte, de limpieza o de reparaciones del hogar.

También en España hay más mujeres que hombres entre los usuarios de los microcréditos. El otro dato destacable es que el 70% son inmigrantes y que la gran mayoría vive alrededor de grandes ciudades como Barcelona y Madrid, lo que demuestra que es posible trasplantar los microcréditos a un contexto urbano, manteniendo su filosofía.

En realidad, la idea de los microcréditos es universal ya que su objetivo prioritario es incorporar a los excluidos y facilitar la realización de sus iniciativas mediante créditos que la banca convencional les negaría.

Actualmente, cerca de 100 millones de personas viven mejor gracias a esta idea que ha supuesto una revolución en el sistema financiero internacional y que valió al Dr. Yunus el premio Nobel de la Paz en 2006.

Y además...

A. ¿Hay alguna feria del libro importante en tu país? ¿Sabes en qué ciudad se celebra? ¿Has asistido alguna vez? En caso de haber ido, ¿a qué actos o eventos asististe? Coméntalo con tu compañero.

B. Imagina que trabajas en una editorial y vas a asistir la feria del libro en lengua española más importante del mundo: la Feria Internacional del Libro de Guadalajara, México. Lee el texto de la página siguiente y comenta con tu compañero qué tipo de actividades podéis llevar a cabo durante la celebración de la feria.

*

- Deberíamos visitar los stands de las editoriales, claro.
- Sí, e ir a...

C. Podéis buscar en internet la página oficial de la FIL e informaros sobre el programa de este año. Además, en la página del gobierno municipal de Guadalajara, http://www.guadalajara.gob.mx/, encontraréis interesantes informaciones sobre la ciudad. Con todo ello, preparad una agenda para pasar 4 o 5 días yendo a la feria y visitando la ciudad: podéis combinar, trabajo, turismo y cultura. ¡Buen viaje!

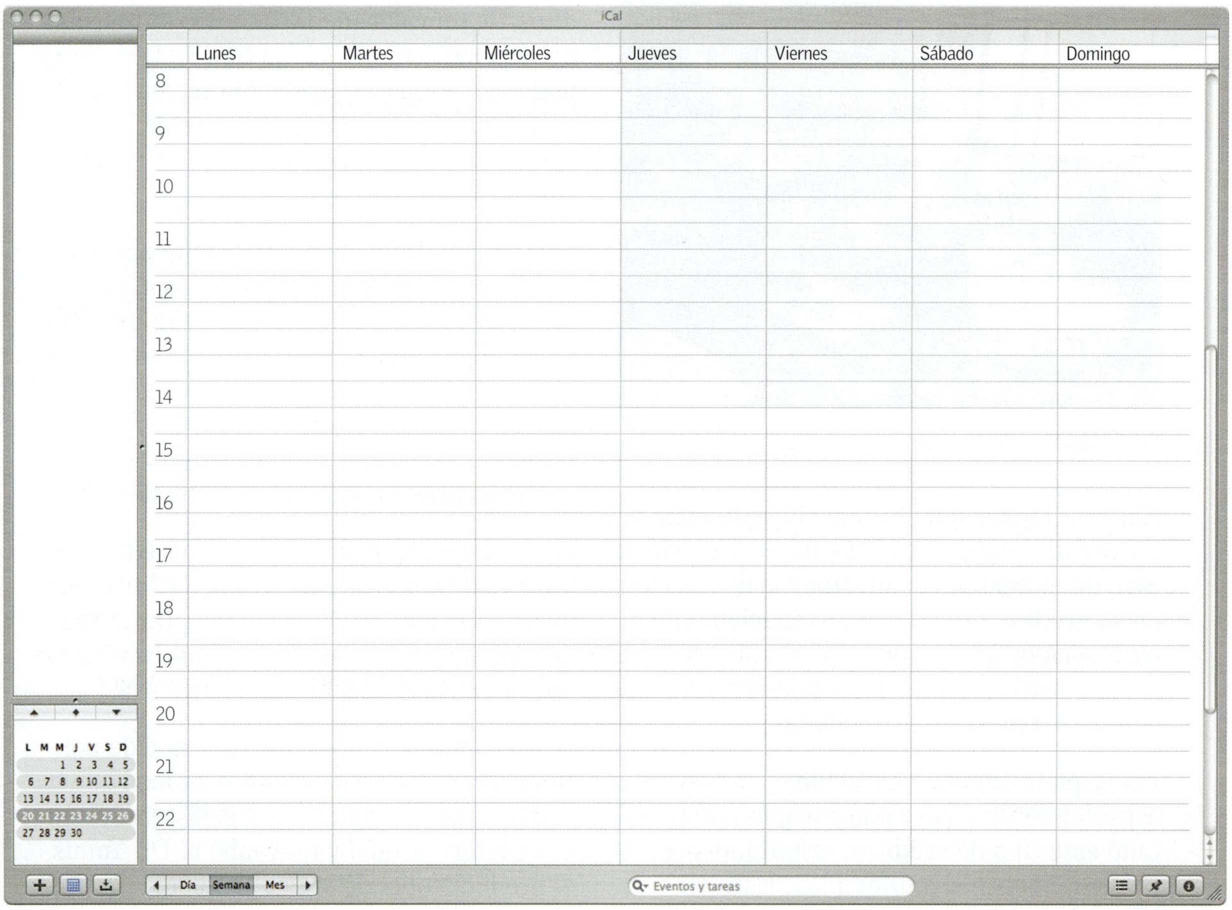

Feria Internacional del Libro de Guadalajara

La Feria Internacional del Libro de Guadalajara (la FIL) es el mayor mercado del mundo de publicaciones en español. Cada año recorren sus pasillos editores, agentes literarios, traductores, distribuidores y bibliotecarios que acuden a realizar intercambios comerciales y profesionales.

En la FIL, además, se dan cita más de 500 000 personas que, a lo largo de nueve días, se sumergen en el mundo del libro y disfrutan de uno de los festivales culturales más importantes de América Latina.

Algunos números de la FIL reflejan bien su importancia: 26 000 metros cuadrados de exposición, con más de 1600 casas editoriales de 39 países; un programa de actividades que contempla más de 600 horas-evento, lo que equivale a unas 50 actividades diferentes por día; 300 presentaciones de libros y más de 100 000 jóvenes visitantes cada año. Su organización, además, deja en Guadalajara más diez millones de dólares en gastos.

Más allá de las cifras, la FIL es un patrimonio importantísimo de la cultura hispanoamericana. A través de sus tres áreas de acción (la editorial, la académica y la cultural), la FIL se ha consolidado como punto de encuentro para la discusión en torno a la cultura contemporánea. Escritores, académicos, artistas, intelectuales y muchas otras personas interesadas en el intercambio de ideas acuden a este encuentro anual.

La FIL es una oportunidad única para renovar cada año los vínculos que unen a México e Hispanoamérica con otras culturas. Desde 1993, la Feria tiene un país o región invitado de honor que muestra en este foro internacional lo mejor de su producción editorial y artística: Nuevo México (1994), Venezuela (1995), Canadá (1996), Argentina (1997), Puerto Rico (1998), Chile (1999), España (2000), Brasil (2001), Cuba (2002), Quebec (2003), la cultura catalana (2004), Perú (2005), Andalucía (2006) y Colombia (2007) han ocupado ya este espacio de honor.

Como parte del esfuerzo por mantener la calidad literaria y el desarrollo cultural, la FIL ha creado una serie de premios:

- El **Premio FIL de Literatura**, otorgado por la Asociación Civil del Premio de Literatura Latinoamericana y del Caribe Juan Rulfo, está dotado con cien mil dólares y significa el reconocimiento a la trayectoria literaria de un autor.
- El **Premio Sor Juana Inés de la Cruz** es una distinción que, desde 1993, se concede a una novela publicada escrita por mujeres en idioma español.
- Los grandes editores son galardonados por la Feria desde 1993 con el **Reconocimiento al Mérito Editorial**.
- Otros premios que entrega la FIL son: el **Premio Nacional de Periodismo Cultural Fernando Benítez**, fundado en 1991; el **Premio ArpaFIL** para jóvenes arquitectos, que incluye también un homenaje a un personaje relacionado con la arquitectura o el urbanismo; el **Homenaje al Bibliófilo**, creado en 2001, y el **Homenaje al Bibliotecario**, creado en 2002.

Y además...

A. Lee la afirmación siguiente y reflexiona sobre ella. ¿Te parece una contradicción o crees que es perfectamente natural? Comenta tus reflexiones con un compañero.

Internet es un medio inestimable de acceso a la información para las personas con discapacidad visual.

B. ¿Sabes cómo es el acceso a internet de los ciegos? Comparte tus ideas o conocimientos con tu compañero. Luego, lee el texto para conocer las posibilidades y los obstáculos que internet presenta para los invidentes.

Internet y los ciegos

Es innegable que internet ha cambiado los hábitos, el trabajo y la vida de muchas de las personas que tienen acceso a esta herramienta, una herramienta que tiene una enorme variedad de usos.

Todo, o casi todo, se puede realizar por internet: desde las actividades de ocio hasta la práctica de una profesión, pasando por un sinfín de tareas de la vida cotidiana.

Y, aunque pueda parecer una contradicción, internet también ha significado un cambio, una auténtica revolución, para las personas invidentes y para las que tienen discapacidades visuales. Muchos de nosotros ya no sabemos vivir sin navegar por la red, pero para los ciegos es todavía más importante porque les permite realizar actividades que antes les resultaba imposible llevar a cabo. En efecto, con internet pueden leer el periódico, hacer búsquedas, tener correo electrónico, acceder a libros escaneados (y, de este modo, poder leerlos) y, naturalmente, ejercer una profesión.

Para conseguir una internet accesible a las personas con impedimentos visuales, se ha desarrollado la "tiflotecnología", que utiliza las nuevas tecnologías para hacerles la vida diaria más sencilla mediante programas y soportes informáticos y tecnológicos.

El ordenador de Daniel, un joven traductor e intérprete ciego, es igual que el de cualquier otra persona, pero para poder leer la información que aparece en la pantalla tiene que recurrir a una línea braille, es decir, un aparato que traduce el texto escrito al lenguaje de los ciegos.

También ha incorporado a su ordenador un programa lector que proporciona una salida de voz sintética. Para escribir un texto, Daniel utiliza el teclado del ordenador, aunque ya existen teclados en braille en el mercado.

Sin embargo, Daniel explica que él, como el resto de las personas con discapacidad visual, se encuentra con diferentes obstáculos para navegar por internet. En primer lugar el precio de estas tecnologías es muy elevado, aunque en España la ONCE (Organización Nacional de Ciegos) concede subvenciones a trabajadores y estudiantes que deseen adaptar su puesto de trabajo o estudio.

En segundo lugar, Daniel utiliza un programa norteamericano que aparece en inglés, de modo que los textos escritos en otros idiomas plantean serios problemas. En estos casos, la ONCE suele firmar un acuerdo con la empresa responsable de la página web para traducirla, pero este proceso tarda varias semanas.

C. Busca en el texto los términos que se emplean para designar a las personas que tienen dificultades de visión.

D. Tú y tu compañero trabajáis en una empresa que va a hacer una web adaptada a personas con problemas de visión. Utilizando la información del texto, haced una lista con los elementos que queréis que tenga vuestra página y completadla después con las del resto de la clase para elaborar unas directrices comunes.

Elementos

Así que la información que le llega a Daniel a través de su sintetizador de voz ya no es de actualidad

Para tener una internet realmente accesible para los invidentes es fundamental que los diseñadores y programadores de las páginas web respeten una serie de normas que permitan traducir lo que aparece en la pantalla en escritura braille o mediante la voz. Estas reglas existen, afirma Daniel, pero no siempre se respetan, bien por problemas de compatibilidad de sistemas, bien porque, simplemente, las páginas web no están bien estructuradas. Es básico, entre otras cosas, que el menú se encuentre en la parte izquierda de la pantalla para no desorientar a la persona que no puede verla. Por otra parte, Daniel afirma que realmente es frustrante para él llegar a cargar una página y que el lector de braille le indique que hay decenas de enlaces en ella, ya que le es muy difícil acceder a ellos.

Según la ONCE, sus más de 66 000 afiliados tienen problemas para realizar actividades de la vida cotidiana y profesional por internet. A este número se suma el de 3,5 millones de personas, tanto discapacitadas como de la tercera edad, que encuentra graves obstáculos de acceso y comprensión las páginas web no adaptadas.

Para mejorar el acceso y el uso de internet para las personas ciegas, es necesario que los diseñadores de las páginas web se formen y se conciencien de este problema, lo que los llevaría a estructurarlas de un modo más claro, sin perder calidad de diseño. Ello impediría la exclusión social y profesional de muchas personas y, además, permitiría a los fabricantes alcanzar a un público que ya existe pero que hoy en día tiene un acceso muy limitado a este medio.

Y además...

A. ¿Crees que en todos los países se negocia de la misma manera? ¿Has trabajado alguna vez con españoles? ¿Cómo crees que es hacer negocios con ellos? ¿Fácil o difícil? Basándote en tus conocimientos y en tus intuiciones, intenta hacer una lista con las características que tienen las negociaciones con empresas españolas. Luego, ponlas en común con el resto de la clase.

B. Ahora lee el texto y comprueba qué características de los negociadores españoles comenta, ¿son las mismas que habíais previsto? ¿Crees que da una imagen positiva o negativa de los españoles?

Particularidades culturales de la negociación en España

Los europeos que tienen experiencia negociando con españoles coinciden en que, en las primeras ocasiones, quedaron sorprendidos por una serie de comportamientos –antes, durante y después del proceso de negociación– que no correspondían con lo que ellos esperaban.

Así, un empresario español recibió a un ejecutivo alemán al que no conocía y que iba a negociar un contrato con él, e inmediatamente le propuso ir a tomar un café y a charlar. El alemán no lo entendía: ¿por qué no entrar en materia directamente? ¿Para qué perder tiempo en el bar cuando había asuntos importantes para negociar?

Un negociador danés no comprendió por qué un ejecutivo español se mostró ofendido cuando él, simplemente, criticó un aspecto de la transacción comercial. ¿Por qué reaccionaba así ante una simple observación?

El jefe de ventas de una empresa española provocó el asombro de un empresario holandés cuando, después de dos largas sesiones de negociación, comunicó al holandés que la decisión final la tenía que tomar su jefe. ¿Por qué el jefe de un departamento de ventas no podía cerrar un trato sin la aprobación de su superior?

En sus primeros viajes de negocios en España, una empresaria francesa se quedaba perpleja ante la falta de preparación de las negociaciones que mostraban sus colegas españoles. Pero lo que más le sorprendía era el hecho de que, a pesar de ello, en general se llegaba a un acuerdo satisfactorio para las dos partes.

Un británico, que había ido a España a negociar un importante contrato, se sintió terriblemente enfadado y decepcionado cuando el empresario español con el que tenía que tratar llegó a la cita veinte minutos tarde. ¿Su producto no le interesaba? Al final de su espera, estaba seguro de que el contrato no se firmaría. A pesar de sus temores, y ante su sorpresa, la operación se cerró con éxito.

Las razones de estos comportamientos, que resultan difíciles de entender a muchos extranjeros, tienen que ver con las particularidades culturales de las empresas españolas.

C. Trabaja con tu compañero. Leed la frase siguiente y tratad de encontrar una explicación a lo que se afirma en una o varias de las cinco características que se comentan en el texto.

"El español, a menudo, tutea a su interlocutor desde el inicio. El extranjero no debe pensar que es una falta de respeto o de seriedad".

D. Imagina que tu empresa te envía a negociar un contrato en España y has leído este artículo. ¿Cuáles de los cinco factores enumerados en el artículo te provocarían más dificultades? Enuméralos en orden decreciente y compara tu lista con las de tus compañeros.

Según los resultados del Proyecto INES[1] sobre las negociaciones internacionales en español, parece que hay cinco factores diferenciales que definen el estilo de negociar en España.

- En primer lugar, parece que es necesario establecer una relación basada en la confianza y no es extraño que este sentimiento de fiabilidad se busque, incluso desde el principio de la negociación, fuera del despacho. Para el español, el desayuno, el café o la comida forman parte de las fases de la negociación. No se trata de una pérdida de tiempo ni de una informalidad sino de una manera de pasar de una relación entre negociadores –con intereses divergentes– a una relación entre amigos que ponen las bases para cerrar con éxito una negociación.

- Un segundo factor es la personalización. Parece ser que el español se identifica más personalmente con la negociación que otros hombres y mujeres de negocios; es decir, que no establece una barrera entre su propia identidad y su papel de negociador. Por esta razón, el extranjero debe aprender a expresar sus críticas con cierta precaución, de manera que el español no las tome como una ofensa personal.

- Por otra parte, especialmente en las empresas pequeñas y medianas, existe un fuerte sentido de la jerarquía y el director delega menos que en otros países. Este hecho explica que, excepto en las empresas multinacionales, los españoles que negocian suelen tener poco poder de decisión y necesitan la autorización de su superior para cerrar un trato.

- La improvisación es otra de las características del negociador español. Para muchos extranjeros, los españoles no preparan con suficiente detalle y profundidad la negociación. Esto no se debe interpretar como una falta de formalidad. En realidad, el español confía en su creatividad y en su rapidez de reacción ante situaciones inesperadas y no cree que sea necesario un estudio exhaustivo previo a la negociación.

- Finalmente, el último aspecto que sorprende a algunos extranjeros que tratan con españoles es el factor tiempo, es decir, la valoración que hace un español de la puntualidad y el respeto al horario. El tiempo es, en cierta manera, un valor secundario para un español y el hecho de llegar con retraso a una negociación le parece excusable, ya que le dedicará el tiempo adecuado y, si es necesario, la terminará más tarde de la hora fijada.

Conocer estas características socioculturales del negociador español puede ser de enorme utilidad. Además, mostrar ante ellas un máximo de tolerancia puede evitar muchos malentendidos y ayudar al éxito de la negociación.

1. International Negotiations in Spanish. Proyecto llevado a cabo por: Esade (Barcelona), Copenhagen Business School (Dinamarca), Wirtschaftsuniversität Wien (Austria). Presentado a la Unión Europea en mayo de 2000.

Y además...

A. César García es uno de los directores creativos de la agencia Sra. Rushmore, la elegida por el Comité Olímpico Internacional para la campaña de comunicación de los Juegos de Pekín 2008. César ha respondido a las preguntas de los lectores de una página web. ¿Qué preguntas le harías tú? Coméntalo con tu compañero y escribidlas.

B. Lee el texto y comprueba qué preguntas le hicieron los lectores. ¿Qué te parecen sus respuestas? ¿Qué imagen da de su profesión?

Diegix

Muchas empresas de publicidad tienen como nombre siglas, apellidos de socios, ¿cómo surge la idea de Sra. Rushmore como nombre para vuestra empresa? Supongo que no es la primera vez que te lo preguntan...
Sra. Rushmore era el nombre de un personaje secundario de una campaña que hicimos para Pepsi en nuestra anterior agencia. Era una viejecita entrañable, y nos gustaba lo que esa imagen evocaba. Luego ocurrió que la propietaria de una pensión que estaba cerca de la agencia se parecía a ella... Y pensamos que sería un buen nombre.
Como dato, os diré que es una actriz americana llamada Dolores Goodman, y que muchos la habréis visto, algo más joven, como la secretaria del instituto en la película *Grease*.

Nano

La empresa no es grande, pero ha tenido un crecimiento muy importante desde su creación en el año 2000. ¿Cómo lo explicáis?
Las agencias de publicidad, en general, no son empresas grandes. Nosotros somos una agencia mediana y, sí, estamos creciendo. Es verdad que el crecimiento ha sido espectacular... pero sostenido. Hemos dicho que no a muchas cosas para poder seguir controlando el trabajo. La agencia se fundó justo en plena crisis de las "puntocom", y en medio de despidos masivos en las multinacionales. Pero de momento aquí estamos.

Cuchu

¿Cuántas personas trabajáis en Sra. Rushmore?
Actualmente, 73 personas.

Claus

Un día en la vida de la Sra. Rushmore... ¿cómo es el trabajo diario de un creativo publicitario?
Desde luego, nuestro trabajo es menos glamuroso de lo que aparece en las pelis, pero sí es cierto que no hay dos días iguales. No sabes nunca cómo va a ser la jornada que comienza. En general, me paso el día reunido con clientes (para ver qué necesitan) y encerrado en mi despacho con mi compañero, el Director de Arte (ideando las campañas).

Pablo

¿La inspiración para una campaña surge en el momento más inesperado o pasar horas delante del ordenador en la oficina prepara el terreno para una buena idea?
No hay una regla única. Estás dándole vueltas a la cabeza todo el día: en la oficina, en el atasco, en la ducha y en la cama. La buena idea nace como un champiñón, en el momento más inesperado, pero siempre surge de la obsesión, de pasar muchas horas pensando en ello y rechazando ideas flojas. Nos pasamos el día con la cabeza en el trabajo, para desesperación de nuestras familias, novios y novias, mujeres, hijos...

Man

¿Cómo es el proceso desde la idea inicial hasta que le presentáis la campaña al cliente? ¿Hay un sistema de trabajo fijo?
Cuando tienes la idea central, lo que nosotros llamamos "el concepto", le das forma. Te inventas cómo sería el anuncio de televisión que lo expresa, las cuñas de radio, las páginas de prensa, las acciones en internet, o cualquiera que sea la pieza que necesites para lanzarlo a la calle. Y cuando todo está listo, se presenta al cliente. A veces se presenta en forma de *story-board*, una especie de tebeo de cómo sería el anuncio, o mediante bocetos de cómo serían esas páginas.

María

La ironía y el humor son dos constantes en muchas de vuestras campañas...
Y supongo que en nuestra vida en general. Cada cosa que haces es, de alguna manera, un reflejo de cómo eres y qué sientes.

Nano

Te lo habrán preguntado muchas veces, pero ¿de qué campaña te sientes más orgulloso y por qué?
Hombre, orgulloso orgulloso... no sé, es mucho decir. No soy Borges, sólo escribo anuncios. Siempre valoro más las campañas que tuvieron más dificultades en el origen. Haber inventado el *fresh banking* y que eso le supusiera un exitazo a ING Direct estuvo muy bien. También me gusta "Las cosas típicas del pueblo", de Bocatta (la primera campaña grande que hice) y un anuncio para Pepsi y las patatas Lay's en la que Pedro se reencontraba con Heidi 15 años después.

Charlie

¿Cuál es la parte más difícil de tu trabajo?
Resistir la presión de "tiene que ser buena, tiene que ser buena". Estimular continuamente la imaginación. Y "aterrizar", cuando llego a casa, en el mundo real después de muchas horas en la luna.

Flavio

Sra. Rushmore ha sido elegida por el Comité Olímpico Intencional para diseñar la campaña de comunicación y marketing de los JJOO de Pekín 2008. Enhorabuena. ¿Qué queréis transmitir, o qué quiere transmitir el COI?

Gracias. Dos aspectos principales: el primero, explicar por qué existe ese organismo y cuál es su misión en la sociedad; el segundo, acercar el fenómeno olímpico a los jóvenes, que parecen preferir el deporte en su vertiente más frívola, de *rock-star*, tal y como lo venden las marcas deportivas.

Clara

Hola, César. Yo también me sumo a las felicitaciones. Me he reído mucho con algunos de vuestros anuncios. Estoy estudiando publicidad y marketing y me encantaría dedicarme a esto durante mucho tiempo. No obstante, no veo muchos publicistas mayores. ¿Qué pasa?

Muchas gracias, Clara. Pues especialmente en el departamento de creatividad es verdad que no se ve mucha gente mayor.
Cuando hay crisis en las agencias y tienen que despedir a alguien, sustituyen a la gente que lleva más tiempo (con sueldos mayores) por *juniors* recién titulados. Eso es una aberración. Es quitar talento y experiencia a una compañía que se dedica a tener ideas. En EE.UU. y en el Reino Unido es bastante más común ver a gente mayor presente en todos los departamentos de las agencias. Y poco a poco eso va llegando también a España, pero muy poco a poco.

C. ¿Qué es lo qué más te ha sorprendido de las respuestas de César García? ¿Por qué?

Y además...

A. Lee el título y el subtítulo de este texto. ¿Puedes anticipar el tema? ¿Qué aspectos crees que se desarrollan en este texto? Coméntalo con tu compañero.

B. Ahora, lee el texto. Verás que no aparece el encabezamiento de los párrafos. Decide cuál corresponde a cada párrafo.

- **¿Cómo detectar una estafa?**
- **Muertos muy vivos**
- **¿Cuántas veces te han robado?**
- **Simular varios atropellos**
- **Lo rentable de combatir el fraude**
- **Yo no conducía**
- **Los engaños más comunes**

Muertos muy vivos

Cómo se engaña a las aseguradoras

Ganar dinero a costa de fingir desgracias es cada vez más arriesgado. Peritos, detectives privados, abogados, médicos... todos ellos son capaces de demostrar que hay muertos que están muy vivos, que un robo no ha sido tal o que un accidente no ha provocado las lesiones de las que se queja el afectado.

En los últimos años, las compañías de seguros españolas han logrado detectar el doble de casos irregulares que en años precedentes. Pero aunque las compañías aseguradoras luchan cada vez más contra el fraude, estimar cuál es la proporción real de siniestros en los que se da algún tipo de engaño es muy difícil.

Las aseguradoras se quejan de que el fraude, especialmente en el sector de los automóviles, es una práctica habitual. Exagerar los partes de los accidentes es el fraude más común. En segundo lugar se encuentra la simulación del siniestro; y en tercer lugar, el fraude en la suscripción, es decir, querer cobrar la indemnización de un accidente que se ha producido antes de contratar el seguro.

Otro de los casos más comunes es denunciar el robo de un coche recién comprado. Esto es lo que hizo el propietario de un Porsche que un investigador acabó encontrando aparcado en un garaje.

¿Cuáles son las pistas para saber que se está ante una estafa? La primera pista la suele dar el propio asegurado; si se han añadido coberturas o se han contratado pólizas en fechas cercanas a un siniestro, las posibilidades de estar ante un engaño son mayores. Otras pistas se pueden detectar cuando se hace el análisis del vehículo o al comprobar que la solicitud de indemnización es exageradamente elevada.

El año pasado las compañías de seguros gastaron 2,7 millones de euros en pagar a un ejército de peritos, forenses e incluso detectives privados para detectar reclamaciones irregulares. En todo caso, la inversión resulta rentable, pues se calcula que por cada euro invertido se ahorran 54.

Algunos casos muy imaginativos

Un hombre fallece en un accidente de tráfico. Inmediatamente, el beneficiario comunica el fallecimiento del asegurado en un siniestro. La compañía aseguradora se extraña de que el beneficiario entregue la póliza en perfecto orden e inmediatamente y se pone a investigar el caso. Comprueba que la situación económica del supuesto fallecido era demasiado precaria como para contratar una póliza relativamente alta. Descubre que hay toda una serie de primos y hermanos a los que corresponderían indemnizaciones cruzadas que alcanzarían hasta los cuatro millones de euros en seguros contratados con nueve entidades diferentes. Así que todas las compañías se deciden a actuar coordinadamente: un detective se desplaza hasta el lugar de origen del fingido fallecido, donde comprueba que ni hubo accidente, ni la persona asegurada murió, ni los certificados «oficiales» son auténticos.

Una compañía de seguros detectó un posible fraude en un siniestro en el que una persona quedó parapléjica en un accidente de tráfico. La compañía demostró que el reclamante se había hecho pasar por el copiloto, cuando en realidad era el conductor del vehículo, para poder cobrar la indemnización. La verdad surgió gracias a la labor combinada de investigadores privados, de un centro de ingeniería para la reconstrucción de accidentes y de una cátedra de Medicina Forense.

Andrés e Isabel se conocieron por accidente. Andrés atropelló a Isabel al salir de un aparcamiento. El seguro indemnizó a Isabel con 4800 euros por los daños sufridos. Del fatal encuentro entre Andrés e Isabel surgió una relación sentimental... y algo más. Se dieron cuenta de que el atropello había sido poco investigado, por lo que decidieron repetirlo, cambiando, eso sí, las circunstancias: Isabel en bicicleta, Isabel cruzando la calle, Isabel con un carrito de bebé...
El total de indemnizaciones que la pareja consiguió fue de 28200 euros a través de siete diferentes compañías de seguros. Pero a la séptima los pillaron –cuando inventaron que Isabel estaba embarazada–, y fueron condenados a cuatro años de cárcel.

Un joven presentó en dos años 75 reclamaciones a 11 aseguradoras diferentes por accidentes domésticos y robos. El chico, que tenía dificultades económicas, iba a la comisaría y contaba que había sufrido un atraco al sacar dinero en un cajero automático. Después, iba por las distintas compañías con las que había contratado un seguro y solicitaba una indemnización.
Esto lo hizo en 25 ocasiones, hasta que una agencia de detectives, que trabaja habitualmente con aseguradoras, inició una investigación.
Al final lo acabaron descubriendo.

C. ¿Te parece justificable engañar a una compañía de seguros? ¿Por qué crees que la gente lo hace? ¿Quién crees que paga las consecuencias de estos engaños? Coméntalo con tu compañero y preparad una exposición oral de tres minutos defendiendo vuestra postura.

Y además...

A. ¿Has tenido que hablar alguna vez en público? ¿Por motivos de trabajo o de estudios? ¿Cómo te has sentido? ¿Qué es lo que te parece más difícil? ¿Y lo más fácil? Coméntalo con tu compañero.

B. Lee el texto y escribe en cada apartado el título que crees que le corresponde.

La audiencia

Ayudas visuales

El lenguaje no verbal

El pánico escénico

Gracias por su atención

Tanto estudiantes como profesionales se enfrentan al reto de tener que hablar en público. Las ocasiones son muchas: presentar un proyecto a los compañeros de trabajo o de estudios, hacer una ponencia en un congreso, presentar un producto en una feria, defender una tesis, presentar resultados e informes... Y no olvidemos los discursos: políticos, de bienvenida, de despedida, de inauguración, de agradecimiento... Las estadísticas dicen que el 80% de las personas sufren cierta ansiedad ante la perspectiva de hablar en público. Aquí damos las claves para superar con éxito esta prueba.

Uno de los aspectos más importantes que debemos tener en cuenta es que comunicamos mucho más de lo que decimos. Una presentación o conferencia comienza desde el momento en el que entramos en la sala. El público puede advertir nuestros sentimientos antes de empezar a hablar porque nuestro cuerpo habla por nosotros. Knapp, un especialista de este tema, hace una clasificación de los diferentes aspectos de la comunicación no verbal:

- **Comportamiento kinésico.** Incluye los gestos, los movimientos corporales, las expresiones de la cara, la mirada y el tacto.
- **Características físicas del cuerpo.** Incluyen las peculiaridades físicas de cada persona (la altura, el peso, el cabello, la tonalidad de piel...) y su atractivo.
- **Conducta táctil.** Se refiere a qué hace el orador con las manos: si acaricia, da golpes, sostiene algo, guía los movimientos de alguien...
- **Paralenguaje.** Incluye la calidad de la voz (volumen, tono, velocidad, fluidez), el ritmo del discurso (pausas, silencios), los errores cometidos al hablar (cambios de oración, repeticiones, tartamudeos...) y la dicción.
- **Proxémica.** Se refiere a la distancia entre el orador y su audiencia (si se acerca, si se mantiene alejado...).
- **Objetos** como ropa, gafas, joyas, perfumes...
- **Factores del entorno:** muebles, luz, decorado, sonidos...

Es importante ser conscientes de todos estos factores y cuidar especialmente los que pueden causar problemas en la comunicación o en la imagen que deseamos transmitir. Pero más importante aún cs no obsesionarse ni pretender ser alguien diferente de quienes somos, porque eso también lo descubriría el público.

Muchas personas se ponen nerviosas cuando tienen que hablar en público y algunas muestran síntomas como sudor en las manos, tartamudeo, presión en el estómago… Los atletas y los actores conocen bien estas sensaciones, pero han aprendido a controlarlas. Eso es lo que debe hacer cualquier persona a la que le cause temor hablar en público. La mejor receta es practicar, practicar y practicar. Puedes pedirle a un amigo o a un colega que te ayude a preparar tu charla. Cuando te sientas preparado, ensaya con él y pídele que te diga en qué puntos cree que puedes mejorar.

Si al principio de la presentación te tiembla la voz, no te preocupes. Encontrarás la seguridad a medida que avanzas. También es importante que hables sobre un tema que conozcas y te interese, que hayas preparado adecuadamente tu intervención.

Normalmente queremos que nuestro público nos escuche; por lo tanto, el discurso debe ser interesante y novedoso. Queremos que comprenda; por lo que tendremos que preparar un discurso que pueda asimilar. Y queremos convencer, por lo que debe ser un discurso bien argumentado.

Antes de redactar nuestra presentación, es fundamental analizar la audiencia a la que nos vamos a dirigir: su conocimiento del tema, su edad, sexo, los motivos por lo cuales asiste a la presentación, su formación… Es imprescindible adaptar también la presentación al número de asistentes: es muy diferente hablar delante de un grupo de 10 o 15 personas que hacerlo en un auditorio con 100.

Se trata de los objetos visuales (fotografía, vídeo, gráfico…) que nos ayudan a llevar a cabo nuestra charla. Las ayudas visuales sirven para que la audiencia siga el desarrollo de nuestras ideas y mantenga centrada su atención. A nosotros nos pueden servir para recordar lo que queremos decir y como guía durante toda la presentación. Aunque hoy en día se dispone de grandes medios técnicos, es importante no abusar de ellos y hacer una selección adecuada. No conviene que el orador se limite a leer las diapositivas proyectadas en una pantalla, porque acabará aburriendo a su público.
Y no se debe olvidar que es imprescindible comprobar los medios que se van a usar, porque no hay nada que cause mayor sensación de improvisación que los “problemas técnicos”.

C. Trabajad en parejas y redactad un decálogo con diez consejos para las personas que deben hacer una presentación oral. Podéis basaros en el texto precedente y en vuestras propias experiencias y reflexiones.

D. ¿Queréis poner ejemplos de lo que no se debe hacer en una presentación? Podéis trabajar en parejas y mostrar vosotros mismos una actuación poco adecuada.

Y además...

A. ¿A qué edad se jubila la gente en tu país? ¿Conoces a algún jubilado? ¿A qué dedica su tiempo? Coméntalo con tu compañero.

B. En grupos de tres, haced una lista de cosas que pensáis que debe hacer un jubilado para llevar una vida plena y satisfactoria. Después leed el siguiente texto y comprobad si coincidís con las mismas ideas.

....

....

....

....

La revolución de los abuelos

En dos décadas, una de cada dos personas serán jóvenes de más de 65 años. Sin ungüentos, bebedizos ni pociones. (...) En el último siglo, la longevidad se ha duplicado y, según ha dicho en alguna ocasión el cardiólogo Valentín Fuster, la edad lógica del ser humano a corto plazo puede ser ¡de más de 150 años! (...)

Hoy en día todos los estudios concuerdan en definir el envejecimiento como un proceso complejo de acumulación de cambios celulares que se producen con el paso del tiempo e incrementan el riesgo de padecer enfermedades y a morir. Pero ya no es solo envejecer lo que ocupa a quienes llegados los 65 se encaran con la jubilación. Es que ahora es posible encontrar a personas jóvenes con más de 70 años, incluso de casi cien, que siguen en plenas facultades físicas y mentales y que, además, siguen trabajando. Es más, cuanto más ocupados están en invertir su tiempo en sus objetivos vitales y en ejercitar su cerebro, más y mejor viven. (...)

La nueva esperanza de vida para mediados del siglo se sitúa en torno a los 90 años, lo que choca ostensiblemente con lo que sucedía a principios del siglo anterior cuando estaba en los 40 años, por lo que cada vez es más interesante conocer el modo para llenar los años de vida y no la vida de años. El modo de ser mayor pero no ser un viejo. (...)

Margarita Puig, "La revolución de los abuelos",
ES La Vanguardia, 10/11/2007

B. Lee ahora los perfiles de estas dos personas. ¿Cuál te parece que es la razón por la que siguen tan activos? ¿Te gustaría tener después de los 90 años una vida como la suya? ¿Cómo te imaginas a ti mismo a los 99 años?

Joven centenario

Samuel Broggi, 99 años y medio

Conoció a Madame Curie y a Einstein, fue amigo de Dalí, de Pablo Neruda y de Picasso (...) y vivió tres grandes guerras. ¿Cómo? Fácil, tiene 99 años. Noventa y nueve y medio, puntualiza este cirujano que operó hasta los 85 años y que hoy en día sigue trabajando a diario dentro y fuera de su despacho, escribiendo una próxima entrega de sus memorias y preparando las múltiples conferencias especializadas a las que asiste con asiduidad. "La reflexión del anciano de que todas las cosas de la vida son efímeras le ayuda a no preocuparse por ellas". "Las satisfacciones más grandes que proporciona la vida proceden de la relación con otros seres humanos"; "hay que poner más énfasis en la autonomía que en la dependencia", son algunas frases que definen a la perfección el carácter de este hombre optimista. (...)

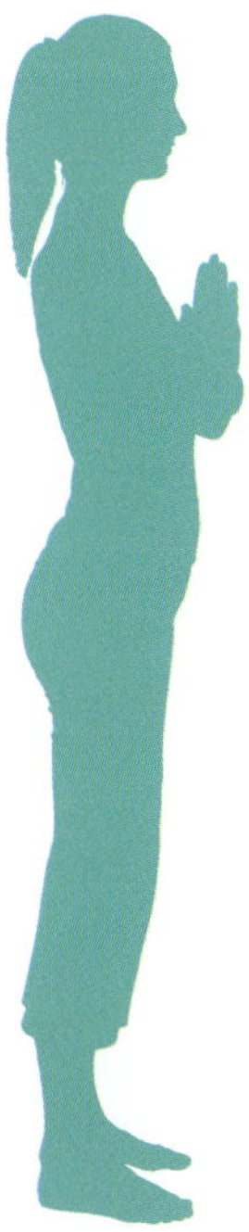

La profe de yoga

Maresa Fernández, 90 años

"¿Quiere aprender a respirar? Verá, relájese, tome una buena bocanada de aire, hágalo circular y llévelo hasta el diafragma bajo para que le haga un masaje que la tranquilizará!". María Teresa Fernández, Maresa, que el mes pasado sopló las velas de su 90 cumpleaños, aprovecha cualquier momento para compartir los conocimientos que tan sabia la hacen pero, sobre todo, para ayudar a los demás. Esta profesora de yoga no va a retirarse. De hecho no puede porque sus alumnos, que acuden a sus clases gratuitamente –"el dinero no es lo que me importa, yo lo que quiero es hacer felices a cuantos pueda", dice–, no se lo van a permitir (...) Cada martes y cada jueves hace dos horas de ejercicios que muchos jóvenes no podrían ni intentar, pero además nada cada mañana, camina cada día muchísimo (...) y no para de entrenar su cerebro y de estudiar a diario. (...)

G

Gramática

ALGUNAS IRREGULARIDADES EN PRESENTE DE INDICATIVO

E > IE	**E > I**
AT**E**NDER	COMP**E**TIR
at**ie**ndo	comp**i**to
at**ie**ndes	comp**i**tes
at**ie**nde	comp**i**te
atendemos	competimos
atendéis	competís
at**ie**nden	comp**i**ten

O > UE	**U > UE**
ENCONTRAR	JUGAR
enc**ue**ntro	j**ue**go
enc**ue**ntras	j**ue**gas
enc**ue**ntra	j**ue**ga
encontramos	jugamos
encontráis	jugáis
enc**ue**ntran	j**ue**gan

1ª persona del singular

ESTAR	OFRECER
est**oy**, estás, está...	ofre**zc**o, ofreces, ofrece...
DAR	SABER
d**oy**, das, da...	s**é**, sabes, sabe...
TRAER	PONER
tra**ig**o, traes, trae...	pon**g**o, pones, pone...
HACER	SALIR
ha**g**o, haces, hace...	sal**g**o, sales, sale...

1ª persona del singular + E > IE / E > I

TENER	VENIR	DECIR
ten**g**o, t**ie**nes...	ven**g**o, v**ie**nes...	di**g**o, d**i**ces...

EXPRESAR UNA ACCIÓN PASADA EN SU DESARROLLO

Para presentar una acción pasada en su desarrollo, es decir, para dar énfasis al progreso de la acción, usamos las formas del verbo **estar** en pasado + Gerundio.

- Esta mañana **he estado discutiendo** con mi jefe un nuevo proyecto.

También usamos esta perífrasis para expresar que una acción se ha repetido en el pasado.

- Esta semana **he estado saliendo** tarde del trabajo.

Los tiempos verbales del pasado utilizados son los mismos que se usan sin perífrasis.

- Esta tarde **he trabajado** durante un rato en la empresa de un cliente. / Esta tarde **he estado trabajando** en la empresa de un cliente.
- Este mes **he salido** con David varios días. / Este mes **he estado saliendo** con David.
- Ayer **comimos** en el restaurante de Fabián. / Ayer **estuvimos comiendo** en el restaurante de Fabián.
- **Vivimos** en Inglaterra de 1999 a 2002. / **Estuvimos viviendo** en Inglaterra de 1999 a 2002.

Usamos el Pretérito Imperfecto del verbo **estar** + Gerundio para expresar qué ocurría en un momento determinado del pasado.

- Cuando fui a tu despacho, **estabas hablando** por teléfono.
- **Estaba haciendo** prácticas en una empresa española y me contrataron para llevar el Departamento de Personal.

HABLAR SOBRE LAS CARACTERÍSTICAS DE UNA PERSONA: SER Y PARECER

Para expresar las características que definen a una persona, se usa el verbo **ser**.

- **Es** un buen comunicador.
- **Es** una persona bastante ambiciosa.

Para expresar una impresión, se usa el verbo **parecer**.

HABLAR SOBRE LOS ESTADOS DE ÁNIMO: ESTAR

Para expresar el estado (de ánimo o físico) en el que se encuentra una persona, se usa el verbo **estar**.

- ¿Cómo **está** Ana?
- **Está** un poco nerviosa porque tiene que entregar un proyecto la semana próxima.

HABLAR DE RELACIONES PERSONALES

Usamos la expresión **llevarse bien/mal con** para expresar que se tiene con alguien una relación buena o mala. Podemos graduar esta expresión utilizando **muy**, **bastante**, **nada**, etc.

- **Me llevo bastante bien con** Lucía, pero **con** su marido **me llevo muy mal**.
- **¿Qué tal te llevas con** tus compañeros?

Para expresar que alguien nos parece simpático o no, usamos la expresión **caer bien/mal**. También podemos graduarla utilizando **muy**, **bastante**, **nada**, etc.

- ¿**Qué tal os cae** Arturo?
- A mí **me cae muy bien**, es muy majo.
- A mí no **me cae mal**, pero tampoco **muy bien**.

EXPRESAR OPINIÓN

Existen diferentes verbos y fórmulas que sirven para expresar una opinión.

- Realmente **pienso que**, a veces, las empresas no valoran el trabajo de los empleados.
- **A mí**, personalmente, **me parece que** eso es un gran inconveniente...
- En muchas ocasiones, los estudios no incluyen prácticas que, **en mi opinión**, son fundamentales.
- **Para mí**, una buena formación es indispensable...
- **Según ella**, ¿por qué es difícil encontrar trabajo?

Para presentar una nueva opinión que explica lo dicho hasta entonces, usamos **lo que pasa es que** + Presente.

- La gente acaba los estudios y no encuentra trabajo.
- **Lo que pasa es que** las empresas quieren personas con experiencia y, claro, es muy difícil tener experiencia a los 22 años.

POR

La preposició **por** puede expresar causa.
- Estudio español **por** motivos personales.

Puede indicar un lugar aproximado no definido.
- Nuestro gerente viaja mucho **por** Latinoamérica.
- ¿Hay **por** aquí algún cajero automático?

O un lugar que se atraviesa o se recorre.
- Fuimos **por** la autopista hasta San Sebastián y luego **por** la autovía hasta Iruzun.

También indica un medio de comunicación.
- Te envío el documento **por** correo electrónico.
- Vale, pero llámame **por** teléfono para avisarme.

En la voz pasiva, introduce el agente (sujeto de la voz activa).
- La experiencia es valorada muy positivamente **por** las empresas.

PARA

La preposició **para** puede expresar finalidad u objetivo.
- Necesito el español **para** poder comunicarme con mis clientes.

También sirve para señalar el destinatario.
- Creo que soy un buen candidato **para** el Departamento de Investigación y Desarrollo.
- Este es un producto pensado **para** los jóvenes.

O el destino de un desplazamiento.
- Ayer, cuando estaba yendo **para** casa me encontré con Marcela.

DESCRIBIR LAS FUNCIONES QUE REALIZA UNA PERSONA

Existen varias expresiones para describir las funciones de una persona o un puesto de trabajo.

LLEVAR + sustantivo
- ¿Quién **lleva** la contabilidad en tu empresa?

ENCARGARSE DE + sustantivo/Infinitivo
- La Jefa de administración **se encarga de** los nuevos contratos y **de** tramitar las subvenciones.

DEDICARSE A + sustantivo/Infinitivo
- Este año tienes que **dedicarte** más a las relaciones públicas y **a** visitar a nuestros distribuidores.

SER RESPONSABLE DE + sustantivo/Infinitivo
- ¿Quién **es responsable de** los envíos al extranjero?
- Bueno, yo **soy responsable de** prepararlos, pero no de enviarlos.

CONDICIONAL: FORMAS

La gran mayoría de los verbos tiene, en el Condicional, forma regular. Consiste en añadir al Infinitivo las terminaciones del Pretérito Imperfecto de los verbos acabados en **-er/-ir**.

VIAJ**AR**	V**ER**	PED**IR**
viajar**ía**	ver**ía**	pedir**ía**
viajar**ías**	ver**ías**	pedir**ías**
viajar**ía**	ver**ía**	pedir**ía**
viajar**íamos**	ver**íamos**	pedir**íamos**
viajar**íais**	ver**íais**	pedir**íais**
viajar**ían**	ver**ían**	pedir**ían**

Solo son irregulares los mismos verbos que son irregulares en Futuro. La irregularidad que presentan, además, es la misma que en ese tiempo.

decir	**dir-**	
haber	**habr-**	
hacer	**har-**	ía
poner	**pondr-**	ías
poder	**podr-**	ía
querer	**querr-**	íamos
saber	**sabr-**	íais
salir	**saldr-**	ían
tener	**tendr-**	
venir	**vendr-**	

CONDICIONAL: USOS

Se usa el Condicional para hablar de situaciones hipotéticas.

- Yo **me iría** de vacaciones con Paca, tenemos los mismos gustos.

Para expresar deseos.

- A mí, ahora mismo, **me encantaría** estar en la playa, tomando el sol.
- ¡Qué calor! ¡**Me bebería** un litro de agua fría!

Para dar consejos y hacer recomendaciones.

- Yo, en tu lugar, **me llevaría** un paraguas.
- Pues yo **me llevaría** un traje y tres corbatas.

- Yo que tú, **iría** a Cuba.

HABLAR DE EXPERIENCIAS PASADAS: PRETÉRITO PERFECTO

Cuando hablamos de una experiencia pasada sin referirnos a un tiempo determinado o cuando hacemos preguntas sobre experiencias vividas sin explicitar cuándo se produjeron, usamos el Pretérito Perfecto.

- El lugar más bonito que **he visitado** yo es Suiza. He estado tres veces.
- ¿**Has estado** en Grecia?

Con este mismo significado, en frases con **ya** y **nunca**, el verbo suele ir en Pretérito Perfecto.

- ¿**Ya has acabado** la carrera?
- Bueno, **ya he hecho** todos los exámenes, pero todavía no sé las notas.

- **Nunca** he estado en Londres, ¿tú has estado?

Usamos también el Pretérito Perfecto cuando incluimos la acción dentro de una unidad de tiempo aún no terminada (**hoy, esta semana, este año, estos días**, etc.).

- Esta semana no **he visto** a Luis.
- Este año **hemos celebrado** nuestra convención anual en Oporto.

Cuando no queremos situar la acción dentro de la unidad de tiempo que nos encontramos o no queremos poner en relieve la relación de dicha acción con el Presente, utilizamos el Pretérito Indefinido.

- ¿Has viajado alguna vez a un país de América Latina?
- **Estuve** el año pasado en Argentina y hace dos meses **pasé** unos días en Chile.

LLEVAR(SE) / TRAER(SE)

Cuando describimos el aspecto de alguien, el verbo **llevar** significa "usar" o "tener puesto" (una ropa, un complemento, etc.).

- Yo nunca **llevo** corbata, pero me encanta **llevar** americana.
- ¿Has visto el reloj que **lleva** Javier? ¡Es de oro!

Usamos el verbo **llevarse** para expresar "transportar con uno mismo".

- Cuando viajo, siempre **me llevo** un botiquín con aspirinas y cosas así.

Con este sentido, **llevarse** expresa un movimiento en dirección contraria a la posición del hablante. Para expresar una dirección hacia la posición del hablante, usamos **traerse**.

- ¿Has visto que hay una piscina en el hotel?
- ¿Ah sí?, pues no **me he traído** el bañador...

EXPRESAR GUSTOS Y SENTIMIENTOS

Existen diferentes tipos de verbos que expresan gustos y sentimientos. Muchos de ellos funcionan como el verbo **gustar**, con pronombres personales de O.I. **me, te, le, nos, os, les.**

			gusta/n
			encanta/n
(A mí)		**me**	**aburre/n**
(A ti)		**te**	**molesta/n**
(A él, ella, usted)	(no)	**le**	**divierte/n**
(A nosotros/as)		**nos**	**interesa/n**
(A vosostros/as)		**os**	**importa/n**
(A ellos, ellas, ustedes)		**les**	**apasiona/n**

- Lo que más **me divierte** es pasear por las calles.
- **Me molestan** los lugares con aire acondicionado.

Algunas expresiones funcionan con pronombres personales de O.D. **me, te, lo/la, nos, os, los/las.**

(A mí)		**me**	
(A ti)		**te**	
(A él, ella, usted)	(no)	**lo/la pone/n de mal humor**	
(A nosotros/as)		**nos**	**nervioso/a(s)**
(A vosotros/as)		**os**	
(A ellos, ellas, ustedes)		**los/las**	

Al contrario de lo que pasa con los dos grupos anteriores, con los verbos **odiar** y **(no) soportar**, el sujeto es la persona que experimenta la sensación.

(yo)	**odio**	**no soporto**
(tú)	**odias**	**no soportas**
(él, ella, usted)	**odia**	**no soporta**
(nosotros/as)	**odiamos**	**no soportamos**
(vosotros/as)	**odiáis**	**no soportáis**
(ellos/as, ustedes)	**odian**	**no soportan**

- ¿Qué te pasa, Arturo?
- Estoy fatal, tengo que dar una conferencia y **odio** tener que hablar en público, **me pone** muy nervioso.

IR Y VENIR

El verbo **ir** se refiere a un movimiento en general. Cuando queremos expresar que un movimiento se dirige a la posición en que se encuentra el hablante, usamos **venir**.

- ¿Cómo te mueves por la ciudad? ¿En metro?
- Bueno, **voy** a casi todas partes en bici, pero (aquí) a clase **vengo** en metro.

EL TIEMPO METEOROLÓGICO

Hace	(muy)	buen/mal tiempo.
		buen/mal día.
	(mucho)	sol.
		calor.
		frío.
		viento.
Hace	un día	horrible.
	una mañana	estupendo/a.
	una tarde	precioso/a.
	una noche	
Hay	nubes.	
	niebla.	
	tormenta.	
	humedad.	
Está	nublado.	
LLOVER	**NEVAR**	
ll**ue**ve	n**ie**va	

CUANTIFICADORES REFERIDOS A PERSONAS

(Casi) todo el mundo	pasa dos semanas fuera de casa.
(Casi) toda la gente	
	personal
La mayoría de(l)	la gente
La mitad de(l)	los españoles
	las personas
Mucho/a/os/as	gente
Bastante/s	españoles sale(n) al extranjero.
Poco/a/os/as	personas

La gente se queda en casa.
(Casi) nadie viaja en tren.

PRETÉRITO INDEFINIDO: FORMA

Formas regulares

Las formas regulares del Pretérito Indefinido tienen solo dos grupos de terminaciones: una para los verbos en **-ar** y otra para los verbos en **-er** e **-ir**.

REGALAR	PERDER	RECIBIR
regal**é**	perd**í**	recib**í**
regal**aste**	perd**iste**	recib**iste**
regal**ó**	perd**ió**	recib**ió**
regal**amos**	perd**imos**	recib**imos**
regal**asteis**	perd**isteis**	recib**isteis**
regal**aron**	perd**ieron**	recib**ieron**

Los verbos que tienen una vocal al final de la raíz (p. ej. **leer, caer, oír, construir, creer**) cambian **-i-** por **-y-** en las terceras personas: leí, leíste, le**y**ó, leímos, leísteis, le**y**eron.

Formas irregulares

IR/SER	DAR
fui	**di**
fuiste	**diste**
fue	**dio**
fuimos	**dimos**
fuisteis	**disteis**
fueron	**dieron**

Algunos verbos acabados en **-ir** mantienen las terminaciones regulares, pero presentan cambios **-o > -u-** o **-e > -i** en las terceras personas.

DORM**IR**	PED**IR**
dormí	pedí
dormiste	pediste
d**u**rmió	p**i**dió
dormimos	pedimo
dormisteis	pedisteis
d**u**rmieron	p**i**dieron

La misma irregularidad de **dormir** aparece en el verbo **morir**. Como **pedir** se conjugan, entre otros: **convertir, corregir, elegir, impedir, mentir, sentir, reír, repetir, servir, seguir, vestir, preferir.**

Algunos verbos presentan una raíz irregular en Pretérito Indefinido. A esta raíz se le añaden unas terminaciones diferentes de las regulares, independientemente de si acaban en **-ar**, **-er** o **-ir**.

estar	**estuv-**	
hacer	**hic/hiz-**	
poder	**pud-**	e
poner	**pus-**	iste
querer	**quis-**	o
saber	**sup-**	imos
tener	**tuv-**	isteis
venir	**vin-**	ieron*
decir	**dij-***	
producir	**produj-***	
traer	**traj-***	
introducir	**introduj-***	

* Los verbos cuya raíz termina en **j** tienen en la 3ª persona de plural la terminación **-eron**.

PRETÉRITO INDEFINIDO: USOS

Usamos el Pretérito Indefinido para hablar de acciones ocurridas en el pasado presentándolas como acabadas. Con este tiempo, presentamos la acción fuera de la unidad de tiempo que nos encontramos; por eso es habitual encontrarlo junto a las siguientes expresiones de tiempo.

ayer, anteayer, anoche
el año/mes/.... pasado
la semana pasada

el lunes /martes...
en enero
en 2007

- **El martes** estuvimos en Barcelona en una reunión.
- **A finales del siglo XIX** apareció el chocolate con leche y se convirtió en un producto de consumo masivo.
- **En 1920** abrimos en Valladolid la primera fábrica de jabones.

PRETÉRITO IMPERFECTO: FORMAS

El Pretérito Imperfecto tiene solo dos modelos de terminaciones: uno para los verbos en **-ar** y otro para los verbos en **-er, -ir**.

ELABOR**AR**	HAC**ER**	PRODUC**IR**
elabor**aba**	hac**ía**	produc**ía**
elabor**abas**	hac**ías**	produc**ías**
elabor**aba**	hac**ía**	produc**ía**
elabor**ábamos**	hac**íamos**	produc**íamos**
elabor**abais**	hac**íais**	produc**íais**
elabor**aban**	hac**ían**	produc**ían**

Formas irregulares

IR	SER	VER
iba	**era**	**veía**
ibas	**eras**	**veías**
iba	**era**	**veía**
íbamos	**éramos**	**veíamos**
ibais	**erais**	**veíais**
iban	**eran**	**veían**

PRETÉRITO IMPERFECTO: USOS

Usamos el Pretérito Imperfecto para presentar acciones pasadas a modo de descripción: son las circunstancias que rodean un acontecimiento pasado (que normalmente va en Indefinido).

- Abrieron la fábrica en 1923, en aquella época en el pueblo **vivían** unas 3000 personas y no **había** ninguna otra industria.

Lo usamos también para presentar acciones habituales y costumbres en el pasado.

- Cuando empezamos a fabricar jabón, todo el mundo **lavaba** a mano en España y mucha gente **hacía** su propio jabón en casa.

Por eso, se puede usar para contrastar situaciones o hábitos actuales con situaciones o hábitos presentes.

- Antes, **llamaba** al número 400 y, después de una breve espera, **podía** hablar directamente con un empleado de la compañía (...) Desgraciadamente, ahora tengo que hablar con una máquina...
- En la actualidad los españoles comemos de forma diferente a como lo **hacíamos** en los años setenta.

PERÍFRASIS VERBALES

Continuidad

Para expresar continuidad utilizamos las perífrasis **seguir/continuar** + Gerundio.

- El cliente **sigue siendo** lo más importante.

También se puede expresar la continuidad con el adverbio **todavía**:

- Mi sobrina **todavía** juega con muñecas.

Interrupción

Para indicar interrupción podemos utilizar **dejar de** + Infinitivo.

- La gente **ha dejado de utilizar** pañuelos de tela.

Otra posibilidad para expresar la interrupción de una acción es **ya no**.

- Los niños **ya no** juegan con canicas.

Inicio

Para indicar el inicio de una acción, hacemos uso de las perífrasis **empezar/comenzar a** + Infinitivo.

- **Hemos empezado** a abrir nuevas oficinas en todo el país.

Duración

Para indicar la duración de una acción, marcando también cuándo se empezó a producir, usamos la perífrasis **llevar** + Gerundio.

- **Llevamos** 40 años **exportando** cítricos a todo el mundo.

Hábito

Para expresar hábito podemos utilizar el verbo **soler** + Infinitivo.

- ¿**Sueles tener** chocolate en casa?

PRONOMBRES DE OI + OD

Cuando en una frase aparecen juntos pronombres de OD y OD el orden es: OI + OD.

- Yo tenía una guitarra. **Me la** regaló mi hermano.

- ¿Y los documentos?
- **Os los** imprimo ahora mismo.

Cuando combinamos los pronobres de OI **le** o **les** con los de OD **lo, la, los, las**, los primeros se convierten en **se**.

- ¿Ya **le** has dado las llaves al conserje?
- Sí. **Se las** di ayer.

EXPRESIONES PARA SITUAR EN EL PASADO

En el siglo XVII / los años cincuenta / 1980...
En aquella época...
En aquellos/as años, días, fechas, tiempos...
Por aquellos/as años, días, fechas, tiempos...
A finales de los años / del siglo...
A principios del siglo XVII...
Dos meses más tarde...
Años después...
Entonces...
A partir de entonces / ese momento / 1997...
Un día
Hace 30 años

PEDIR DISCULPAS

Para pedir disculpas, usamos los verbos **perdonar** / **disculpar**, en general, dirigidos a una segunda persona, (que es el sujeto del verbo) + sustantivo.

- **Perdona** el retraso, es que he tardado en encontrar aparcamiento.
- **Disculpen** (ustedes) las molestias.

Lamentar + sustantivo (en situaciones formales).

- He recibido su carta y **lamento** mucho **su descontento.**
- **Lamentamos el retraso.**

También son formales las construcciones con **disculparse** / **pedir disculpas** + **por** + sustantivo/ Infinitivo.

- Nos **disculpamos por las molestias** causadas.
- **Pedimos disculpas por las molestias** ocasionadas.

IMPERATIVO: FORMAS

El Imperativo tiene dos formas: la afirmativa y la negativa. Las terminaciones para las personas **tú** y **vosotros** son diferentes en la forma afirmativa y en la negativa. En cambio, para las personas **usted** y **ustedes**, las terminaciones no cambian.

Afirmativo

	-AR	-ER/-IR
(tú)	visit**a**	com**e**/escrib**e**
(usted)	visit**e**	com**a**/escrib**a**
(vosotros)	visit**ad**	com**ed**/escrib**id**
(ustedes)	visit**en**	com**an**/escrib**an**

Negativo

(tú)	no visit**es**	no com**as**/no escrib**as**
(usted)	no visit**e**	no com**a**/no escrib**a**
(vosotros)	no visit**éis**	no com**áis**/no escrib**áis**
(ustedes)	no visit**en**	no com**an**/no escrib**an**

Irregulares con cambios e > ie, o > ue, e/ie, e/i

(tú)	(usted)	(vosotros)	(ustedes)
c**ie**rr**a**	c**ie**rr**e**	cerr**ad**	c**ie**rr**en**
no c**ie**rr**es**	no c**ie**rr**e**	no cerr**éis**	no c**ie**rr**en**
v**ue**lv**e**	v**ue**lv**a**	volv**ed**	v**ue**lv**an**
no v**ue**lv**as**	no v**ue**lv**a**	no volv**áis**	no v**ue**lv**an**
s**ie**nt**e**	s**ie**nt**a**	sent**id**	s**ie**nt**an**
no s**ie**nt**as**	no s**ie**nt**a**	no sint**áis**	no s**ie**nt**a**.
p**i**d**e**	p**i**d**a**	ped**id**	p**i**d**an**
no p**i**d**as**	no p**i**d**a**	no pid**áis**	no p**i**d**an**

Otros irregulares

pon	pon**ga**	pon**ed**	pon**gan**
no pon**gas**	no pon**ga**	no pong**áis**	no pon**gan**
di	di**ga**	de**cid**	di**gan**
no di**gas**	no di**ga**	no di**gáis**	no di**gan**
haz	ha**ga**	ha**ced**	ha**gan**
no ha**gas**	no ha**ga**	no ha**gáis**	no ha**gan**
ve	**vaya**	**id**	**vayan**
no **vayas**	no **vaya**	no **vayáis**	no **vayan**
sé	**sea**	**sed**	**sean**
no **seas**	no **sea**	no **seáis**	no **sean**

IMPERATIVO: USOS

Usamos el Imperativo para **dar órdenes** en contextos muy familiares o muy marcados jerárquicamente.

- ¡**Desconectad** el móvil!
- ¡**Trae** la sal!
- ¡**No pongas** los pies en la mesa!

También lo usamos para **dar intrucciones**.

- **Tome** una pastilla cada 5 horas.
- **Introduzca** el DVD.
- **Gira** a la izquierda y **ve** hasta la iglesia.

Y en **invitaciones**:

- **Ven** con tu novio, queremos conocerlo.
- **Tome** un poco más de tarta.
- **Siéntense** por favor, están en su casa.

IMPERATIVO CON PRONOMBRES PERSONALES

Los pronombres se colocan detrás del Imperativo afirmativo, formando una sola palabra.

- Usa la máscara. **Póntela** para manipular productos tóxicos.

- ¿Qué hago con los platos?
- **Dáselos** a Luis, él los guardará.

El Imperativo afirmativo de **vosotros** pierde la **-d** final cuando se le añade el pronombre **os**.

- **Poneos** siempre el cinturón y **sentaos** de manera adecuada.

Cuando el Imperativo está en su forma negativa, los pronombres deben colocarse delante del verbo.

- Usa la máscara y no te **la quites** hasta finalizar el análisis.

- ¿Qué hago con los platos?
- No se **los des** a Luis, seguro que él los rompe.

PREGUNTAR Y HABLAR SOBRE LA SALUD

Interesarse por la salud de alguien

¿Qué te/le pasa?

ENCONTRARSE

¿Cómo ¿Qué tal	**te encuentras/se encuentra?**
(Me encuentro) **(Estoy)**	(muy/bastante) bien/mal regular fatal (mucho) mejor/peor
No me encuentro	(muy) **bien**.

ESTAR, TENER, DOLER

Estar		enfermo/a resfriado/a acatarrado/a mareado/a pálido/a
Tener		dolor de cabeza mareos ganas de vomitar náuseas fiebre una enfermedad
Doler		
me te le nos os les	**duele/n**	la cabeza el estómago la garganta los oídos los pies etc.

EXPRESAR IMPERSONALIDAD

Para expresar impersonalidad, utilizamos el pronombre **se** seguido del verbo en 3ª persona singular.

- En muchas empresas no **se trabaja** en agosto.

Si el objeto del verbo es un nombre en plural, el pronombre **se** va seguido del verbo también en 3ª persona plural.

- En nuestra empresa no **se celebran** los cumpleaños...

Cuando el verbo en cuestión ya lleva pronombre (**sentarse, llamarse, ponerse**, etc.), no es posible usar estas contrucciones y la impersonalidad se expresa mediante nombres como **la gente** o **las personas**.

- En mi empresa, **la gente no se pone** ropa formal para ir a la oficina.

También podemos expresar la impersonalidad con la 2ª persona. Este recurso implica una cierta familiaridad con el interlocutor.

- Es una cosa que **tomas** cuando no **te encuentras** bien o **te duele** la cabeza.

EXPRESAR OBLICACIÓN

DEBER + Infinitivo

- **Debe llevar** siempre puestas las gafas de sol.
- Para manipular alimentos **se deben usar** guantes de látex.

EXPRESAR PROHIBICIÓN

NO DEBER + Infinitivo

- **No debe hacer** esfuerzos.

(Está) prohibido + nombre / Infinitivo

- **Prohibido el paso**.
- **Prohibido pisar** el césped.

SE PROHÍBE + nombre / Infinitivo

- **Se prohíbe el uso** de teléfonos móviles.
- **Se prohíbe hacer** fotografías.

NO SE PERMITE + nombre / Infinitivo

- **No se permite el uso** de telefonos móviles.
- **No se permite comer** ni beber.

NO SE PUEDE + Infinitivo

- **No se puede entrar** con bebidas en el recinto.

PRESENTE DE SUBJUNTIVO

Verbos regulares

El Presente de Subjuntivo de los verbos regulares en **-ir** y **-er** presenta las mismas terminaciones.

SOLICITAR	CONCEDER	DECIDIR
solicit**e**	conced**a**	decid**a**
solicit**es**	conced**as**	decid**as**
solicit**e**	conced**a**	decid**a**
solicit**emos**	conced**amos**	decid**amos**
solicit**éis**	conced**áis**	decid**áis**
solicit**en**	conced**an**	decid**an**

Verbos irregulares

Los verbos que presentan cambios **e > ie**, **o > ue** y **u > ue** en Presente de Indicativo lo hacen también en Presente de Subjuntivo en las mismas personas, es decir, en todas excepto en **nosotros** y **vosotros**.

E > IE	O > UE	U > UE
EMPEZAR	**PODER**	**JUGAR**
emp**ie**ce	p**ue**da	j**ue**gue
emp**ie**ces	p**ue**das	j**ue**gues
emp**ie**ce	p**ue**da	j**ue**gue
empecemos	podamos	juguemos
empecéis	podáis	juguéis
emp**ie**cen	p**ue**dan	j**ue**guen

Los verbos que presentan cambio **e > i** en Presente de Indicativo, también lo hacen en Presente de Subjuntivo, pero en todas las personas.

PEDIR	SEGUIR	REÍR
p**i**da	s**i**ga	r**í**a
p**i**das	s**i**gas	r**í**as
p**i**da	s**i**ga	r**í**a
p**i**damos	s**i**gamos	r**i**amos
p**i**dáis	s**i**gáis	r**i**ais
p**i**dan	s**i**gan	r**í**an

Muchos verbos presentan en todas las personas una irregularidad que coincide con la forma irregular de la primera persona (**yo**) en Presente de Indicativo.

CONOCER	conozco	**conozc-**	
TRADUCIR	traduzco	**traduzc-**	
DECIR	digo	**dig-**	a
HACER	hago	**hag-**	as
OÍR	oigo	**oig-**	a
PONER	pongo	**pong-**	amos
SALIR	salgo	**salg-**	áis
TENER	tengo	**teng-**	an
VENIR	vengo	**veng-**	

Otros verbos irregulares

HABER	SER	IR	DAR
haya	sea	vaya	dé
hayas	seas	vayas	des
haya	sea	vaya	dé
hayamos	seamos	vayamos	demos
hayáis	seáis	vayáis	deis
hayan	sean	vayan	den

SABER	VER	ESTAR
sepa	vea	esté
sepas	veas	estés
sepa	vea	esté
sepamos	veamos	estemos
sepáis	veáis	estéis
sepan	vean	estén

FUTURO

El Futuro se forma a partir del Infinitivo, al que se añaden las terminaciones, que son iguales para todos los verbos.

Verbos regulares

INTENTAR	DEVOLVER	PEDIR
intentar**é**	devolver**é**	pedir**é**
intentar**ás**	devolver**ás**	pedir**ás**
intentar**á**	devolver**á**	pedir**á**
intentar**emos**	devolver**emos**	pedir**emos**
intentar**éis**	devolver**éis**	pedir**éis**
intentar**án**	devolver**án**	pedir**án**

Verbos irregulares

Las formas irregulares no se forman a partir del Infinitivo, sino que tienen una raíz propia, a la que se añaden las terminaciones de las formas regulares (**-é**, **-ás**, **-á**, **-emos**, **-éis**, **-án**).

DECIR	**dir-**	
HABER	**habr-**	-é
HACER	**har-**	-ás
PODER	**podr-**	-á
PONER	**pondr-**	-emos
QUERER	**querr-**	-éis
SABER	**sabr-**	-án
SALIR	**saldr-**	
TENER	**tendr-**	
VENIR	**vendr-**	

- Le **atenderemos** personalmente y le **informaremos** de todo lo que pueda serle de interés.

CUANDO + PRESENTE DE SUBJUNTIVO (ACONTECIMIENTOS FUTUROS)

Cuando hablamos de acontecimientos futuros mediante la conjunción **cuando**, utilizamos el Presente de Subjuntivo (y no las formas de Futuro).

- **Cuando termine** la carrera, quiero irme de viaje a Sudamérica. ¿Y tú?
- **Cuando reciba** el extracto de sus gastos, usted podrá decidir la cantidad que quiere pagar.
- **Cuando deba** contratar un crédito, hágalo sin prisas y estudie diferentes ofertas.

POR

Utilizamos la preposición **por** como sinónimo de **a cambio de** y **en lugar de**.

- Hoy en día, los bancos ofrecen viajes y regalos **por** abrir una cuenta. (**a cambio de** abrir).
- El banco paga **por** usted la luz, el teléfono... (**en su lugar**).

EXPRESAR NECESIDAD O CONVENIENCIA

	interesante	
	útil	
	conveniente	
Es	**necesario**	+ Infinitivo
	básico	
	importante	
	fundamental	
	mejor	

- Puede parecer obvio, pero **es fundamental leer** todas las cláusulas del contrato, incluso "la letra pequeña".

EXPRESAR POSIBILIDAD: PODER + INFINITIVO

Podemos expresar la posibilidad con el verbo **poder** + Infinitivo.

- Los intereses que cobran los bancos **pueden variar** del 2% al 10% anual, dependiendo del contrato.

ANTES DE / DESPUÉS DE

Para situar una acción en el tiempo con respecto a otra, podemos usar **antes de** y **después de** seguidas de un sustantivo o de un Infinitivo.

- **Antes del trabajo** tiene la costubre de hacer un poco de deporte.
- **Antes de pedir** un crédito, es necesario pedir información en varios bancos y comparar las condiciones.
- **Después de la reunión**, podemos redactar el informe.
- **Después de firmar**, debe guardar el contrato en lugar seguro.

ACABAR DE + INFINITIVO

Para expresar que algo ha ocurrido recientemente utilizamos **acabar de** + Infinitivo.

- El señor Estebas está muy contento: **acaba de firmar** una hipoteca y se podrá comprar la casa de sus sueños.

DESCRIBIR SITUACIONES EN EL PASADO

Cuando relatamos un acontecimiento o contamos una anécdota sucedida en el pasado podemos usar varios tiempos verbales.

Usamos el Pretérito Indefinido para relatar acontecimientos que hacen avanzar el relato y que presentamos como acciones terminadas.

- **Perdí** el avión a París, **tuve** que tomar el siguiente tres horas más tarde, en el taxi me **dejé** el móvil y al final **llegué** con muchísimo retraso a la reunión.

Usamos el Pretérito Imperfecto para referirnos a las circunstancias que enmarcan esos acontecimientos, presentadas como hechos no terminados en el momento referido.

- Perdí el avión a París y tuve que tomar el siguiente tres horas más tarde porque **no había** otro antes, **estaba** tan nervioso que me dejé el móvil en el taxi...

Para presentar esas circunstancias en su desarrollo, usamos **estar** en Pretérito Imperfecto + **Gerundio**.

- Cuando llegué al edificio donde teníamos la reunión, **estaban cerrando** las puertas, pero pude entrar y subir a la oficina de mi cliente, que me **estaba esperando** en su despacho.

Pretérito Pluscuamperfecto

Usamos el Pretérito Pluscuamperfecto para marcar que un acontecimiento es anterior a otro hecho pasado.

había		
habías		analiz**ado**
había	+	establec**ido**
habíamos		reun**ido**
habíais		
habían		

- Llegué tardísimo porque el avión **había salido** con dos horas de retraso.
- Contratamos el stand que en la edición anterior de la feria **había ocupado** nuestra competencia.

EXPRESAR SIMULTANEIDAD EN PASADO

- **Mientras** una persona analizaba el trato al cliente en los stands, la otra observaba la distribución del espacio.

HABLAR DE CREENCIAS EQUIVOCADAS O DE ASPECTOS QUE DESCONOCEMOS

Yo pensaba/creía/no sabía que + P. Imperfecto.

- Yo **pensaba** que Perú **era** más pequeño. (Perú **es** muy grande)
- Yo no **sabía** que Argentina **producía** mucha carne. (Argentina **produce** mucha carne)

Yo pensaba/creía/no sabía que + P. Pluscuamperfecto.

- Yo **creía** que Perú **se había independizado** antes. (Perú **se independizó** más tarde)
- Yo no **sabía** que las primeras ciudades **habían surgido** hace más de 4 000 años. (**surgieron** hace más de 4 000 años)

CONTAR ANÉCDOTAS: PASAR

Un día	me		
El otro día	te		
La semana pasada	le	**pasó**	una cosa extraña.
Ayer	nos		algo muy curioso.
	os		
	les		

- ¡No sabes lo que me **pasó** la semana pasada!
- ¿Te acuerdas de lo que nos **pasó**?

VALORAR EN PASADO

	tremendo.
	terrible.
	increíble.
	estupendo.
Fue	(muy) divertido.
	(muy) interesante.
	un desastre.
	un éxito.

- El salón **fue** un éxito.
- El espectáculo **fue** muy variado.

FALTAR/SOBRAR

- A ver, no está todo; fíjate, **faltan** seis macetas; solo hay dos.
- Sí, y **sobran**...

CONECTORES DEL DISCURSO

Empezar
- **Resulta que** estaba en Madrid por negocios y tenía que firmar un contrato...

Ordenar
- **En primer lugar**, estudiamos los stands de la competencia...
  En segundo lugar, analizamos nuestros datos...
  Por último, consideramos aconsejable nuestra participación en el salón del año siguiente...

Añadir información
- ... supone una gran oportunidad para realizar contactos interesantes. **Además**, es una muy buena ocasión para presentar directamente nuestros productos.

Referirse a aspectos particulares
- Se presentaron innovaciones muy interesantes **en lo referido a** nuevos tratamientos de la piel. **En cuanto al** diseño, parece ser que se consolidan...

- **Respecto a** nuestra posible participación...

- **Por cierto**, el contrato lo firmamos ayer en Tenerife...

Ejemplificar
- Se celebraron, **por ejemplo**, varios desfiles de modelos con una gran asistencia de público.

Remarcar
- ¿A qué atribuye este éxito tan espectacular?
- **Sin duda alguna**, a la preparación.

- **Cabe señalar que** en la edición anterior habían participado 98 firmas del sector...

Remitirse a una información
- **Como le he dicho**, antes habíamos hecho un trabajo de observación directa...

- **Según su petición**, se ha realizado un estudio sobre el Salón Pielespain.

- En segundo lugar y, **según las conclusiones de** la organización, hay que subrayar los siguientes aspectos...

- **Tal como indicaste**, pasamos ayer por el stand y...

Expresar causa
- Creemos aconsejable nuestra participación en el próximo Salón Pielespain **ya que** los beneficios...

- Los paneles estaban mal instalados **porque** eran de mala calidad.

Contraponer
- **Por una parte**, dimos a conocer dos nuevas líneas de diseño y comprobamos... Y **por otra**, nuestra presencia nos permitió establecer contactos...

- **Por un lado**, es cierto que la inversión es elevada y que la competencia... **Por otro (lado)**, hay que destacar que Pielespain supone una gran oportunidad...

- ... parece clara la tendencia al aumento de expositores en importancia y calidad, **aunque** han subido las tarifas por metro cuadrado...

Expresar consecuencia
- **Así pues**, parece clara la tendencia al aumento...

- **Así que**, cuando bajé del avión, fui rápidamente...

- Pensamos mucho en todo. **Por eso,** antes de firmar el contrato con el salón, ...

Presentar un suceso imprevisto
- ... saqué el movil del bolso para avisar al cliente de que iba a llegar tarde y, **de repente**, me dieron un golpe, se me cayó al suelo y se rompió.

Terminar
- **Total, que** llegué tarde y sin el contrato.

- Después del estudio anterior, y **para concluir**, estoy convencido de que hay que participar en el próximo...

EXPRESAR FINALIDAD

Si la acción referida por el verbo no tiene sujeto (es una generalización) o es el mismo sujeto de la frase principal, usamos **para** + Infinitivo.

- **Para crear** una buena página web, es conveniente contratar un estudio de diseño especializado en internet. (generalización)
- **Para participar** (tú) en un foro, solo tienes (tú) que entrar y dar tu opinión.

Si la acción referida por el verbo tiene un sujeto diferente de la frase principal, usamos **para que** + Subjuntivo.

- Te hemos comprado (nosotros) un portátil **para que puedas** (tú) trabajar en casa.

Funciona de manera parecida la expresión **nuestro objetivo es** + Infinitivo/**que** + Presente de Subjuntivo.

- **Nuestro objetivo es impulsar** (nosotros) el uso de internet en las zonas rurales.
- **Nuestro objetivo es que** los habitantes de las zonas rurales **tengan** (ellos) acceso a internet.

EXPRESAR DESEOS E INTENCIONES

Con verbos que expresan deseo e intención (**querer**, **desear**, **esperar**, **pretender**, etc.) también se usa la construcción **verbo** + Infinitivo/**que** + Presente de Subjuntivo dependiendo de si el sujeto de los dos verbos es el mismo o no.

- **Deseamos** (nosotros) **ofrecerle** (nosotros) un servicio más completo, lleno de ventajas para usted.
- **Quiero** (yo) **saber** (yo) cuándo podrían tener la página definitivamente terminada.
- **Esperan** (ellos) **recibir** (ellos) muchas visitas a su página web.

- **Deseamos** (nosotros) **que nos ofrezcan** (ustedes) un servicio más completo.
- **Quiero** (yo) **que sepan** (ustedes) que su página está ya definitivamente terminada.
- **Esperamos** (nosotros) que su nueva página **reciba** (la página) muchas visitas.
- **Pretenden** (ellos) que el cliente **se registre** y **dé** sus datos (el cliente).

EXPRESAR CONVENIENCIA

	básico	
	fundamental	+ Infinitivo
Es +	**importante**	
	útil	+ **que** + Presente de Subjuntivo
	esencial	

- **Es básico estructurar** de manera clara los contenidos.
- **Es básico que** los contenidos **estén** bien estructurados.

- **Es fundamental diseñar** un plan estratégico para...
- **Es fundamental que diseñemos** un plan estratégico para...

PRESENTE DE SUBJUNTIVO: MÁS USOS

Expresar necesidad

- **Necesitamos que nos envíen** el nuevo diseño lo antes posible...

Expresar preferencia

- **Preferimos que** en la primera página **se presenten** fotografías...

Pedir

- **Les rogamos que hagan** algo para destacar los enlaces con otras páginas de consulta.

Sugerir

- **Le sugerimos que realice** su encargo...
- Yo **propongo que** la gente también **pueda**...

Valorar una acción: MERECER/VALER la pena

- **No vale la pena que corras** riesgos inútiles.

SEÑALAR EL INICIO DE UNA ACTIVIDAD

Podemos usar **desde que** + frase.
- **Desde que internet dio** sus primeros pasos, se ha producido una enorme evolución.
- Tenemos muchos más clientes internacionales **desde que tenemos** una buena página web.

O **desde** + punto inicial.
- Exportamos a China **desde el año pasado**.
- Estoy en Unitel **desde 2003**.

HABLAR DEL TIEMPO TRANSCURRIDO HASTA EL PRESENTE

Podemos expresar la cantidad de tiempo transcurrido hasta el presente con **llevar** + Gerundio.
- **Llevo 24 horas navegando** por internet.
- ¿Cuántos años **llevas trabajando** en esta empresa?

Podemos también usar la expresión **hace** + cantidad de tiempo + **que**.
- **Hace 24 horas que** estoy navegando por internet.
- **¿Cuánto tiempo hace que** trabajas en la empresa?
- **Hace más de un año** que no voy al cine.

También se puede utilizar la expresión **desde hace** + cantidad de tiempo.
- **Desde hace un mes**, tenemos a su disposición una página web renovada.

COMPARAR

Con adjetivos y adverbios. Igualdad
- Crear un blog es **tan** fácil **como** enviar un correo.
- Crear un blog es **igual de** fácil **que** enviar un correo.

- Este estudio trabaja **tan** bien **como** el nuestro.
- Este estudio trabaja **igual de** bien **que** el nuestro.

Con adjetivos y adverbios. Superioridad
- Internet es una herramienta **más** ágil **que** la publicidad convencional.
- Los blogs se han multiplicado **más** rápidamente **que** los foros.

Con adjetivos y adverbios. Inferioridad
- La conexión en Francia es **menos** cara **que** en España / **no** es **tan** cara como en España.
- Los foros se han multiplicado **menos** rápidamente **que** los blogs / **no** se han multiplicado **tan** rápidamente **como** los blogs.

Con sustantivos
- Ciunetix nos ofrece **tanto** apoyo **como** Telemax.
  tanta ayuda **como** Telemax.
  tantos productos **como** Telemax.
  tantas ventajas **como** Telemax.

- Ciunetix tuvo **más** beneficios **que** Telemax el año pasado.
- Telemax tuvo **menos** beneficios **que** Ciunetix el año pasado / **no** tuvo **tantos** beneficios **como** Ciunetix.

Atención: si en la segunda parte de la comparación aparece un verbo, las expresiones usadas son **más de lo que** y **menos de lo que**.
- Internet es una herramienta **más** versátil **de lo que** dicen sus detractores.
- Marcax tuvo **menos** beneficios **de lo que** se esperaba.

DISPONER ELEMENTOS EN UN ESPACIO

	superior
en la parte	**inferior**
en el margen	**izquierdo/a**
en la esquina	**derecho/a**
	de arriba
	de abajo

en el centro, arriba, abajo

- Yo, **en el margen derecho**, pondría...
- Han situado la barra del menú **en la parte inferior de** la pantalla...

al lado	
encima	
debajo	**(de)**
a la izquierda	
a la derecha	
entre...	

- Sí, y el icono de "cursos" **al lado de...**

RECURSOS PARA LA CORRESPONDENCIA COMERCIAL

Lugar y fecha
Salamanca, 20 de diciembre de 2010

Fórmulas para el saludo
Estimado/a Sr./a. Aguirre:
Muy señor/a/es/as mío/a/os/as:
Querido/a/s colega/s:
Distinguido/s cliente/s:

Hacer referencia a una carta/pedido... anterior
En respuesta a su carta del 8 de enero...
Con referencia a su petición...
De acuerdo con su presupuesto del 7 del presente,...

Anunciar un envío
Nos complace enviarles los documentos que nos solicitaron:
De acuerdo con..., **les cursamos**...

Hacer una petición
Nos gustaría / **Desearíamos** recibir un catálogo detallado...
(Les) rogamos, asímismo, (que) **especifiquen**...

Especificar condiciones de un pedido
En cuanto a las condiciones de entrega y pago, **aplicamos** las siguientes: ...
La entrega se realizará en un plazo de 15 días...
El pago **se efectúa al recibir** la mercancía...

Fórmulas de despedida que esperan una respuesta del cliente
Esperando sus noticias, aprovechamos la ocasión para saludarles atentamente.
Esperando que estas condiciones les convengan, quedamos a su disposición...
A la espera de sus noticias, reciba un cordial saludo.

Fórmulas de despedida
Atentamente, / Cordialmente,
(Sin otro particular,) Reciba/n un cordial saludo.
Le/les saluda atentamente.

RECURSOS PARA NEGOCIAR

Proponer
- **Podríamos hacerle** un descuento de...

Rechazar una propuesta
- Lo cierto es que **eso no sería suficiente**.
- Perdone, pero **eso no cubre nuestras necesidades**.
- Lo siento, pero **nos es imposible** asumir....

Sugerir
- **Podríamos compartir** los gastos de envío...
- ¿**Y si** ustedes se hacen cargo del envío y nosotros...

Interrumpir para pedir una aclaración
- **Perdone, ¿eso significa que...?**
- **Perdone, no sé si lo he entendido bien...**

Resaltar una información
- **Tenga en cuenta** que somos una empresa pequeña.
- **No se olvide de** que para ustedes es una buena oportunidad...

Presentar una condición
- **Si** nos pagan a 30 días, creo que **podríamos** llegar a un acuerdo.
- **En el caso de que** el importe **sea** superior, les podemos ofrecer...
- El tipo de descuento podrá aumentar, **siempre y cuando** el pedido **sea** más importante.
- **Debería asegurarme que** la mitad de la mercancía...

Tranquilizar
- **No se preocupe.**

Cerrar un acuerdo
- Bien, entonces, **(estamos) de acuerdo**.

MARCADORES CONVERSACIONALES

Compartir una opinión
- Deberían entregar los pedidos antes del día 12...
- **Claro,...**

- Portes debidos, ¿verdad?
- **Efectivamente**, corre a nuestro cargo.

- Resumiendo, ustedes necesitarían 5000 corbatas...
- **Exacto**.

Atraer la atención del oyente
- **Mira/e, te/le** propongo dos cosas...
- **Fíjate**, la fecha se escribe a la derecha...

EXPRESAR HIPÓTESIS Y PROBABILIDAD

En español, podemos usar las formas del Futuro Imperfecto para formular hipótesis o preguntarse sobre hechos presentes.

- Llaman a la puerta, **será** el mensajero.

- ¿Por qué no ha venido Juan?
- No sé, **estará** durmiendo...

- Hay luz en casa de los Pérez, ¿estarán despiertos a esta hora?

Usamos las formas del Futuro Perfecto para formular hipótesis o preguntarse sobre hechos pasados.

Futuro Perfecto

(yo)	**habré**	
(tú)	**habrás**	llam**ado**
(él, ella, usted)	**habrá**	ten**ido**
(nosotros/as)	**habremos**	sal**ido**
(vosotros/as)	**habréis**	
(ellos/as, ustedes)	**habrán**	

- ¿Y ese paquete qué es?
- Ni idea, lo **habrá traído** el mensajero esta mañana.

- ¿Por qué no ha venido Juan?
- No sé, **habrá perdido** el tren...

También existen algunas expresiones que sirven para expresar hipótesis, tanto sobre el pasado como sobre el presente y el futuro, con tiempos del Indicativo.

- ¿De dónde vienes? **Seguro** que has estado en el parque, ¿verdad?
- ¿Has trabajado toda la noche? **Seguro** que estás muerto de sueño.

- Yo creo que este anuncio es una buena idea: **a lo mejor** con una nueva imagen atraemos a un público más joven.
- En nuestra tienda vendemos más de 100 ejemplares de este videojuego por semana, **tal vez/quizás** es el artículo más vendido.

- ¿Mariela ya ha llegado?
- Sí, **seguramente** está hablando con el jefe. **seguramente** tendremos una reunión con ella.

- Esta publicidad es demasiado agresiva, yo creo que **puede** crear un cierto rechazo.

- **Posiblemente**, nuestra empresa es la más conocida del sector.

Además, algunas de estas expresiones también se pueden usar con tiempos del Subjuntivo; en este caso, se pone más énfasis en el hecho de que se trata de una hipótesis.

- En nuestra tienda vendemos más de 100 ejemplares de este videojuego por semana, **tal vez/quizás sea** el artículo más vendido.

- **Posiblemente**, nuestra empresa **sea** la más conocida del sector.

Algunas construcciones exigen siempre el uso del Subjuntivo.

- **Puede que acabemos** de repartir antes de las cinco, depende del tráfico...
- **Es** muy **probable que** esta publicidad **desconcierte** un poco a los clientes.
- **Es posible que** esta **sea** la campaña más cara de nuestra historia.

OFRECER UNA OPINIÓN

Con Indicativo

- **En mi opinión**, la publicidad es cada vez mejor...
- Alfonso **considera que** la propuesta es demasiado innovadora.
- Lupe Ruiz **piensa que** es necesario hacer un cambio de imagen a la casa.
- (Nosotros) **opinamos que** es un buen soporte.
- **Estamos seguros** de que la campaña va a funcionar.
- **Me parece que** los productos que salen en televisión no son mejores que los que no se anuncian.
- **Me da la impresión de que** los publicitarios ya no saben qué hacer para atraer al público...
- **Yo creo que** el buzoneo no sirve de mucho.

Con Subjuntivo

Cuando utilizamos verbos que indican opinión en forma negativa (**no creo que, no me parece que, no pienso que, no considero que, no estoy seguro de que**, etc.) el verbo de la frase que sigue va en Subjuntivo.

- A Jorge **no le parece que sea** una propuesta muy original.
- **No creo que se deba** prohibir totalmente la publicidad de tabaco...
- Lupe **no considera/opina/piensa que sea** malo ofrecer una imagen más desenfadada y joven.

REACCIONAR ANTE OPINIONES AJENAS

Manifestar acuerdo

(Sí,) (**estoy**) totalmente **de acuerdo**.
(Sí,) yo **también lo veo así**.
(Sí,) **yo también lo pienso/creo**.
(Sí,) **por supuesto**.
(Sí,) **desde luego** (**que sí**).
(Sí,) **sin** (**ninguna**) **duda**.
(Sí,) **claro**.

Manifestar dudas

(Sí,) **puede ser...**
(Sí,) **posiblemente...**
(Bueno,) **depende, no siempre...**
No sé, tal vez...
(Sí,) **es posible...**
(Yo) **no diría tanto...**
(Yo) **no estoy tan seguro...**

Manifestar desacuerdo

(Pues yo) **no lo veo así**.
(Yo) **no estoy** (muy) **de acuerdo** (contigo/con ella).
(Yo) **no estoy** (nada) **de acuerdo**.
(No,) **¡qué va!**
(No,) **en absoluto**.
(No,) **por supuesto que no**.
(No,) **desde luego que no**.
(No,) **de ninguna manera**.

Normalmente, cuando expresamos desacuerdo, evitamos ser bruscos. Por eso, utilizamos expresiones de duda que suavizan la opinión o marcamos claramente que es solo una opinión personal, no una verdad universal.

- Yo creo que el buzoneo no sirve para nada. Nadie lee lo que se encuentra en el buzón de su casa.
- **Hombre, no sé, puede ser pero... Yo creo que** sí hay gente que lee la publicidad que le mandan a casa.

TRANSMITIR PALABRAS DE OTROS

Transmitir una información. Estilo indirecto

Cuando transmitimos una información dicha por otros, podemos repetir literalmente sus palabras (**estilo directo**) o incorporar sus palabras a nuestro propio discurso, realizando una serie de cambios (**estilo indirecto**).

> He contratado un seguro muy interesante.
- Ha dicho "He contratado un seguro muy interesante". (estilo directo)
- Ha dicho que ha contratado un seguro muy interesante. (estilo indirecto)

Cuando el verbo que introduce la información en **estilo indirecto** va en Presente los tiempos verbales de la frase introducida no cambian.

> No **puedo** llegar a la reunión.
- Dice que no **puede** llegar a la reunión...

> **Llamaré** la próxima semana.
- Dice que **llamará** la próxima semana.

Cuando el verbo que introduce la información en **estilo indirecto** va en un tiempo del pasado (Pretérito Perfecto, Pretérito Indefinido...), los tiempos verbales de la frase introducida cambian si consideramos que la información transmitida no es vigente.

> **Tengo** mucha prisa. (Presente)
- Ha dicho/dijo que **tenía** mucha prisa. (P. Imperfecto)

> **He perdido** el avión. (P. Perfecto)
- Ha dicho/dijo que **había perdido** el avión. (P. Pluscuamperfecto)

> **Llegaré** un poco tarde. (Futuro Imperfecto)
- Ha dicho/dijo que **llegaría** un poco tarde. (Condicional Imperfecto)

Pero si consideramos que la información transmitida es vigente, sobre todo cuando el verbo que introduce la información está en Pretérito Perfecto, los tiempos verbales de la frase introducida pueden no cambiar.

- Ha dicho que **tiene** mucha prisa.
- Ha dicho que **ha perdido** el avión.
- Ha dicho que **llegará** un poco tarde.

Transmitir una petición o un deseo

Cuando transmitimos una petición, un deseo o un mandato y consideramos que la información es vigente, los tiempos de la frase introducida van en Presente de Subjuntivo. La información original puede estar en Imperativo, pero esa transformación a Subjuntivo puede ser también una interpretación que hacemos nosotros.

> **Dejad** el informe en mi mesa. (Imperativo)
- Dice/ha dicho que
- Pide/ha pedido que + **dejemos** el informe en su mesa
- Quiere que

(Presente de Subjuntivo)

> **Tenéis que enviar** un correo al jefe.
- Dice/ha dicho que
- Pide/ha pedido que + **envíemos** un correo al jefe.
- Quiere que

(Presente de Subjuntivo)

Resumir una intención

En muchos casos, no retomamos las palabras del otro una por una, sino que interpretamos lo que dice y lo resumimos, teniendo en cuenta cuál es su intención: recomendar, sugerir, proponer, recordar, advertir, insistir, negar, comentar, felicitar, invitar, etc.

> Yo creo que debemos tener mucho cuidado porque el intercambio de datos puede ir contra la ley...
- Alicia **recomienda** que **seamos** prudentes... (Subjuntivo)

> Estaría bien contratar un seguro de vida.
- Marcos **sugiere/propone** que **contratemos** un seguro de vida. (Subjuntivo)

> Ya sabéis que nuestra competencia es muy fuerte en ese sector.
- Marta **recuerda** que la competencia **es** muy fuerte en ese sector... (Indicativo)

> Eso me da un cierto miedo, la ley prohíbe compartir ese tipo de datos.
- Luis **advierte** de que la ley **prohíbe** compartir esos datos... (Indicativo)

> Tengo que decirlo otra vez: no tenemos cobertura legal para hacer eso.
- Sandra **insiste en** que no **tenemos** cobertura legal para hacer eso... (Indicativo)

EMITIR UN JUICIO DE VALOR

Parecer bien/mal que + Presente de Subjuntivo

- A mí **me parece** (muy) **mal que** las aseguradoras **penalicen** a...

AÑADIR UNA INFORMACIÓN

- Con asistencia sanitaria en cualquier lugar del mundo, **incluso** para hospitalizaciones largas.
- ... se pueden conseguir vuelos muy baratos. **Además,** tienes el alojamiento asegurado...

COMPARAR CANTIDADES PROPORCIONALES

Cuanto/a/s más/menos + sustantivo, **más/menos...**

- **Cuantos más accidentes** has tenido, **más** tienes que pagar por un seguro...
- **Cuantas menos personas** incluyes en tu seguro familiar, **menos** tienes que pagar.

Cuanto más/menos + adjetivo, **más/menos...**

- **Cuanto más** alta es la prima, **más** informaciones exigen las compañías antes de firmarla.

HABLAR DE CANTIDADES INDETERMINADAS

Algún(o)/a/os/as

Utilizamos las formas **algún/a/os/as** cuando nos referimos a uno o más objetos sin especificar.

Algún/a/os/as + sustantivo

- ¿Tienes **algún** seguro?

Alguno/a/os/as + **de** + determinante + sustantivo

- ¿Y te interesa **alguno de los** que nos ofrecen?

Ningún(o)/a/os/as

Para expresar que de una cosa hay cero individuos, usamos las formas **ningun(o)/a**.

Ningún/a + sustantivo

- No tuve **ningún** problema.

Ninguno/a + **de** + determinante + sustantivo

- Yo no he estado nunca en **ninguna de esas situaciones.**

El plural **ningunos/ningunas** se usa casi exclusivamente con sustantivos que se utilizan siempre en plural.

- ¿Has traído gafas para la nieve?
- No, no he encontrado **ningunas** de las que tenía.

Usamos los indefinidos **algo** (alguna cosa o cantidad) y **nada** (ninguna cosa o cantidad) para referimos a cantidades indeterminadas o nulas.

- Tendrían que pagarme **algo**.
- No te van a pagar **nada** porque la póliza no dice **nada** sobre...

La doble negación

Cuando **nada** y **ninguno/a/os/as** aparecen detrás del verbo, es necesario negar también el verbo con el adverbio **no**. Cuando **nada** y **ninguno/a/os/as** están delante del verbo, no se coloca el adverbio **no**.

- **Nada** le parece adecuado.
  (= **No** le parece adecuado **nada**.)
- **Ninguno** de mis seguros cubre este accidente.
  (= Este accidente no lo cubre **ninguno** de mis seguros.)

Cualquier(a)

Cualquier significa "no importa cuál" y se usa tanto para el femenino como para el masculino.

Cualquier + nombre

- SEGURVIDA es compatible con **cualquier** otro seguro.

Cuando **cualquier** no va seguido de un nombre, toma la forma de cualquiera.

Cualquiera + de + determinante + sustantivo

- La verdad es que **cualquiera de** estos me iría bien, menos...

INDICAR EL MOTIVO DE UNA LLAMADA

- **Llamaba para** informarme sobre seguros para...
- **Mire, es que** he tenido una inundación en casa...
- **Resulta que** hace tres semanas volví de viaje...
- **Pues mira, quería** informarme sobre el tema de los seguros de viaje...

RECURSOS PARA HABLAR EN PÚBLICO

Saludar a los participantes
- Muy buenos días a todos. El título de mi conferencia es...

Presentar a alguien
- Hoy tenemos con nosotros a Mar Vega... a quien tengo el gusto de presentarles...
- Es para mí un placer presentar a nuestro próximo conferenciante...

Dar las gracias
- Antes de nada, muchas gracias por estar aquí.
- Quisiera dar las gracias al profesor Ferrer por todo su apoyo.
- Les agradecemos mucho su visita...

Controlar la comunicación
- ¿Se me oye bien? ¿Sí? ¿Atrás también?
- ¿Me oís/oyen bien?

Atraer la atención
- Si les parece bien, empezamos...
- ¿Seguimos?
- Fíjense en que...

Implicar al oyente
- Como todos ustedes pueden imaginar...
- Como vosotros sabéis...
- Me imagino que casi todos estamos de acuerdo en que...
- Muchos de vosotros habéis...

Invitar a hacer preguntas
- ¿Tienen ustedes alguna pregunta sobre...?
- Si tenéis alguna pregunta, la contestaré con mucho gusto.

Hacer una pregunta
- Perdón, a mí me gustaría saber su opinión sobre...
- Perdone, pero ¿podría volver a explicar lo que ha dicho sobre la política de precios?

Terminar
- Y por último, quisiera hablarles de...
- Para terminar, me gustaría decir que...
- Y esto es todo lo que quería explicaros. Por mi parte, esto ha sido todo.

FRASES RELATIVAS

Cuando una frase relativa se refiere a cosas o personas no concretas o hipotéticas, que no existen o que no sabemos si existen, el verbo de esa frase va en Subjuntivo.

- Busco un socio que **esté** interesado en montar un hotel rural...
- Queremos lanzar un producto que **sea** muy innovador y que **dé** respuesta a las necesidades actuales.

Cuando la frase relativa se refiere a cosas o personas concretas, que sabemos que existen, el verbo de esa frase va en Indicativo.

- Los masajes, **que suelen** durar de cinco a diez minutos, se realizan...
- Ha creado una franquicia de establecimientos de salud y belleza **que ofrece** la posibilidad de dormir...

Frases relativas con preposición

El pronombre relativo **que** puede referirse a cualquier sustantivo (y designar personas, animales o cosas). Cuando ese sustantivo forma parte de un complemento que lleva preposición, en la frase relativa colocamos esa preposición y un artículo determinado antes del pronombre **que**.

- El público **al que** va dirigida nuestra presentación... (nuestra presentación va dirigida **a** un público)
- Los productos **de los que** me hablaste ayer son muy... (ayer me hablaste **de** unos productos)
- Las creativas **con las que** preparamos la campaña han dejado la agencia... (preparamos la campaña **con** unas creativas)

Cuando en estas frases **que** se refiere a una persona, podemos sustituirlo por **quien**; en ese caso, no se usa artículo.

- El publicista de **quien** te hablé es ese de ahí...

- Las creativas **con quienes** preparamos la campaña han dejado la agencia...

QUÉ/CUÁLES

Para preguntar por la identidad de una cosa usamos **qué**.

- ¿**Qué** esperan de la presentación?

Para preguntar por un elemento dentro de un grupo o un tipo de cosas usamos **cuál(es)** o **qué** dependiendo de la posición del sustantivo que designa a ese tipo de cosas.

- ¿**Qué** <u>campaña</u> te gusta más?
- ¿**Cuál** de estas <u>campañas</u> te gusta más?

- ¿**Qué** <u>estrategias</u> usan los publicistas actualmente?
- ¿**Cuáles** son las <u>estrategias</u> que usan los publicistas actualmente?

HABLAR DE CANTIDADES INDETERMINADAS DE PERSONAS

ALGUIEN (alguna persona)

- ¿**Alguien** quiere preguntar algo?
- ¿Hay **alguien** que sepa usar esta máquina?

NADIE (ninguna persona)

- **Nadie** ha querido hacer preguntas.

Recuerda que cuando **nadie** va después del verbo, exige la negación con **no**.

- **No** ha hablado todavía con **nadie**.

CUALQUIERA (= cualquier persona, no importa quién)

- **Cualquiera** puede, hoy en día, crear una página web.

POR

Usamos **por** para referirnos al precio de algo.

- Usted puede adquirir un ejemplar **por** solo 7 euros.

INFINITIVO PASADO

HABER + Participio

El Infinitivo pasado se usa en las mismas estructuras que el Infinitivo. Con esta forma estamos expresando que el hecho referido con el verbo se ha producido en el pasado.

- Siento mucho no **haber escrito** antes. (no he escrito)
- No teníais que **haber**me **regalado** nada. (me habéis regalado una cosa)

PRETÉRITO PERFECTO DE SUBJUNTIVO

Presente de Subjuntivo del verbo **haber** + Participio

haya	
hayas	lleg**ado**
haya	pod**ido**
hayamos	ven**ido**
hayáis	
hayan	

Existen muchas estructuras que exigen la utilización del Presente de Subjuntivo en vez del Presente de Indicativo. En estos mismos casos, utilizaremos el Pretérito Perfecto de Subjuntivo en lugar del Pretérito Perfecto de Indicativo.

- Siento mucho que no **puedas** venir a la fiesta. (no puedes venir).
- Siento mucho que **hayas perdido** el avión. (has perdido el avión).
- Busco alguien que **tenga** experiencia en el extranjero. (la persona ideal tiene experiencia en el extranjero).
- Busco alguien que **haya vivido** en Francia. (la persona ideal ha vivido en Francia).

PRETÉRITO IMPERFECTO DE SUBJUNTIVO

Se forma a partir de la 3ª persona del plural del Pretérito Indefinido, a la que se suprime la terminación **-ron** y se añaden las siguientes terminaciones:

3ª persona pl. del ~~Indicativo~~ Indefinido		**P. Imperfecto de Subjuntivo**
		-ra/-se
comprar	compra- (ron)	**-ras/-ses**
vender	vendie- (ron)	**-ra/-se**
decir	dije- (ron)	**-ramos/-semos**
		-rais/-seis
		-ran/-sen

HABLAR DE UNA SITUACIÓN HIPOTÉTICA

Utilizamos el Imperfecto de Subjutivo para plantear condiciones hipotéticas.

Si + Imperfecto de Subjuntivo, Condicional.

- **Si perdiera** los documentos, **iría** a la embajada de mi país.
- **Si** me **enviaran** a trabajar un mes a México, **aprovecharía** para aprender muy bien español.

También lo usamos con otras estructuras que exigen Subjuntivo.

- Me pareció muy mal que le **contaras** nuestro secreto a Lucía.
- Te dejé el informe para que lo **leyeras** y me **dieras** tu opinión, ¡y no has hecho nada!

EXPRESAR DESEOS

OJALÁ + Subjuntivo

- ¡**Ojalá apruebe**! (yo)
- **Ojalá** todos vuestros planes futuros **se hagan** realidad.
- ¡**Ojalá** el tren **no haya salido aún**!

QUE + Presente de Subjuntivo

- **¡Que te mejores!**

¡A VER SI + Presente de Indicativo!

- ¡**A ver si** nos **toca**!
- ¡**A ver si llegan** pronto las vacaciones!

Verbo de expresión de gusto en Condicional + que + Imperfecto de Subjuntivo

- **Me gustaría** mucho **que** un día de estos **quedáramos** para tomar un café.
- **Nos encantaría que** un día de estos **vinieras** a vernos y **pasaras** un rato con nosotros.

EXPRESAR SENTIMIENTOS

Expresar extrañeza o preocupación

Es + **extraño** + **que** + Subjuntivo
¡Qué **raro**
curioso

- **Es** (muy) **extraño que** no **haya** nadie a estas horas...
- **¡Qué raro que** no **haya llegado** todavía! Normalmente es muy puntual...
- **¡Qué extraño que** no ayer no **llamara** Lula. Siempre llama los viernes.

Expresar alegría

Alegrarse de + Infinitivo/ **que** + Subjuntivo

- **Nos alegramos** mucho **de estar** aquí.
- **Me alegro** mucho **de haber venido** a trabajar aquí.

Expresar tristeza

Dar pena + Infinitivo
Sentir que + Subjuntivo

- **Me da pena marcharme.**
  que se hayan acabado mis prácticas.
- **Sentimos** mucho **tener** que decirte adiós.
  que te vayas.

Expresar enfado

¿Que todavía no + Presente de Indicativo?
P. Perfecto

- **¿Cómo? ¿Que todavía** no saben ni lo que cuesta?

¿Cómo es posible que no + Subjuntivo?
ni siquiera

- **¿Cómo es posible que ni siquiera hayan mirado** el aparato?

FELICITAR A ALGUIEN

- **¡Enhorabuena!**
- Os **damos la enhorabuena por** el nacimiento de vuestro hijo.
- **¡Muchas felicidades!**
- **¡Muchas felicidades por** tu título!
- **Le deseamos** un feliz cumpleaños.
- **¡Que pases** un muy feliz día del santo!

BRINDAR

- **¡Por** Eva!
- **¡Por** vuestra nueva vida en España!

AGRADACER

- **No teníais que haber comprado** nada.
  haberos molestado.
- **No tengo palabras. Muchísimas gracias.**

DISCULPARSE

SENTIR + Infinitivo/que + Subjuntivo

- **Siento mucho haber dicho** eso.
  que mis palabras te hayan ofendido.

DISCULPA/E/AD/EN POR + sustantivo

- **Disculpadme por** todas las preguntas que os he hecho.

LAMENTAR + sustantivo/ Infinitivo/que + Subjuntivo

- **Lamentamos** todos los inconvenientes...
  haber defraudado su confianza.
  que se haya producido ese retraso.
- Sé que **no es excusa**, pero...
- **Quiero disculparme** contigo/con usted.
- **Permítame transmitirle mi** más sincero **pesar.**

ACORDARSE DE/RECORDAR

- ¿**No os acordáis del** día que, en pleno invierno, encendí el aire acondicionado?
- Todos **recordamos** el día que nos mandaste una felicitación de navidad...

T

Transcripciones

UNIDAD 1

4. Selección de personal

1. **> pista 1**

- ¿Qué te pasa?
- La prueba...
- ¡Ah!, ¿cómo te ha ido?
- ¡Pues, fatal! He perdido el tren y, claro, he llegado tarde. Y no me han querido entrevistar.
- Va, no te preocupes, ya tendrás otra oportunidad.
- No lo creo...

2. **> pista 2**

- ¿A qué hora tienes la entrevista?
- A las diez.
- ¿Y qué tal?
- Uf, pues, la verdad es que, no sé, estoy cansado.
- ¿Qué te pasa?
- No sé, no me encuentro muy bien...
- Uf, me parece que tú estás enfermo.
- Es que he dormido muy mal. Estoy cansado y encima tengo que presentar un currículum y no lo encuentro. ¡Soy un desastre!
- Va, tranquilo, no te preocupes.
- ¡Que no me preocupe! ¿Y si no lo encuentro? ¿Qué hago?

3. **> pista 3**

- ¿Qué te pasa?
- Es que hoy tengo una entrevista de trabajo. Tengo los nervios de punta... Es un trabajo buenísimo, pero creo que somos muchos candidatos. No he dormido nada en toda la noche, pensando, dando vueltas en la cama...
- Ya sé que no es fácil, pero intenta tranquilizarte. Mira cómo estás. Te estás comiendo el bolígrafo. ¿Cuándo tienes la entrevista? ¿Por la tarde?
- Sí, a las seis.
- Pues podrías irte un rato al gimnasio, no sé, hacer un poco de deporte. Mira, si quieres después podemos comer juntos.

4. **> pista 4**

- ¿Cuándo tenés la entrevista?
- Dentro de media hora.
- ¿Dentro de media hora? ¿Y no estás nerviosa?
- ¿Yo? ¡Qué va! Ya estoy acostumbrada, he hecho montones de entrevistas en mi vida.
- ¡Qué suerte tenés!
- ¿Suerte dices?

5. Compañeros de trabajo > pista 5

- Vas a trabajar con el equipo de Ernesto, ¿no?
- Sí, con Ernesto.
- Ya verás, no vas a tener ningún problema; te va a caer muy bien. Ernesto es buena gente. A veces parece muy serio pero, en realidad siempre está de buen humor; tiene muy buen carácter. Yo me llevo muy bien con él. Es una persona tranquila, que sabe decir las cosas para no molestar a nadie y se le da muy bien organizar el trabajo de su equipo.
- ¡Qué bien! Oye, y ¿Laura qué tal?
- Es muy caótica. Laura es muy despistada y caótica. Siempre está pensando en quince cosas a la vez y nunca concreta nada, pero es muy simpática. Se lleva bien con todo el mundo. Y es una mujer brillante, súper inteligente. Y tiene muy buenas ideas, pero lo suyo no es la organización. El que es un poco difícil es Luis.
- Ya, eso me han dicho.
- Yo no tengo mucha relación con él. La verdad es que no me cae bien. Parece que siempre está estresado, preocupado, no sé. Sólo habla de trabajo y cuando está nervioso o está de mal humor por algo, no se le puede decir nada. No se relaciona con nadie, pero es que yo creo que no le cae bien a nadie.

7. Un encuentro casual > pista 6

- ¡Eh! ¡Javier! ¡Cuánto tiempo sin verte!
- ¡Hombre, Concha! ¿Qué tal? ¿Cómo estás? ¡Uy! ¿Cuánto hace que no nos vemos? Hace por lo menos dos años, ¿no?
- Pues sí, debe de hacer dos años. Acabo de llegar hace pocos días, he estado viviendo en Inglaterra hasta ahora...
- ¿En Inglaterra, dónde?
- En Londres.
- ¡Ah!, ¿sí? ¿Qué tal te ha ido?
- Genial, muy bien, me ha encantado.
- ¿Te fue difícil encontrar trabajo?
- Me resultó... relativamente fácil. Bueno, primero, estuve trabajando unos meses como vendedora en una tienda de material informático; después, hice algunas entrevistas para encontrar algo más interesante y, al final, pues me presenté a un anuncio para agente comercial. Y mira, estuve unos seis meses y después me hicieron jefa de Ventas...
- ¡Qué bien!, ¿no? ¿Y ahora qué?
- Ahora tengo ganas de irme a otro país. No sé. Me apetece aprender otro idioma, conocer otra cultura... A lo mejor me voy a Brasil. Pero, bueno... ¿Y tú? ¿Qué tal? ¿Qué has estado haciendo durante este tiempo?
- Pues yo en realidad he estado trabajando todo este tiempo en Electrón. ¿Te acuerdas?
- ¿No estuviste haciendo unas prácticas allí?
- Sí, al poco tiempo me contrataron. He estado trabajando en diferentes departamentos y ahora estoy en el Departamento de Marketing. Estoy contento.
- Oye, y de tu vida, ¿qué hay? ¿Tienes novia?
- Ahora no, pero el año pasado estuve saliendo con Rosa... ¿te acuerdas de ella?

UNIDAD 2

3. El pasaporte > pista 7

- ¡Ey!, mira, el pasaporte... El otro día lo estuve buscando y no conseguí encontrarlo. Mañana me voy a Canadá y sin pasaporte no entro...
- ¡Qué envidia! A ver, ¿puedo echarle un vistazo?
- Sí, claro. Míralo...
- Oye, Carlos, has viajado mucho, ¿no? Brasil, Estados Unidos, Kenia, Suiza, Turquía...
- No, no te creas. En Brasil estuve hace, no sé, más o menos 5 años. Fui a visitar nuestra filial, tenemos una oficina en Río de Janeiro.
- ¿Y has ido también a Kenia?
- Sí, en 1998, cuando me casé, de viaje de novios. Ha sido el mejor viaje de mi vida por ahora...
- ¡Y en Turquía! A mí me encantaría ir...
- Estuvimos hace dos años, una semanita. Nos gustó muchísimo. Comimos de maravilla y, bueno, Estambul es una ciudad preciosa.
- También has estado en Estados Unidos.
- Bueno, sí, en Nueva York y en Washington. Estuve en... a ver, un año después de casarme... en 1999. Sí, después he vuelto otras veces pero sólo a Washington.
- Oye, también has estado en Venezuela, ¿no?
- Sí, fui el año pasado.
- ¿De vacaciones?

5. Un viaje de empresa: dos posibilidades > pista 8

- ¿Sí?, dígame.
- Paco, soy Ana, ¿qué tal?, ¿qué haces?
- Pues, nada, aquí, trabajando. Y tú, ¿qué?, ¿con mucho trabajo?
- Pues sí, y con ganas de irme ya de vacaciones. Precisamente necesito tu ayuda. Verás, estoy organizando un viaje para el equipo de comerciales.
- ¿Ah sí? ¿Y cómo es eso?
- Pues nada, que este año hemos tenido unas ventas fantásticas y les vamos a regalar un viaje. Yo, por supuesto, como lo organizo, me voy también con ellos.
- ¿Y adónde vais a ir?
- Bueno, el caso es que tenemos unas ofertas para Cuba y Chile. Y no sabemos cuál elegir. ¿Tú has estado en los dos sitios, verdad? Dime, ¿adónde irías tú?
- Bueno, a ver, los dos sitios están muy bien, son súper interesantes; no sé... Así, personalmente yo preferiría Cuba, creo.
- Ya, pero para un viaje de incentivos, ¿cómo lo ves?
- Bueno, no sé qué decir. Los dos viajes son muy interesantes, pero es verdad que, como viaje de incentivos, yo enviaría a mis empleados a Chile. Aunque Cuba es genial, ¿eh?
- Ya, pero lo ves menos como viaje de incentivos.
- Sí, es un poco eso... Cuba sería un destino más vacacional... de cualquier modo, ya te digo yo que son dos países fantásticos...

7. Medios de transporte > pista 9

- ¿Algo interesante en el diario?
- Mmm, resulta que la mayoría de la gente que se mueve por Barcelona lo hace a pie. No tenía ni idea. Yo pensaba que casi todo el mundo utilizaba el coche.
- ¿A pie? Y claro. Realmente el centro de Barcelona no es tan grande. ¿Y los transportes públicos?
- Pues según el gráfico, mucha gente utiliza el metro. También hay muchos que usan el coche y el taxi. Oye, y ¿cómo es en Buenos Aires...?
- Buenos Aires es enorme, el gran Buenos Aires tiene más de doce millones de habitantes, imaginate...
- Sí, pero... en el centro de la ciudad, la gente, ¿cómo se mueve?
- Mirá, casi todo el mundo va en auto o en subte.
- ¿En qué?
- Como dicen aquí en coche o en metro, al metro lo llamamos subte y al coche, auto. Casi nadie utiliza el colectivo, ay perdoná, el autobús; en Argentina le decimos, colectivo. Es que son muy lentos, tardan horas. Y nadie va a pie, las calles son larguísimas...
- ¿Y motos? Porque en Barcelona muchísima gente va en moto...
- En Buenos Aires muy poca gente tiene moto; a veces se ve alguna que otra bicicleta, pero nada más...
- En Barcelona, la bicicleta yo creo que se usa cada vez más pero, en comparación con otras ciudades europeas, casi nada.
- Ah, OK. Che, ¿y vos?, ¿en qué, cómo te movés en Barcelona?

- Yo, normalmente, en metro o caminando...
- Mirá, yo en Buenos Aires, siempre voy en auto, bueno en coche...

UNIDAD 3

2. Un coche histórico > pista 10

- ¡Qué coche el 600! El diseño estaba basado en un modelo italiano y se empezó a fabricar en España a mediados de los cincuenta. Yo trabajaba en la fábrica. En aquella época montábamos los coches a mano, y por eso sólo podíamos producir 300 coches diarios. ¡Y era mucho!, imagínese. Ahora parecen pocos, pero entonces eran muchos, muchos coches... Recuerdo perfectamente el primer 600 que sacamos... A usted no le dice nada eso del 600, pero para nosotros fue algo... No sé como explicarlo, casi como un sueño... Comparado con los coches de ahora, pues no era nada... Era un coche pequeño, sí, muy pequeño, pero ¡era un coche familiar!... Yo también tuve uno, como muchos españoles en aquellos años... Recuerdo que entonces la gente salía todos los domingos: normalmente íbamos a pasar el día al campo, con la familia, sobre todo cuando hacía buen tiempo; ¡era un espectáculo!, las carreteras se llenaban de 600. Incluso se inventó una palabra nueva, «dominguero»; ya ve, con lo bien que lo pasábamos saliendo con el 600!... Era como una especie de deporte nacional: recorrer España en el 600... Fue el primer coche de muchas familias españolas. ¿Sabe cuánto costaba? Unas setenta mil pesetas, que por aquel entonces era muchísimo. Claro, hay que tener en cuenta que el sueldo de un obrero andaba alrededor de las tres mil pesetas al mes. O sea que para poder comprar un coche había que ahorrar bastante, muchos teníamos otro pequeño empleo al salir de la fábrica... Trabajábamos mucho para tener ese coche... ¡pero estábamos todos tan ilusionados...!

6. Los Reyes Magos > pista 11

- ¡Uf! ¡Otra vez los Reyes y los regalos!
- ¿Es que no te gusta la fiesta de Reyes?
- Gustar sí, pero siempre tienes el mismo problema: ¡no sabes qué comprar! Es que los niños ahora tienen de todo. No sé, cuando nosotros éramos niños no teníamos tantas cosas y disfrutábamos igual, ¿no crees?
- Sí, es posible, pero no había juguetes tan impresionantes como ahora. Y, además, como lo ven en la televisión, pues pasa lo que pasa.
- Oye, y tu hija Sara, ¿escribió ya la carta a los Reyes?
- Sí, ayer se pasó toda la tarde escribiéndola.
- ¿Cuántos años tiene ahora?
- ¡Uy!, está enorme. Acaba de cumplir 10 años.
- ¿Y qué les pidió?
- Es una carta larguísima. Nos pidió hasta una bicicleta. En eso nos parecemos, a mí también me encantaban las bicicletas.
- ¿Y qué más?
- Un tren eléctrico, una muñeca, unos patines, un videojuego, un mp3.... no sé, muchas cosas más.
- Y ¿qué? ¿Le vas a comprar todo lo que pide?
- Pues no, todo no, es demasiado. La bicicleta sí porque es lo que le gusta. Muñecas ya tiene muchas, o sea que nada; además, sus abuelos seguro que le regalarán una. El mp3 ya se lo he comprado, le gusta tanto la música... Y también le compraré el videojuego que pide. Los patines no se los voy a comprar y el tren eléctrico, tampoco.
- ¿Por qué?
- No sé, creo que no hace falta comprarles todo lo que piden. Además, le hemos comprado muchas cosas que ella no ha pedido. ¡Son sorpresas!

7. Un producto con historia > pista 12

- En Jabones de Castilla sabemos que no somos los primeros. En el año 2500 antes de Jesucristo los sumerios ya fabricaban jabón. Mil años después, los egipcios utilizaban el jabón en sus ritos funerarios. En el siglo XII el nombre de Castilla se empieza a relacionar con la fabricación del jabón. Castilla era uno de los más importantes centros productores de jabón de la época y los jabones castellanos se extendían por toda Europa. Eran jabones hechos a base de aceite de oliva.
  En 1920 empezamos a vender los primeros Jabones de Castilla por las casas y por los mercados de los pueblos. Era un producto artesanal que fabricábamos en tres colores: amarillo, verde y marrón.
  En 1925 nació el producto estrella de la casa, el primer jabón perfumado: el jabón de rosas. En 1930 abrimos la primera fábrica en Valladolid. Fue entonces cuando Jabones de Castilla empezó a existir oficialmente como empresa.
  En 1950 en muchos hogares españoles todavía lavaban la ropa a mano. En aquellos años comenzaron a llegar las primeras lavadoras y en Jabones de Castilla empezamos a fabricar jabón para estas máquinas prodigiosas. BioCastilla, nuestro detergente del año 52, que se fabricaba en paquetes de cartón de 3 kilos, fue el primer detergente de España. En la actualidad nuestras cinco fábricas producen jabones, detergentes y productos de limpieza biodegradables, ecológicos y respetuosos siempre con el medio ambiente. Por eso, Jabones de Castilla sigue extendiéndose por los hogares de toda España.

UNIDAD 4

1. ¡Salud!

1. **> pista 13**

- ¡Eh! ¡Andrés! ¿Qué tal? Parece que no te encuentras bien, ¿no?
- ¡Qué gracioso! Pues ya ves, yo hoy no estoy para bromas, tengo un resfriado terrible...
- Bueno, perdona, lo siento. Claro, que no me extraña, con este tiempo tan malo... hace un frío...
- Dímelo a mí. Si al final creo que voy a tener que ir al médico...

2. **> pista 14**

- Me encuentro fatal, no sé si tengo fiebre...
- Pues chica, ponte el termómetro o vete al médico...
- Es que seguro que si tengo fiebre, me da la baja, y hay tantísimo trabajo, ahora...
- Bueno, mujer, pero si estás enferma, estás enferma y si tienes que quedarte en la cama unos días, pues te quedas que tú no tienes la culpa.

3. **> pista 15**

- ¿Te pasa algo, Roberto?
- Pues... que tengo un dolor de cabeza espantoso. Me duele desde que me he levantado... ¡Me va a explotar!
- Ah, ya, anoche te acostaste otra vez tarde, ¿no?
- Mm..., un poco.
- Anda, tómate una aspirina y ya verás como se te pasa...

4. **> pista 16**

- Lidia, ¿te pasa algo?
- Uf, no sé. Creo que no me ha sentado bien la comida. Tengo un dolor de estómago...
- ¿Quieres que te prepare una infusión?
- Oh, no, no. No quiero nada, gracias...

5. **> pista 17**

- ¡Pancho! Pero... ¿qué te ha pasado?
- Pues mira, que me he roto el brazo. ¡Soy tan patoso! Ayer estaba bajando las escaleras de mi piso y me caí.
- ¿Y qué, tienes para muchos días?
- El médico me ha dicho que tengo que estar por lo menos dos semanas de baja. ¡Ya verás el jefe!

6. **> pista 18**

- ¡Hola, Irene! ¿Qué tal?, ¿ya estás bien?
- Sí, muchas gracias. Ya me encuentro bien, mucho mejor. El médico ya me ha dado el alta. No te imaginas las ganas que tenía de empezar a trabajar. Es que entre una cosa y otra he estado de baja casi un mes.
- Bueno, me alegro mucho.

7. **> pista 19**

- ¡Eh!, Sandra, ¿qué te pasa?
- Nada que he estado todo el día andando y los pies me duelen muchísimo.
- ¿Los zapatos son nuevos?
- ¡Qué va! Si son muy cómodos, pero chico, no sé por qué, me duelen un montón...

2. Cultura de empresa > pista 20

- ¿En su empresa se viste de manera formal?
- Formal, estrictamente formal, no, pero nadie viene a trabajar en vaqueros o en pantalón corto. Ahora bien, los jefes sí, los jefes visten de un modo muy clásico y formal. En nuestro sector la gente cuida mucho la imagen.
- ¿Y en su empresa?
- No, no, nada formal, al contrario.
- Y en relación a las comidas, ¿cuánto tiempo emplean para comer?
- Una hora. En esto, nuestra empresa es bastante rígida. En general, para todo lo que son horarios, hay muy poca flexibilidad...
- Bueno, en mi trabajo también tenemos una hora, pero todo el mundo sale de la oficina a comer, y comer en un restaurante primer plato, segundo plato, postre y café, pues... en una hora es casi imposible... Así que, en general, la gente se toma una hora y media, más o menos. Claro que si vives cerca, te vas a comer a casa y entonces allí te entretienes...
- Y otra cosa, ¿la gente se llama por el nombre de pila, señora Andueza?
- En general sí, es algo muy normal, pero a algunos compañeros les llamamos por el apellido, por ejemplo, Sr. García, Sr. Matas... depende de su edad o del cargo que ocupan en la empresa, depende...

- ¿También es así en la suya?
- No, no, en la mía todo el mundo se llama por el nombre: Juan, Matilde, Raquel...
- ¿Y... todo el mundo se tutea?
- No, no todo el mundo, no es cierto. Los empleados de las oficinas nunca me tratan de tú. Y depende mucho, otra vez, de la edad y de la jerarquía.
- Ajá...
- Nosotros nos tuteamos todos... es que no puedo ni imaginarme lo contrario... sería muy, muy raro.
- ¿Se hacen regalos con motivo de alguna celebración?
- En nuestra empresa no se celebran los cumpleaños, pero en las ocasiones especiales, como por ejemplo una boda, siempre se compra algún regalo.
- ¿Ernesto?
- Pues sí, para nosotros cualquier ocasión es buena para hacer una pequeña fiesta. Todos nos conocemos mucho y los cumpleaños se celebran siempre. Normalmente se compra un regalo y, claro, si alguien se casa o tiene un hijo, también, por supuesto.
- Dígame, señora Andueza, ¿es muy importante la puntualidad?
- Como he dicho antes, por lo que respecta al horario, somos bastante estrictos; para nosotros la puntualidad es fundamental.
- ¿Y a usted Ernesto, le exigen puntualidad?
- Bueno, depende de los proyectos. En la empresa son muy flexibles con los horarios, siempre que se cumplan los objetivos fijados a tiempo, por supuesto.

7. Ir al médico > pista 21
- Adelante... (...) Hola, buenas tardes.
- Buenas tardes.
- ¿Qué tal? ¿Cómo se encuentra después de la operación?
- Bien, la verdad, me encuentro bien... los ojos ya no me duelen. Bueno, tengo alguna molestia, pero bueno me gustaría volver a trabajar.
- Bueno, bueno... primero vamos a ver si es verdad lo que usted dice. Túmbese en la camilla (...) Sí, parece que está todo bien. De todas formas, si quiere, podemos prolongar una semana más la baja...
- ¡Uy! No, no, doctor, yo quiero volver a trabajar. Llevo más de un mes en casa y me encuentro mucho mejor.
- Bueno, está bien, le voy a dar el alta, pero venga a verme si tiene cualquier problema. A ver, recuerda todas las indicaciones, ¿no? Recuerde, sobre todo, que no debe hacer esfuerzos. Puede trabajar, pero sin esforzarse. Puede ver la televisión, pero poco tiempo; en ningún caso más de una hora seguida. Y sobre todo no debe ir al cine.
- ¿Y leer?
- Todavía no puede leer; tendrá que esperar hasta la próxima revisión, que será dentro de un mes. Cuando salga a la calle, recuerde que debe llevar siempre puestas las gafas de sol...
- ¿Y tengo que tomar alguna medicina?
- Sí, siga con las mismas gotas; tres veces al día, dos gotas en cada ojo. ¿De acuerdo?
- Sí, sí...
- Bueno, pues, entonces hasta dentro de un mes.

10. Un prospecto > pista 22
- ¡Hola, Kerstin! ¿Cómo estás?
- Pues... no me encuentro muy bien, la verdad. Además, tengo que tomar todo esto y hay palabras de este papel que no entiendo.
- Ah, te refieres al prospecto, el papel con la composición, las indicaciones, cuántas veces hay que tomarlo...
- ¿Me lo puedes leer, por favor?
- Por supuesto, pero sólo te leo lo más importante: para qué se toma y todo eso, ¿eh? Yo es lo que siempre hago.
- Vale.
- Mira, dice: se recomienda para procesos gripales, o sea, si tienes gripe, y también es aconsejable para estados febriles, o lo que es lo mismo, si tienes fiebre.
- ¡Ajá!
- A ver, advertencias: pone que puede producir somnolencia, eso quiere decir que te da sueño...
- Pues, me da igual porque ya tengo sueño, pero... bueno me lo tomo.

UNIDAD 5

1. Cosas de bancos

1. **> pista 23**
- Espera un momento, no sé si llevo la tarjeta... ¡Ah!, sí, mira, aquí está. Pues espera, que voy a sacar un poco de dinero del cajero, ¿vale?

2. **> pista 24**
- Bueno, ya está. ¿Puede firmar aquí?
- ¿Aquí debajo?
- Sí, sí, perfecto. Bien, ya es cliente nuestro, gracias por abrir su cuenta en esta oficina.

3. **> pista 25**
- Aquí hay algo que no cuadra... ¿Sabes si nos han cargado ya el recibo del teléfono?
- Creo que no, pero... ¿Has mirado bien el extracto? Lo del teléfono tiene que salir en el extracto.

4. **> pista 26**
- Hola, quería cobrar este cheque.
- ¿Cómo lo quiere? ¿En efectivo?
- No, no. ¿Puede ingresarlo en mi cuenta?
- Por supuesto, ¿me da su número de cuenta?, por favor.

5. **> pista 27**
- Buenos días.
- Hola, buenos días, ¿en qué puedo ayudarle?
- Quería cambiar dólares.
- Muy bien.
- ¿Cobran comisión?
- ¿Comisión? No, no cobramos comisión.

6. **> pista 28**
- Oye, tenemos que arreglar lo del agua, el gas, la luz, el teléfono...
- Ya, y el parking, el gimnasio... ¡No se acaba nunca!
- Lo mejor es pagarlo todo a través del banco.
- Pues mañana lo primero que hay que hacer es ir o llamar por teléfono al banco para domiciliar todos los recibos.

5. Una hipoteca > pista 29
- Buenos días.
- Buenos días, en qué puedo ayudarle...
- Verá, quería información para pedir una hipoteca...
- Si le parece bien, pasamos a mi despacho. (...) Siéntese, por favor. Mi nombre es Carmen Torroja, mi tarjeta...
- Gracias. Bueno, le explico. Yo quería pedir una hipoteca de unos 200 000 euros para comprar un piso...
- Muy bien. Y, dígame, ¿a cuántos años tenía pensado pagarlo?
- Pues entre 10 y 15 años... La verdad es que no sé a cuánto está el tipo de interés últimamente.
- ¿Es usted cliente nuestro?
- No, pero si me ofrecen buenas condiciones podría abrir una cuenta con ustedes.
- Bueno, ¿a usted qué le interesa: un tipo de interés fijo o variable?
- No sé... ¿Qué es mejor?
- Depende, si no quiere correr riesgos, con el fijo siempre va a pagar lo mismo, pero, bueno, los tipos de interés ahora están bajos. De todas formas, la mayoría de los clientes prefiere un tipo de interés variable. Yo es lo que suelo aconsejar siempre... En nuestro banco aplicamos el Euribor, es decir, el interés al que los bancos se prestan el dinero que, en este momento, es del 4,25%, más un diferencial del 0,85%.
- Ya, pero, y... ¿qué penalización supone devolver una parte del dinero anticipadamente?
- Un 1% de la cantidad amortizada...
- O sea, que si amortizo 5000, tengo que pagar 50 euros...
- Eso es.
- ¡Es mucho! ¿Y si termino de pagar antes del plazo? Yo qué sé, porque me toca la lotería, por ejemplo.
- Pues también tendría que pagar un 0,75% por cancelación total anticipada.
- Por cierto, ¿hay comisión de apertura?
- Sí, del 0,25%.
- Todo son comisiones... la verdad... no sé...
- Hombre, las condiciones pueden negociarse. Si usted se hace cliente nuestro podríamos discutirlas...
- Ya, ya... Mmm... También quería saber...

9. Buenos propósitos

1. **> pista 30**
- Y tus buenos propósitos para este año ¿cuáles son?
- Pues, lo primero es que estoy harta de trabajar y sólo trabajar. Así que este año voy a trabajar menos y vivir más la vida, que es muy corta.
- Eso suena muy bien, ¿qué piensas hacer?
- Lo primero es que no voy a estar haciendo horas extra todo el verano. Así que me pasaré el día tomando el sol y en la playa.
- ¡Qué envidia me das!
- Pues sí. ¡Quiero tener más tiempo para mí!

2. **> pista 31**
- Hoy me ha llegado el extracto de la tarjeta con los gastos de Navidad. Definitivamente, voy a intentar ahorrar y gastar menos dinero.
- ¿Y cómo vas a hacer eso?
- Recortaré gastos en libros, discos y salidas.
- ¿Sales mucho?
- ¡Uf! Se me va tanto el dinero en salir fuera, comidas. En especial, los fines de semana.
- Eso parece un buen plan.
- Sí, la verdad es que tengo que empezar a ahorrar.

3. **> pista 32**

- Pues yo he decidido dejar de fumar, esta vez en serio.
- No, no puede ser.
- Sí, sí, sí. Además me voy a comprar una bicicleta para hacer ejercicio todos los fines de semana.
- ¡Uff!
- Sí, te lo digo en serio. Cuando no llueva, claro, y cuando no haga frío.

UNIDAD 6

3. Problemas técnicos > pista 33

- Oye, Javier, ¿este año, qué?, ¿vamos a ir al Salón de Valencia?
- Deberíamos ir, porque es una feria muy importante y a mí Valencia me encanta. Aunque la última vez tuvimos un poco de mala suerte... ¿Te acuerdas de lo que nos pasó?
- Cómo no me voy a acordar... ¡Fue tremendo! Aquellas azafatas, daban miedo, qué serias, nunca sonreían...
- ¿Y qué me dices de la cafetería?
- Es verdad, estábamos muy cerca del bar y el stand olía a comida.
- Y la gente, como estábamos cerca del bar, se sentaba en los dos sofás que habíamos puesto para tomar el café. Y si les preguntabas si deseaban información, te miraban como diciendo, "yo aquí tomándome el café tranquilamente y este pesado..."
- Lo mejor fue cuando se cayeron los paneles, el primer día, ¿te acuerdas? Sí, sí, ahora nos reímos, pero estábamos comiendo en la cafetería y de repente, ¡zas!, oímos un ruido terrible, y nosotros: qué habrá pasado, qué ruido, y vemos a las dos azafatas que venían aterrorizadas...
- ¡Menudo desastre! En un instante, todo por el suelo, se cayeron los botes de pintura, que alguien había abierto, y se manchó todo... Y claro, tuvimos que tirar todos los folletos porque estaban llenos de pintura...
- Bueno, pero, de todas formas, lo pasamos bien, ¿eh? Fue una experiencia interesante: conocimos a mucha gente porque todo el mundo se enteró de lo que nos había pasado y venían a ver... Total, que al final hicimos un montón de contactos.
- Además, la organización nos ayudó mucho. Reconocieron que los paneles estaban mal instalados y que por eso se cayeron. Al final, nos pagaron el dinero del seguro...
- Bueno, entonces, ¿qué hacemos este año? ¿Vamos, no?
- Claro. Este año también vamos.

6. Una encuesta > pista 34

- Buenas tardes, perdonen, estamos haciendo una encuesta para saber por qué viene la gente al Salón del Mueble...
- Yo he venido porque quería echar un vistazo, para ver qué novedades hay...
- Yo también, a ver cosas nuevas, por curiosidad.
- Muchas gracias... Perdone, señora, estamos haciendo una encuesta para saber por qué viene la gente al Salón del Mueble.
- Bueno... yo he venido a comprar, y... también a conocer las nuevas tendencias del mercado.
- Gracias... Perdonad, ¿os puedo hacer una pregunta?
- Sí, sí, sí...
- ¿Por qué habéis venido al Salón del Mueble?
- Pues... mira, yo estudio diseño, y quería ver novedades y conocer las nuevas tendencias.
- Yo también. Ver novedades y conocer las nuevas tendencias.
- Gracias... Disculpe, señor, ¿puedo hacerle una pregunta? Estamos haciendo una encuesta y...
- Sí, sí, diga...
- ¿Por qué ha venido al Salón del Mueble?
- He venido para ver clientes y para conocer nuevos proveedores.
- Gracias... Por favor, ¿podría hacerles una pregunta? ¿Por qué han venido ustedes al salón?, es para una encuesta.
- Yo vine porque quería comprar. Bueno, comprar y también porque me interesaba mucho conocer qué se está fabricando y vendiendo fuera de aquí; digamos que la oferta internacional...
- Yo también, he venido para comprar. Y he aprovechado para ver a algunos clientes.
- Muchas gracias... Perdón, señora... es para una encuesta... ¿por qué ha venido al salón?
- Pues... para ver novedades, para echar un vistazo...
- Gracias... Perdona, ¿puedo hacerte una pregunta? ¿Por qué has venido al salón?
- Yo no estoy de visita; estoy en el salón trabajando; hemos venido a presentar nuestra nueva línea. Y lo que queremos es vender y captar el mayor número posible de nuevos clientes.
- Muchas gracias...

UNIDAD 7

3. Direcciones electrónicas

1. **> pista 35**

- A ver, apunta mi correo: a, eme, o, erre, arroba, espanet, punto, o, erre, ge, punto, e, ese.
- ¿Cómo?, espa... ¿qué? ¿Lo repites, por favor?
- Sí, claro. Espanet: e, ese, pe, a, ene, e, te. Punto, o, erre, ge, punto, e, ese. Todo en minúscula.
- A ver, repito... amor (a, eme, o, erre), arroba, espanet, punto, o, erre, ge, punto es.

2. **> pista 36**

- Toma nota del e-mail de Mar.
- ¿Es el del trabajo?
- No, es el de casa. Mira, es: mar, arroba, cheve, guión, re, punto net, punto com.
- Espera, espera... A ver, cheve, ¿cómo se escribe?
- Ce, hache, e, uve, e.
- ¡Ah!, entonces es: mar, arroba, cheve, ¿qué mas?
- Después de cheve: guión, erre, e, punto net (ene, e, te), punto com.

3. **> pista 37**

- Hay una web con información sobre todas las oenegés del país.
- ¿Cuál es?
- Toma nota. Es muy simple. Uve doble, uve doble, uve doble, punto, o, ene, ge, punto, o, erre, ge.
- A ver, ¿o, ene, ge? o ¿O, e, ene, e, ge, e?
- O, ene, ge. Punto, o, erre, ge, de organización.

4. Una página web > pista 38

- Mira, he encontrado una web interesante. A ver qué te parece la página de entrada.
- Déjame ver. ¿De qué empresa es?
- Es una empresa que vende material para deportes de montaña, pero sólo en internet.
- ¡Ah!, mira, aquí tiene el icono que significa que es una web segura.
- Exacto. La página es bastante clara. Me gusta la foto de fondo, no sé. Y el color permite leer bien el texto. El tipo de letra está muy bien. La verdad es que, de un simple vistazo, se ve claramente lo que venden.
- Tienes razón. Es muy clara. Además, la barra del menú indica claramente las posibilidades que ofrece. Hay enlaces, tiene una buena organización de los contenidos... No sé, da la impresión de ser una empresa muy profesional, ¿no?, muy seria...
- Sí, y además, creo que consigue captar la atención del cliente. Y eso en una página web es muy importante.

UNIDAD 8

3. Una negociación > pista 39

- Bueno, señor González, ya hemos llegado a un acuerdo sobre la cantidad, el precio y el transporte. Vamos a pasar al plazo de entrega.
- Bien, resumiendo, ustedes necesitarían en total 5000 corbatas de diez modelos diferentes.
- Exacto. Y las queremos para las ventas de Navidad, por lo tanto, para mediados de noviembre, como mínimo...
- Sí, y estamos ya a 25 de octubre...
- Lo que significa que las tenemos que tener en almacén el día... Un momento, que miro el calendario... Pues... lo mejor sería el 10 de noviembre...
- ¿El 10 de noviembre? ¿Tenemos sólo 15 días para fabricarlas? ¡Es casi imposible!
- Casi, pero no imposible.
- Señora Ortega, tenga en cuenta que somos una empresa pequeña y que nuestra producción, de momento, es reducida y por eso es de calidad.
- Claro, pero ustedes son una empresa poco conocida y nosotros podríamos ser uno de sus mejores clientes. Tienen que hacer un esfuerzo.
- Sí, claro, pero no se olvide de que para ustedes es una buena oportunidad, porque usted sabe que nuestros diseños son únicos y nuestros precios, los más bajos del mercado... Mire, propongo que retrasemos la entrega hasta el 15 de noviembre en lugar del 10, pero sólo podríamos entregarles 1000 corbatas.
- No, imposible; no podemos esperar tanto. Necesitamos, por lo menos, 3000 corbatas para esa fecha.
- A ver, podríamos entregar la mitad de la mercancía el 15 de noviembre y el resto el 1 de diciembre. ¿Qué le parece?
- Muy justo... Bueno, pero si nos entregan la mitad de la mercancía, es decir, 2500 corbatas el 15, tiene que ser la gama completa, claro.
- Perdone, no sé si lo he entendido bien, ¿con los 10 modelos?
- Sí, sí, la gama completa.
- Me lo pone difícil. ¿Y si les entregamos 5 modelos el 15 y después...?
- Perdone, pero eso no es negociable. Necesitamos los 10 modelos al mismo tiempo.
- En ese caso tendrían que pagarnos a 30 días y no a 60 como habíamos convenido. Necesito dinero para contratar personal extra. Si nos pagan a 30 días, creo que podríamos llegar a un acuerdo.

- Treinta días, iuf!, es que... Bien, de acuerdo, pero tiene que asegurarme que la mitad de la mercancía, en la gama completa, estará el 15 de noviembre en el almacén y el resto, el 1 de diciembre.
- Le garantizo que la tendrán.
- Bien, entonces, estamos de acuerdo: 2500 cor-batas de todos los modelos el 15 de noviembre y las otras 2500 el 1 de diciembre.

6. Una hoja de pedido > pista 40
- Textil Rius, buenos días.
- Hola, buenos días. Llamo del Hotel Vistamar, quería hacer un pedido...
- iAh!, sí, un momento que tomo... a ver, voy a buscar sus referencias. Aquí está: Hotel Vistalmar...
- iNo!, Vistamar, sin la ele, Vistamar.
- Perdone, Vistamar, sí. Comprobamos en un momento los datos.
- Muy bien...
- La dirección es Paseo Marítimo 165, 07720 Villacarlos.
- Sí, correcto.
- Teléfono, 971 35 67 89, y el número de CIF es efe, tres, dos, cuatro, cinco, siete, nueve, ocho.
- Exacto.
- Bien, ¿vamos con el pedido?
- A ver de la toalla modelo Sol, referencia eme de Madrid, barra, doscientos treinta y cuatro, quiero 200 unidades. Perdone, no si sé tengo bien el precio. Cuesta dos euros la unidad, ¿no?
- Correcto.
- Sigo. Toalla Mar, referencia ene, barra, seis, seis, cinco...
- Seiscientos sesenta y cinco, sí. ¿Cantidad?
- Quinientas, el precio es tres coma cinco euros, ¿verdad?
- Sí, exacto. ¿Algo más?
- No, de momento, no.
- La forma de pago, como las otras veces, ¿verdad?
- Sí, a 60 días fecha factura.
- De acuerdo. Le calculo el importe total: doscientas por dos euros, 400 euros, más quinientas toallas Mar, son 2150 euros... menos el cinco por ciento... 2042 euros. ¿Le sale lo mismo?
- Sí, por ahora sí. Ahora con el 16% del IVA...
- Será 2042 más el IVA... Me da... un importe total de 2369, ¿sí?
- Sí. La entrega dentro de 30 días, como siempre, y nuestro transportista, Transportes Transmad, vendrá a buscarla a su almacén.
- Portes debidos, claro.
- Efectivamente, corre a nuestro cargo.
- Pues bien, no se preocupe, lo paso en seguida y le envío la confirmación hoy mismo.
- Espero entonces su confirmación. Gracias y buenos días.
- Adiós, buenos días.

UNIDAD 9

5. Hipótesis

1. **> pista 41**
- ¿Crees que le gustará al cliente?
- No sé, estoy muy nervioso.
- Cálmate, ya verás como le encanta. Oye, ¿y los dibujos?
- iTodavía no han llegado!
- Eso es la puerta, ¿no?
- Sí. Será el mensajero. Perfecto. Espero que venga con los dibujos...

2. **> pista 42**
- Llevamos media hora esperando y todavía no ha llegado.
- iQué raro! ¿Qué le habrá pasado?
- No sé. Habrá tenido algún problema en la carretera. He oído por la radio que había un atasco.
- Sí, puede ser. ¿Le has llamado?
- Sí, pero tiene el móvil desconectado.
- Pues empezamos la reunión sin él, ¿no?

3. **> pista 43**
- Mira, ¿has visto a esa gente? A lo mejor están rodando un anuncio para la tele.
- O una película...

4. **> pista 44**
- ¿A qué hora crees que acabaremos de repartir los folletos?
- Mmm... Puede que acabemos de repartir antes de las cinco... ¿Tú eres nueva, no?
- Sí, es la primera vez que hago este trabajo.

7. Cuñas de radio

A.

1. **> pista 45**
- ¿No encuentra lo que busca? Es posible que quiera más prestaciones... A lo mejor quiere gastar menos en gasolina... Quizás exija más potencia, y más velocidad... O puede que necesite más espacio...

2. **> pista 46**
- ¿Estará en un atasco? ¿Habrá tenido algún problema con el coche? ¿Se habrá quedado sin gasolina? ¿Quizás esté en la oficina terminando algo importante?... No se haga tantas preguntas.

3. **> pista 47**
- Con sus amigos, con su familia, en su patio, en su jardín, en su terraza... Seguro que disfrutará, en sus días libres, con la relajante tarea de preparar sabrosas chuletas, pescados...

4. **> pista 48**
- Un buen restaurante, el bar del gimnasio, la cafetería del aeropuerto, un buen hotel... Cada vez hay más sitios donde cuidar tu salud, tu cuerpo...

5. **> pista 49**
- ¿No está en la oficina? No importa. ¿No está en casa? No importa. ¿Quiere trabajar o contactar con su familia, con sus amigos o con sus clientes desde cualquier lugar del mundo?...

B.

1. **> pista 50**
- ¿No encuentra lo que busca? Es posible que quiera más prestaciones... A lo mejor quiere gastar menos en gasolina... Quizás exija más potencia, y más velocidad... O puede que necesite más espacio... Seguro que no ha visto el nuevo Dinamo, el coche que está buscando. Seguro.

2. **> pista 51**
- ¿Estará en un atasco? ¿Habrá tenido algún problema con el coche? ¿Se habrá quedado sin gasolina? ¿Quizás esté en la oficina terminando algo importante?... No se haga tantas preguntas. Regálese un Movilfon. Movilfon, de FonSistems. Con Movilfon siempre estará localizable.

3. **> pista 52**
- Con sus amigos, con su familia, en su patio, en su jardín, en su terraza... Seguro que disfrutará, en sus días libres, con la relajante tarea de preparar sabrosas chuletas, pescados... Barbacoa Ben: la mejor, la más rápida y limpia. iAh! Y sin humos. Ben le hace la vida más fácil.

4. **> pista 53**
- Un buen restaurante, el bar del gimnasio, la cafetería del aeropuerto, un buen hotel... Cada vez hay más sitios donde cuidar tu salud... tu cuerpo... Agua Fuente Sana. Cuida tu cuerpo, estés donde estés.

5. **> pista 54**
- ¿No está en la oficina? No importa. ¿No está en casa? No importa. ¿Quiere trabajar o contactar con su familia, con sus amigos o con sus clientes desde cualquier lugar del mundo?.... Póngase cómodo y conéctese con los portátiles Mininet. Portátiles Mininet, mejor que en su despacho.

8. Tendencias > pista 55
- ... Y Sr. Guzmán... ¿Qué pasará con la publicidad del tabaco y el alcohol?
- Pues, vea, mientras el cigarrillo y el alcohol sigan siendo negocios tan rentables y rindan tanto dinero a los gobiernos, a través de los impuestos, la publicidad del alcohol y el cigarrillo no desaparecerá. Posiblemente los anunciantes buscarán otros canales para llegar al público.
- ¿Cree que la publicidad de productos *light*, de los productos que no engordan, seguirá o se prohibirá?
- ¿Prohibirse? No, no, no, aumentará, por supuesto; cada vez hay más consumidores de productos bajos en calorías.
- Y las campañas dirigidas a la tercera edad, ¿aumentarán o disminuirán?
- Aumentarán, sin ninguna duda. En el futuro, la tercera edad será uno de los principales destinatarios de la publicidad. No olvide usted que la esperanza de vida es cada vez mayor.
- ¿Las mujeres seguirán siendo las protagonistas de los anuncios de productos del hogar?
- No lo creo; cada vez hay más anuncios con protagonistas masculinos para este tipo de productos. Estoy seguro de que esto cambiará mucho. Los hombres colaboran cada vez más en las tareas de la casa.
- Y la publicidad de juguetes bélicos, ¿desaparecerá, se prohibirá...?
- No lo creo. Seguramente habrá cada vez más control por parte de asociaciones de consumidores.
- Se dice que en el futuro no habrá anuncios en televisión y que la gente los verá solo en el cine...
- No lo creo. La televisión seguirá siendo el gran medio de difusión de la publicidad. Además, la calidad de los anuncios es cada vez mayor.
- ¿Los hombres seguirán siendo los protagonistas de los anuncios de los coches más caros?
- No, desde luego que no. Cada vez es más frecuente ver anuncios de coches con mujeres

como protagonistas y en el futuro aumentarán los anuncios de coches de lujo conducidos por mujeres... Creo que caminamos hacia una sociedad más igualitaria.
- ¿Cree que algún día la publicidad desaparecerá de la prensa escrita?
- No creo que esto ocurra, porque la publicidad es una fuente de ingresos muy importante para la mayoría de periódicos y revistas. No creo que puedan permitirse ese lujo.

11. Una campaña de intriga > pista 56
- Sra. Martos, realmente han conseguido intrigar al público con su precampaña.
- Bueno, eso pretendíamos. Sí, ha sido corta, pero muy intensa. Lo cierto es que una nueva escuela de idiomas como Mundilingua, en una ciudad relativamente pequeña como la nuestra, tenía que enfrentarse a la competencia de una forma contundente.
- Y así ha sido. Pero, y ahora, cuando se anuncien con todas las letras, ¿cómo atraerán a sus posibles clientes?
- Pues ofreciendo algo especializado para un público determinado.
- ¿Y de qué se trata?
- Nuestra escuela está especializada en los cursos de lengua para jóvenes que quieren viajar o perfeccionar un idioma en el extranjero.
- ¿Y es realmente especializada?
- Sí, nos diferenciamos radicalmente de la competencia, que se dirige a un público adulto. Nosotros ofrecemos clases pensadas para jóvenes, con métodos y temas que les puedan interesar. Además de estancias en el extranjero.
- Entiendo, y usted cree que es posible...

UNIDAD 10

2. Recados

1. **> pista 57**
- Buenas tardes, Melero y asociados, dígame.
- ¡Hola, Alba! ¿Está mi hijo?
- No, ha salido. ¿Quiere que le diga algo?
- No, nada, es que hoy es su cumpleaños. Quería felicitarlo y decile que lo llamaré esta noche. ¡Ah! Que no se olvide de llamar a su hermano, que está muy preocupado por lo del seguro del coche...

2. **> pista 58**
- Melero y asociados, dígame.
- Buenas tardes, soy Mónica Ferrero, la abogada de Almacenes Modernos. Deseo hablar con el Señor Melero.
- No está, si desea dejarle algún recado...
- Bien, llamaba para informarle sobre el resultado de la valoración de los daños del incendio en los almacenes y para que me aclarara algunos datos de las indemnizaciones. Bueno, mejor dígale que no es urgente y que intentaré llamarle la próxima semana. Es que hoy salgo de viaje. Gracias...

3. **> pista 59**
- Melero y asociados, dígame.
- ¡Hola, Alba! Soy Maite. ¿Está Simón?
- No, ¿le digo algo?
- Sí, dile que me llame, por favor, enseguida, que me faltan datos del incendio en los Almacenes Modernos. Necesito toda la documentación y no sé dónde está. Dile que me llame a este teléfono: 908 40 03 23, ¿lo has apuntado?
- De acuerdo. Le paso el mensaje.

4. **> pista 60**
- Melero y asociados, dígame.
- ¡Hola Alba! Soy Fina. ¿Está Simón?
- No, lo siento.
- Llamaba para felicitarlo y, por favor, dile también que llamaba para invitarlos a él y a su mujer a cenar el sábado en mi casa. Que me diga algo cuando pueda, por favor. Venga, gracias Alba.
- De nada, hasta luego...

5. **> pista 61**
- Melero y asociados, dígame.
- ¿Alba?
- ¡Paco!, ¿dónde estás?, ¡te están esperando!
- Alba, oíme. Te llamo desde un hospital, he tenido un accidente...
- ¿Qué?
- Tranquila, nada grave; pero no voy a poder llegar a la reunión, así que dile, por favor, a Simón que me envíe por fax las condiciones de los seguros, que yo me encargo de todo... Dile que yo le volveré a llamar.

6. **> pista 62**
- Buenas tardes, Melero y asociados, dígame.
- Buenas tardes, deseo hablar con el señor Melero.
- No se encuentra, si puedo ayudarle en algo...
- Soy Miguel Campos, de Vida y Unión, y llamaba para saber si ya están preparados los contratos de mi cliente. Dígale que necesito reunirme con él antes del próximo jueves. Que me llame al teléfono de mi despacho, ¿de acuerdo?
- Muy bien. No se preocupe. Le paso el mensaje.

3. Me aseguraron que... > pista 63
- ¡Hola, Ana! Uy, pero chica qué mala cara tienes.
- ¡Hola! Ni te imaginas de dónde vengo.
- Sí, ya sé. Me han dicho que tienes problemas con la compañía de seguros.
- Pues sí, por la inundación que tuvimos en casa hace dos semanas, ¿te acuerdas?
- Sí, claro que sí.
- Bueno, pues resulta que ha venido el perito, ha hecho el informe y yo tan tranquila, porque creía que el seguro multirriesgo del hogar lo cubre todo...
- Bueno, en un principio, sí.
- Pues me han dicho que no pueden pagarme nada y ya te puedes imaginar cómo quedó todo...
- Y, ¿por qué no te lo van a pagar?
- Yo les dije la verdad, que me había dejado el grifo del lavabo abierto y que había venido a trabajar. Y que cuando llegué por la noche todo estaba inundado... Y ahora me dicen que soy yo la responsable y que por eso el seguro no cubre los daños.
- Claro, es que...
- ¡Es increíble! Estoy pagando un seguro que no sirve para nada.
- ¿Tienes la póliza?
- Sí, aquí, toma.
- A ver, aquí pone que se pagará en caso de posibles daños... Aquí... problemas con el gas o con el agua...
- Pues eso fue, ¡un problema con el agua!
- Sí, Ana, pero me parece que no te van a pagar porque en la póliza no dice nada sobre lo que te pasó a ti, que no cerraste el grifo.
- Pues cuando contraté la póliza me aseguraron que todo estaba cubierto y ahora me vienen con que tengo yo la culpa...
- Sí, pero en el contrato no pone nada sobre qué pasa cuando el asegurado no cierra un grifo.
- Pero, pero, ¿tú crees que es justo? Me dijeron que el seguro me pagaría las reparaciones en caso de inundación o de incendio. Tendrían que indemnizarme, pagarme algo...

6. Mensajes

1. **> pista 64**
- Multiseguros, buenos días...
- Buenos días, me llamo Alberto Parra, y soy cliente suyo, llamaba para informarme sobre seguros para perros. ¿Me puede comunicar con la persona que lleva el Departamento de Responsabilidad Civil?
- Un momento, por favor, le paso con Marta Domínguez (...) ¡Ay! Lo siento, es que en este momento está ocupada. Me dijo que se llamaba... Alberto Parra, ¿no? Quiere información sobre seguros para animales, ¿verdad?
- Sí, seguros para perros.
- No se preocupe. Lo llamamos enseguida.

2. **> pista 65**
- Multiseguros, buenos días...
- Hola, buenos días, llamo de la Clínica América. Necesitamos, urgentemente, comprobar la póliza de uno de sus asegurados.
- Un momento, le paso con el Departamento de Seguro Médico (...) Disculpe, en este momento no hay nadie. Si quiere, déjeme sus datos que yo les paso una nota.
- Sí, mi nombre es Sergio Martín, de la Clínica América, y necesito comprobar la cobertura de la póliza de Tomás Álvarez, póliza n.º 000 132 453-0.
- Me ha dicho la póliza de Tomás Álvarez, n.º 000 132 453-0, ¿verdad?
- Sí.
- Muy bien, paso la nota.
- Gracias.

3. **> pista 66**
- Multiseguros, buenos días...
- Hola, mire es que he tenido una inundación en casa y no sé qué es lo que tengo que hacer. Tengo un seguro con ustedes. Mi nombre es María Blanco.
- Está bien, le paso con el señor Fuentes, del Departamento de Hogar...

Tarea > pista 67
- Usted juzga.
- Buenas noches, queridos oyentes. Hoy, en Usted juzga, tenemos con nosotros a Paula Merino, abogada experta en temas de seguros. Buenas noches, señora Merino...
- Hola, buenas noches, José Luis.
- ¿Preparada?
- Sí, claro, cuando quieras.
- Pues, el programa es todo suyo. Tenemos ya nuestra primera llamada.
- Buenas noches.
- Hola, buenas noches.
- Su nombre, por favor... ¿Desde dónde nos llama?

- Me llamo Jaime Claver y llamo desde Palma de Mallorca.
- Encantada de saludarle. Cuéntenos, ¿cuál es el motivo de su llamada?
- Pues mire, yo quería informarme sobre el tema de los seguros de viaje. Le explico: resulta que hace tres semanas volví de viaje, de Tailandia, y me perdieron la maleta. Llegó dos días más tarde, totalmente vacía. Habían desaparecido un montón de cosas: faltaban todos los regalos que había comprado, todo mi equipo fotográfico, que es muy caro, mi ropa y algunos documentos. Y sabe cómo me ha compensado la compañía aérea: pues me han dado otra maleta, y una indemnización ridícula, ya ve, 150 euros. Y he ido a mi compañía de seguros, y me dicen que sólo me dan 300 más.
- ¡Ah!, perdone, señor Claver, pero, entonces... ¿tenía usted un seguro de viaje contratado?
- Sí, sí, claro, la póliza especial de Mundiseguro. Me garantizaron que lo cubría todo y yo no sé qué es para ellos todo, pero para mí, todo es todo.
- Sí, señor Claver, pero, cuando usted dice todo, ¿a qué se refiere?
- Pues eso, todo, que me dijeron que la póliza cubría todos los daños: si se estropeaba algo, la pérdida del equipaje, el robo de documentos... Y cuando firmé el contrato, me prometieron que me pagarían hasta 3000 euros de indemnización en caso de pérdida. Si, ya ve, si sólo el material de fotos ya cuesta... por lo menos, 1000. Y luego, todo lo demás, que también vale lo suyo, ¿no?
- O sea, ¿usted dice que la compañía le garantiza hasta 3000 euros?
- Eso es lo que dice el contrato. Yo no digo que tengan que pagarme 3000 euros, lo que exijo, por lo menos, son 2000. Unos 1000 euros por el material fotográfico y otros 1000 por todo lo demás.
- Perdone, ¿tiene usted a mano la póliza, para saber concretamente qué le cubría el seguro de viaje?
- Pues, en este momento no, pero, vamos, que me acuerdo perfectamente de que en la póliza ponía que la indemnización era de 3000 euros, y me insistieron mucho en que ese seguro era el mejor, el que más cobertura tenía y por eso lo contraté. Me han estafado totalmente. Yo quiero que me paguen, por lo menos 2000 euros.
- ¿Cuánto pagó usted por el seguro?
- Pues, 100 euros y me dijeron que me servía para un mes...
- Pues, sin saber exactamente qué dice la póliza poco puedo decirle... Si quiere, búsquela y llame usted más tarde, con los datos exactos podría decirle algo más...

UNIDAD 11

2. Buenos días a todos

A.

1. **> pista 68**

- Muy buenos días a todos. ¿Se me oye bien? ¿Sí? ¿Atrás también? Antes de nada, muchas gracias por estar aquí... El título de...

2. **> pista 69**

- Hola, buenos días. Bien. ¿Tienen ustedes alguna pregunta sobre lo que vimos ayer...?

3. **> pista 70**

- Si le parece bien, Sr. Llanos, primero le voy a enseñar una muestra de nuestro nuevo producto. Es algo realmente nuevo en el mercado, un producto muy competitivo...

C.

1. **> pista 71**

- Muy buenos días a todos. ¿Se me oye bien? ¿Sí? ¿Atrás también? Antes de nada, muchas gracias por estar aquí... El título de mi conferencia es: "El cambio climático y el agua: ¿un problema de escasez o de gestión de recursos?". Tengo que confesarles que decidir el título de la conferencia no ha sido nada fácil. Bien, pues el título hace referencia, como todos ustedes pueden imaginar, a...

2. **> pista 72**

- Hola, buenos días. Bien. ¿Tienen ustedes alguna pregunta sobre lo que vimos ayer en clase? ¿No? Bueno, hoy vamos a continuar con los artículos relativos a la protección del medio ambiente. El artículo primero, si miran las fotocopias que les entregué ayer, prohíbe expresamente el uso de...

3. **> pista 73**

- Si le parece bien, Sr. Llanos, primero le voy a enseñar una muestra de nuestro nuevo producto. Es algo realmente nuevo en el mercado, un producto muy competitivo...
- ¿De qué se trata?
- Es un bolígrafo grabador.
- ¿Un qué?
- Un bolígrafo que registra sonido. Imagínese, por ejemplo, que va en coche y tiene que anotar urgentemente algo, o se le ocurre una idea que puede serle muy útil. En vez de ponerse a buscar un papel, o su agenda, o lo que sea, simplemente graba un pequeño mensaje en el micro y después lo escucha tranquilamente por el altavoz.

3. Información sobre la empresa > pista 74

- Buenas tardes y bienvenidos a Kalem. Les agradecemos mucho su visita a una de nuestras plantas de producción. Espero que les guste. Antes de empezar la visita, voy a hacerles una breve presentación de nuestra empresa. Si les parece bien, empezamos. Kalem es una empresa familiar española que se dedica a la fabricación y comercialización de zapatillas y ropa de deporte de alta calidad. Como ustedes ya saben, este sector está dominado por grandes marcas internacionales, pero les voy a explicar cómo hemos logrado sobrevivir y, sobre todo, crecer. Nuestra filosofía se basa en un conocimiento muy profundo de las necesidades técnicas de cada deporte. Por eso siempre hemos colaborado con los mejores deportistas. Kalem equipó a todo el equipo olímpico nacional en las pasadas olimpiadas, es decir, a más de 500 deportistas.
Nuestro público objetivo, sin embargo, no son solamente los deportistas de alto nivel sino todos los que practican deporte con regularidad. Con nuestra política de marketing y publicidad, hemos intentando siempre conseguir el mayor impacto con el menor gasto posible. Por ejemplo, colaboramos regularmente con los eventos deportivos más importantes a nivel nacional e internacional.
Y ahora, quisiera hablarles del desarrollo de nuestra empresa en los últimos años. Empezamos en los años 70 con dos pequeñas fábricas en Madrid y ahora ya contamos con 15 en todo el territorio nacional, lo cual ha supuesto un crecimiento muy importante en nuestra facturación. En estos gráficos, pueden ver ustedes la curva ascendente de nuestras exportaciones durante los cinco últimos ejercicios.
Y por último, quisiera hablarles de nuestra vocación internacional, que nos ha llevado a estar presentes en los mercados más competitivos del mundo. Como pueden observar en estos gráficos, vendemos nuestros productos en Europa, América Latina y Estados Unidos. Durante la visita les iré explicando más aspectos de nuestra empresa y, si tienen alguna pregunta, la contestaré con mucho gusto. Ahora pasaremos inmediatamente a visitar las instalaciones...

7. En una conferencia

1. **> pista 75**

- Buenos días a todos. Antes de empezar, quisiera dar las gracias al profesor Ferrer, del Departamento de Semántica, por todo su apoyo. Sus sugerencias y sus comentarios han sido claves para...

2. **> pista 76**

- Para evitar cansarles con una lluvia de datos, he preparado unas fotocopias que encontrarán en las carpetas que tienen encima de las mesas. Comentaré brevemente los datos y, si quieren alguna aclaración más detallada, estaré encantada de dársela al final. Como todos ustedes saben...

3. **> pista 77**

- Buenos días y bienvenidos a esta ponencia sobre la transformación y diversificación de la oferta turística en nuestro país. Hoy tenemos con nosotros a Amaya Velasco, Consejera de Turismo de la Comunidad Autónoma de Cantabria, a quien tengo el gusto de presentarles. La señora Velasco...

4. **> pista 78**

- A ver, no sé si entiendo muy bien lo que usted me quiere preguntar. Usted quiere saber exactamente qué ofrecemos nosotros que no ofrezcan otros.
- Sí, eso mismo...
- Es muy sencillo. Nosotros...

5. **> pista 79**

- Creo que no puedo contestarle en este momento. Tendría que consultar los datos y no los tengo aquí ahora mismo. Lo siento...

6. **> pista 80**

- En resumen, y para terminar, *CiberNet*, la revista que hoy presentamos, quiere hacer llegar a todo el mundo las últimas noticias que produce el universo de las nuevas tecnologías, para que, en definitiva, todos podamos vivir mejor. Muchas gracias.

7. **> pista 81**

- Y como pueden ustedes ver en estos gráficos... Perdón, no pueden ver nada porque el proyector no está encendido... Un momento... ¿Ya?...

9. Dos diapositivas > pista 82

- (...) Uno de los aspectos más importantes que hay que tener en cuenta a la hora de preparar una presentación es el público al que va dirigida. "¿Ante quién vamos a hablar?" es la primera pregunta que deberíamos plantearnos. Responder a esta primera cuestión ayudará contestar otras preguntas estrechamente relacionadas con ella. Si sabemos ante quién vamos a hablar, podremos saber, o estaremos más cerca de saber, qué les interesa y, como consecuencia, sabremos qué necesitan saber y qué pueden esperar de nuestra charla. Debemos saber cuáles son nuestros objetivos, qué queremos transmitir a nuestro público. Y si nos preocupamos por el público, que determinará, como hemos dicho, la línea de nuestra presentación, no podemos olvidarnos de cómo vamos a atraer su atención, qué medios vamos a utilizar para captar su interés y de qué manera vamos a conseguir mantener su atención a lo largo de nuestra intervención. Es el momento de pensar en medios como los que estoy utilizando hoy con ustedes: transparencias, diapositivas, gráficos, etc.

UNIDAD 12

4. Un discurso > pista 83

- ... Bueno... muchas gracias por haber venido todos a la cena porque así puedo despedirme de todo el mundo. Gracias por este regalo tan bonito, pero no teníais que haber comprado nada... Con este teléfono estaré siempre localizable para vosotros y os aseguro que os daré la lata con él... Y... y sobre todo, gracias por todas las cosas tan bonitas que me habéis dicho... A mí también me da pena marcharme, pero bueno... ya me conocéis, no puedo estar mucho tiempo en el mismo sitio... De verdad que es que no sé cómo agradeceros la paciencia que habéis tenido conmigo... ¿No os acordáis del día que, en pleno invierno, encendí el aire acondicionado en vez de la calefacción? Al día siguiente tuvimos que trabajar todos con abrigo, bufanda y guantes... ¡Qué frío pasamos! Quiero disculparme también por las molestias que os he causado, sobre todo al principio, por mi inexperiencia. Pero gracias a vosotros y a vuestra comprensión he aprendido muchas, muchas cosas... Me gustaría que todos tuvierais un recuerdo de mí tan bueno como el que yo tengo de vosotros y, por supuesto, me encantaría que vinierais a verme a Chile... Bueno, gracias por todo.... ¡Que tengáis todos mucha suerte!
- ¡Salud! ¡Por ti! ¡Suerte! ¡Mucha suerte!...

7. Buenas noticias

1. **> pista 84**

- Hola, Martita, soy Inés. Te llamo porque el jueves 29 festejamos los tres años de casados... Fijate, ya tres años, ¡cómo pasa el tiempo!... Bueno, te llamo para invitarte a una fiesta que vamos a hacer en casa. A Daniel y a mí nos gustaría mucho poder festejarlo este año con algunos de los amigos que estuvieron en nuestra boda, ¿podrías venir? Bueno, un beso. Hasta luego.

2. **> pista 85**

- Tía Marta, soy yo, Rosa. Te tengo que dar la noticia del siglo: he logrado el puesto de Jefe de Marketing en Cabletel... ¡En la filial de México, donde yo quería! Tía, gracias por tus consejos, fueron fantásticos. Tenemos que celebrarlo. Te invito a cenar esta noche o mañana. Llámame para ponernos de acuerdo, ¿vale? Besos. Un beso. Chao

3. **> pista 86**

- Señora Campos, soy Fernando. Tengo muy buenas noticias para usted. Nuestro cliente, el señor Cortina, está dispuesto a firmar el contrato. ¿Cree que deberíamos mandarle algún regalo? Yo puedo encargarme de todo. Dígame algo. Hasta luego.

8. Y ahora, vamos a brindar... > pista 87

- A ver, a ver. ¡Silencio por favor!
- Pues... parece que me ha tocado hablar a mí... Bueno, Eva, llegaste a esta empresa para hacer unas prácticas y ahora vuelves a tu país para acabar tus estudios. Queremos decirte que sentimos mucho que te vayas y que te echaremos mucho de menos. Has sido una compañera estupenda, siempre de buen humor y muy simpática y agradable con todos, aunque un poco despistada, todo hay que decirlo. Todos recordamos el día que nos mandaste una felicitación de Navidad en 40 lenguas distintas y bloqueaste el correo electrónico de toda la oficina... ¡Cómo te gusta lo de los e-mails!, ¿eh? Bromas aparte, esperamos que hayas aprendido mucho con nosotros durante tus prácticas. Discúlpanos si en algunos momentos, por causa del trabajo, no hemos podido ayudarte, o no te hemos podido explicar con tranquilidad lo que necesitabas saber. Te deseamos lo mejor. Esperamos que tengas un buen fin de carrera y ojalá volvamos a verte muy pronto. Y ahora vamos a brindar: ¡que tengas muchísimos éxitos! ¡Suerte en todo! ¡Que seas feliz! ¡Por Eva! ¡Por Eva! Un momento, por favor, no he terminado... Toma Eva, estos discos son para ti, para que te acuerdes de nosotros...

10. Reclamar un servicio > pista 88

- Resón Reparaciones, dígame...
- Buenas tardes, llamaba para saber si está arreglado mi ordenador. Vinieron a buscarlo hace una semana y me dijeron que estaría arreglado en dos días.
- ¿Me da el número de referencia, por favor?
- Sí, un momento... HM 24 0 98.
- Un momento, por favor (...) Pues no está, la semana que viene le llamaremos para darle el presupuesto.
- ¿Cómo? ¿Que todavía no saben ni lo que cuesta?
- Es que no hemos podido mirarlo todavía, lo siento...
- Perdone, pero ¿cómo es posible que ni siquiera hayan mirado el aparato?
- Ya sé que no es excusa, pero es que estamos desbordados de trabajo; tenemos a la mayoría de los trabajadores de vacaciones de verano y no podemos hacer más, lo siento, de verdad...
- Ya, pero me aseguraron que estaría arreglado esta semana.
- Sí, pero... Mire, yo no puedo decirle otra cosa. Mire, el lunes o el martes, sin falta, le llamaremos para darle el presupuesto y, si lo acepta, al día siguiente tendrá su ordenador.
- Vamos, que no me queda más remedio que aceptar, ¿no? Entonces, el lunes o el martes me llama usted...
- Sin falta, se lo aseguro.

11. ¿Y tú qué dirías?

1. **> pista 89**

- ¡Buen viaje! ¡Que lo pases muy bien!
- Gracias, eso espero.

2. **> pista 90**

- ¡Hola! ¿Qué tal? ¿Cómo te encuentras?
- Mejor. Esta tarde van a hacerme unas pruebas. ¡Ojalá no sea nada!
- Tranquila mujer, que seguro que todo va a salir bien.

3. **> pista 91**

- Bueno, que descanses y si necesitás cualquier cosa...
- ¡Uf!, voy a dormir como un tronco... Estoy agotado, qué viaje más horrible...

4. **> pista 92**

- ¡Qué bien que no haya sido nada!
- Sí, fue terrible pero tuvimos mucha suerte.

5. **> pista 93**

- Que bien que hayas podido venir...
- No quería perderme vuestra fiesta por nada del mundo.

V
Vocabulario

- Dieses Wörterverzeichnis hilft Ihnen beim Erschließen der Lektionen.
- Neue Wörter werden in der Reihenfolge ihres Vorkommens aufgeführt. Die deutsche Übersetzung gibt die Bedeutung im jeweiligen Zusammenhang wieder; in einigen Fällen werden weitere Bedeutungen genannt.
- Die spanischen Substantive sind mit Artikel aufgeführt, denn es empfiehlt sich, diesen gleich mit zu lernen, da das Geschlecht häufig vom Deutschen abweicht.
- Bei konjugierten Verbformen wird auf den Infinitiv verwiesen; Verben mit unregelmäßigen Präsensformen **(i)**, **(ie)**, **(ue)**, **(y)**, **(zc)** sind entsprechend gekennzeichnet.
- Wörter, die ausschließlich auf der Audio-CD vorkommen, sind nicht aufgeführt.
- Sollten Sie bei der Bearbeitung eines Textes einmal ein Wort nicht finden, so ist es wahrscheinlich schon in einer vorherigen Lektion vorgekommen. In diesen Fällen hilft Ihnen das alphabetische Wörterverzeichnis, das alle Vokabeln aus **Colegas 2** – auch die Vokabeln aus den Lesetexten im Anhang und aus dem Arbeitsbuch – enthält.
- Folgende Abkürzungen wurden verwendet:

Abk.	Abkürzung	*Adj.*	Adjektiv	*Adv.*	Adverb	*etw.*	etwas
f.	feminin	*Imp.*	Imperativ	*Inf.*	Infinitiv	*jdm.*	jemandem
jdn.	jemanden	*jds.*	jemandes	*Part.*	Partizip	*Pl.*	nur im Plural vorkommend
Subst.	Substantiv						

1. COMPAÑEROS DE TRABAJO	
elaborar	ausarbeiten
compañero/a de trabajo, el/la	Arbeitskollege/-in
organigrama, el	Organigramm
crear	erstellen
perfil, el	Profil
responsable, el/la	Verantwortliche
departamento, el	Abteilung
por	aus; wegen; durch; auf; von
para	um zu; für; nach
expresar una opinión	eine Meinung äußern
precisar	*hier:* präzisieren
estado de ánimo, el	Gemütsverfassung, Stimmung
ser	sein
parecer (zc)	scheinen; wirken
relaciones personales, las	persönlichen Beziehungen
llevarse bien	gut auskommen
llevarse mal	schlecht auskommen
caer bien	gefallen
caer mal	nicht gefallen
describir	beschreiben
llevar	*hier:* führen; zuständig sein
encargarse (de)	zuständig sein (für); sich kümmern (um)
dedicarse (a)	tätig sein; sich widmen; zuständig sein (für)
enfatizar	betonen; Nachdruck verleihen
costumbre, la	Gewohnheit

1. CONOCERSE	
compañero/a, el/la	*hier:* Klassenkamerad/in
conocerse (zc)	sich kennen
presentarse a alguien	sich jdm. vorstellen
bufete, el	Kanzlei
abogado/a, el/la	Rechtsanwalt/-anwältin
tener en común	gemeinsam haben
gustos, los	Vorlieben; Geschmäcke
aficiones, las	Hobbys

2. ¿POR QUÉ ESTUDIAS ESPAÑOL?	
identificarse (con)	sich identifizieren (mit)
en especial	insbesondere; besonders
obligación, la	Pflicht; Verpflichtung
por obligación	aus Verpflichtung
por placer	zum Vergnügen
por motivos personales	aus persönlichen Gründen
obligatorio/a	verpflichtend; obligatorisch
ser obligatorio	verpflichtend sein; obligatorisch sein
comunicarse	sich verständigen
país de habla hispana, el	spanischsprachiges Land
opinión, la	Meinung

3. DEPARTAMENTOS	
laboratorio, el	Labor
dirección comercial, la	Vertriebsleitung
dirección de producción, la	Produktionsleitung
dirección de personal, la	Personalleitung
dirección financiera, la	Finanzleitung
Dpto. de I+D (Departamento de Investigación y Desarrollo)	Abt. F+E (Abteilung Forschung und Entwicklung)
Dpto. = departamento, el	Abt. = Abteilung
Dpto. de Ventas, el	Abt. Vertrieb
Dpto. de Logística, el	Abt. Logistik
Dpto. de Selección y Formación, el	Abt. Personalauswahl und Ausbildung
Dpto. de Administración de Personal, el	Abt. Personalverwaltung
Dpto. de Administración, el	Abt. Verwaltung
Dpto. de Contabilidad, el	Abt. Rechnungswesen/ Buchhaltung
selección, la	Auswahl
cuentas, las	Buchführung
llevar las cuentas	für die Buchführung zuständig sein
factura, la	Rechnung
contrato, el	Vertrag
nómina, la	Gehalt; Gehaltsabrechnung
envíos al extranjero, los	Lieferungen ins Ausland
tramitar	bearbeiten; abwickeln
baja (por enfermedad), la	Krankschreibung
enfermedad, la	Krankheit
supervisar	beaufsichtigen; kontrollieren
embalaje, el	Verpackung
complementario/a	Zusatz-; ergänzend
formación complementaria, la	Weiterbildung
personal, el	Personal
puesto de trabajo, el	Arbeitsplatz
candidato/a, el/la	Bewerber

detectar	erkennen; entdecken
tomar nota	*hier:* aufnehmen
pedido, el	Bestellung
publicidad, la	Werbung
período de prácticas, el	Praktikum
ayudante, el/la	Assistent
encargado/a	zuständig
óptico/a	optisch
albarán, el	Lieferschein
orden de pago, la	Zahlungsauftrag
proveedor/a, el/la	Lieferant/in
cobro, el	Zahlung
atender llamadas	Anrufe entgegennehmen
administrativo/a	administrativ; Verwaltungs-
cursar	weiterleiten
reclamación, la	Reklamation
material de oficina, el	Büromaterial
preparar	vorbereiten

4. SELECCIÓN DE PERSONAL

prueba, la	Test
casilla, la	Feld; Kästchen
cansado/a	müde
nervioso/a	nervös
triste	traurig
contento/a	froh; zufrieden
preocupado/a	besorgt
tranquilo/a	ruhig
enfermo/a	krank
enfadado/a	verärgert

5. COMPAÑEROS DE TRABAJO

simpático/a	sympathisch
caótico/a	chaotisch
despistado/a	zerstreut
Le cae mal a todo el mundo.	Niemand kann ihn/sie leiden.
estar de mal humor	schlechte Laune haben
estar de buen humor	gute Laune haben
serio/a	ernst
en realidad	in Wirklichkeit
abierto/a	offen

6. REQUISITOS PROFESIONALES

recursos humanos, los	Humanressourcen; Personalwesen
experto/a	Experte/-in
hoy en día...	heutzutage
requisito, el	Voraussetzung; Anforderung
tener en cuenta	berücksichtigen
contratar	einstellen
experiencia, la	Erfahrung
formación, la	Ausbildung
prácticas en empresas, las	Firmenpraktikum
empleo, el	Arbeitsstelle; Anstellung
además de	neben; zusätzlich zu
exigir	fordern
¿Qué está pasando?	Was geschieht hier?
en muchas ocasiones	in vielen Fällen
ocasión, la	Gelegenheit
fundamental	grundlegend
indispensable	unabdingbar; unerlässlich
por supuesto	selbstverständlich
aspecto, el	Aspekt
valorado/a	geschätzt
exigente	anspruchsvoll
condiciones, las	Bedingungen
estar dispuesto/a (a)	bereit sein
junto con	hier: neben
falta, la	Mangel
en concreto	konkret
lugar de residencia, el	Wohnort
cuanto mayor..., peor...	je älter ... desto schwieriger ...
personalmente	persönlich
inconveniente, el	Schwachpunkt; Nachteil
cada vez	jedes Mal
movilidad, la	Mobilität
sin embargo	jedoch
sueldo, el	Gehalt
Me explico:	Ich erkläre das näher:
corresponderse (con)	entsprechen
resulta que...	es ist so, dass ... ; nachweislich
en función de	entsprechend
generar beneficios	Gewinn abwerfen
beneficio, el	Gewinn
remuneración, la	Entgelt; Gehalt
a veces	manchmal
empleado/a, el/la	Angestellte
ideal	ideal
horario, el	Arbeitszeit
título, el	Abschluss
oferta de trabajo, la	Stellenangebot
contrato temporal, el	Zeitvertrag
insuficiente	nicht ausreichend
temporal	zeitlich befristet
personal especializado, el	Fachpersonal

7. UN ENCUENTRO CASUAL

casual	zufällig
encontrarse (ue)	treffen
¿Cuánto tiempo hace que no se ven?	Seit wann haben sie sich nicht gesehen?
salir con alguien	mit jdm. gehen

8. EL PERFIL ADECUADO

activo/a	aktiv
Dpto. de Relaciones Públicas, el	Abt. Public Relations
Dpto. de Formación, el	Abt. Ausbildung
creativo/a	kreativ
innovador/a	innovativ
flexible	flexibel
estar al día	auf dem Laufenden sein
tener paciencia	Geduld haben
paciencia, la	Geduld
metódico/a	methodisch
diplomático/a	diplomatisch
independiente	selbstständig
seguro/a de sí mismo/a	selbstsicher
Se le dan muy bien los números.	Sie hat ein Händchen für Zahlen.
estricto/a	strikt
extravertido/a	extrovertiert
dinámico/a	dynamisch
persuasivo/a	überzeugend
bastante/s	ziemlich
seguro/a	sicher
analizar	analysieren
llegar a objetivos	Ziele erreichen
marcarse objetivos	Ziele setzen
ambicioso/a	ehrgeizig

9. UN CORREO ELECTRÓNICO

correo electrónico, el	E-Mail
carta, la	Brief
fax, el	Fax
¿A quién?	Wem?
de vez en cuando	manchmal
carta comercial, la	kommerzieller Brief
casi nunca	fast nie
... cómo le van las cosas	... wie es ihr geht
tiempo libre, el	Freizeit
¿Qué tal?	Wie läuft's?; Wie geht's?
¿Cómo estás?	Wie geht es dir?
entrevista, la	Vorstellungsgespräch
de momento	im Moment
zona de juegos infantiles, la	Kinderspielzone
juego, el	Spiel
calle peatonal, la	Fußgängerzone
No sé, no sé...	Ich weiß nicht ...
Más cosas:	Mehr Dinge:
apuntarse (a)	sich anmelden
gimnasio, el	Fitnesscenter
sin parar	ohne Pause; am Stück
Ahora tengo que dejarte.	Jetzt muss ich aufhören.
Tener un montón de trabajo.	Eine Menge Arbeit haben.

TAREA. UNA NUEVA EMPRESA

consultor/a, el/la	Berater/in
tipo, el	Art; Typ
tiene que haber	es muss geben
comunicativo/a	kommunikativ
organizado/a	systematisch; ordentlich
biología, la	Biologie
investigador/a, el/la	Forscher/in

GRAMÁTICA

Presente de Indicativo, el	Präsens Indikativ
atender (ie)	entgegennehmen
competir (i)	konkurrieren
encontrar (ue)	finden
jugar (ue)	spielen
estar (oy)	sein
dar (oy)	geben
traer (ig)	bringen
hacer (g)	machen
ofrecer (zc)	anbieten
saber (é)	wissen
poner (g)	stellen; legen
salir (g)	hinausgehen; ausgehen
tener (g/ie)	haben
venir (g/ie)	kommen

decir (i/g)	sagen
énfasis, el	Nachdruck
Gerundio, el	Gerundium
jefe/a, el/la	Chef/in
cliente/a, el/la	Kunde/-in
durante un rato	eine Weile
rato, el	Weile
estar *+ Gerundio*	sein *+ Gerundium*
despacho, el	Büro
definir	definieren
impresión, la	Eindruck
estado físico, el	körperlicher Zustand
muy	sehr
nada	überhaupt nicht
graduar	abstufen
¿Qué tal os cae?	Wie findet ihr ...?
tampoco	auch nicht
realmente	wirklich
en mi opinión	meiner Meinung nach
según ella	ihrer Meinung nach
Lo que pasa es que ***+ Presente***	Es ist so, dass
gerente/a, el/la	Geschäftsführer/in
Latinoamérica	Lateinamerika
cajero automático, el	Geldautomat
preposición, la	Präposition
atravesar (ie)	durchqueren
recorrer	durchfahren; durchgehen
autopista, la	Autobahn
autovía, la	Schnellstraße
medio de comunicación, el	Kommunikationsmittel
documento, el	Dokument
Vale.	In Ordnung.
avisar	Bescheid sagen
empresa, la	Unternehmen
destinatario/a, el/la	Empfänger; Zielgruppe
producto, el	Produkt
destino, el	Ziel
desplazamiento, el	Fortbewegung
contabilidad, la	Buchhaltung
sustantivo, el	Substantiv
Infinitivo, el	Infinitiv
subvención, la	Subvention
distribuidor/a, el/la	Vertreter/in; Vertriebsstelle
enviar	schicken
ser responsable (de)	zuständig sein (für)

2. DE VIAJE

reunión, la	Besprechung
ejecutivo/a, el/la	Führungskraft; Manager
redactar	verfassen
asistente, el/la	Teilnehmer/in
hipotético/a	hypothetisch
aconsejar	empfehlen
sentimiento, el	Gefühl
tiempo meteorológico, el	Wetter
la mayoría de la gente	die meisten Leute
muchas personas	viele Leute
ir	gehen

1. VACACIONES

buen tiempo, el	gutes Wetter
anunciar	ankündigen
¿a dónde?	wohin?
mucha gente	viele Leute
tener dudas	Zweifel haben
planificar	planen
con tiempo	frühzeitig
alquilado/a	gemietet
comienzo, el	Beginn
pelearse	hier: sich durchkämpfen
folleto, el	Prospekt
agencia de viajes, la	Reisebüro
al mismo tiempo	gleichzeitig
en compañía de	in Begleitung; zusammen mit
familiar, el/la	Familienangehörige
por su cuenta	auf eigene Faust
remoto/a	fern
callejear	bummeln
recargar las pilas	Batterien aufladen; hier: Energie tanken
recargar	aufladen
emisor/a	Sender
consumir	konsumieren; hier: verbringen
poner a disposición	zur Verfügung stellen
hábito, el	Gewohnheit
mucho/a/s/as	viel/viele
alguno/a/s/as	jemand/einige
poco/a/s/as	wenig/wenige
todo el mundo	die ganze Welt; alle
toda la gente	alle Leute

2. DE VIAJE

cuestionario, el	Fragebogen
revista, la	Zeitschrift
publicar	veröffentlichen
irse de viaje	verreisen
me pone/n nervioso/a	macht/machen mich nervös
llevarse un poco de todo	etwas von allem mitnehmen
prever	vorhersehen
surgir	sich ergeben
pijama, el	Schlafanzug
paraguas, el	Regenschirm
guía, la	Reiseführer
cámara de fotos, la	Fotokamera
saco de dormir, el	Schlafsack
toalla, la	Handtuch
monumento, el	Denkmal; Sehenswürdigkeit
respecto a	bezüglich
reconocer (zc)	zugeben
me encanta probar...	ich probiere sehr gerne ...
platos del país, los	Gerichte des Landes
a la vuelta	bei der Rückkehr
desconectar	abschalten
me molesta/n	mich stört/-en
olvidarse (de)	vergessen
guía turístico/a, el/la	Reiseleiter/in
vuelo, el	Flug
reservado/a	reserviert; gebucht
no soporto	ich kann nicht ertragen
pareja, la	Partner/in
compulsivamente	zwanghaft
recuerdo, el	hier: Souvenir
odiar	hassen
hacer frío	kalt sein
llover (ue)	regnen
me apasiona/n	ich mag leidenschaftlich gern
clima, el	Klima
disponer de dinero suficiente	genügend Geld zur Verfügung haben
comodidad, la	Bequemlichkeit
elegir (i)	wählen
ahorrar	sparen
presupuesto, el	Budget
en general	im Allgemeinen
darle importancia (a)	Bedeutung beimessen
importancia, la	Bedeutung
adaptarse (a)	sich anpassen
cumplir las expectativas	Erwartungen erfüllen
El mundo es suyo.	Die Welt gehört Ihnen.
auténtico/a	echt; wahr; authentisch
disfrutar	genießen
hacer las maletas	Koffer packen

3. EL PASAPORTE

pasaporte, el	Pass
Turquía	Türkei
filial, la	Filiale
por motivos laborales	geschäftlich; aus beruflichen Gründen
Suiza	Schweiz

4. VIAJAR A LA PAZ

viaje de placer, el	Vergnügungsreise
época del año, la	Jahreszeit
variación, la	Schwankung
a lo largo del año	das Jahr über
tropical	tropisch
estaciones del año, las	Jahreszeiten
lluvia, la	Regen
estación seca, la	trockene Jahreszeit
estación húmeda, la	feuchte Jahreszeit
seco/a	trocken
húmedo/a	feucht
durante el día	tagsüber
temperatura, la	Temperatur
hacer sol	sonnig sein
nivel del mar, el	Meeresspiegel
sufrir	erleiden; hier: bekommen
quemadura, la	Sonnenbrand
bajar	sinken
oscilar	schwanken
grados centígrados, los (ºC)	Grad Celsius
prenda, la	Kleidungsstück
entretiempo, el	Übergangszeit
abrigo, el	Mantel
ligero/a	leicht
aconsejable	ratsam; empfehlenswert
llevarse	mitnehmen
impermeable, el	Regenmantel

agotador/a	anstrengend
desnivel, el	Höhenunterschied
zapatillas de deporte, las	Sportschuhe
traje, el	Anzug
corbata, la	Krawatte
ropa, la	Kleidung
medias, las	Strumpfhose
panty, el	Nylonstrumpfhose
recomendable	empfehlenswert; ratsam
medicamento, el	Medikament
efecto, el	Effekt; Wirkung
soroche, el	Höhenkrankheit
dificultades respiratorias, las	Atembeschwerden
dolor, el	Schmerz
dolor de cabeza, el	Kopfschmerzen
gafas de sol, las	Sonnenbrille
crema de protección solar, la	Sonnenschutzcreme

5. UN VIAJE DE EMPRESA: DOS POSIBILIDADES

premiar	prämiieren; belohnen
pedir consejo	um Rat bitten
viaje de incentivos, el	Incentive-Reise
destino vacacional, el	Ferienziel
hacer viento	windig sein
viento, el	Wind
estar nublado	bewölkt sein
nublado/a	bewölkt; wolkig
haber niebla	neblig sein
niebla, la	Nebel
nevar (ie)	schneien

6. UN COMPAÑERO DE VIAJE

editorial, la	Verlag
fuera de temporada	außerhalb der Saison
le encanta/n	er/sie liebt; mag sehr gern
siempre que puede	immer wenn er/sie kann
temporada turística, la	Touristensaison
mochila, la	Rucksack
a pie	zu Fuß
ir a pie	zu Fuß gehen
autobús, el	Bus
Costa de Marfil	Elfenbeinküste
no le importa/n	es macht ihm/ihr nichts aus
preferir (ie)	lieber
ir en avión	das Flugzeug nehmen
tomarse	nehmen; einnehmen
pastilla para dormir, la	Schlaftablette
le apasiona/n	begeistert/-n ihn/sie
galería de arte, la	Kunstgalerie
contemporáneo/a	zeitgenössisch
talento, el	Talent
capital, la	Hauptstadt
Nueva York	New York
Londres	London
soler (ue) *+ Infinitivo*	gewöhnlich
estar de moda	in Mode sein
contrariamente a	im Gegensatz zu
aglomeración, la	Menschenansammlung
molestar	stören
metro, el	U-Bahn
a menudo	häufig
farmacéutico/a, el/la	Apotheker/in
relajarse	sich entspannen
descansar	ausruhen
levantarse tarde	spät aufstehen
alojarse	absteigen; unterkommen
desplazarse	fahren
zona, la	Gegend; Gebiet
tomar el sol	sich sonnen
windsurf, el	Windsurfen
pasión, la	Leidenschaft
manías, las	Abneigungen; Manien

7. MEDIOS DE TRANSPORTE

medios de transporte, los	Transportmittel
coche, el	Auto
bicicleta, la	Fahrrad
común	üblich; geläufig
a lo largo de la semana	im Laufe der Woche
al lado	nebenan

8. ¡BUEN VIAJE!

equipaje, el	Gepäck
hacer cola	Schlange stehen
cola, la	Schlange
aburrir	langweilen
retraso, el	Verspätung
poner de mal humor	verstimmen; aufregen
aire acondicionado, el	Klimaanlage
precio, el	Preis
mercado, el	Markt

9. LUGARES Y EXPERIENCIAS

tener experiencias	Erfahrungen machen
por una razón u otra	aus dem einen oder anderen Grund
lejano/a	fern
precioso/a	wunderschön

10. POSTALES

¿Qué tal por la oficina?	Wie läuft's im Büro?
por suerte	zum Glück
por cierto	übrigens
paisaje, el	Landschaft
mágico/a	zauberhaft; magisch
dicen que...	man sagt, dass ...
abrazo, el	Umarmung

11. EL EQUIPAJE

asistir a	teilnehmen an
medio ambiente, el	Umwelt
inauguración, la	Eröffnung
a cargo de	*hier:* durch
consejero/a, el/la	Minister/in (einer autonomen Regierung); Berater/in
sesión, la	Sitzung
ley, la	Gesetz
protección, la	Schutz
pausa, la	Pause
debate, el	Diskussion
mesa redonda, la	runder Tisch
contaminación, la	Verschmutzung
alcalde/esa, el/la	Bürgermeister/in
cena de gala, la	Gala-Abendessen
eléctrico/a	elektrisch
auto, el	Auto
fertilizante, el	Düngemittel
tratamiento de los residuos, el	Abfallentsorgung
tratamiento, el	Behandlung; Verarbeitung; *hier:* Entsorgung
residuo, el	Abfall; Rückstand
municipio, el	Gemeinde
excursión, la	Ausflug
caminata, la	Wanderung; Fußmarsch
monte, el	Berg
salud, la	Gesundheit
asistencia, la	Teilnahme
Ministerio de Sanidad, el	Gesundheitsministerium
clausura, la	Abschluss
comisario/a, el/la	Beauftragte
camiseta, la	T-Shirt
jersey, el	Pullover
vestido, el	Kleid
albornoz, el	Bademantel
camisa, la	Hemd
zapatos, los	Schuhe
polo, el	Polohemd
cinturón, el	Gürtel
vaqueros, los	Jeans
calzoncillos, los	Unterhose (Herren)
bragas, las	Unterhose (Damen)
sujetador, el	Büstenhalter
neceser, el	Kulturbeutel
calcetines, los	Strümpfe

TAREA. UNA CONVENCIÓN

alrededores, los	Umgebung
espectáculo de flamenco, el	Flamencoaufführung
breve	kurz
actividad de tiempo libre, la	Freizeitaktivität
consejo, el	Empfehlung
estancia, la	Aufenthalt

GRAMÁTICA

Condicional, el	Konjunktiv
añadir	ergänzen
Pretérito Imperfecto, el	Imperfekt
viajar	reisen
ver	sehen
pedir (i)	bitten; bestellen
Futuro, el	Futur
irregularidad, la	Unregelmäßigkeit
haber (e)	(Hilfsverb) haben; sein
poder (ue)	können
querer (ie)	wollen
uso, el	Gebrauch
ahora mismo	in diesem Moment
¡Qué calor!	Ist das heiß!
Yo, en tu lugar...	Ich an deiner Stelle ...

pues	also; nun
Yo que tú...	Wenn ich du wäre ...
Pretérito Perfecto, el	Perfekt
vez, la	Mal
Grecia	Griechenland
hoy	heute
convención anual, la	Jahresversammlung
Oporto	Porto
ya	schon
nunca	nie; niemals
carrera, la	Studium
Bueno, ...	Nun, ...
examen, el	Prüfung
nota, la	Note
poner en relieve	hervorheben
Pretérito Indefinido	Historische Vergangenheit
alguna vez	schon mal
América Latina	Lateinamerika
pasar unos días	einige Tage verbringen
americana, la	Jackett
reloj, el	Uhr
de oro	aus Gold
botiquín, el	Reiseapotheke
traerse	mitbringen
piscina, la	Swimmingpool
bañador, el	Badeanzug
gustar	gefallen
me pone/n de mal humor	ärgert/-n mich
dar una conferencia	einen Vortrag halten
hablar en público	vor Publikum sprechen
ir en bici	Fahrrad fahren
haber nubes	wolkig sein
nube, la	Wolke
haber tormenta	Gewitter geben
tormenta, la	Gewitter
humedad, la	Feuchtigkeit
mal tiempo	schlechtes Wetter
hacer buen día	schönes Wetter sein
hacer mal día	schlechtes Wetter sein
sol, el	Sonne
calor, el/la	Wärme; Hitze
frío, el	Kälte
horrible	schrecklich
estupendo/a	fantastisch
casi	fast
mitad de, la	die Hälfte
nadie	niemand

3. PRODUCTOS DE AYER Y DE HOY

publirreportaje, el	Werbereportage
contrastar	kontrastieren
evento, el	*hier:* Ereignis
continuidad, la	Fortdauer
todavía *+ Presente*	noch
interrupción, la	Unterbrechung
dejar de *+ Inf.*	aufhören zu
ya no *+ Inf.*	nicht mehr
empezar a *+ Inf.*	anfangen zu
pedir disculpas	sich entschuldigen; um Entschuldigung bitten

1. EL CHOCOLATE

dulce, el	Süßigkeit
¿De qué tipo?	Von welcher Sorte?
malo para la salud	schlecht für die Gesundheit
sitio web, el	Website
marca, la	Marke
alimento, el	Nahrungsmittel
mitología, la	Mythologie
maya, el/la	Maya
humanidad, la	Menschheit
dios, el	Gott
celebrar en honor de	zu Ehren von ... feiern
azteca, el/la	Azteke/-in
amargo/a	bitter
picante	scharf; pikant
chile, el	Chili
especia, la	Gewürz
Colón	Kolumbus
tener éxito	Erfolg haben; erfolgreich sein
introducir	einführen
corte, la	Hof
monje/a, el/la	Mönch/Nonne
convento, el	Kloster
mezclar	mischen
vainilla, la	Vanille
canela, la	Zimt
Francia	Frankreich
Italia	Italien
Alemania	Deutschland
Inglaterra	England
tomar	*hier:* trinken
noble, el/la	Adelige
tableta de chocolate, la	Tafel Schokolade
pastelero/a, el/la	Konditor
artesanal	handwerklich
popular	beliebt
chocolatina, la	Schokoladenriegel
almendra, la	Mandel
avellana, la	Haselnuss
actualmente	heutzutage; zur Zeit
llevarse a cabo	durchführen
planta de producción, la	Produktionsanlage
elaboración, la	Herstellung; Zubereitung

2. UN COCHE HISTÓRICO

época, la	Zeit; Epoche
en aquella época	damals
años cincuenta, los	fünfziger Jahre
verdad, la	Wahrheit
mentira, la	Lüge
a mediados de los años 60	Mitte der 60er Jahre
montaje, el	Montage
pluriempleo, el	Mehrfachbeschäftigung
obrero/a, el/la	Arbeiter/in
recuerdo, el	Erinnerung

3. MÁS DE 60 AÑOS

anuncio, el	Anzeige
transmitir	*hier:* vermitteln
desarrollo, el	Entwicklung
sucursal, la	Zweigstelle
década, la	Jahrzehnt
década de los 60, la	die 60er Jahre
revolucionar	revolutionieren; grundlegend umgestalten
sector, el	Sektor
cuenta vivienda, la	Bausparkonto
a su lado	an Ihrer Seite
confiar	vertrauen
entidad bancaria, la	Bankinstitut
establecimiento, el	Geschäft
estar de acuerdo	einverstanden sein
decoración, la	*hier:* Einrichtung
rapidez, la	Schnelligkeit
atención al cliente, la	Kundenservice
valorar	schätzen

4. ATENCIÓN AL CLIENTE

dirigirse (a)	sich wenden (an)
descontento, el	Unzufriedenheit
telefónico/a	telefonisch
espera, la	Wartezeit
consulta, la	Anfrage
queja, la	Beschwerde
desgraciadamente	leider
contestador automático, el	Anrufbeantworter
obligar	zwingen
instrucción, la	Anweisung
interminable	endlos
por lo visto	scheinbar
operador/a, el/la	*hier:* Telefonist/in
coste, el	Kosten
satisfactorio/a	zufriedenstellend
en absoluto	keineswegs; absolut nicht
responder (a)	entsprechen; erfüllen
multitud de problemas, la	zahlreiche Probleme
resolver (ue)	lösen
optar	*hier:* sich entschließen zu
en caso contrario	andernfalls
Atentamente.	Mit freundlichen Grüßen,
fecha, la	Datum
motivo, el	Grund; Anliegen
cientos de...	Hunderte von ...
tomar medidas	Maßnahmen treffen
adecuado/a	angemessen
Distinguido Sr. ...	Sehr geehrter Herr ...
lamentar	bedauern
implantar	einführen
de este modo	auf diese Weise
satisfacción, la	Zufriedenheit
usuario/a, el/la	Benutzer/in
comprobar (ue)	feststellen
en vista de...	angesichts ...
mixto/a	gemischt
cubrir las necesidades	Bedürfnisse decken
rogar (ue)	bitten
disculpa, la	Entschuldigung
molestia, la	Unannehmlichkeit
ocasionado/a	verursacht
cordial	herzlich
saludo, el	Gruß
competencia, la	Wettbewerb; Konkurrenz

5. ÉPOCA DE CAMBIOS

a finales de	Ende der
producirse (zc)	sich ereignen
transformación, la	Veränderung
ámbito, el	Gebiet
hasta nuestros días	bis heute
desde entonces	seitdem
significativo/a	bedeutend
pilar, el	Grundpfeiler
sobre todo	vor allem
incorporación, la	Eingliederung
favorecer (zc)	begünstigen
congelado/a	tiefgefroren; gefroren
plato precocinado, el	Fertiggericht
labor, la	Arbeit; Tätigkeit
llevar horas	Stunden beanspruchen
en nuestros días	heutzutage
microondas, el	Mikrowelle
inexistente	nicht vorhanden
hogar, el	Haushalt
congelados, los	Tiefkühlkost
hamburguesa, la	Hamburger
tetrabrik, el	Tetrapak
cereales, los	Getreide; *hier*: Cornflakes
galleta, la	Keks
tienda de barrio, la	Tante-Emma-Laden
gran superficie, la	Einkaufszentrum
prisa, la	Eile
sano/a	gesund
comer fuera de casa	außer Haus essen
mientras que	während
debido a	aufgrund
en cambio	hingegen
como	da
porque	weil
por otro lado	andererseits

6. LOS REYES MAGOS

Reyes Magos, los	Heilige Drei Könige
equivalente, el	Entsprechung
juguete, el	Spielzeug
canica, la	Murmel
sobrino/a, el/la	Neffe/Nichte
patines, los	Rollschuhe,

7. UN PRODUCTO CON HISTORIA

aniversario, el	*hier*: Jubiläum
publirreportaje de animación	Zeichentrick-Werbereportage
egipcios, los	Ägypter
detergente, el	Waschmittel
jabón, el	Seife
sumerios, los	Sumerer
actualidad, la	Gegenwart

8. GRANDES INVENTOS

invento, el	Erfindung
mejorar	verbessern
calidad de vida, la	Lebensqualität
cremallera, la	Reißverschluss
lentes de contacto, las	Kontaktlinsen
cámara fotográfica, la	Fotokamera
lavadora, la	Waschmaschine
decisivo/a	entscheidend

9. PREVISIONES

previsión, la	Prognose; Vorhersage
consumo, el	Verbrauch; Konsum
tendencia, la	Tendenz; Trend
sorprendente	überraschend
informe, el	Bericht
pañuelo, el	Taschentuch
tela, la	Stoff
vinilo, el	Vinyl
dinero en metálico, el	Bargeld
cerilla, la	Streichholz
escoba, la	Besen
gafas, las	Brille
prensa, la	Presse
aficionado/a, el/la	*hier*: Liebhaber/in
máquina de escribir, la	Schreibmaschine

10. OFICINAS DE AYER Y DE HOY

biblioteca, la	Bibliothek
ya no voy tanto	ich gehe nicht mehr so oft

TAREA. UN PUBLIRREPORTAJE

antes	früher
ahora	jetzt
maquinaria, la	Maschinen
líder	*hier*: Marktführer

GRAMÁTICA

regalar	schenken
perder (ie)	verlieren
recibir	bekommen
leer (o)	lesen
caer (i)	fallen
oír (y)	hören
construir	bauen
creer (o)	glauben
dormir (ue)	schlafen
morir (ue)	sterben
convertir (ie)	verwandeln
corregir (i)	korrigieren
impedir (i)	verhindern
mentir (ie)	lügen
sentir (ie)	fühlen; bedauern
reír (i)	lachen
repetir (i)	wiederholen
servir (i)	hilfreich sein; dienen; bedienen; servieren
vestir (i)	kleiden, tragen
producir (zc)	produzieren
pueblo, el	Dorf
muñeca, la	Puppe
comenzar (a) + *Inf.*	anfangen (etw. zu tun)
inicio, el	Beginn
duración, la	Dauer
cítrico, el	Zitrusfrucht
conserje, el	Hausmeister; Pförtner
aumento de sueldo, el	Gehaltserhöhung
a principios de	Anfang des/der
a partir de	ab
perdonar	verzeihen
disculpar	entschuldigen
entrar sin permiso	ohne Erlaubnis eintreten

4. NORMAS EN LA EMPRESA

normas internas, las	interne Normen
impersonalidad, la	Unpersönlichkeit
colectivo, el	Gruppe
gente, la	Leute

1. ¡SALUD!

Depende...	Es kommt darauf an ...

2. CULTURA DE EMPRESA

diario/a	täglich
formalidad, la	Seriosität; Korrektheit
trato, el	Umgang; Behandlung
flexibilidad, la	Flexibilität
jerarquía, la	Hierarchie
celebración, la	Feier
trabajo en equipo, el	Teamarbeit
manera de vestir, la	Art sich zu kleiden
crédito, el	Kredit
grafista, el/la	Graphiker
formal	formell
apellido, el	Familienname
tutearse	sich duzen
puntualidad, la	Pünktlichkeit

3. NORMAS DE SEGURIDAD

normas de seguridad, las	Sicherheitsvorschriften
aviso, el	Hinweis; Warnung; Benachrichtigung
cumplir	erfüllen
prestar	(aus)leihen
en todo momento	immer
cerrar con llave	abschließen
fármaco, el	Arzneimittel
máscara, la	Maske
ponerse	*hier*: aufsetzen
manipular	handhaben
tóxico/a	giftig U4_3
sección de radiología, la	Röntgenabteilung
escribir a mano	mit der Hand schreiben
recoger	einsammeln
esterilizado, el	Sterilisierung
casco, el	Helm
montacargas, el	Lastenaufzug
herramienta, la	Werkzeug
anomalía, la	Anomalie
recinto, el	Gelände
obra, la	Bau
seguro, el	Versicherung
desperfecto, el	Schaden
ajeno/a	fremd
normas de circulación, las	Verkehrsvorschriften
a mil por hora (*fig.*)	rasend schnell
circular	fahren
acera, la	Bürgersteig
hacerse cargo de	übernehmen; *hier*: bezahlen

multa, la	Strafzettel; Bußgeld
firmado/a	unterschrieben
devolver (ue)	zurückgeben; zurückbringen

4. PROHIBIDO

señal, la	Schild
prohibido/a	verboten
cinturón de seguridad, el	Sicherheitsgurt
vestuario, el	Umkleideraum

5. MOTIVACIÓN

motivación, la	Motivation
motivar	motivieren
desmotivar	demotivieren
motivado/a	motiviert
ambiente, el	Atmosphäre; Stimmung
plantilla, la	Belegschaft
formado/a	ausgebildet
esencial	wesentlich; grundlegend
sin duda	zweifellos
contar (con)	*hier:* verfügen über
política retributiva, la	Lohn- und Gehaltspolitik
salario, el	Lohn; Gehalt
justo/a	gerecht
fomentar	fördern
respetuoso/a	respektvoll
ilusión, la	*hier:* Freude
eficaz	leistungsfähig
compartido/a	geteilt
éxito, el	Erfolg
fracaso, el	Misserfolg
culpa, la	Schuld
directivo/a, el/la	Führungskraft
culpabilizar	die Schuld geben
subordinado/a, el/la	unterstellte/r Mitarbeiter/ in
error, el	Fehler
esfuerzo, el	Mühe, Anstrengung
coherente	kohärent
requerir (ie)	erfordern
poner mala cara	ein unfreundliches Gesicht machen
cuestiones personales, las	persönliche Gründe
practicar	*hier:* betreiben
marcar las distancias	die Distanz betonen
adoptar	*hier:* ergreifen, herstellen
boletín, el	Bericht; Mitteilung
en cualquier caso	auf jeden Fall

6. MEDICINA

infusión, la	Kräutertee
gota, la	Tropfen
termómetro, el	Thermometer
venda, la	Verband
jarabe, el	Hustensaft
análisis de sangre, el	Blutuntersuchung
inyección, la	Spritze
garganta, la	Hals
tos, la	Husten
síntoma, el	Symptom
mocos, los	Nasenschleim
resfriado/a	Erkältung
muela, la	Backenzahn
oído, el	Ohr
doler	wehtun; schmerzen

7. IR AL MÉDICO

mareado/a	übel; schwindelig
estoy mareado	mir ist übel; mir ist schwindelig
receta, la	Rezept
hacer dieta	Diät machen
alta, el	Gesundschreibung
volver a *+ Inf.*	wieder
paciente, el	Patient
médico, el	Arzt

8. UNA OFICINA CAÓTICA

desordenado/a	unordentlich
cuidar	*hier:* Ordnung halten; sorgsam behandeln
mobiliario, el	Mobiliar
instalaciones, las	Einrichtungen
poner orden	Ordnung machen
ordenar	aufräumen

9. UN NUEVO COMPAÑERO

deberes, los	Hausaufgaben
informal	informell
tratar de usted	siezen
permitido/a	erlaubt
recomendación, la	Ratschlag; Empfehlung

10. UN PROSPECTO

prospecto, el	*hier:* Packungsbeilage
guardar cama	das Bett hüten
recetar	verschreiben
somnolencia, la	Müdigkeit
proceso gripal, el	grippaler Infekt
gripe, la	Grippe
estado febril, el	Fieberzustand
fiebre, la	Fieber
o sea	das heißt
o lo que es lo mismo	oder, was dasselbe ist
eso quiere decir que...	das bedeutet, dass ...
dar sueño	müde machen
sueño, el	Schlaf; Müdigkeit; Traum

TAREA. NORMAS

parque de atracciones, el	Vergnügungspark
estación de esquí, la	Skistation
uniforme, el	Uniform
alarma, la	Alarm
restringido/a	eingeschränkt
higiene, la	Hygiene
manipulación, la	Verarbeitung
pantalón, el	Hose

GRAMÁTICA

usted	Sie (Singular)
ustedes	Sie (Plural)
volver (ue)	zurückkommen; zurückgehen; zurückfahren
volver a	wieder; noch einmal
cerrar (ie)	schließen
girar	drehen
sentarse (ie)	sich setzen
guardar	*hier:* wegräumen
romper	kaputt machen; zerbrechen
¿Qué te pasa?	Was hast du?
fatal	übel; mies
regular	es geht so
doler (ue)	wehtun; schmerzen
acatarrado/a	erkältet
pálido/a	blass
mareo, el	Schwindel; Übelkeit
tener ganas de vomitar	übel sein; Brechreiz haben
náusea, la	Übelkeit; Brechreiz
encontrarse bien	sich gut fühlen
encontrarse mal	sich schlecht fühlen
llevar puesto/a	tragen
guantes, los	Handschuhe
prohibido el paso	Durchgang verboten
pisar	betreten
césped, el	Rasen
permitir	erlauben

5. DINERO

solicitar	beantragen
conceder	gewähren
crédito bancario, el	Bankkredit
acontecimiento, el	Ereignis
cuando	wenn
posibilidad, la	Möglichkeit
necesidad, la	Notwendigkeit
conveniencia, la	Zweckmäßigkeit; Angemessenheit
necesario/a	notwendig
básico/a	grundlegend
útil	nützlich
conveniente	zweckmäßig; angemessen
acabar de *+ Inf.*	gerade (etwas getan haben)
intentar	versuchen

1. COSAS DE BANCOS

tarjeta, la	Karte
firmar	unterschreiben
cuadrar	*hier:* aufgehen (Rechnung)
ingresar	einzahlen
cuenta, la	Konto
cobrar	*hier:* einlösen
comisión, la	*hier:* Gebühr
pagar al contado	bar bezahlen
cheque, el	Scheck
revisar	überprüfen
extracto de cuenta, el	Kontoauszug
sacar	*hier:* abheben
cajero, el	Geldautomat
domiciliar pagos	Daueraufträge einrichten; Einzugsermächtigungen; erteilen
pago, el	Zahlung
operaciones bancarias, las	Bankgeschäfte

2. UNA SOLICITUD

solicitud, la	Antrag
rellenar	ausfüllen
formulario, el	Formular
estado civil, el	Familienstand
vivienda, la	Wohnung
propietario/a, el/la	Eigentümer/in
hipoteca, la	Hypothek
DNI, el (Documento Nacional de Identidad)	Personalausweis
NIF, el (Número de Identificación Fiscal)	Steuernummer
tarjeta de residencia, la	Aufenthaltserlaubnis
autónomo/a, el/la	Selbstständige
indefinido/a	unbefristet
domiciliación bancaria, la	Einzugsermächtigung
código cuenta cliente, el = C.C.C.	Kundenkontonummer
entidad, la	*hier:* Bankinstitut
D.C., el (Dígito de Control)	Kontrollziffer
caja de ahorros, la	Sparkasse
tarjeta de crédito, la	Kreditkarte
tarjeta de débito, la	Debitkarte
prestaciones, las	Leistungen
caducar	verfallen, ablaufen
caduca	*hier:* Ablaufdatum
dinero en efectivo, el	Bargeld
proporcionar	verschaffen
trámite, el	*hier:* Formalitäten
gastos, los	Ausgaben
no dude en + *Inf.*	zögern Sie nicht
dudar	zweifeln
contactar (con)	Kontakt aufnehmen; sich in Verbindung setzen
obtener (ie)	erhalten; bekommen

3. CLIENTES BIEN INFORMADOS

asociación de consumidores, la	Verbraucherschutz-organisation
asociación, la	Vereinigung; Verband
vajilla, la	Geschirr
vale, el	Gutschein
libreta de ahorro, la	Sparbuch
domiciliar la nómina	Gehalt überweisen lassen; Gehaltskonto einrichten
préstamo, el	Darlehen
matrimonio de conveniencia, la	Vernunftehe
precisamente	*hier:* eben; nun mal
a cambio	dafür; als Gegenleistung
talón, el	Scheck
adelantar	*hier:* vorstrecken
seguro de vida, el	Lebensversicherung
seguro del hogar, el	Hausratversicherung
suponer (ng)	annehmen; *hier:* kosten
fortuna, la	Vermögen
Tarde o temprano...	Früher oder später ...
obvio/a	offensichtlich
cláusula, la	Klausel
incluso	sogar
letra pequeña, la	kleine Schrift
en lugar de	statt; anstatt
a la primera	auf Anhieb; sofort
regatear	handeln; feilschen
ventaja, la	Vorteil
arma, el *f.*	Waffe
precipitado/a	voreilig; überstürzt
oferta, la	Angebot
captar	*hier:* gewinnen
ventajoso/a	vorteilhaft

4. CIRCULAR DE UN BANCO

circular, la	Rundschreiben
Me complace comunicarle...	Es freut mich, Ihnen mitteilen zu können ...
inaugurar	eröffnen
domicilio, el	Wohnsitz
acogedor/a	gemütlich; freundlich
invitar	einladen
sorprender	überraschen
grato/a	angenehm
a disposición	zur Verfügung
Reciba un cordial saludo,	Mit freundlichen Grüßen,
potencial	potenziell
ampliación, la	Erweiterung; Vergrößerung
apertura, la	Eröffnung
tecnología punta, la	Spitzentechnologie
esmerado/a	tadellos; sorgfältig
ininterrumpido/a	durchgehend
tirar	wegwerfen

5. UNA HIPOTECA

piso, el	Wohnung
cuota, la	*hier:* Rate
importe, el	Betrag
cancelación, la	Rückzahlung; Tilgung
anticipado/a	vorzeitig
amortización, la	Tilgung
tipo de interés, el	Zinssatz
tasación, la	Wertbestimmung
porcentaje, el	Prozentsatz
prestado/a	geliehen
ingreso, el	Einzahlung
inmueble, el	Grundstück
devolución, la	Rückzahlung
intereses, los	Zinsen
plazo, el	Frist
estimación, la	Schätzung

6. EXTRACTOS

titular, el/la	Inhaber
moneda, la	Währung
límite, el	*hier:* Kreditlimit
concepto, el	*hier:* Beschreibung; Vorgang
a su cargo	zu Ihren Lasten
a su favor	zu Ihren Gunsten
saldo, el	Saldo
saldo anterior, el	letzter Saldo
mensual	monatlich
adeudar en cuenta	Konto belasten
cargar en cuenta	Konto belasten

7. RECORTE DE GASTOS

recorte, el	Kürzung
partida presupuestaria, la	Budgetposten
reducir (zc)	reduzieren
alquiler, el	Miete
limpieza, la	Reinigung
vigilancia, la	Überwachung; Aufsicht
mensajero/a, el/la	Kurier; Bote/in
mensajeros	Kurierdienst
reparación, la	Reparatur
equipamiento, el	Ausstattung
medidas de ahorro, las	Sparmaßnahmen
ahorro, el	Sparen
recortar	kürzen
central, la	Zentrale
delegación, la	Filiale
delicado/a	*hier:* heikel
tras	nach; nachdem
reunido/a	versammelt
adoptar medidas	Maßnahmen treffen
fin, el	Zweck; Ziel
al máximo	maximal
durante lo que va de año	im Laufe dieses Jahres
incrementado/a	gestiegen
justificarse	gerechtfertigt sein
hacer un esfuerzo	sich bemühen; sich anstrengen
apagar	ausschalten
jornada laboral, la	Arbeitstag
ausencia, la	Abwesenheit
prolongado/a	*hier:* länger
eliminar	eliminieren
superfluo/a	unnötig
decorativo/a	dekorativ
combustible, el	Kraftstoff
salvo	außer
gastos de representación, los	Repräsentationskosten; Aufwandskosten
lujoso/a	luxuriös

8. CUESTIÓN DE DÍAS

pedir (i) dinero prestado	Geld ausleihen
reclamar	anmahnen
excusa, la	Ausrede
de verdad	ehrlich, wirklich
ser cuestión de días	eine Sache von Tagen sein
cuestión, la	Sache; Frage
credibilidad, la	Glaubwürdigkeit

9. BUENOS PROPÓSITOS

buenos propósitos, los	gute Vorsätze
proponerse algo	sich etwas vornehmen

TAREA. EL MEJOR BANCO

tener intención de	die Absicht haben
llevar a cabo	realisieren; durchführen
próximo/a	nächste
hacer reformas	renovieren
reforma, la	*hier:* Renovierung
hacer realidad	verwirklichen
plan, el	Plan

pedir un crédito	einen Kredit beantragen
comisión de apertura, la	Bereitstellungsprovision
gastos de tramitación, los	Bearbeitungskosten
fijo/a	fest
amortización parcial, la	Teiltilgung
cancelación anticipada, la	vorzeitige Rückzahlung
quitar el sueño	den Schlaf rauben
parecerse (zc)	ähnlich sein
préstamo vivienda, el	Wohnungsdarlehen
detalle, el	Detail
interés variable, el	variable Zinsen
ajustar	anpassen
acceso, el	Zugang
suplementario/a	zusätzlich
fusión, la	Fusion
finalidad, la	Zweck
seguir (i) confiando en...	weiter vertrauen
arrepentirse (ie)	bereuen
confianza, la	Vertrauen
a su medida	maßgeschneidert
envidiable	beneidenswert
declaración de bienes, la	Vermögenserklärung
bienes, los	Vermögen
declaración de la renta, la	Steuererklärung
renta, la	*hier:* Einkommen
concesión, la	Gewährung
trimestral	vierteljährlich
semestral	halbjährlich
presentar la documentación	Unterlagen einreichen
documentación, la	Unterlagen; Dokumente
trabajar por cuenta ajena	nicht selbstständig arbeiten; angestellt sein
trabajar por cuenta propia	selbstständig arbeiten
licencia de alta fiscal, la	Gewerbeanmeldung

GRAMÁTICA

decidir	entscheiden
a cambio de	als Gegenleistung für; dafür, dass
en su lugar	*hier:* anstelle von Ihnen; für Sie

6. SALONES Y FERIAS

feria, la	Messe
salón, el	*hier:* Ausstellung
Pretérito Pluscuamperfecto, el	Plusquamperfekt
creencia, la	Meinung; Glaube
equivocado/a	irrtümlich; falsch
faltar	fehlen
sobrar	zu viel sein; überzählig sein
en primer lugar	als Erstes; an erster Stelle
además	außerdem
por ejemplo	zum Beispiel
sin duda alguna	zweifellos
ya que	denn; da
por una parte	einerseits; auf der einen Seite
así pues	folglich; also
de repente	plötzlich
total, que...	also; folglich

1. EL STAND

stand, el	(Messe)stand
cartel, el	Plakat
panel, el	Paneel; Stellwand
almacén, el	Lagerraum
papelera, la	Papierkorb
expositor, el	Ausstellungsvitrine
perchero, el	Garderobenständer
ajustarse (a)	*hier:* entsprechen
maceta, la	Blumentopf
telefónicamente	telefonisch
edición, la	Ausgabe U6_1
aprovechar la ocasión	die Gelegenheit nutzen
detallar	*hier:* aufführen
grafismo, el	grafische Darstellung
azafata, la	*hier:* Hostess
jardinería, la	*hier:* Pflanzen

2. UN SALÓN INTERNACIONAL

paso, el	Schritt
consolidar	konsolidieren
posición, la	Position
PYME, la (Pequeña y Mediana Empresa)	KMU (kleine und mittlere Unternehmen)
bisutería, la	Modeschmuck
rotundamente	rundweg; entschieden
dar a conocer	bekannt machen
aceptación, la	*hier:* Akzeptanz
presencia, la	*hier:* Präsenz
hasta entonces	bis dahin
generar	einbringen
Nos lo habíamos planteado...	Wir hatten es in Erwägung gezogen ...
plantearse	in Erwägung ziehen
circunstancia, la	Umstand
invertir (ie)	investieren
acudir (a)	gehen
atribuir (y)	zurückführen; zuschreiben
tener claro que	klar haben, dass
preparación, la	Vorbereitung
intenso/a	intensiv
trato al cliente, el	Kundenumgang; Kundenbetreuung
servicio anexo, el	Zusatzdienstleistung
reunir	zusammentragen
apostar fuerte	viel einsetzen; sich stark engagieren
ajustado/a	knapp
observación, la	Beobachtung
carencias, las	Mängel

3. PROBLEMAS TÉCNICOS

visitante, el/la	Besucher/in
oler (a)	riechen (nach)
mancharse	schmutzig werden
pintar	malen
bote, el	Dose
pintura, la	Farbe
transportar	*hier:* tragen
desaparecer (zc)	verschwinden

4. UN STAND DE PERÚ

lago, el	See
sobre el nivel del mar	über dem Meeresspiegel
por encima	über
adobe, el	Luftziegel; Lehmziegel
profundo/a	tief
plata, la	Silber
continente, el	Kontinent
cordillera, la	Gebirgskette

5. UN INFORME

evaluar	beurteilen; bewerten
contenido, el	Inhalt
introducción, la	Einführung
conclusión, la	Schlussfolgerung; Fazit
preciso/a	präzise; genau
cifra, la	Zahl; Ziffer
participación, la	Teilnahme
expositor/a, el/la	Aussteller/in
subrayar	unterstreichen; betonen
acreditado/a	*hier:* zugelassen
piel, la	*hier:* Pelz; Leder
relativo a	bezüglich
paralelo/a	parallel
desfile, el	*hier:* Modenschau
aumento, el	Zunahme
tarifa, la	Tarif; Preis
frente a	gegenüber
derechos de inscripción, los	Anmeldegebühren
desplazar	*hier:* hinschicken
compensar	kompensieren
alrededor de	rund
moda, la	Mode
confección, la	Konfektion
darse a conocer	sich vorstellen
concluir (y)	(ab)schließen
para concluir	zum Abschluss
estoy convencido de que...	ich bin davon überzeugt, dass ...

6. UNA ENCUESTA

encuesta, la	Umfrage
novedad, la	Neuheit

7. ANÉCDOTAS

anécdota, la	Anekdote
un montón	sehr viel; eine Menge
tardísimo	sehr spät
golpe, el	Stoß
caer al suelo	auf den Boden fallen
romperse	kaputt gehen
a toda prisa	in aller Eile
asiento trasero, el	Rücksitz
enfadarse	böse werden
envolver (ue)	*hier:* einbetten; umgeben
real	real
inventado/a	erfunden
grito, el	Schrei

8. ESTE STAND ES UN DESASTRE	
animar	motivieren; ermutigen
por otra (parte)	auf der anderen Seite; andererseits
por eso	deshalb
por último	als Letztes; schließlich
TAREA. DESPUÉS DE LA FERIA	
tener lugar	stattfinden
localizado/a	*hier*: platziert
iluminación, la	Beleuchtung
regular	*hier*: mittelmäßig
señalización, la	Beschilderung
bilingüe	zweisprachig
trilingüe	dreisprachig
lanzar	*hier*: auf den Markt bringen
GRAMÁTICA	
relatar	schildern; berichten
mientras	während
independizarse	unabhängig werden
pasar	passieren
desastre, el	Unglück
en lo referido a	was ... betrifft; bezüglich
en cuanto a	was ... betrifft; bezüglich
cabe señalar que	muss darauf hingewiesen werden, dass
tal como	wie
por un lado	auf der einen Seite; einerseits
aunque	obwohl; auch wenn
así que	also
para concluir	zum Abschluss

7. INTERNET

diseño, el	*hier*: Aufbau
página web, la	Webseite
desde	seit
igual de... que	so ... wie
tan... como	so ... wie
más	mehr
menos	weniger
desear	wünschen
esperar	*hier*: hoffen
preferencias, las	Vorlieben
sugerir (ie)	anregen; vorschlagen
proponer	vorschlagen
merecer (zc) la pena	sich lohnen
es básico que	es ist grundlegend, dass
es fundamental que	es ist grundlegend, dass
es importante que	es ist wichtig, dass
es útil que	es ist nützlich, dass
1. INTERNET Y LAS EMPRESAS	
previo/a a	vor
diario, el	Tagebuch
comentario, el	Kommentar
cita, la	*hier*: Verweis
difundir	verbreiten
mediante	mittels
archivo de sonido, el	Audiodatei
descargar	herunterladen
coeditar	mitherausgeben
colgar (ue)	*hier*: stellen; hinterlegen
anuncio clasificado, el	Inserat; Anzeige
red, la	Netz
procesador de texto, el	Textverarbeitungssystem
plataforma, la	Plattform
atractivo/a	attraktiv
navegación, la	Surfen
sencillo/a	einfach
menú, el	Menü
claro/a	klar
internauta, el/la	Internetsurfer/in
abrirse un lugar	sich Präsenz verschaffen
ciberespacio, el	Cyberspace
lo ideal es que...	das Ideale ist
creación de marca, la	Markenentwicklung
convincente	überzeugend
resultar	sein
ser más económico/a	ökonomischer sein
banner, el	Banner
ser el/la más tradicional	der/die Traditionellste sein
promoción, la	Werbung; Verkaufsförderung
margen superior, el	oberer Rand
margen inferior, el	unterer Rand
movimiento, el	Bewegung
foro, el	Forum
2. INTERNET Y TÚ	
conectarse a internet	ins Internet reingehen/ reinkommen
conexión, la (a internet)	Verbindung; Zugang
chat, el	Chat
enlace, el	Link
navegar	surfen
hacer clic	klicken
clic, el	Klick
3. DIRECCIONES ELECTRÓNICAS	
minúscula, la	Kleinbuchstabe; klein
barra, la (/)	Schrägstrich
uve doble, la	w (Buchstabe)
guión, el (-)	Bindestrich
guión bajo, el (_)	Unterstrich
mayúscula, la	Großbuchstabe; groß
arroba, la (@)	Klammeraffe; At
dos puntos, los (:)	Doppelpunkt
4. UNA PÁGINA WEB	
alcanzar	erreichen
cumbre, la	Gipfel
buzón, el	Briefkasten; *hier*: Mailbox
barra del menú, la	Menüleiste
confuso/a	konfus
dar la impresión de...	den Eindruck erwecken
captar la atención	Aufmerksamkeit erwecken
atención, la	Aufmerksamkeit
5. NETGOURMET	
estar conforme con	einverstanden sein mit
fondo (editorial), el	(Verlags)bestand
pantalla, la	Bildschirm
chef, el	Chefkoch; Küchenchef
portada (de libro), la	Titelbild; Umschlagbild
disponer (ng)	anordnen
visible	sichtbar
visual	visuell; optisch
asimismo	ebenfalls
con la mayor brevedad posible	baldmöglichst
brevedad, la	Kürze
6. ¿CÓMO ESTÁN?	
servidor, el	Server
en teoría	theoretisch
ordenador, el	Computer
no haber línea	keine Verbindung haben
tercera edad, la	Rentenalter; Rentner/in
programas de mensajería instantánea, los	Programme für sofortige Nachrichtenübermittlung (Instant Messenger)
más que nunca	mehr denn je
repartido/a	verteilt
desesperado/a	verzweifelt
arruinado/a	ruiniert
estar agotado/a	erschöpft sein
¿De verdad?	Wirklich?
7. ¿QUÉ HACES POR INTERNET?	
chatear	chatten
8. UNA PÁGINA WEB PARA ESTUDIANTES	
logotipo, el	Logo
De acuerdo.	Einverstanden.
sugerente	anregend; interessant
beca, la	Stipendium
encima de	über; auf
debajo de	unter
esquina, la	Ecke
arriba	oben
abajo	unten
horizontal	waagerecht
vertical	senkrecht
9. CAMBIOS EN LA WEB	
encargar	bestellen
encargo, el	Bestellung
plato del día, el	Tagesgericht
hoja de pedido, la	Bestellschein
numeroso/a	zahlreich
prolongar	verlängern
acumular puntos	Punkte ansammeln
gratuito/a	kostenlos
TAREA. UNA NUEVA WEB	
viable	machbar
público meta, el	Zielgruppe
residencia para animales, la	Tierheim
asistencia sanitaria, la	ärztliche Betreuung
sanitario/a	gesundheitlich
despedida de soltero/a, la	Polterabend
banquete, el	Bankett

floristería, la	Blumengeschäft
servicio de jardinería, el	Gartendienst
a domicilio	frei Haus
borrador, el	Entwurf
localización, la	*hier:* Anordnung
icono, el	Icon; Symbol
tal y como hablamos	wie besprochen
pauta, la	Richtlinie

GRAMÁTICA

dar una opinión	eine Meinung abgeben
portátil, el	Laptop
impulsar	fördern; anregen
zona rural, la	ländliches Gebiet
tener acceso a internet	Zugang zum Internet haben
pretender	beabsichtigen
registrarse	sich registrieren
datos, los	Daten
es esencial que	es ist grundlegend, dass
contenidos, los	Inhalte
plan estratégico, el	strategischer Plan
correr riesgos	Risiken eingehen
renovado/a	erneuert
comparar	vergleichen
ágil	schnell; flink
más ágil que	schneller als
multiplicarse	sich vervielfachen
apoyo, el	Unterstützung
versátil	vielseitig
detractor/a, el/la	Gegner/in; Verleumder/in
superior	obere/r/s
inferior	untere/r/s

8. CORRESPONDENCIA COMERCIAL

correspondencia, la	Korrespondenz; Schriftverkehr
destinatario, el	Empfänger
lugar, el	Ort
fórmula, la	Formel
envío, el	Versand; Sendung
petición, la	Anfrage
especificar	angeben
despedida, la	*hier:* Schlussformel
si	wenn
en el caso de que	falls
siempre y cuando	vorausgesetzt
interrumpir	unterbrechen
pedir una aclaración	nachfragen
tranquilizar	beruhigen
No se preocupe	Machen Sie sich keine Sorgen
resaltar	hervorheben; betonen
marcador	Diskursmarker
conversacional, el	
claro	klar; natürlich
efectivamente	hier: gewiss
Fíjate/Fíjese	Schau/Schauen Sie

1. ¿DISEÑO COLECTIVO?

influir (y)	beeinflussen
presentación, la	hier: Gestaltung; Aufmachung
fijarse en	achten auf
impacto, el	Wirkung
redactado/a	gut verfasst
redacción, la	Abfassung
integrar	hier: beinhalten; bestehen aus
referencia, la (ref.)	hier: Zeichen
asunto, el	Betreff
s/ref. = su referencia	Ihr Zeichen
n/ref. = nuestra referencia	unser Zeichen
renovar (ue)	erneuern
material de papelería, el	Papiermaterial
membrete, el	Briefkopf

2. CONDICIONES DE VENTA

mercancía, la	Ware
letra bancaria, la	Bankwechsel
descuento, el (Dto.)	Rabatt; Skonto
catálogo, el	Katalog
acusar recibo	den Empfang bestätigen
notificar	mitteilen
Nos complace...	Wir freuen uns ...
efectuarse	erfolgen
al contado	bar
letra de cambio, la	Wechselbrief
IVA, el = Impuesto sobre el Valor Añadido	MwSt. = Mehrwertsteuer
días hábiles, los	Arbeitstage
convenir (ie)	hier: genehm sein; den Wünschen entsprechen
adjunto/a	beiliegend
garantía, la	Garantie
rigidez, la	Striktheit
puntualmente	pünktlich
problemas de liquidez, los	Liquiditätsprobleme
liquidez, la	Liquidität
impagado/a	unbezahlt
cierto/a	gewiss
riesgo, el	Risiko
pagaré, el	Schuldschein
adicional	zusätzlich

3. UNA NEGACIÓN

confeccionar	anfertigen
llegar a un acuerdo	sich einigen; eine Vereinbarung treffen
Me lo pone difícil.	Das ist schwierig.
gama, la	Palette
garantizar	garantieren

4. UN PEDIDO

CIF, el = Código de Identificación Fiscal	Steuernummer
unidad, la (/u.)	Stück
fecha de factura, la (f.f.)	Rechnungsdatum
imprescindible	unbedingt erforderlich
razón social, la	Firma
sin número (s/n)	ohne Nummer
firmado (Fdo.)	gezeichnet (gez.)
imprenta, la	Druckerei
remitir	senden

5. UNA CARTA EFICAZ

apartado (de correos), el	Postfach
hacer efectivo	ausführen
descuido, el	Versehen
lo antes posible	so schnell wie möglich
tener en consideración	berücksichtigen
verse obligado/a (a)	sich gezwungen sehen
ascender (ie) (a)	betragen
comprometerse	sich verpflichten
ante	angesichts
vía judicial, la	Rechtsweg

6. UNA HOJA DE PEDIDO

dirección (postal), la	Anschrift
portes debidos, a	unfrankiert
género, el	Stoff; Ware
por medio de	durch; mit
precio unitario	Stückpreis
precio total	Gesamtpreis
Recibí conforme:	Empfangsbestätigung
Negarse (ie) (a)	sich weigern

7. LA CESTA DE NAVIDAD

frecuente	üblich; häufig
cesta (de Navidad), la	(Weihnachts)korb
obsequiar	beschenken
donación, la	Spende
ONG, la = Organización No Gubernamental	nichtstaatliche Organisation
gusto, el	Geschmack
El gusto es nuestro	Ganz unsererseits
canjear por un valor de	einlösen für einen Wert von
obsequio, el	Geschenk
obsequio navideño/a	Weihnachtsgeschenk
por este motivo	aus diesem Grund
efectuar	vornehmen
gesto, el	Geste
prosperidad, la	Glück; Wohlstand

8. UN REGALO PARA TUS CLIENTES

correr a cargo (de)	zu jds. Lasten gehen
cerrar (ie) un trato	zu einer Einigung kommen

TAREA. MÁS INFORMACIÓN

a medida	maßgeschneidert
piso compartido, el	Wohngemeinschaft
inmersión, la	Immersion; Eintauchen
jurídico/a	juristisch
nativo/a	*hier:* muttersprachlich
didáctica, la	Didaktik
altamente cualificado/a	hoch qualifiziert
gastronomía, la	Gastronomie
prueba de nivel, la	Einstufungstest
ubicación, la	Lage; Standort
matrícula, la	Einschreibung
A la espera de sus noticias,	In Erwartung Ihrer Nachrichten

GRAMÁTICA

Estimado/a Sr./a.	Sehr geehrter/-e Hr./Fr.
Muy señor/a mío/a	Sehr geehrter/-e Hr./Fr.

Muy señores/as mios/as	Sehr geehrte Damen und Herren
Querido/a	Lieber/-e
Distinguido/a Sr./a	Sehr geehrter/-e Hr./Fr.
En respuesta a	In Beantwortung
Con referencia a	Mit Bezug auf
De acuerdo con	Gemäß
aplicar	zugrunde legen; anwenden
Esperando sus noticias	In Erwartung Ihrer Nachrichten
Cordialmente	Mit freundlichen Grüßen
Sin otro particular	Ich/Wir verbleibe/n
Le/les saluda atentamente	Mit freundlichen Grüßen
Lo cierto es que	Ehrlich gesagt
Perdone,	Entschuldigen Sie
Lo siento, pero	Es tut mir leid, aber
Exacto.	Genau.
Mira/e,	Schau/Schauen Sie

9. ESTRATEGIAS DE PUBLICIDAD

idear	entwerfen; planen
campaña publicitaria, la	Werbekampagne
a lo mejor	vielleicht
tal vez	vielleicht
quizás	vielleicht
puede que	es kann sein, dass
es probable que	es ist wahrscheinlich, dass
me parece que	ich finde, dass
me da la impresión de que	ich habe den Eindruck, dass
no me parece que	ich finde nicht, dass
no considero que	ich bin nicht der Meinung, dass
no creo que	ich glaube nicht, dass
no pienso que	ich denke nicht, dass
desde luego	natürlich
de ninguna manera	auf keinen Fall

1. ÉL NUNCA LO HARÍA

cartel, el	Plakat
soporte publicitario, el	Werbeträger
cuña, la	Werbespot
valla publicitaria, la	Reklametafel
abandonar	*hier:* aussetzen
sensibilizar	sensibilisieren
anunciante, el/la	Werbende
nacer	*hier:* ins Leben rufen
defender (ie)	verteidigen; eintreten für
tratarse (de)	sich handeln (um)
preocuparse (por)	sich kümmern (um)
animal de compañía, el	Haustier
en último término	letztendlich
reflejar	widerspiegeln
realidad, la	Realität; Wirklichkeit
terrible	schrecklich
abandono, el	*hier:* Aussetzung
impresionar	beeindrucken
recién	soeben
dueño/a, el/la	Besitzer/in
dar mucho que hablar	viel von sich reden machen
al principio	am Anfang
pegar	(an)kleben
colaborar	mitwirken; zusammenarbeiten
voluntariamente	freiwillig
ampliar	ausdehnen
programar	programmieren
gracias a	dank
estrenarse	*hier:* zum ersten Mal senden
rentable	rentabel

2. CAMPAÑAS PUBLICITARIAS

publicidad comparativa, la	vergleichende Werbung
comparativo/a	vergleichend
desventaja, la	Nachteil
rechazo, el	Ablehnung
atacar	angreifen
adversario/a, el/la	Gegner/in
mencionar	erwähnen
competidor/a, el/la	Mitbewerber/in
champú, el	Shampoo
caspa, la	Schuppen
mal olor, el	schlechter Geruch
polémica, la	Polemik
prevenir	vorbeugen; verhüten
accidente de tráfico, el	Verkehrsunfall
tráfico, el	Verkehr
escena, la	Szene
dramático/a	dramatisch
espectador/a, el/la	Zuschauer/in
provocativo/a	provokativ
campaña de intriga, la	Teaser-Kampagne
sentirse (ie)	sich fühlen
perdido/a	verloren
sentirse perdido	sich nicht zurechtfinden
actitud, la	Haltung; Einstellung
mostrar (ue)	zeigen
dejarse influir por los demás	sich von anderen beeinflussen lassen
vínculo, el	Verbindung
prevención, la	Vorbeugung
obesidad, la	Übergewicht; Fettleibigkeit

3. REACCIONES

reacción, la	Reaktion
a favor	zugunsten; pro
consumidor/a, el/la	Verbraucher/in
informado/a	informiert
¡Claro!	Natürlich!
¡Qué va!	Ach was!
aportación, la	Beitrag
Yo no diría tanto.	So weit würde ich nicht gehen.
responder a las necesidades	den Bedürfnissen entsprechen
sociedad, la	Gesellschaft
en contra	gegen; kontra
engañar	belügen
así	so
radical	radikal
estar a favor (de)	für (etwas) sein
estar en contra (de)	gegen (etwas) sein
fanático/a, el/la	Fanatiker/in
contigo	mit dir
demasiado/a	zu viel
confiado/a	vertrauensselig
inevitable	unvermeidbar
a ciegas	blind
concienciado/a	sensibilisiert; bewusst
combativo/a	kämpferisch
solución intermedia	Zwischenlösung
luchar	kämpfen
inútil	vergeblich; zwecklos
contar (ue)	erzählen
postura moderada, la	gemäßigte Einstellung
¡Cuidado!	Vorsicht!
crítico/a	kritisch

4. CAMPAÑAS PUBLICITARIAS

notarse	wahrnehmen; spüren
acta, el *f.*	Protokoll
presente	anwesend
desconcertar (ie)	verunsichern; irritieren
por su parte	seinerseits
atraer	anlocken; anziehen
amplio/a	breit
opinar	meinen
sondeo, el	Umfrage
al respecto	diesbezüglich
Gerencia, la	Geschäftsführung

5. HIPÓTESIS

repartir	verteilen
rodar (ue)	drehen
¡Qué raro!	Komisch!

6. UNA CAMPAÑA

mensajería, la	Kurierdienst
cobertura, la	*hier:* Verbreitung
limitación, la	Einschränkung
influencia, la	Einfluss
semanario, el	Wochenzeitung
poder adquisitivo, el	Kaufkraft
reproducción la	Wiedergabe
lector/a, el/la	Leser/in
televisión de ámbito estatal, la	staatliches Fernsehen
spot, el	Spot
sobremesa, la	*hier:* (nach)mittags
audiencia, la	Einschaltquote
área, el	Stadtgebiet
sobre la marcha	kurzfristig; bei Bedarf
perseguido/a	angestrebt

7. CUÑAS DE RADIO

promocionar	promoten; werben für

8. TENDENCIAS

adelgazar	abnehmen
producto que adelgaza	Produkt zum Abnehmen
disminuir	sich verringern

protagonista, el/la	Protagonist/in
juguete bélico	Kriegsspielzeug

9. ¿DÓNDE ESTARÁ? ¿QUÉ LE HABRÁ PASADO?

de uno en uno	einzeln

10. ¿Y TÚ QUÉ OPINAS?

buzoneo, el	Briefkastenwerbung
imponer	aufdrängen; aufzwingen
no tener nada que ver...	nichts zu tun haben ...
obra humanitaria, la	humanitäres Werk
Hombre, ...	*hier:* Also, ...

11. UNA CAMPAÑA DE INTRIGA

frontera, la	Grenze

TAREA. CAMPAÑA PUBLICITARIA PARA LA ESCUELA

tipo de letra, el	Schrifttyp

GRAMÁTICA

estar despierto/a	wach sein
seguro que	sicher(lich)
ejemplar, el	Exemplar
videojuego, el	Videospiel
artículo, el	Artikel
seguramente	sicherlich
hipótesis, la	Hypothese
poner énfasis	Nachdruck verleihen
sin (ninguna) duda	ohne (jeglichen) Zweifel
brusco/a	brüsk; schroff

10. SEGUROS

indemnización, la	Entschädigung; Schadenersatz
compañía de seguros, la	Versicherungsgesellschaft
algo	etwas
algún	irgendein
ningún	kein
cualquier	irgendein; beliebig
recomendar (ie)	empfehlen
recalcar	betonen; unterstreichen
juzgar	(be)urteilen
me parece bien	ich finde (es) gut
me parece mal	ich finde (es) schlecht

1. TIPOS DE SEGUROS

seguro de asistencia sanitaria, el	Krankenversicherung
asistencia médica, la	ärztliche Betreuung
quirúrgico/a	chirurgisch
asistencia hospitalaria	Krankenhausbetreuung
libre elección, la	freie Wahl
lista de espera, la	Warteliste
límite de edad, la	Altersgrenze
atención domiciliaria, la	Hausbesuch
seguro de automóvil, el	Kfz-Versicherung
seguro de responsabilidad civil, el	Haftpflichtversicherung
seguro a terceros, el	Haftpflichtversicherung
seguro a todo riesgo, el	Vollkaskoversicherung
ilimitado/a	uneingeschränkt
defensa jurídica, la	Rechtsverteidigung
asistencia en viaje, la	Pannen- und Unfallhilfe
ocupante, el/la	Insasse/-in
sufrir daños	Schäden erleiden
daños, los	Schäden
asegurado/a	Versicherte
suyos, los	*hier:* Ihre Familie
compatible	kompatibel
póliza, la	Police
en caso de	im Fall von
fallecimiento, el	Tod
invalidez, la	Invalidität
seguro multirriesgo del hogar	verbundene Gebäude- und Hausratversicherung
incendio, el	Brand
robo, el	Diebstahl
inundación, la	Überschwemmung
derivar	sich ergeben; resultieren
búsqueda, la	Suche
avería, la	Schaden
amplísimo/a	sehr umfangreich
rodear	umgeben
los que le rodean	Ihre Umgebung
daño corporal, el	körperlicher Schaden
causado/a	verursacht
terceras personas	Dritte
daño material, el	Sachschaden
responsabilidad civil familiar, la	Familienhaftpflicht
actuación, la	*hier:* Funktion
cabeza de familia, el	Familienoberhaupt
depender legalmente de alguien	rechtlich von jemandem abhängen
animal doméstico, el	Haustier
inquilino/a, el/la	Mieter/in

2. RECADOS

gabinete de abogados, el	Anwaltskanzlei
grave	ernst
felicidades	(herzlichen) Glückwunsch
llamar para quedar	anrufen, um sich zu verabreden
valoración, la	Bewertung; Beurteilung
aclarar	erläutern
a primera hora	früh am Morgen
fijar	vereinbaren; festlegen

3. ME ASEGURARON QUE...

furioso/a	wütend
provocar	*hier:* verursachen
grifo, el	Hahn
perito/a, el/la	Sachverständige
asegurar que	versichern, dass
cubrir los daños	Schäden decken
asegurado/a, el/la	Versicherte
domicilio habitual, el	Hauptwohnsitz
asegurador/a, el/la	Versicherungsgeber/in
suscribir	abschließen
dar la razón	Recht geben
reembolso, el	Rückerstattung
responder de	haften
compañía aseguradora, la	Versicherungsgesellschaft
establecido/a	festgesetzt
responsabilizarse de	Haftung übernehmen für

4. LO QUE SE DIJO EN LA REUNIÓN

asesoría jurídica, la	Rechtsberatung
ramo, el	Branche
discutir	diskutieren
conflictivo/a	konfliktiv
mostrarse (ue) contrario/a a	gegen (etwas) sein
siniestro, el	Schadensfall
advertir (ie)	hinweisen; warnen
protección de datos, la	Datenschutz
prudente	vorsichtig
adoptar una decisión	eine Entscheidung treffen
consultar con	sich beraten lassen
ser partidario/a de...	etwas befürworten
salir favorecido/a	begünstigt werden
salir perjudicado/a	beeinträchtigt werden

5. SEGUROS

roto/a	kaputt
esquiar	Ski fahren
instalación, la	Installation
inundarse	überschwemmt werden
revisión médica, la	medizinische Untersuchung
morder (ue)	beißen
robar	stehlen

6. MENSAJES

7. SEÑALES DE VIDA

señales de vida	Lebenszeichen
recorrer todos los rincones	alle Ecken abklappern
marcha, la	*hier:* viel los sein
caerse	(hin)fallen
hacerse daño	sich wehtun
rodilla, la	Knie
reposo, el	Erholung
menos mal que	ein Glück, dass
seguro de viaje, el	Reiseversicherung
prórroga, la	Verlängerung
animarse	sich aufraffen; sich entschließen
en serio	im Ernst
transporte marítimo, el	Seetransport
eternamente	ewig
bárbaro/a	großartig
equivocarse	sich irren
por si acaso	für alle Fälle

8. UN SEGURO POR 50 MILLONES DE EUROS

asegurar	versichern
delantero, el	*hier:* Stürmer
estar en condiciones	*hier:* in der Lage sein
de afrontar	abzuschließen
dar vueltas a la idea	mit dem Gedanken spielen
sucesor, el	Nachfolger
mítico/a	mythisch; legendär
cuantía, la	Höhe; Betrag
sobrenombre, el	Spitzname

pulga, la	Floh
asumir	übernehmen
antecedentes	Vorgänger
portero, el	Torwart
especie, la	Art
mamífero, el	Säugetier

TAREA. UNA INDEMNIZACIÓN

oyente, el/la	Hörer/in
consultorio jurídico, el	Rechtsberatung
exclusión, la	Ausschluss
excepción, la	Ausnahme
el presente contrato	der vorliegende Vertrag
cruzar	überqueren; passieren
aduana, la	Zollstelle
barco, el	Schiff
iniciar	*hier*: antreten
regresar	zurückkehren
lugar de origen, el	Herkunftsort
expresamente	ausdrücklich
excluido/a	ausgeschlossen
acciones, las	Aktien
causante, el/la	Verursacher/in
asegurador secundario	Zweitversicherer
previa presentación	nach Vorlage
procedimiento, el	Verfahren
rellenar el impreso	den Vordruck ausfüllen
comprobante de compra, el	Kaufbestätigung
denuncia, la	Anzeige
cuando proceda	gegebenenfalls
cualificado/a	qualifiziert
antigüedad, la	Alter
escala, la	Skala; Staffel

GRAMÁTICA

vigente	gültig
tener prisa	es eilig haben
perder el avión	das Flugzeug verpassen
llegar tarde	(zu) spät kommen
deseo, el	Wunsch
mandato, el	Befehl; Aufforderung
retomar	wiedergeben
recordar (ue)	erinnern
insistir	betonen; beharren
negar (ie)	verneinen
comentar	kommentieren; erläutern
felicitar	beglückwünschen
tener cuidado	vorsichtig sein
dar miedo	Angst machen
compartir	teilen
cobertura legal, la	rechtliche Deckung
emitir un juicio de valor	ein Werturteil abgeben
penalizar	bestrafen
cuanto más..., más	je mehr ... desto
prima, la	Prämie
nulo/a	nicht vorhanden; gleich null
ser compatible con	kompatibel sein mit

11. PRESENTACIONES Y CONFERENCIAS

qué	was; welche/r/s
cuál	welche/r/s
alguien	jemand
cualquiera	jeder; jedermann
¿Seguimos?	Machen wir weiter?
quisiera dar las gracias a...	ich möchte mich gern bei ... bedanken
implicar	einbeziehen
¿Se me oye bien?	Hört man mich gut?
¿Alguna pregunta...?	Haben Sie/habt ihr Fragen?

1. MATERIAL DE APOYO

colega, el/la	Kollege/-in
pizarra, la	Tafel
retroproyector, el	Overheadprojektor
transparencia, la	Folie
micrófono, el	Mikrofon
reproductor de DVD, el	DVD-Player
cañón de proyección, el	Beamer

2. BUENOS DÍAS A TODOS

antes de nada	zuallererst

3. INFORMACIÓN SOBRE LA EMPRESA

predecir	vorhersagen
facturación, la	Umsatz
guión, el	Konzept; Gliederung
gráfico, el	Grafik
turno de preguntas, el	Fragerunde
vocación, la	Ausrichtung; Berufung
curva, la	Kurve
ascendente	steigend
ejercicio, el	Geschäftsjahr
con mucho gusto	(sehr) gerne
zapatillas, las	*hier*: Sportschuhe
ameno/a	unterhaltsam; lebendig
abstracto/a	abstrakt

4. UNA EXPOSICIÓN EN CLASE

exposición, la	Vortrag
titularse	den Titel haben
siesta, la	Siesta
despertar (ie)	aufwachen
cerebro, el	Gehirn
dormirse (ue)	einschlafen
franquicia, la	Franchising
antiestrés	Antistress
producto estrella, el	Starprodukt
antifatiga	gegen Müdigkeit wirkend
doctor/a, el/la	Herr/Frau Doktor
especialista, el/la	Spezialist/in; Fachmann/-frau
transtorno del sueño, el	Schlafstörung
ergonómico/a	ergonomisch
colocarse	*hier*: sich setzen
tocar	berühren
suelo, el	Boden
cálido/a	warm
relajación, la	Entspannung
por lo que respecta a	hinsichtlich
sedentario/a	*hier*: im Sitzen; ohne Bewegung

aprovechar	nutzen
recuperar fuerzas	Energie schöpfen
luchar contra	kämpfen gegen
estimulante	stimulierend
razón de ser, la	Daseinsberechtigung
abrir el turno	die Runde eröffnen
involucrar	einbeziehen

5. UN PROYECTO INTERESANTE

Ciencias Empresariales, las	Betriebswirtschaft
titulado/a, el/la	Absolvent/in
aportar	bringen
merecer (zc)	verdienen
temporalmente	vorübergehend
matricular	einschreiben
burocrático/a	bürokratisch
permiso de trabajo	Arbeitserlaubnis
pasando por	über
padrón, el	Einwohnerverzeichnis
razonable	angemessen

6. MANUAL DE CONSEJOS

manual, el	Leitfaden
cable, el	Kabel
agradar	gefallen; mögen
tropezón, el	Stolpern
numerar	nummerieren
de antemano	im Voraus
quedarse corto de tiempo	nicht genügend Zeit haben
si se queda corto de tiempo	wenn die Zeit knapp wird
abusar de	*hier*: übermäßig viel einsetzen
estadística, la	Statistik
tamaño de letra, el	Schriftgröße
evitar	vermeiden
hacer de más	mehr als erforderlich machen
juego de material, el	Dossier
quedarse en blanco	ein Blackout haben
alternativa, la	Alternative
confesar (ie)	eingestehen
naturalidad, la	Natürlichkeit
sonreír	lächeln
de forma hablada	(frei) gesprochen
de forma leída	abgelesen
apoyarse	sich abstützen

7. EN UNA CONFERENCIA

oral	mündlich
agradecer algo a alguien (zc)	jdm. für etw. danken
orador/a, el/la	Redner/in; Sprecher/in
reformular	wiederholen; wiedergeben
plantear	aufwerfen; stellen
al final	am Ende
idea central, la	Grundgedanke
charla, la	(unförmlicher) Vortrag

8. SE BUSCAN SOCIOS

granja de pollos, la	Hühnerfarm
negocio, el	Geschäft

boda, la	Hochzeit
cumpleaños, el	Geburtstag
capital, el	Kapital
con encanto	mit Charme
restauración, la	Gaststättengewerbe
rural	ländlich
atractivo, el	Attraktivität
alternativo, el	Anziehungspunkt
senderismo, el	Wandern
rutas a caballo, las	Reittouren
salida en barco, la	Schiff- und Bootsfahrten
submarinismo, el	Tauchsport
hectárea, la	Hektar
terreno, el	Grundstück
empresa inversora	Investitionsfirma
particular, el/la	Privatperson
hostal, el	Gasthof; Pension
creatividad, la	Kreativität
dosis, la	Dosis; Menge
inventiva, la	Einfallsreichtum
primordial	vorrangig
asociarse con	sich zusammenschließen mit
montar	aufbauen
convencer	überzeugen

9. DOS DIAPOSITIVAS

auditorio, el	Zuhörerschaft
medio, el	Mittel
diapositiva, la	Dia(positiv)

TAREA. UNA PRESENTACIÓN

proyecto de empresa, el	Firmenprojekt
completar	ergänzen
inversión inicial, la	Anfangsinvestition
emprendedor/a, el/la	Unternehmer/in
concurso, el	Ausschreibung; Wettbewerb
ganar	gewinnen
elección, la	Wahl
agencia matrimonial, la	Heiratsinstitut

GRAMÁTICA

ponencia, la	Vortrag
tener el gusto de presentar a	sich freuen, (jdn.) vorstellen zu können
Es para mí un placer...	Es ist mir ein Vergnügen ...
dar las gracias	sich bedanken
atrás	hinten
Si les parece bien...	Wenn es Ihnen recht ist ...
para terminar	zum Abschluss
designar	sich beziehen auf; bezeichnen
publicista, el/la	Publizist/in
identidad de una cosa, la	*hier*: eine konkrete Sache
adquirir	erwerben

12. FELICITACIONES Y DESPEDIDAS

felicitación, la	Beglückwünschung; Glückwunsch
discurso, el	Rede; Ansprache
acordarse (ue) de	sich erinnern an; denken an
brindar	anstoßen
¡Ojalá!	Hoffentlich!
qué raro que	komisch, dass
nos alegramos de que	wir freuen uns sehr darüber, dass
¡Enhorabuena!	Gratuliere!; Herzlichen Glückwunsch!
muchas felicidades	Herzlichen Glückwunsch

1. FELICIDADES

tratar de	versuchen
cometer	begehen
a donde	in den/die/das; wohin
imaginario/a	eingebildet; irreal
a ninguna parte	nirgendwohin
ligero de equipaje	mit wenig Gepäck
espíritu, el	Geist
inspirar	inspirieren
felicidad, la	Glück
Con nuestros mejores deseos	Mit besten Wünschen
pequeñín, el	Kleine
Un abrazo muy fuerte	Liebe Grüße
señalado/a	wichtig; denkwürdig
obsequiar con	beschenken
depositar confianza en	Vertrauen setzen in/auf
hacerse realidad	sich verwirklichen
dar la enhorabuena	gratulieren
santo, el	Heilige
día del santo, el	Namenstag

2. NO SABES CUÁNTO LO SIENTO...

disculparse (con)	sich entschuldigen (bei)
afortunado/a	*hier*: angemessen
sentar (ie) mal	kränken
sentir (ie) mucho	sehr leidtun
excesivo/a	maßlos
pasar una mala racha	eine Pechsträhne haben
racha, la	Phase; Windböe
desbordar	*hier*: überfordern
pedir perdón	um Entschuldigung bitten
fidelidad, la	Treue
incidencia, la	Zwischenfall
Permítame transmitirle mi más sincero pesar.	Ich möchte Ihnen mein aufrichtiges Bedauern ausdrücken.
sincero/a	aufrichtig; ehrlich
pesar, el	Bedauern
poner en marcha	in Angriff nehmen
a nuestro alcance	uns zur Verfügung stehend
alcance, el	Reichweite
origen, el	Ursache
complejo/a	komplex
espacio aéreo, el	Luftraum
dotar de	ausstatten mit
absorber	absorbieren; *hier*: decken
tráfico aéreo, el	Luftverkehr
comportarse	sich verhalten
terrestre	auf der Erde
colapso, el	Zusammenbruch
gradualmente	allmählich
malas condiciones	schlechter Zustand
cometer un error	einen Fehler begehen

3. CAUSAR BUENA IMPRESIÓN

usos sociales, los	soziale Bräuche
ser de utilidad	nützlich sein
nacimiento, el	Geburt
bebé, el	Baby
jubilación, la	Rente
paga extra, la	Sonderzulage
mensualidad, la	Monatsgehalt
corona de flores, la	Blumenkranz
funeral, el	Beerdigung
cercano/a	nahe stehend

4. UN DISCURSO

buen trato, el	gute Behandlung
estar presente	anwesend sein
chiste, el	Witz
criticar	kritisieren

5. DESEOS Y SENTIMIENTOS

¡A ver si nos toca!	Mal sehen, ob wir gewinnen!
¡Que te mejores!	Gute Besserung!
aprobar (ue)	bestehen
examinarse	eine Prüfung machen; geprüft werden
carné de conducir, el	Führerschein

6. SI FUERA A...

embajada, la	Botschaft
consulado, el	Konsulat
no me apetece ir	ich habe keine Lust, hinzugehen

7. BUENAS NOTICIAS

8. Y AHORA, VAMOS A BRINDAR

echar de menos	vermissen

9. ME GUSTARÍA QUE...

sede, la	Sitz
reglas, las	Regeln

10. RECLAMAR UN SERVICIO

11. ¿Y TÚ QUE DIRÍAS?

qué bien que	wie schön, dass

TAREA. EL DISCURSO DEL ÚLTIMO DÍA DE CLASE

progreso, el	Fortschritt
agradecimiento, el	Danksagung
emotivo/a	gefühlsbetont

GRAMÁTICA

extrañeza, la	Verwunderung
alegrarse de	sich freuen über
tristeza, la	Traurigkeit
dar pena	leidtun; traurig machen
aparato, el	Gerät
ofender	beleidigen
defraudar	*hier*: enttäuschen
en pleno invierno	Mitten im Winter
felicitación de navidad, la	*hier*: Weihnachtskarte

Y ADEMÁS...

1. COMPAÑEROS DE TRABAJO

A.

carrera profesional, la	berufliche Laufbahn
cualidades, las	Fähigkeiten
ocupar un puesto	eine Stelle besetzen
perteneciente a	zugehörig zu
cargo, el	Stelle
comparable	vergleichbar
dificultad, la	Schwierigkeit
complejidad, la	Komplexität
responsabilidad, la	Verantwortung
mediano/a	*hier:* mittelständisch
recepcionista, el/la	Rezeptionist/in
hostelería, la	Hotelwesen
promoción interna, la	interne Beförderung
buena marcha, la	guter Ablauf
mantenimiento, el	Aufrechterhaltung
interlocutor/a, el/la	Gesprächspartner/in
ser clave	entscheidend sein
ascenso, el	beruflicher Aufstieg; Beförderung
traslado, el	*hier:* Versetzung
volumen de negocio, el	Geschäftsvolumen
categoría, la	Kategorie
ser admitido/a	*hier:* einbezogen werden
duro/a	hart
demanda, la	Nachfrage
dar prioridad	Priorität einräumen; den Vorzug geben
contratación, la	Einstellung
deficiencia, la	Mangel
disponibilidad, la	Verfügbarkeit
salario fijo, el	festes Gehalt
progresar	*hier:* erhöht werden
a lo largo de	im Laufe der/des
pagarse por objetivos	nach erreichten Zielen bezahlt werden

B.

trayectoria, la	Werdegang

C.

plantearse	sich stellen

D.

sobrepasar	überschreiten
resolución de problemas, la	Problemlösung
diplomado/a	mit abgeschlossenem Studium

2. DE VIAJE

A.

crucero, el	Kreuzfahrt
foca, la	Seehund
hielo, el	Eis
ballena, la	Wal
bloque, el	Block
explotado/a	erschlossen
en la actualidad	heutzutage
a bordo	an Bord
polar	*hier:* im Polarmeer
recogida de muestras, la	Probensammlung
organismos, los	Organismen
punto de partida, el	Ausgangspunkt
austral	südlich
embarcar	an Bord gehen
buque, el	Schiff; Dampfer
canal, el	Kanal
colonia, la	Kolonie
albatros, el	Albatros
condiciones meteorológicas, las	Wetterbedingungen
admirar	bewundern
inmensidad, la	Unermesslichkeit
desembarcar	an Land gehen
rumbo, el	Richtung
estrecho, el	Meerenge
flotar	treiben
fiordo, el	Fjord
lancha, la	Motorboot
acantilado, el	Steilküste
pared de granito, la	Granitwand
cormorán, el	Kormoran
itinerario, el	Route
nave, la	Schiff
reforzado/a	verstärkt
camarote, el	Kajüte
habilitarse	umgestaltet werden
enfermería, la	Krankenstation
fauna, la	Fauna
tasas aéreas, las	Fluggebühren
buen estado de salud, el	guter Gesundheitszustand
tratamiento médico, el	medizinische Behandlung
estar en forma	in Form sein
condición física, la	körperliche Verfassung
media, la	Durchschnitt
bote neumático, el	Schlauchboot
ola, la	Welle
aparición, la	Auftreten
discurrir	verlaufen
península, la	Halbinsel
propenso/a a	anfällig für
acostarse (ue)	sich hinlegen
cubierta, la	Deck
horizonte, el	Horizont
accesible	zugänglich
pasajero/a, el/la	Passagier/in
rescate, el	Rettung
en alta mar	auf hoher See

3. PRODUCTOS DE AYER Y DE HOY

A.

reportaje, el	Reportage; Bericht
multiescénico	mit mehreren Bühnen
levantado/a	erbaut

B.

intuición, la	Intuition
escenario, el	Bühne
representación, la	Vorstellung
seguimiento, el	Verfolgen
corral, el	(Innen)hof; traditionelle einfache Freilichtbühne im 17. Jh
carpintero/a, el/la	Zimmermann
prestigio, el	Prestige; Ansehen
patio, el	Hof
autor/a dramático/a, el/la	Bühnenautor
descubierto/a	im Freien; unüberdacht
enfrente	gegenüber
camerino, el	Künstlergarderobe
tabla, la	Brett
cortina, la	Vorhang
decorado, el	*hier:* Bühnenbild
puesta del sol, la	Sonnenuntergang
cazuela, la	Topf; Kasserolle
corredor, el	Galerie; Gang
noble	adelig
anonimato, el	Anonymität
temido/a	gefürchtet
actores, los *Pl.*	Schauspieler *Pl.*
actor, el	Schauspieler
actriz, la	Schauspielerin
aplauso, el	Applaus
silbido, el	Pfiff
espectáculo, el	Schauspiel; Veranstaltung
pieza de ballet, la	Ballettstück
tener capacidad para	*hier:* fassen
patio de butacas, el	Parkett
palco, el	Loge; Rang
capaz	in der Lage sein
estar provisto de	ausgestattet sein mit
no obstante	trotzdem; dennoch
asustarse	sich erschrecken
entrada, la	Eintrittskarte
entreacto, el	Pause
festivo, el (día)	Feiertag
despertar expectación	Interesse wecken
Cuaresma, la	Fastenzeit
permanecer (zc) en cartel	auf dem Spielplan bleiben
a viva voz	lautstark
en verso	in Versform
verso, el	Vers
rima, la	Reim
estrofa, la	Strophe
adivinar	erraten
compañía (de teatro), la	(Theater)gruppe
loa, la	im 17. Jh übliche Einführung in ein Theaterstück
entremés, el	kurzes, volkstümliches Zwischenspiel
recitar	rezitieren; vortragen
argumento, el	Handlung
elogio, el	Lobrede
lanzamiento, el	Werfen
obrita, la	kleines Stück
tensión dramática, la	dramatische Spannung
humorístico/a	humoristisch
provocar la risa	zum Lachen bringen
risa, la	Lachen; Gelächter
en aquel entonces	damals; zur damaligen Zeit

C.

programación, la	Programm
obras clásicas, las	klassische Stücke
danza, la	Tanz
centrar la oferta	das Angebot konzentrieren

4. NORMAS EN LA EMPRESA

A.

entorno, el	Umfeld

B.

citar	erwähnen
síndrome, el	Syndrom
mezcla, la	Mischung
candidatura, la	Bewerbung
rasgo distintivo, el	spezifisches Merkmal
estar/sentirse orgulloso de	stolz sein auf
camaradería, al	Kameradschaft
absentismo (laboral), el	Fehlen (am Arbeitsplatz)
rotación, la	Fluktuation
llegar a alcanzar	erreichen
mando intermedio, el	mittlere Führungsebene
orgullo, el	Stolz
igualdad de oportunidades, la	Chancengleichheit
revelador	aufschlussreich
por sí solo/a	für sich genommen
clave, la	Schlüssel
guardería, la	Kindergarten
beneficiarse de	profitieren von
solicitud de trabajo, la	Bewerbung
reducir costes	Kosten reduzieren
lealtad, la	Loyalität
repercutir	sich niederschlagen; sich auswirken
trabajo temporal, el	Zeitarbeit
consultora inmobiliaria, la	Immobilienberatung
auditoría, la	Wirtschaftsprüfung
complementos del hogar, los	Haushaltswaren

C.

índice, el	Quote; Index

5. DINERO

A.

microcrédito, el	Mikrokredit

B.

tan poco/a	so wenig
modalidad, la	Art
aval, el	Bürgschaft
lucha, la	Kampf
pobreza, la	Armut
sustancial	grundlegend
recursos, los	Mittel
subsistir	den Lebensunterhalt bestreiten
fundar	gründen
extremo/a	extrem
bien familiar, el	Wohlergehen der Familie
beneficiario/a, el/la	Nutznießer/in
escolarizado/a	eingeschult
tener acceso a	Zugang haben zu
desfavorecido/a	benachteiligt
valer (g)	*hier:* einbringen
consistir en	bestehen in
sociedad agraria, la	Agrargesellschaft
valor medio, el	Durchschnittswert
taller, el	Werkstatt
carpintería, la	Tischlerei
costura, la	Nähen
trasplantar	übertragen
prioritario/a	vorrangig
iniciativa, la	Initiative
convencional	konventionell

C.

sostenible	nachhaltig
proveer	verschaffen
riqueza, la	Reichtum

D.

habilidades, las	Fähigkeiten

6. SALONES Y FERIAS

A.

acto, el	Veranstaltung

B.

publicaciones, las	Veröffentlichungen
pasillo, el	Gang
agente literario, el/la	Literaturagent/in
bibliotecario/a, el/la	Bibliothekar/in
darse cita	sich einfinden
sumergirse	eintauchen
festival, el	Festival
equivaler (g)	entsprechen
Más allá de las cifras	Über die Zahlen hinaus
patrimonio, el	Erbe
consolidarse	sich konsolidieren
punto de encuentro, el	Treffpunkt
discusión, la	Diskussion
en torno a	*hier:* über
escritor/a, el/la	Schriftsteller/in
anual	jährlich
invitado/a de honor, el/la	Ehrengast
otorgar	verleihen
reconocimiento, el	Anerkennung
autor/a, el/la	Autor/in
distinción, la	Auszeichnung
galardonado/a	ausgezeichnet
mérito, el	Verdienst
homenaje, el	Hommage; Ehrung
urbanismo, el	Stadtplanung
bibliófilo/a, el/la	Bücherliebhaber/in

7. INTERNET

A.

afirmación, la	Aussage
reflexionar	nachdenken
contradicción, la	Widerspruch
reflexión, la	Überlegung
inestimable	unschätzbar
discapacidad visual, la	Sehbehinderung

B.

ciego/a, el/la	Blinde
obstáculo, el	Hindernis
invidente, el/la	Blinde
innegable	unbestreitbar
enorme	enorm; riesig
variedad, la	Vielfalt
ocio, el	Freizeit
sinfín, un	Unmenge
cotidiano/a	alltäglich
ser capaz de	in der Lage sein
ejercer	ausüben
impedimento, el	Behinderung
traductor/a e	Übersetzer/in
intérprete, el/la	Dolmetscher/in
recurrir a	zurückgreifen auf
braille, el	Blindenschrift
voz, la	Stimme
teclado, el	Tastatur
adaptar el puesto de trabajo	den Arbeitsplatz anpassen
de modo que	sodass
firmar un acuerdo	eine Vereinbarung treffen
compatibilidad, la	Kompatibilität
desorientar	desorientieren
frustrante	frustrierend
cargar una página	eine Seite hochladen
lector de braille, el	Blindenschrift-Lesegerät
afiliado/a, el/la	Mitglied
vida cotidiana, la	Alltagsleben
sumarse	hinzukommen
formarse	sich (weiter)bilden
concienciarse	sich bewusst machen
exclusión social, la	sozialer Ausschluss

C.

dificultad de visión, la	Sehschwäche
absolutamente	*hier:* überhaupt

D.

directriz, la	Richtlinie
elemento, el	Bestandteil

8. CORRESPONDENCIA COMERCIAL

A.

poner en común	abgleichen; abstimmen
particularidad, la	Besonderheit
coincidir en que	darin übereinstimmen, dass
comportamiento, el	Verhalten
durante	während
después	nach
corresponder con	entsprechen
entrar en materia	zur Sache kommen
perder tiempo	Zeit verlieren
negociador/a, el/la	Verhandlungspartner/in
danés/a	dänisch
mostrarse ofendido/a	sich beleidigt zeigen
transacción, la	Geschäft
asombro, el	Erstaunen

holandés/a	holländisch
tomar una decisión	eine Entscheidung treffen
aprobación, la	Zustimmung
viaje de negocios, el	Geschäftsreise
perplejo/a	perplex
a pesar de	trotz
acuerdo	Übereinkommen
británico/a, el/la	Brite/-in
temor, el	Befürchtung
factor diferencial	Unterscheidungsfaktor
estilo, el	Stil
fiabilidad, la	Zuverlässigkeit; Vertrauenswürdigkeit
pérdida, la	Verlust
informalidad, la	Unzuverlässigkeit; mangelnde Seriosität
divergente	abweichend; unterschiedlich
barrera, la	Barriere
papel de, el	Rolle
ofensa, la	Beleidigung
delegar	delegieren
poder de decisión, el	Entscheidungsbefugnis
improvisación, la	Improvisation
exhaustivo/a	sehr ausführlich
en cierta manera	in gewisser Weise
llegar con retraso	zu spät kommen
imperdonable	unverzeihlich
tolerancia, la	Toleranz
malentendido, el	Missverständnis

B.

falta de respeto, la	Respektlosigkeit
seriedad, la	Seriosität

D.

orden decreciente, el	absteigende Reihenfolge

9. ESTRATEGIAS DE PUBLICIDAD

B.

dar una imagen	ein Bild vermitteln
sigla, la	Akronym (Kurzwort aus den Anfangsbuchstaben mehrerer Wörter)
viejecito/a, el/la	alter Mann/alte Frau
mimoso/a	lieb
entrañable	herzlich
evocar	hervorrufen
pensión, la	Pension
portal, el	Hauseingang
parecerse a	ähneln
instituto, el	Gymnasium
película, la	Film
crecimiento sostenido, el	anhaltendes Wachstum
despido, el	Entlassung
despido masivo, el	Massenentlassung
recibo de la luz, el	Stromrechnung
peli, la	Film (ugs.)
inesperado/a	unerwartet
dar vueltas a la cabeza	sich den Kopf zerbrechen
atasco, el	Stau
ducha, la	Dusche
nacer como un champiñón	wie ein Pilz aus dem Boden sprießen
obsesión, la	Besessenheit; fixe Idee
flojo/a	schwach
desesperación, la	Verzweiflung; Ärgernis
novio/a, el/la	Partner/in
dar forma	Form geben
pieza, la	Teil
tebeo, el	Comic-Heft
boceto, el	Skizze
ironía, la	Ironie
humor, el	Humor
constante, la	Konstante; fester Bestandteil
es mucho decir	das ist zu viel gesagt
tener dificultades	Schwierigkeiten haben
presión, la	Druck
estimular	stimulieren
imaginación, la	Phantasie
aterrizar	landen; *hier*: auf den Boden zurückkehren
estar en la luna	in den Wolken schweben
juegos olímpicos, los (JJOO)	Olympische Spiele
organismo, el	Organisation
vertiente, la	*hier*: Aspekt
frívolo/a	oberflächlich
despedir	entlassen
sustituir	ersetzen
gente mayor, la	ältere Leute
aberración, la	Irrtum; Unsinn

10. SEGUROS

A.

subtítulo, el	Untertitel
anticipar	*hier*: erraten

B.

estafa, la	Betrug
fraude, el	Betrug; (arglistige) Täuschung
engaño, el	Betrug; Schwindel; Täuschung
muertos muy vivos	sehr lebendige Tote
simular	vortäuschen
atropello, el	Verkehrsunfall (durch Überfahren)
fingir	vortäuschen
desgracia, la	Unglück
arriesgado/a	riskant
detective privado, el/la	Privatdetektiv
no ser tal	nicht so sein
que no son tales	die keine sind
lesión, la	Verletzung
quejarse	klagen; sich beklagen
afectado/a, el/la	Betroffene
lograr	schaffen; gelingen
precedente	vorhergehend
estimar	(ein)schätzen
proporción, la	Anteil
exagerar	übertreiben; aufbauschen
parte (del accidente), el	Unfallbericht; Unfallmeldung
simulación	Vortäuschung
denunciar	anzeigen
pistas, las	Hinweise; Fährten
forense, el/la	Gerichtsmediziner/in
caso, el	Fall
en todo caso	auf jeden Fall
imaginativo/a	einfallsreich; phantasievoll
fallecer (zc)	sterben
extrañarse	sich wundern
ponerse tras la pista	die Spur verfolgen
supuesto/a	vermeintlich
fallecido/a, el/la	Verstorbene
precario/a	unsicher; prekär
relativamente	relativ
cruzado/a	gekreuzt; überkreuzt
actuar	handeln
fingido/a	vorgetäuscht
parapléjico/a	Querschnittsgelähmte
copiloto, el	Beifahrer/in
conductor/a, el/la	Fahrer/in
centro de ingeniería, la	Ingenieurzentrum
cátedra, la	Lehrstuhl
Medicina Forense, la	Gerichtsmedizin
aparcamiento, el	Parkplatz
relación sentimental, la	Liebesbeziehung
cruzar la calle	die Straße überqueren
carrito de bebé, el	Kinderwagen
pillar	erwischen; ertappen
embarazada	schwanger
condenado/a	verurteilt
cárcel, la	Gefängnis
accidente doméstico, el	Haushaltsunfall
chico/a, el/la	junger Mann/junge Frau
comisaría, la	Polizeirevier
sufrir una atraco	überfallen werden
atraco, el	(Raub)überfall
ocasión, la	Gelegenheit
en 25 ocasiones	fünfundzwanzigmal

C.

justificable	zu rechtfertigen
pagar las consecuencias	für die Folgen aufkommen

11. PRESENTACIONES Y CONFERENCIAS

B.

lenguaje no verbal, el	nonverbale Sprache
pánico escénico, el	Lampenfieber
gracias por su atención	vielen Dank für Ihre Aufmerksamkeit
enfrentarse	*hier*: sich stellen
reto, el	Herausforderung
defender una tesis	eine Doktorarbeit präsentieren
tesis, la	Doktorarbeit; Dissertation
bienvenida, la	Willkommen
discurso de bienvenida, el	Begrüßungsansprache
ansiedad, la	Beklemmung; Angst
ante la perspectiva	angesichts der Situation
superar la prueba	die Probe bestehen
sentimientos, los	Gefühle
cuerpo, el	Körper

kinésico/a	kinesisch (das Bewegungsverhalten betreffend)
gestos, los	Gesten
corporal	körperlich
movimiento corporal, el	Körperbewegung
mirada, la	Blick
tacto, el	Berührung
físico/a	physisch
peculiaridad, la	Besonderheit
altura, la	Größe
peso, el	Gewicht
cabello, el	Haare
tonalidad, la	Ton
conducta táctil, la	Berührungsverhalten
acariciar	streicheln; *hier:* über etwas streichen
dar golpes	klopfen
sostener	(fest)halten
guiar	führen; lenken
paralenguaje, el	Parasprache
volumen, el	Lautstärke
tono, el	Tonlage; Ton
velocidad, la	Geschwindigkeit
fluidez, la	Flüssigkeit
ritmo, el	Rhythmus
silencio, el	Schweigen
oración, la	Satz; Rede
repetición, la	Wiederholung
tartamudeo, el	Stottern
dicción, la	Aussprache; Ausdrucksweise
proxémica, la	Proxemik (Raumverhalten)
acercarse	sich nähern
alejarse	sich entfernen
joyas, las	Schmuck
ser consciente de	sich (einer Sache) bewusst sein
obsesionarse	besessen sein; verbissen sehen
ponerse nervioso/a	nervös werden
sudor, el	Schweiß
atleta, el/la	Athlet/in
ensayar	üben
temblar (ie)	zittern
seguridad, la	Sicherheit
intervención, la	Beitrag
novedoso/a	neuartig
argumentado/a	begründet
C.	
decálogo, el	Dekalog; zehn Gebote
presentación oral, la	mündliche Präsentation
12. FELICITACIONES Y DESPEDIDAS	
A.	
jubilado/a, el/la	Rentner/in
B.	
pleno/a	*hier:* ausgefüllt
abuelos, los	Großeltern
ungüento, el	Salbe
bebedizo, el	Heiltrunk; Zaubertrank
poción, la	Arznei
longevidad, la	Lebensdauer
duplicarse	sich verdoppeln
cardiólogo/a, el/la	Kardiologe/-in; Herzspezialist/in
ser humano, el	Mensch
a corto plazo	kurzfristig
concordar (ue)	übereinstimmen
envejecimiento, el	Altern
acumulación, la	Ansammlung
celular	zellulär
cambios celulares	Zellveränderungen
paso del tiempo, el	Lauf der Zeit
incrementar	erhöhen
padecer enfermedades	an Krankheiten leiden
llegados los 65	wenn sie die 65 erreicht haben
encararse	sich konfrontiert sehen
facultades físicas, las	körperliche Fähigkeiten
facultades mentales, las	geistige Fähigkeiten
vital	lebenswichtig
ejercitar	trainieren; schulen
esperanza de vida, la	Lebenserwartung
chocar	*hier:* sich unterscheiden
ostensiblemente	deutlich
llenar de vida	mit Leben füllen
ser mayor	älter sein
ser viejo	alt sein
C.	
centenario/a	Hundertjährige
puntualizar	präzisieren
cirujano/a, el/la	Chirurg/in
operar	operieren
trabajar a diario	täglich arbeiten
entrega, la	Abgabe
memorias, las	Memoiren
múltiple	vielfältig
asiduidad, la	Regelmäßigkeit
anciano/a, el/la	alter Mann/ alte Frau; Greis/in
efímero/a	vergänglich; kurzlebig
seres humanos, los	Menschen
autonomía, la	Selbstständigkeit; Unabhängigkeit
dependencia, la	Abhängigkeit
a la perfección	perfekt
optimista	optimistisch
profe, el/la	Lehrer/in
respirar	atmen
Verá...	Schauen Sie ...
bocanada, la	Mund voll; Schluck
tomar una buena bocanada de aire	kräftig einatmen
diafragma, el	Zwerchfell
soplar las velas	die Kerzen ausblasen
sabio/a, el/la	Weise
retirarse	sich zurückziehen
de hecho	tatsächlich; eigentlich
hacer felices a cuantos pueda	möglichst viele Menschen glücklich machen
nadar	schwimmen
caminar	gehen; laufen
entrenar	trainieren
a diario	täglich

A

a bordo	an Bord U2_Y
a cambio	dafür; als Gegenleistung U5_3
a cambio de	als Gegenleistung für; dafür, dass U5_G
a cargo de	*hier:* durch U2_11
a ciegas	blind U9_3
a corto plazo	kurzfristig U12_Y
a diario	täglich U12_Y
a disposición	zur Verfügung U5_4
a domicilio	frei Haus U7_T
adónde	in den/die/das; wohin U2_1, U12_1
a favor	zugunsten; pro U9_3
a finales de	Ende der U3_5
A la espera de sus noticias,	In Erwartung Ihrer Nachrichten U8_T
a la perfección	perfekt U12_Y
a la primera	auf Anhieb, sofort U5_3
a la vuelta	bei der Rückkehr U2_2
a lo largo de	im Laufe der/des U1_Y
a lo largo de la semana	im Laufe der Woche U2_7
a lo largo del año	das Jahr über U2_4
a lo mejor	vielleicht U9
a mediados de los años 60	Mitte der 60er Jahre U3_2
a medida	maßgeschneidert U8_T
a menudo	häufig U2_6
a mil por hora *(fig.)*	rasend schnell U4_3
a ninguna parte	nirgendwohin U12_1
a nuestro alcance	uns zur Verfügung stehend U12_2
a partir de	ab U3_G
a pesar de	trotz U8_Y
a pie	zu Fuß U2_6
a primera hora	früh am Morgen U10_2
a principios de	Anfang des/der U3_G
¿A quién?	Wem? U1_9
a su cargo	zu Ihren Lasten U5_6
a su favor	zu Ihren Gunsten U5_6
a su lado	an Ihrer Seite U3_3
a su medida	maßgeschneidert U5_T
a toda prisa	in aller Eile U6_7
a veces	manchmal U1_6
¡A ver si nos toca!	Mal sehen, ob wir gewinnen! U12_5
a viva voz	lautstark U3_Y
abajo	unten U7_8
abandonar	*hier:* aussetzen U9_1
abandono, el	*hier:* Aussetzung U9_1
aberración, la	Irrtum; Unsinn U9_Y
abierto/a	offen U1_5
abogado/a, el/la	Rechtsanwalt/-anwältin U1_1
abrazo, el	Umarmung U2_10
abrigo, el	Mantel U2_4
abrir el turno	die Runde eröffnen U11_4
abrirse un lugar	sich Präsenz verschaffen U7_1
absentismo (laboral), el	Fehlen (am Arbeitsplatz) U4_Y
absolutamente	*hier:* überhaupt U7_Y

absorber	absorbieren; *hier:* decken U12_2
abstracto/a	abstrakt U11_3
abuelos, los	Großeltern U12_Y
aburrir	langweilen U2_8
abusar de	*hier:* übermäßig viel einsetzen U11_6
acabar de + *Inf.*	gerade (etwas getan haben) U5
acantilado, el	Steilküste U2_Y
acariciar	streicheln; *hier:* über etwas streichen U11_Y
acatarrado/a	erkältet U4_G
accesible	zugänglich U2_Y
acceso, el	Zugang U5_T
accidente de tráfico, el	Verkehrsunfall U9_2
accidente doméstico, el	Haushaltsunfall U10_Y
acciones, las	Aktien U10_T
aceptación, la	*hier:* Akzeptanz U6_2
acera, la	Bürgersteig U4_3
acercarse	sich nähern U11_Y
aclarar	erläutern U10_2
acogedor/a	gemütlich, freundlich U5_4
aconsejable	ratsam, empfehlenswert U2_4
aconsejar	empfehlen U2
acontecimiento, el	Ereignis U5
acordarse (ue) de	sich erinnern an; denken an U12
acostarse (ue)	sich hinlegen U2_Y
acreditado/a	*hier:* zugelassen U6_5
acta, el *f.*	Protokoll U9_4
actitud, la	Haltung; Einstellung U9_2
actividad de tiempo libre, la	Freizeitaktivität U2_T
activo/a	aktiv U1_8
acto, el	Veranstaltung U6_Y
actor, el	Schauspieler U3_Y
actores, los *Pl.*	Schauspieler *Pl.* U3_Y
actriz, la	Schauspielerin U3_Y
actuación, la	*hier:* Funktion U10_1
actualidad, la	Gegenwart U3_7
actualmente	heutzutage, zur Zeit U3_1
actuar	handeln U10_Y
acudir (a)	gehen U6_2
acuerdo	Übereinkommen U8_Y
acumulación, la	Ansammlung U12_Y
acumular puntos	Punkte ansammeln U7_9
acusar recibo	den Empfang bestätigen U8_2
adaptar el puesto de trabajo	den Arbeitsplatz anpassen U7_Y
adaptarse (a)	sich anpassen U2_2
adecuado/a	angemessen U3_4
adelantar	*hier:* vorstrecken U5_3
adelgazar	abnehmen U9_8
además	außerdem U6
además de	neben, zusätzlich zu U1_6
adeudar en cuenta	Konto belasten U5_6
adicional	zusätzlich U8_2
adivinar	erraten U3_Y
adjunto/a	beiliegend U8_2

administrativo/a	administrativ, Verwaltungs- U1_3
admirar	bewundern U2_Y
adobe, el	Luftziegel; Lehmziegel U6_4
adoptar	*hier:* ergreifen, herstellen U4_5
adoptar medidas	Maßnahmen treffen U5_7
adoptar una decisión	eine Entscheidung treffen U10_4
adquirir	erwerben U11_G
aduana, la	Zollstelle U10_T
adversario/a, el/la	Gegner U9_2
advertir (ie)	hinweisen; warnen U10_4
afectado/a, el/la	Betroffene U10_Y
aficionado/a, el/la	*hier:* Liebhaber/in U3_9
aficiones, las	Hobbys U1_1
afiliado/a, el/la	Mitglied U7_Y
afirmación, la	Aussage U7_Y
afortunado/a	*hier:* angemessen U12_2
agencia de viajes, la	Reisebüro U2_1
agencia matrimonial, la	Heiratsinstitut U11_T
agente literario, el/la	Literaturagent/in U6_Y
ágil	schnell; flink U7_G
aglomeración, la	Menschenansammlung U2_6
agotador/a	anstrengend U2_4
agradar	gefallen; mögen U11_6
agradecer algo a alguien (zc)	jdm. für etw. danken U11_7
agradecimiento, el	Danksagung U12_T
ahora	jetzt U3_T
ahora mismo	in diesem Moment U2_G
Ahora tengo que dejarte.	Jetzt muss ich aufhören. U1_9
ahorrar	sparen U2_2
ahorro, el	Sparen U5_7
aire acondicionado, el	Klimaanlage U2_8
ajeno/a	fremd U4_3
ajustado/a	knapp U6_2
ajustar	anpassen U5_T
ajustarse (a)	*hier:* entsprechen U6_1
al contado	bar U8_2
al final	am Ende U11_7
al lado	nebenan U2_7
al máximo	maximal U5_7
al mismo tiempo	gleichzeitig U2_1
al principio	am Anfang U9_1
al respecto	diesbezüglich U9_4
alarma, la	Alarm U4_T
albarán, el	Lieferschein U1_3
albatros, el	Albatros U2_Y
albornoz, el	Bademantel U2_11
alcalde/esa, el/la	Bürgermeister/in U2_11
alcance, el	Reichweite U12_2
alcanzar	erreichen U7_4
alegrarse de	sich freuen über U12_G
alejarse	sich entfernen U11_Y
Alemania	Deutschland U3_1
algo	etwas U10
alguien	jemand U11
algún	irgendein U10

¿alguna pregunta...?	haben Sie/habt ihr Fragen? U11
alguna vez	schon mal U2_G
alguno/a/s/as	jemand/einige U2_1
alimento, el	Nahrungsmittel U3_1
almacén, el	Lagerraum U6_1
almendra, la	Mandel U3_1
alojarse	absteigen, unterkommen U2_6
alquilado/a	gemietet U2_1
alquiler, el	Miete U5_7
alrededor de	rund U6_5
alrededores, los	Umgebung U2_T
alta, el	Gesundschreibung U4_7
altamente cualificado/a	hoch qualifiziert U8_T
alternativa, la	Alternative U11_6
alternativo, el	Anziehungspunkt U11_8
altura, la	Größe U11_Y
amargo/a	bitter U3_1
ambicioso/a	ehrgeizig U1_8
ambiente, el	Atmosphäre, Stimmung U4_5
ámbito, el	Gebiet U3_5
ameno/a	unterhaltsam; lebendig U11_3
América Latina	Lateinamerika U2_G
americana, la	Jackett U2_G
amortización parcial, la	Teiltilgung U5_T
amortización, la	Tilgung U5_5
ampliación, la	Erweiterung, Vergrößerung U5_4
ampliar	ausdehnen U9_1
amplio/a	breit U9_4
amplísimo/a	sehr umfangreich U10_1
añadir	ergänzen U2_G
análisis de sangre, el	Blutuntersuchung U4_6
analizar	analysieren U1_8
anciano/a, el/la	alter Mann/alte Frau; Greis/in U12_Y
anécdota, la	Anekdote U6_7
animal de compañía, el	Haustier U9_1
animal doméstico, el	Haustier U10_1
animar	motivieren; ermutigen U6_8
animarse	sich aufraffen; sich entschließen U10_7
aniversario, el	*hier:* Jubiläum U3_7
anomalía, la	Anomalie U4_3
anonimato, el	Anonymität U3_Y
años cincuenta, los	fünfziger Jahre U3_2
ansiedad, la	Beklemmung; Angst U11_Y
ante la perspectiva	angesichts der Situation U8_5
antecedentes	Vorgänger U10_8
antes	früher U3_T
antes de nada	zuallererst U11_2
anticipado/a	vorzeitig U5_5
anticipar	*hier:* erraten U10_Y
antiestrés	Antistress U11_4
antifatiga	gegen Müdigkeit wirkend U11_4
antigüedad, la	Alter U10_T

anual	jährlich U6_Y
anunciante, el/la	Werbende U9_1
anunciar	ankündigen U2_1
anuncio clasificado, el	Inserat; Anzeige U7_1
anuncio, el	Anzeige U3_3
apagar	ausschalten U5_7
aparato, el	Gerät U12_G
aparcamiento, el	Parkplatz U10_Y
aparición, la	Auftreten U2_Y
apartado (de correos), el	Postfach U8_5
apellido, el	Familienname U4_2
apertura, la	Eröffnung U5_4
aplauso, el	Applaus U3_Y
aplicar	zugrunde legen; anwenden U8_G
aportación, la	Beitrag U9_3
aportar	bringen U11_5
apostar fuerte	viel einsetzen; sich stark engagieren U6_2
apoyarse	sich abstützen U11_6
apoyo, el	Unterstützung U7_G
aprobación, la	Zustimmung U8_Y
aprobar (ue)	bestehen U12_5
aprovechar	nutzen U11_4
aprovechar la ocasión	die Gelegenheit nutzen U6_1
apuntarse (a)	sich anmelden U1_9
archivo de sonido, el	Audiodatei U7_1
área, el	Stadtgebiet U9_6
argumentado/a	begründet U11_Y
argumento, el	Handlung U3_Y
arma, el *f.*	Waffe U5_3
arrepentirse (ie)	bereuen U5_T
arriba	oben U7_8
arriesgado/a	riskant U10_Y
arroba, la (@)	Klammeraffe; At U7_3
arruinado/a	ruiniert U7_6
artesanal	handwerklich U3_1
artículo, el	Artikel U9_G
ascendente	steigend U11_3
ascender (ie) (a)	betragen U8_5
ascenso, el	beruflicher Aufstieg; Beförderung U1_Y
asegurado/a	Versicherte U10_1
asegurado/a, el/la	Versicherte U10_3
asegurador secundario	Zweitversicherer U10_T
asegurador/a, el/la	Versicherungsgeber/in U10_3
asegurar	versichern U10_8
asegurar que	versichern, dass U10_3
asesoría jurídica, la	Rechtsberatung U10_4
así	so U9_3
así pues	folglich; also U6
así que	also U6_G
asiduidad, la	Regelmäßigkeit U12_Y
asiento trasero, el	Rücksitz U6_7
asimismo	ebenfalls U7_5
asistencia en viaje, la	Pannen- und Unfallhilfe U10_1
asistencia hospitalaria	Krankenhausbetreuung U10_1
asistencia médica, la	ärztliche Betreuung U10_1
asistencia sanitaria, la	ärztliche Betreuung U7_T

asistencia, la	Teilnahme U2_11
asistente, el/la	Teilnehmer/in U2
asistir a	teilnehmen an U2_11
asociación de consumidores, la	Verbraucherschutz-organisation U5_3
asociación, la	Vereinigung, Verband U5_3
asociarse con	sich zusammenschließen mit U11_8
asombro, el	Erstaunen U8_Y
aspecto, el	Aspekt U1_6
asumir	übernehmen U10_8
asunto, el	Betreff U8_1
asustarse	sich erschrecken U3_Y
atacar	angreifen U9_2
atasco, el	Stau U9_Y
atención al cliente, la	Kundenservice U3_3
atención domiciliaria, la	Hausbesuch U10_1
atención, la	Aufmerksamkeit U7_4
atender (ie)	entgegennehmen U1_G
atender llamadas	Anrufe entgegennehmen U1_3
Atentamente,	Mit freundlichen Grüßen, U3_4
aterrizar	landen; *hier:* auf den Boden zurückkehren U9_Y
atleta, el/la	Athlet/in U11_Y
atraco, el	(Raub)überfall U10_Y
atractivo, el	Attraktivität U11_8
atractivo/a	attraktiv U7_1
atraer	anlocken; anziehen U9_4
atrás	hinten U11_G
atravesar (ie)	durchqueren U1_G
atribuir (y)	zurückführen; zuschreiben U6_2
atropello, el	Verkehrsunfall (durch Überfahren) U10_Y
audiencia, la	Einschaltquote U9_6
auditoría, la	Wirtschaftsprüfung U4_Y
auditorio, el	Zuhörerschaft U11_9
aumento de sueldo, el	Gehaltserhöhung U3_G
aumento, el	Zunahme U6_5
aunque	obwohl; auch wenn U6_G
ausencia, la	Abwesenheit U5_7
austral	südlich U2_Y
auténtico/a	echt, wahr, authentisch U2_2
auto, el	Auto U2_11
autobús, el	Bus U2_6
autonomía, la	Selbstständigkeit; Unabhängigkeit U12_Y
autónomo/a, el/la	Selbstständige U5_2
autopista, la	Autobahn U1_G
autor/a dramático/a, el/la	Bühnenautor U3_Y
autor/a, el/la	Autor/in U6_Y
autovía, la	Schnellstraße U1_G
aval, el	Bürgschaft U5_Y
avellana, la	Haselnuss U3_1
avería, la	Schaden U10_1
avisar	Bescheid sagen U1_G
aviso, el	Hinweis, Warnung, Benachrichtigung U4_3
ayudante, el/la	Assistent/in U1_3

azafata, la	*hier:* Hostess U6_1
azteca, el/la	Azteke/-in U3_1

B

baja (por enfermedad), la	Krankschreibung U1_3
bajar	sinken U2_4
ballena, la	Wal U2_Y
bañador, el	Badeanzug U2_G
banner, el	Banner U7_1
banquete, el	Bankett U7_T
bárbaro/a	großartig U10_7
barco, el	Schiff U10_T
barra del menú, la	Menüleiste U7_4
barra, la (/)	Schrägstrich U7_3
barrera, la	Barriere U8_Y
básico/a	grundlegend U5
bastante/s	ziemlich U1_8
bebé, el	Baby U12_3
bebedizo, el	Heiltrunk; Zaubertrank U12_Y
beca, la	Stipendium U7_8
beneficiario/a, el/la	Nutznießer/in U5_Y
beneficiarse de	profitieren von U4_Y
beneficio, el	Gewinn U1_6
bibliófilo/a, el/la	Bücherliebhaber/in U6_Y
biblioteca, la	Bibliothek U3_10
bibliotecario/a, el/la	Bibliothekar/in U6_Y
bicicleta, la	Fahrrad U2_7
bien familiar, el	Wohlergehen der Familie U5_Y
bienes, los	Vermögen U5_T
bienvenida, la	Willkommen U11_Y
bilingüe	zweisprachig U6_T
biología, la	Biologie U1_T
bisutería, la	Modeschmuck U6_2
bloque, el	Block U2_Y
bocanada, la	Mund voll; Schluck U12_Y
boceto, el	Skizze U9_Y
boda, la	Hochzeit U11_8
boletín, el	Bericht, Mitteilung U4_5
borrador, el	Entwurf U7_T
bote neumático, el	Schlauchboot U2_Y
bote, el	Dose U6_3
botiquín, el	Reiseapotheke U2_G
bragas, las	Unterhose (Damen) U2_11
braille, el	Blindenschrift U7_Y
breve	kurz U2_T
brevedad, la	Kürze U7_5
brindar	anstoßen U12
británico/a, el/la	Brite/-in U8_Y
brusco/a	brüsk; schroff U9_G
buen estado de salud, el	guter Gesundheitszustand U2_Y
buen tiempo, el	gutes Wetter U2_1
buen trato, el	gute Behandlung U12_4
buena marcha, la	guter Ablauf U1_Y
Bueno, ...	Nun, ... U2_G
buenos propósitos, los	gute Vorsätze U5_9
bufete, el	Kanzlei U1_1
buque, el	Schiff; Dampfer U2_Y
burocrático/a	bürokratisch U11_5
búsqueda, la	Suche U10_1
buzón, el	Briefkasten; *hier:* Mailbox U7_4
buzoneo, el	Briefkastenwerbung U9_10

C

cabe señalar que	muss darauf hingewiesen werden, dass U6_G
cabello, el	Haare U11_Y
cabeza de familia, el	Familienoberhaupt U10_1
cable, el	Kabel U11_6
cada vez	jedes Mal U1_6
caduca	*hier:* Ablaufdatum U5_2
caducar	verfallen, ablaufen U5_2
caer (i)	fallen U3_G
caer al suelo	auf den Boden fallen U6_7
caer bien	gefallen U1
caer mal	nicht gefallen U1
caerse	(hin)fallen U10_7
caja de ahorros, la	Sparkasse U5_2
cajero automático, el	Geldautomat U1_G
cajero, el	Geldautomat U5_1
calcetines, los	Strümpfe U2_11
calidad de vida, la	Lebensqualität U3_8
cálido/a	warm U11_4
calle peatonal, la	Fußgängerzone U1_9
callejear	bummeln U2_1
calor, el/la	Wärme, Hitze U2_G
calzoncillos, los	Unterhose (Herren) U2_11
cámara de fotos, la	Fotokamera U2_2
cámara fotográfica, la	Fotokamera U3_8
camaradería, al	Kameradschaft U4_Y
camarote, el	Kajüte U2_Y
cambios celulares	Zellveränderungen U12_Y
camerino, el	Künstlergarderobe U3_Y
caminar	gehen; laufen U12_Y
caminata, la	Wanderung, Fußmarsch U2_11
camisa, la	Hemd U2_11
camiseta, la	T-Shirt U2_11
campaña de intriga, la	Teaser-Kampagne U9_2
campaña publicitaria, la	Werbekampagne U9
canal, el	Kanal U2_Y
cancelación anticipada, la	vorzeitige Rückzahlung U5_T
cancelación, la	Rückzahlung, Tilgung U5_5
candidato/a, el/la	Bewerber/in U1_3
candidatura, la	Bewerbung U4_Y
canela, la	Zimt U3_1
canica, la	Murmel U3_6
canjear por un valor de	einlösen für einen Wert von U8_7
cañón de proyección, el	Beamer U11_1
cansado/a	müde U1_4
caótico/a	chaotisch U1_5
capaz	in der Lage sein U3_Y
capital, el	Kapital U11_8
capital, la	Hauptstadt U2_6
captar	*hier:* gewinnen U5_3
captar la atención	Aufmerksamkeit erwecken U7_4
cárcel, la	Gefängnis U10_Y
cardiólogo/a, el/la	Kardiologe/-in; Herzspezialist/in U12_Y
carencias, las	Mängel U6_2
cargar en cuenta	Konto belasten U5_6
cargar una página	eine Seite hochladen U7_Y
cargo, el	Stelle U1_Y
carné de conducir, el	Führerschein U12_5
carpintería, la	Tischlerei U5_Y
carpintero/a, el/la	Zimmermann U3_Y
carrera profesional, la	berufliche Laufbahn U1_Y
carrera, la	Studium U2_G
carrito de bebé, el	Kinderwagen U10_Y
carta comercial, la	kommerzieller Brief U1_9
carta, la	Brief U1_9
cartel, el	Plakat U6_1, U9_1
casco, el	Helm U4_3
casi	fast U2_G
casi nunca	fast nie U1_9
casilla, la	Feld, Kästchen U1_4
caso, el	Fall U10_Y
caspa, la	Schuppen U9_2
casual	zufällig U1_7
catálogo, el	Katalog U8_2
cátedra, la	Lehrstuhl U10_Y
categoría, la	Kategorie U1_Y
causado/a	verursacht U10_1
causante, el/la	Verursacher/in U10_T
cazuela, la	Topf; Kasserolle U3_Y
celebración, la	Feier U4_2
celebrar en honor de	zu Ehren von ... feiern U3_1
celular	zellulär U12_Y
cena de gala, la	Gala-Abendessen U2_11
centenario/a	Hundertjährige U12_Y
central, la	Zentrale U5_7
centrar la oferta	das Angebot konzentrieren U3_Y
centro de ingeniería, la	Ingenieurzentrum U10_Y
cercano/a	nahe stehend U12_3
cereales, los	Getreide, *hier:* Cornflakes U3_5
cerebro, el	Gehirn U11_4
cerilla, la	Streichholz U3_9
cerrar (ie)	schließen U4_G
cerrar (ie) un trato	zu einer Einigung kommen U8_8
cerrar con llave	abschließen U4_3
césped, el	Rasen U4_G
cesta (de Navidad), la	(Weihnachts)korb U8_7
champú, el	Shampoo U9_2
charla, la	(unförmlicher) Vortrag U11_7
chat, el	Chat U7_2
chatear	chatten U7_7
chef, el	Chefkoch; Küchenchef U7_5
cheque, el	Scheck U5_1
chico/a, el/la	junger Mann/junge Frau U10_Y
chile, el	Chili U3_1
chiste, el	Witz U12_4
chocar	*hier:* sich unterscheiden U12_Y
chocolatina, la	Schokoladenriegel U3_1

ciberespacio, el	Cyberspace U7_1
ciego/a, el/la	Blinde U7_Y
Ciencias Empresariales, las	Betriebswirtschaft U11_5
cientos de...	Hunderte von ... U3_4
cierto/a	gewiss U8_2
CIF, el = Código de Identificación Fiscal	Steuernummer U8_4
cifra, la	Zahl; Ziffer U6_5
cinturón de seguridad, el	Sicherheitsgurt U4_4
cinturón, el	Gürtel U2_11
circular	fahren U4_3
circular, la	Rundschreiben U5_4
circunstancia, la	Umstand U6_2
cirujano/a, el/la	Chirurg/in U12_Y
cita, la	*hier*: Verweis U7_1
citar	erwähnen U4_Y
cítrico, el	Zitrusfrucht U3_G
¡Claro!	klar; natürlich U8, U9_3
claro/a	klar U7_1
cláusula, la	Klausel U5_3
clausura, la	Abschluss U2_11
clave, la	Schlüssel U4_Y
clic, el	Klick U7_2
cliente/a, el/la	Kunde/-in U1_G
clima, el	Klima U2_2
cobertura legal, la	rechtliche Deckung U10_G
cobertura, la	*hier*: Verbreitung U9_6
cobrar	*hier*: einlösen U5_1
cobro, el	Zahlung U1_3
coche, el	Auto U2_7
código cuenta cliente, el = C.C.C.	Kundenkontonummer U5_2
coeditar	mitherausgeben U7_1
coherente	kohärent U4_5
coincidir en que	darin übereinstimmen, dass U8_Y
cola, la	Schlange U2_8
colaborar	mitwirken; zusammenarbeiten U9_1
colapso, el	Zusammenbruch U12_2
colectivo, el	Gruppe U4
colega, el/la	Kollege/-in U11_1
colgar (ue)	*hier*: stellen; hinterlegen U7_1
colocarse	*hier*: sich setzen U11_4
Colón	Kolumbus U3_1
colonia, la	Kolonie U2_Y
combativo/a	kämpferisch U9_3
combustible, el	Kraftstoff U5_7
comentar	kommentieren; erläutern U10_G
comentario, el	Kommentar U7_1
comenzar (a) + *Inf.*	anfangen (etw. zu tun) U3_G
comer fuera de casa	außer Haus essen U3_5
cometer	begehen U12_1
cometer un error	einen Fehler begehen U12_2
comienzo, el	Beginn U2_1
comisaría, la	Polizeirevier U10_Y
comisario/a, el/la	Beauftragte U2_11
comisión de apertura, la	Bereitstellungsprovision U5_T
comisión, la	*hier*: Gebühr U5_1
como	da U3_5
¿Cómo estás?	Wie geht es dir? U1_9
cómo le van las cosas	wie es ihr geht U1_9
comodidad, la	Bequemlichkeit U2_2
compañero/a de trabajo, el/la	Arbeitskollege/-in U1
compañero/a, el/la	*hier*: Klassenkamerad/in U1_1
compañía (de teatro), la	(Theater)gruppe U3_Y
compañía aseguradora, la	Versicherungsgesellschaft U10_3
comparable	vergleichbar U1_Y
comparar	vergleichen U7_G
comparativo/a	vergleichend U9_2
compartido/a	geteilt U4_5
compartir	teilen U10_G
compatibilidad, la	Kompatibilität U7_Y
compatible	kompatibel U10_1
compensar	kompensieren U6_5
competencia, la	Wettbewerb, Konkurrenz U3_4
competidor/a, el/la	Mitbewerber/in U9_2
competir (i)	konkurrieren U1_G
complejidad, la	Komplexität U1_Y
complejo/a	komplex U12_2
complementario/a	Zusatz-, ergänzend U1_3
complementos del hogar, los	Haushaltswaren U4_Y
completar	ergänzen U11_T
comportamiento, el	Verhalten U8_Y
comportarse	sich verhalten U12_2
comprobante de compra, el	Kaufbestätigung U10_T
comprobar (ue)	feststellen U3_4
comprometerse	sich verpflichten U8_5
compulsivamente	zwanghaft U2_2
común	üblich, geläufig U2_7
comunicarse	sich verständigen U1_2
comunicativo/a	kommunikativ U1_T
con encanto	mit Charme U11_8
con la mayor brevedad posible	baldmöglichst U7_5
con mucho gusto	(sehr) gerne U11_3
Con nuestros mejores deseos	Mit besten Wünschen U12_1
Con referencia a	Mit Bezug auf U8_G
con tiempo	frühzeitig U2_1
conceder	gewähren U5
concepto, el	*hier*: Beschreibung, Vorgang U5_6
concesión, la	Gewährung U5_T
concienciado/a	sensibilisiert; bewusst U9_3
concienciarse	sich bewusst machen U7_Y
concluir (y)	(ab)schließen U6_5
conclusión, la	Schlussfolgerung; Fazit U6_5
concordar (ue)	übereinstimmen U12_Y
concurso, el	Ausschreibung; Wettbewerb U11_T
condenado/a	verurteilt U10_Y
condición física, la	körperliche Verfassung U2_Y
Condicional, el	Konjunktiv U2_T
condiciones meteorológicas, las	Wetterbedingungen U2_Y
condiciones, las	Bedingungen U1_6
conducta táctil, la	Berührungsverhalten U11_Y
conductor/a, el/la	Fahrer/in U10_Y
conectarse a internet	ins Internet reingehen/reinkommen U7_2
conexión, la (a internet)	Verbindung; Zugang U7_2
confección, la	Konfektion U6_5
confeccionar	anfertigen U8_3
confesar (ie)	eingestehen U11_6
confiado/a	vertrauensselig U9_3
confianza, la	Vertrauen U5_T
confiar	vertrauen U3_3
conflictivo/a	konfliktiv U10_4
confuso/a	konfus U7_4
congelado/a	tiefgefroren, gefroren U3_5
congelados, los	Tiefkühlkost U3_5
conocerse (zc)	sich kennen U1_1
consejero/a, el/la	Minister/in (einer autonomen Regierung); Berater/ in U2_11
consejo, el	Empfehlung U2_T
conserje, el	Hausmeister; Pförtner U3_G
consistir en	bestehen in U5_Y
consolidar	konsolidieren U6_2
consolidarse	sich konsolidieren U6_Y
constante, la	Konstante; fester Bestandteil U9_Y
construir	bauen U3_G
consulado, el	Konsulat U12_6
consulta, la	Anfrage U3_4
consultar con	sich beraten lassen U10_4
consultor/a, el/la	Berater/in U1_T
consultora inmobiliaria, la	Immobilienberatung U4_Y
consultorio jurídico, el	Rechtsberatung U10_T
consumidor/a, el/la	Verbraucher/in U9_3
consumir	konsumieren; *hier*: verbringen U2_1
consumo, el	Verbrauch, Konsum U3_9
contabilidad, la	Buchhaltung U1_G
contactar (con)	Kontakt aufnehmen, sich in Verbindung setzen U5_2
contaminación, la	Verschmutzung U2_11
contar (con)	*hier*: verfügen über U4_5
contar (ue)	erzählen U9_3
contemporáneo/a	zeitgenössisch U2_6
contenido, el	Inhalt U6_5
contenidos, los	Inhalte U7_G
contento/a	froh, zufrieden U1_4
contestador automático, el	Anrufbeantworter U3_4
contigo	mit dir U9_3
continente, el	Kontinent U6_4
continuidad, la	Fortdauer U3
contradicción, la	Widerspruch U7_Y
contrariamente a	im Gegensatz zu U2_6
contrastar	kontrastieren U3
contratación, la	Einstellung U1_Y
contratar	einstellen U1_6
contrato temporal, el	Zeitvertrag U1_6
contrato, el	Vertrag U1_3

convencer	überzeugen U11_8
convención anual, la	Jahresversammlung U2_G
convencional	konventionell U5_Y
conveniencia, la	Zweckmäßigkeit, Angemessenheit U5
conveniente	zweckmäßig, angemessen U5
convenir (ie)	*hier:* genehm sein; den Wünschen entsprechen U8_2
convento, el	Kloster U3_1
convertir (ie)	verwandeln U3_G
convincente	überzeugend U7_1
copiloto, el	Beifahrer/in U10_Y
corbata, la	Krawatte U2_4
cordial	herzlich U3_4
Cordialmente	Mit freundlichen Grüßen U8_G
cordillera, la	Gebirgskette U6_4
cormorán, el	Kormoran U2_Y
corona de flores, la	Blumenkranz U12_3
corporal	körperlich U10_1
corral, el	(Innen)hof; traditionelle einfache Freilichtbühne im 17. Jh U3_Y
corredor, el	Galerie; Gang U3_Y
corregir (i)	korrigieren U3_G
correo electrónico, el	E-Mail U1_9
correr a cargo (de)	zu jds. Lasten gehen U8_8
correr riesgos	Risiken eingehen U7_G
correspondencia, la	Korrespondenz; Schriftverkehr U8
corresponder con	entsprechen U8_Y
corresponderse (con)	entsprechen U1_6
corte, la	Hof U3_1
cortina, la	Vorhang U3_Y
Costa de Marfil	Elfenbeinküste U2_6
coste, el	Kosten U3_4
costumbre, la	Gewohnheit U1
costura, la	Nähen U5_Y
cotidiano/a	alltäglich U7_Y
creación de marca, la	Markenentwicklung U7_1
crear	erstellen U1
creatividad, la	Kreativität U11_8
creativo/a	kreativ U1_8
crecimiento sostenido, el	anhaltendes Wachstum U9_Y
credibilidad, la	Glaubwürdigkeit U5_8
crédito bancario, el	Bankkredit U5
crédito, el	Kredit U4_2
creencia, la	Meinung; Glaube U6
creer (o)	glauben U3_G
crema de protección solar, la	Sonnenschutzcreme U2_4
cremallera, la	Reißverschluss U3_8
criticar	kritisieren U12_4
crítico/a	kritisch U9_3
crucero, el	Kreuzfahrt U2_Y
cruzado/a	gekreuzt; überkreuzt U10_Y
cruzar	überqueren; passieren U10_T
cruzar la calle	die Straße überqueren U10_Y
cuadrar	*hier:* aufgehen (Rechnung) U5_1
cuál	welche/r/s U11
cualidades, las	Fähigkeiten U1_Y
cualificado/a	qualifiziert U10_T
cualquier	irgendein; beliebig U10
cualquiera	jeder; jedermann U11
cuando	wenn U5
cuando proceda	gegebenenfalls U10_T
cuantía, la	Höhe; Betrag U10_8
cuanto más..., más	je mehr ... desto U10_G
cuanto mayor..., peor...	je älter ... desto schwieriger ... U1_6
¿Cuánto tiempo hace que no se ven?	Seit wann haben sie sich nicht gesehen? U1_7
Cuaresma, la	Fastenzeit U3_Y
cubierta, la	Deck U2_Y
cubrir las necesidades	Bedürfnisse decken U3_4
cubrir los daños	Schäden decken U10_3
cuenta vivienda, la	Bausparkonto U3_3
cuenta, la	Konto U5_1
cuentas, las	Buchführung U1_3
cuerpo, el	Körper U11_Y
cuestión, la	Sache, Frage U5_8
cuestionario, el	Fragebogen U2_2
cuestiones personales, las	persönliche Gründe U4_5
¡Cuidado!	Vorsicht! U9_3
cuidar	*hier:* Ordnung halten, sorgsam behandeln U4_8
culpa, la	Schuld U4_5
culpabilizar	die Schuld geben U4_5
cumbre, la	Gipfel U7_4
cumpleaños, el	Geburtstag U11_8
cumplir	erfüllen U4_3
cumplir las expectativas	Erwartungen erfüllen U2_2
cuña, la	Werbespot U9_1
cuota, la	*hier:* Rate U5_5
cursar	weiterleiten U1_3
curva, la	Kurve U11_3

D

D.C., el (Dígito de Control)	Kontrollziffer U5_2
danés/a	dänisch U8_Y
daño corporal, el	körperlicher Schaden U10_1
daño material, el	Sachschaden U10_1
daños, los	Schäden U10_1
danza, la	Tanz U3_Y
dar (oy)	geben U1_G
dar a conocer	bekannt machen U6_2
dar forma	Form geben U9_Y
dar golpes	klopfen U11_Y
dar una imagen	ein Bild vermitteln U9_Y
dar la enhorabuena	gratulieren U12_1
dar la impresión de...	den Eindruck erwecken U7_4
dar una opinión	eine Meinung abgeben U7_G
dar la razón	Recht geben U10_3
dar las gracias	sich bedanken U11_G
dar miedo	Angst machen U10_G
dar mucho que hablar	viel von sich reden machen U9_1
dar pena	leidtun; traurig machen U12_G
dar prioridad	Priorität einräumen; den Vorzug geben U1_Y
dar sueño	müde machen U4_10
dar una conferencia	einen Vortrag halten U2_G
dar vueltas a la cabeza	sich den Kopf zerbrechen U9_Y
dar vueltas a la idea	mit dem Gedanken spielen U10_8
darle importancia (a)	Bedeutung beimessen U2_2
darse a conocer	sich vorstellen U6_5
darse cita	sich einfinden U6_Y
datos, los	Daten U7_G
De acuerdo con	Gemäß U8_G
De acuerdo.	Einverstanden. U7_8
de antemano	im Voraus U11_6
de este modo	auf diese Weise U3_4
de forma hablada	(frei) gesprochen U11_6
de forma leída	abgelesen U11_6
de hecho	tatsächlich; eigentlich U12_Y
de modo que	sodass U7_Y
de momento	im Moment U1_9
de ninguna manera	auf keinen Fall U9
de oro	aus Gold U2_G
¿De qué tipo?	Von welcher Sorte? U3_1
de repente	plötzlich U6
de uno en uno	einzeln U9_9
de verdad	ehrlich, wirklich U5_8
¿De verdad?	Wirklich? U7_6
de vez en cuando	manchmal U1_9
debajo de	unter U7_8
debate, el	Diskussion U2_11
deberes, los	Hausaufgaben U4_9
debido a	aufgrund U3_5
década de los 60, la	die 60er Jahre U3_3
década, la	Jahrzehnt U3_3
decálogo, el	Dekalog; zehn Gebote U11_Y
decidir	entscheiden U5_G
decir (i/g)	sagen U1_G
decisivo/a	entscheidend U3_8
declaración de bienes, la	Vermögenserklärung U5_T
declaración de la renta, la	Steuererklärung U5_T
decoración, la	*hier:* Einrichtung U3_3
decorado, el	*hier:* Bühnenbild U3_Y
decorativo/a	dekorativ U5_7
dedicarse (a)	tätig sein, sich widmen, zuständig sein (für) U1
defender (ie)	verteidigen; eintreten für U9_1
defender una tesis	eine Doktorarbeit präsentieren U11_Y
defensa jurídica, la	Rechtsverteidigung U10_1
deficiencia, la	Mangel U1_Y
definir	definieren U1_G
defraudar	*hier:* enttäuschen U12_G
dejar de + *Inf.*	aufhören zu U3
dejarse influir por los demás	sich von anderen beeinflussen lassen U9_2
delantero, el	*hier:* Stürmer U10_8
delegación, la	Filiale U5_7
delegar	delegieren U8_Y

delicado/a	*hier*: heikel U5_7
demanda, la	Nachfrage U1_Y
demasiado/a	zu viel U9_3
denuncia, la	Anzeige U10_T
denunciar	anzeigen U10_Y
departamento, el	Abteilung U1
Depende...	Es kommt darauf an ... U4_1
dependencia, la	Abhängigkeit U12_Y
depender legalmente de alguien	rechtlich von jdm. abhängen U10_1
depositar confianza en	Vertrauen setzen in/auf U12_1
derechos de inscripción, los	Anmeldegebühren U6_5
derivar	sich ergeben; resultieren U10_1
desaparecer (zc)	verschwinden U6_3
desarrollo, el	Entwicklung U3_3
desastre, el	Unglück U6_G
desbordar	*hier*: überfordern U12_2
descansar	ausruhen U2_6
descargar	herunterladen U7_1
desconcertar (ie)	verunsichern; irritieren U9_4
desconectar	abschalten U2_2
descontento, el	Unzufriedenheit U3_4
describir	beschreiben U1
descubierto/a	im Freien; unüberdacht U3_Y
descuento, el (Dto.)	Rabatt; Skonto U8_2
descuido, el	Versehen U8_5
desde	seit U7
desde entonces	seitdem U3_5
desde luego	natürlich U9
desear	wünschen U7
desembarcar	an Land gehen U2_Y
deseo, el	Wunsch U10_G
desesperación, la	Verzweiflung; Ärgernis U9_Y
desesperado/a	verzweifelt U7_6
desfavorecido/a	benachteiligt U5_Y
desfile, el	*hier*: Modenschau U6_5
desgracia, la	Unglück U10_Y
desgraciadamente	leider U3_4
designar	sich beziehen auf; bezeichnen U11_G
desmotivar	demotivieren U4_5
desnivel, el	Höhenunterschied U2_4
desordenado/a	unordentlich U4_8
desorientar	desorientieren U7_Y
despacho, el	Büro U1_G
despedida de soltero/a, la	Polterabend U7_T
despedida, la	*hier*: Schlussformel U8
despedir	entlassen U9_Y
desperfecto, el	Schaden U4_3
despertar (ie)	aufwachen U11_4
despertar expectación	Interesse wecken U3_Y
despido masivo, el	Massenentlassung U9_Y
despido, el	Entlassung U9_Y
despistado/a	zerstreut U1_5
desplazamiento, el	Fortbewegung U1_G
desplazar	*hier*: hinschicken U6_5

desplazarse	fahren U2_6
después	nach U8_Y
destinatario, el	Empfänger U8
destinatario/a, el/la	Empfänger, Zielgruppe U1_G
destino vacacional, el	Ferienziel U2_5
destino, el	Ziel U1_G
desventaja, la	Nachteil U9_2
detallar	*hier*: aufführen U6_1
detalle, el	Detail U5_T
detectar	erkennen, entdecken U1_3
detective privado, el/la	Privatdetektiv U10_Y
detergente, el	Waschmittel U3_7
detractor/a, el/la	Gegner/in; Verleumder/in U7_G
devolución, la	Rückzahlung U5_5
devolver (ue)	zurückgeben, zurückbringen U4_3
día del santo, el	Namenstag U12_1
diafragma, el	Zwerchfell U12_Y
diapositiva, la	Dia(positiv) U11_9
diario, el	Tagebuch U7_1
diario/a	täglich U4_2
días hábiles, los	Arbeitstage U8_2
dicción, la	Aussprache; Ausdrucksweise U11_Y
dicen que...	man sagt, dass ... U2_10
didáctica, la	Didaktik U8_T
dificultad de visión, la	Sehschwäche U7_Y
dificultad, la	Schwierigkeit U1_Y
dificultades respiratorias, las	Atembeschwerden U2_4
difundir	verbreiten U7_1
dinámico/a	dynamisch U1_8
dinero en efectivo, el	Bargeld U5_2
dinero en metálico, el	Bargeld U3_9
dios, el	Gott U3_1
diplomado/a	mit abgeschlossenem Studium U1_Y
diplomático/a	diplomatisch U1_8
dirección (postal), la	Anschrift U8_6
dirección comercial, la	Vertriebsleitung U1_3
dirección de personal, la	Personalleitung U1_3
dirección de producción, la	Produktionsleitung U1_3
dirección financiera, la	Finanzleitung U1_3
directivo/a, el/la	Führungskraft U4_5
directriz, la	Richtlinie U7_Y
dirigirse (a)	sich wenden (an) U3_4
discapacidad visual, la	Sehbehinderung U7_Y
disculpa, la	Entschuldigung U3_4
disculpar	entschuldigen U3_G
disculparse (con)	sich entschuldigen (bei) U12_2
discurrir	verlaufen U2_Y
discurso de bienvenida, el	Begrüßungsansprache U11_Y
discurso, el	Rede; Ansprache U12
discusión, la	Diskussion U6_Y
discutir	diskutieren U10_4
diseño, el	*hier*: Aufbau U7
disfrutar	genießen U2_2

disminuir	sich verringern U9_8
disponer (ng)	anordnen U7_5
Disponer de dinero suficiente.	Genügend Geld zur Verfügung haben. U2_2
disponibilidad, la	Verfügbarkeit U1_Y
distinción, la	Auszeichnung U6_Y
Distinguido/a Sr./a	Sehr geehrter/-e Hr./Fr. U3_4, U8_G
distribuidor/a, el/la	Vertreter/in, Vertriebsstelle U1_G
divergente	abweichend; unterschiedlich U8_Y
DNI, el (Documento Nacional de Identidad)	Personalausweis U5_2
doctor/a, el/la	Herr/Frau Doktor U11_4
documentación, la	Unterlagen, Dokumente U5_T
documento, el	Dokument U1_G
doler (ue)	wehtun, schmerzen U4_6, U4_G
dolor de cabeza, el	Kopfschmerzen U2_4
dolor, el	Schmerz U2_4
domiciliación bancaria, la	Einzugsermächtigung U5_2
domiciliar la nómina	Gehalt überweisen lassen, Gehaltskonto einrichten U5_3
domiciliar pagos	Daueraufträge einrichten; Einzugsermächtigungen erteilen U5_1
domicilio habitual, el	gewöhnlicher Wohnsitz U10_3
domicilio, el	Wohnsitz U5_4
donación, la	Spende U8_7
dormir (ue)	schlafen U3_G
dormirse (ue)	einschlafen U11_4
dos puntos, los (:)	Doppelpunkt U7_3
dosis, la	Dosis; Menge U11_8
dotar de	ausstatten mit U12_2
Dpto. = departamento, el	Abt. = Abteilung U1_3
Dpto. de Administración de Personal, el	Abt. Personalverwaltung U1_3
Dpto. de Administración, el	Abt. Verwaltung U1_3
Dpto. de Contabilidad, el	Abt. Rechnungswesen/ Buchhaltung U1_3
Dpto. de Formación, el	Abt. Ausbildung U1_8
Dpto. de I+D (Departamento de Investigación y Desarrollo)	Abt. F+E (Abteilung Forschung und Entwicklung) U1_3
Dpto. de Logística, el	Abt. Logistik U1_3
Dpto. de Relaciones Públicas, el	Abt. Public Relations U1_8
Dpto. de Selección y Formación, el	Abt. Personalauswahl und Ausbildung U1_3
Dpto. de Ventas, el	Abt. Vertrieb U1_3
dramático/a	dramatisch U9_2
ducha, la	Dusche U9_Y
dudar	zweifeln U5_2
dueño/a, el/la	Besitzer/in U9_1
dulce, el	Süßigkeit U3_1
duplicarse	sich verdoppeln U12_Y

duración, la	Dauer U3_G
durante	während U8_Y
durante el día	tagsüber U2_4
durante lo que va de año	im Laufe dieses Jahres U5_7
durante un rato	eine Weile U1_G
duro/a	hart U1_Y

E

echar de menos	vermissen U12_8
edición, la	Ausgabe U6_1
editorial, la	Verlag U2_6
efectivamente	*hier:* gewiss U8
efecto, el	Effekt, Wirkung U2_4
efectuar	vornehmen U8_7
efectuarse	erfolgen U8_2
eficaz	leistungsfähig U4_5
efímero/a	vergänglich; kurzlebig U12_Y
egipcios, los	Ägypter U3_7
ejecutivo/a, el/la	Führungskraft, Manager U2
ejemplar, el	Exemplar U9_G
ejercer	ausüben U7_Y
ejercicio, el	Geschäftsjahr U11_3
ejercitar	trainieren; schulen U12_Y
El gusto es nuestro	Ganz unsererseits U8_7
El mundo es suyo.	Die Welt gehört Ihnen. U2_2
elaboración, la	Herstellung, Zubereitung U3_1
elaborar	ausarbeiten U1
elección, la	Wahl U11_T
eléctrico/a	elektrisch U2_11
elegir (i)	wählen U2_2
elemento, el	Bestandteil U7_Y
eliminar	eliminieren U5_7
elogio, el	Lobrede U3_Y
embajada, la	Botschaft U12_6
embalaje, el	Verpackung U1_3
embarazada	schwanger U10_Y
embarcar	an Bord gehen U2_Y
emisor/a	Sender U2_1
emitir un juicio de valor	ein Werturteil abgeben U10_G
emotivo/a	gefühlsbetont U12_T
empezar a *+ Inf.*	anfangen zu U3
empleado/a, el/la	Angestellte U1_6
empleo, el	Arbeitsstelle, Anstellung U1_6
emprendedor/a, el/la	Unternehmer/in U11_T
empresa inversora	Investitionsfirma U11_8
empresa, la	Unternehmen U1_G
en 25 ocasiones	fünfundzwanzigmal U10_Y
en absoluto	keineswegs, absolut nicht U3_4
en alta mar	auf hoher See U2_Y
en aquel entonces	damals; zur damaligen Zeit U3_Y
en aquella época	damals U3_2
en cambio	hingegen U3_5
en caso contrario	andernfalls U3_4
en caso de	im Fall von U10_1
en cierta manera	in gewisser Weise U8_Y

en compañía de	in Begleitung, zusammen mit U2_1
en concreto	konkret U1_6
en contra	gegen; kontra U9_3
en cualquier caso	auf jeden Fall U4_5
en cuanto a	was ... betrifft; bezüglich U6_G
en el caso de que	falls U8
en especial	insbesondere, besonders U1_2
en función de	entsprechend U1_6
en general	im Allgemeinen U2_2
en la actualidad	heutzutage U2_Y
en lo referido a	was ... betrifft; bezüglich U6_G
en lugar de	statt, anstatt U5_3
en mi opinión	meiner Meinung nach U1_G
en muchas ocasiones	in vielen Fällen U1_6
en nuestros días	heutzutage U3_5
en pleno invierno	Mitten im Winter U12_G
en primer lugar	als Erstes; an erster Stelle U6
en realidad	in Wirklichkeit U1_5
En respuesta a	In Beantwortung U8_G
en serio	im Ernst U10_7
en su lugar	*hier:* anstelle von Ihnen; für Sie U5_G
en teoría	theoretisch U7_6
en todo caso	auf jeden Fall U10_Y
en todo momento	immer U4_3
en torno a	*hier:* über U6_Y
en último término	letztendlich U9_1
en verso	in Versform U3_Y
en vista de...	angesichts ... U3_4
encararse	sich konfrontiert sehen U12_Y
encargado/a	zuständig U1_3
encargar	bestellen U7_9
encargarse (de)	zuständig sein (für), sich kümmern (um) U1
encargo, el	Bestellung U7_9
encima de	über; auf U7_8
encontrar (ue)	finden U1_G
encontrarse (ue)	treffen U1_7
encontrarse bien	sich gut fühlen U4_G
encontrarse mal	sich schlecht fühlen U4_G
encuesta, la	Umfrage U6_6
enfadado/a	verärgert U1_4
enfadarse	böse werden U6_7
énfasis, el	Nachdruck U1_G
enfatizar	betonen, Nachdruck verleihen U1
enfermedad, la	Krankheit U1_3
enfermería, la	Krankenstation U2_Y
enfermo/a	krank U1_4
enfrentarse	*hier:* sich stellen U11_Y
enfrente	gegenüber U3_Y
engañar	belügen U9_3
engaño, el	Betrug; Schwindel; Täuschung U10_Y
¡Enhorabuena!	Gratuliere!; Herzlichen Glückwunsch! U12

enlace, el	Link U7_2
enorme	enorm; riesig U7_Y
ensayar	üben U11_Y
entidad bancaria, la	Bankinstitut U3_3
entidad, la	*hier:* Bankinstitut U5_2
entorno, el	Umfeld U4_Y
entrada, la	Eintrittskarte U3_Y
entrañable	herzlich U9_Y
entrar en materia	zur Sache kommen U8_Y
entrar sin permiso	ohne Erlaubnis eintreten U3_G
entreacto, el	Pause U3_Y
entrega, la	Abgabe U12_Y
entremés, el	kurzes, volkstümliches Zwischenspiel U3_Y
entrenar	trainieren U12_Y
entretiempo, el	Übergangszeit U2_4
entrevista, la	Vorstellungsgespräch U1_9
envejecimiento, el	Altern U12_Y
enviar	schicken U1_G
envidiable	beneidenswert U5_T
envío, el	Versand; Sendung U8
envíos al extranjero, los	Lieferungen ins Ausland U1_3
envolver (ue)	*hier:* einbetten; umgeben U6_7
época del año, la	Jahreszeit U2_4
época, la	Zeit, Epoche U3_2
equipaje, el	Gepäck U2_8
equipamiento, el	Ausstattung U5_7
equivalente, el	Entsprechung U3_6
equivaler (g)	entsprechen U6_Y
equivocado/a	irrtümlich; falsch U6
equivocarse	sich irren U10_7
ergonómico/a	ergonomisch U11_4
error, el	Fehler U4_5
es básico que	es ist grundlegend, dass U7
es esencial que	es ist grundlegend, dass U7_G
es fundamental que	es ist grundlegend, dass U7
es importante que	es ist wichtig, dass U7
es mucho decir	das ist zu viel gesagt U9_Y
Es para mí un placer...	Es ist mir ein Vergnügen ... U11_G
es probable que	es ist wahrscheinlich, dass U9
es útil que	es ist nützlich, dass U7
escala, la	Skala; Staffel U10_T
escena, la	Szene U9_2
escenario, el	Bühne U3_Y
escoba, la	Besen U3_9
escolarizado/a	eingeschult U5_Y
escribir a mano	mit der Hand schreiben U4_3
escritor/a, el/la	Schriftsteller/in U6_Y
esencial	wesentlich, grundlegend U4_5
esfuerzo, el	Mühe, Anstrengung U4_5
esmerado/a	tadellos, sorgfältig U5_4
eso quiere decir que...	das bedeutet, dass ... U4_10
espacio aéreo, el	Luftraum U12_2

especia, la	Gewürz U3_1
especialista, el/la	Spezialist/in; Fachmann/-frau U11_4
especie, la	Art U10_8
especificar	angeben U8
espectáculo de flamenco, el	Flamencoaufführung U2_T
espectáculo, el	Schauspiel; Veranstaltung U3_Y
espectador/a, el/la	Zuschauer U9_2
espera, la	Wartezeit U3_4
Esperando sus noticias	In Erwartung Ihrer Nachrichten U8_G
esperanza de vida, la	Lebenserwartung U12_Y
esperar	*hier:* hoffen U7
espíritu, el	Geist U12_1
esquiar	Ski fahren U10_5
esquina, la	Ecke U7_8
establecido/a	festgesetzt U10_3
establecimiento, el	Geschäft U3_3
estación de esquí, la	Skistation U4_T
estación húmeda, la	feuchte Jahreszeit U2_4
estación seca, la	trockene Jahreszeit U2_4
estaciones del año, las	Jahreszeiten U2_4
estadística, la	Statistik U11_6
estado civil, el	Familienstand U5_2
estado de ánimo, el	Gemütsverfassung, Stimmung U1
estado febril, el	Fieberzustand U4_10
estado físico, el	körperlicher Zustand U1_G
estafa, la	Betrug U10_Y
estancia, la	Aufenthalt U2_T
estar (oy)	sein U1_G
estar *+ Gerundio*	sein + Gerundium U1_G
estar a favor (de)	für (etwas) sein U9_3
estar agotado/a	erschöpft sein U7_6
estar al día	auf dem Laufenden sein U1_8
estar conforme con	einverstanden sein mit U7_5
estar de acuerdo	einverstanden sein U3_3
estar de buen humor	gute Laune haben U1_5
estar de mal humor	schlechte Laune haben U1_5
estar de moda	in Mode sein U2_6
estar despierto/a	wach sein U9_G
estar dispuesto/a (a)	bereit sein U1_6
estar en condiciones de afrontar	*hier:* in der Lage sein abzuschließen U10_8
estar en contra (de)	gegen (etwas) sein U9_3
estar en forma	in Form sein U2_Y
estar en la luna	in den Wolken schweben U9_Y
estar nublado	bewölkt sein U2_5
estar presente	anwesend sein U12_4
estar provisto de	ausgestattet sein mit U3_Y
estar/sentirse orgulloso de	stolz sein auf U4_Y
esterilizado, el	Sterilisierung U4_3
estilo, el	Stil U8_Y
estimación, la	Schätzung U5_5
Estimado/a Sr./a.	Sehr geehrter/-e Hr./Fr. U8_G

estimar	(ein)schätzen U10_Y
estimulante	stimulierend U11_4
estimular	stimulieren U9_Y
estoy convencido de que...	ich bin davon überzeugt, dass ... U6_5
estoy mareado	mir ist übel; mir ist schwindelig U4_5
estrecho, el	Meerenge U2_Y
estrenarse	*hier:* zum ersten Mal senden U9_1
estricto/a	strikt U1_8
estrofa, la	Strophe U3_Y
estupendo/a	fantastisch U2_G
eternamente	ewig U10_7
evaluar	beurteilen; bewerten U6_5
evento, el	*hier:* Ereignis U3
evitar	vermeiden U11_6
evocar	hervorrufen U9_Y
Exacto.	Genau. U8_G
exagerar	übertreiben; aufbauschen U10_Y
examen, el	Prüfung U2_G
examinarse	eine Prüfung machen; geprüft werden U12_5
excepción, la	Ausnahme U10_T
excesivo/a	maßlos U12_2
excluido/a	ausgeschlossen U10_T
exclusión social, la	sozialer Ausschluss U7_Y
exclusión, la	Ausschluss U10_T
excursión, la	Ausflug U2_11
excusa, la	Ausrede U5_8
exhaustivo/a	sehr ausführlich U8_Y
exigente	anspruchsvoll U1_6
exigir	fordern U1_6
éxito, el	Erfolg U4_5
experiencia, la	Erfahrung U1_6
experto/a	Experte/-in U1_6
explotado/a	erschlossen U2_Y
exposición, la	Vortrag U11_4
expositor, el	Ausstellungsvitrine U6_1
expositor/a, el/la	Aussteller/in U6_5
expresamente	ausdrücklich U10_T
expresar una opinión	eine Meinung äußern U1
extracto de cuenta, el	Kontoauszug U5_1
extrañarse	sich wundern U10_Y
extrañeza, la	Verwunderung U12_G
extravertido/a	extrovertiert U1_8
extremo/a	extrem U5_Y

F

factor diferencial	Unterscheidungsfaktor U8_Y
factura, la	Rechnung U1_3
facturación, la	Umsatz U11_3
facultades físicas, las	körperliche Fähigkeiten U12_Y
facultades mentales, las	geistige Fähigkeiten U12_Y
fallecer (zc)	sterben U10_Y
fallecido/a, el/la	Verstorbene U10_Y
fallecimiento, el	Tod U10_1
falta de respeto, la	Respektlosigkeit U8_Y
falta, la	Mangel U1_6
faltar	fehlen U6
familiar, el/la	Familienangehörige U2_1
fanático/a, el/la	Fanatiker/in U9_3
farmacéutico/a, el/la	Apotheker/in U2_6
fármaco, el	Arzneimittel U4_3
fatal	übel, mies U4_G
fauna, la	Fauna U2_Y
favorecer (zc)	begünstigen U3_5
fax, el	Fax U1_9
fecha de factura, la (f.f.)	Rechnungsdatum U8_4
fecha, la	Datum U3_4
felicidad, la	Glück U12_1
felicidades	(herzlichen) Glückwunsch U10_2
felicitación de navidad, la	*hier:* Weihnachtskarte U12_G
felicitación, la	Beglückwünschung; Glückwunsch U12
felicitar	beglückwünschen U10_G
feria, la	Messe U6
fertilizante, el	Düngemittel U2_11
festival, el	Festival U6_Y
festivo, el (día)	Feiertag U3_Y
fiabilidad, la	Zuverlässigkeit; Vertrauenswürdigkeit U8_Y
fidelidad, la	Treue U12_2
fiebre, la	Fieber U4_10
fijar	vereinbaren; festlegen U10_2
fijarse en	achten auf U8_1
Fíjate/Fíjese	Schau/Schauen Sie U8
fijo/a	fest U5_T
filial, la	Filiale U2_3
fin, el	Zweck; Ziel U5_7
finalidad, la	Zweck U5_T
fingido/a	vorgetäuscht U10_Y
fingir	vortäuschen U10_Y
fiordo, el	Fjord U2_Y
firmado (Fdo.)	gezeichnet (gez.) U8_4
firmado/a	unterschrieben U4_3
firmar	unterschreiben U5_1
firmar un acuerdo	eine Vereinbarung treffen U7_Y
físico/a	physisch U11_Y
flexibilidad, la	Flexibilität U4_2
flexible	flexibel U1_8
flojo/a	schwach U9_Y
floristería, la	Blumengeschäft U7_T
flotar	treiben U2_Y
fluidez, la	Flüssigkeit U11_Y
foca, la	Seehund U2_Y
folleto, el	Prospekt U2_1
fomentar	fördern U4_5
fondo (editorial), el	(Verlags)bestand U7_5
forense, el/la	Gerichtsmediziner/in U10_Y
formación complementarla, la	Weiterbildung U1_3
formación, la	Ausbildung U1_6
formado/a	ausgebildet U4_5
formal	formell U4_2
formalidad, la	Seriosität, Korrektheit U4_2
formarse	sich (weiter)bilden U7_Y

fórmula, la	Formel U8
formulario, el	Formular U5_2
foro, el	Forum U7_1
fortuna, la	Vermögen U5_3
fracaso, el	Misserfolg U4_5
Francia	Frankreich U3_1
franquicia, la	Franchising U11_4
fraude, el	Betrug; (arglistige) Täuschung U10_Y
frecuente	üblich; häufig U8_7
frente a	gegenüber U6_5
frío, el	Kälte U2_G
frívolo/a	oberflächlich U9_Y
frontera, la	Grenze U9_11
frustrante	frustrierend U7_Y
fuera de temporada	außerhalb der Saison U2_6
fundamental	grundlegend U1_6
fundar	gründen U5_Y
funeral, el	Beerdigung U12_3
furioso/a	wütend U10_3
fusión, la	Fusion U5_T
Futuro, el	Futur U2_G

G

gabinete de abogados, el	Anwaltskanzlei U10_2
gafas de sol, las	Sonnenbrille U2_4
gafas, las	Brille U3_9
galardonado/a	ausgezeichnet U6_Y
galería de arte, la	Kunstgalerie U2_6
galleta, la	Keks U3_5
gama, la	Palette U8_3
ganar	gewinnen U11_T
garantía, la	Garantie U8_2
garantizar	garantieren U8_3
garganta, la	Hals U4_6
gastos de representación, los	Repräsentationskosten, Aufwandskosten U5_7
gastos de tramitación, los	Bearbeitungskosten U5_T
gastos, los	Ausgaben U5_2
gastronomía, la	Gastronomie U8_T
generar	einbringen U6_2
generar beneficios	Gewinn abwerfen U1_6
género, el	Stoff; Ware U8_6
gente mayor, la	ältere Leute U9_Y
gente, la	Leute U4
Gerencia, la	Geschäftsführung U9_4
gerente/a, el/la	Geschäftsführer/in U1_G
Gerundio, el	Gerundium U1_G
gesto, el	Geste U8_7
gestos, los	Gesten U11_Y
gimnasio, el	Fitnesscenter U1_9
girar	drehen U4_G
golpe, el	Stoß U6_7
gota, la	Tropfen U4_6
gracias a	dank U9_1
gracias por su atención	vielen Dank für Ihre Aufmerksamkeit U11_Y
grados centígrados, los (ºC)	Grad Celsius U2_4
gradualmente	allmählich U12_2
graduar	abstufen U1_G
gráfico, el	Grafik U11_3
grafismo, el	grafische Darstellung U6_1
grafista, el/la	Graphiker U4_2
gran superficie, la	Einkaufszentrum U3_5
granja de pollos, la	Hühnerfarm U11_8
grato/a	angenehm U5_4
gratuito/a	kostenlos U7_9
grave	ernst U10_2
Grecia	Griechenland U2_G
grifo, el	Hahn U10_3
gripe, la	Grippe U4_10
grito, el	Schrei U6_7
guantes, los	Handschuhe U4_G
guardar	*hier:* wegräumen U4_G
guardar cama	das Bett hüten U4_10
guardería, la	Kindergarten U4_Y
guía turístico/a, el/la	Reiseleiter/in U2_2
guía, la	Reiseführer U2_2
guiar	führen; lenken U11_Y
guión bajo, el (_)	Unterstrich U7_3
guión, el	Konzept; Gliederung U11_3
guión, el (-)	Bindestrich U7_3
gustar	gefallen U2_G
gusto, el	Geschmack U8_7
gustos, los	Vorlieben, Geschmäcke U1_1

H

haber (e)	(Hilfsverb) haben; sein U2_G
haber niebla	neblig sein U2_5
haber nubes	wolkig sein U2_G
haber tormenta	Gewitter geben U2_G
habilidades, las	Fähigkeiten U5_Y
habilitarse	umgestaltet werden U2_Y
hábito, el	Gewohnheit U2_1
hablar en público	vor Publikum sprechen U2_G
hacer (g)	machen U1_G
hacer buen día	schönes Wetter sein U2_G
hacer clic	klicken U7_2
hacer cola	Schlange stehen U2_8
hacer de más	mehr als erforderlich machen U11_6
hacer dieta	Diät machen U4_7
hacer efectivo	ausführen U8_5
hacer felices a cuantos pueda	möglichst viele Menschen glücklich machen U12_Y
hacer frío	kalt sein U2_2
hacer las maletas	Koffer packen U2_2
hacer mal día	schlechtes Wetter sein U2_G
hacer realidad	verwirklichen U5_T
hacer reformas	renovieren U5_T
hacer sol	sonnig sein U2_4
hacer un esfuerzo	sich bemühen, sich anstrengen U5_7
hacer viento	windig sein U2_5
hacerse cargo de	übernehmen, *hier:* bezahlen U4_3
hacerse daño	sich wehtun U10_7
hacerse realidad	sich verwirklichen U12_1
hamburguesa, la	Hamburger U3_5
hasta entonces	bis dahin U6_2
hasta nuestros días	bis heute U3_5
hectárea, la	Hektar U11_8
herramienta, la	Werkzeug U4_3
hielo, el	Eis U2_Y
higiene, la	Hygiene U4_T
hipoteca, la	Hypothek U5_2
hipótesis, la	Hypothese U9_G
hipotético/a	hypothetisch U2
hogar, el	Haushalt U3_5
hoja de pedido, la	Bestellschein U7_9
holandés/a	holländisch U8_Y
Hombre, ...	*hier:* Also, ... U9_10
homenaje, el	Hommage; Ehrung U6_Y
horario, el	Arbeitszeit U1_6
horizontal	waagerecht U7_8
horizonte, el	Horizont U2_Y
horrible	schrecklich U2_G
hostal, el	Gasthof; Pension U11_8
hostelería, la	Hotelwesen U1_Y
hoy	heute U2_G
hoy en día...	heutzutage U1_6
humanidad, la	Menschheit U3_1
humedad, la	Feuchtigkeit U2_G
húmedo/a	feucht U2_4
humor, el	Humor U9_Y
humorístico/a	humoristisch U3_Y

I

icono, el	Icon; Symbol U7_T
idea central, la	Grundgedanke U11_7
ideal	ideal U1_6
idear	entwerfen; planen U9
identidad de una cosa, la	*hier:* eine konkrete Sache U11_G
identificarse (con)	sich identifizieren (mit) U1_2
igual de... que	so ... wie U7
igualdad de oportunidades, la	Chancengleichheit U4_Y
ilimitado/a	uneingeschränkt U10_1
iluminación, la	Beleuchtung U6_T
ilusión, la	*hier:* Freude U4_5
imaginación, la	Phantasie U9_Y
imaginario/a	eingebildet; irreal U12_1
imaginativo/a	einfallsreich; phantasievoll U10_Y
impacto, el	Wirkung U8_1
impagado/a	unbezahlt U8_2
impedimento, el	Behinderung U7_Y
impedir (i)	verhindern U3_G
imperdonable	unverzeihlich U8_Y
impermeable, el	Regenmantel U2_4
impersonalidad, la	Unpersönlichkeit U4
implantar	einführen U3_4
implicar	einbeziehen U11
imponer	aufdrängen; aufzwingen U9_10
importancia, la	Bedeutung U2_2
importe, el	Betrag U5_5
imprenta, la	Druckerei U8_4
imprescindible	unbedingt erforderlich U8_4

impresión, la	Eindruck U1_G
impresionar	beeindrucken U9_1
improvisación, la	Improvisation U8_Y
impulsar	fördern; anregen U7_G
inauguración, la	Eröffnung U2_11
inaugurar	eröffnen U5_4
incendio, el	Brand U10_1
incidencia, la	Zwischenfall U12_2
incluso	sogar U5_3
inconveniente, el	Schwachpunkt, Nachteil U1_6
incorporación, la	Eingliederung U3_5
incrementado/a	gestiegen U5_7
incrementar	erhöhen U12_Y
indefinido/a	unbefristet U5_2
indemnización, la	Entschädigung; Schadenersatz U10
independiente	selbstständig U1_8
independizarse	unabhängig werden U6_G
índice, el	Quote; Index U4_Y
indispensable	unabdingbar, unerlässlich U1_6
inesperado/a	unerwartet U9_Y
inestimable	unschätzbar U7_Y
inevitable	unvermeidbar U9_3
inexistente	nicht vorhanden U3_5
inferior	untere/r/s U7_G
Infinitivo, el	Infinitiv U1_G
influencia, la	Einfluss U9_6
influir (y)	beeinflussen U8_1
informado/a	informiert U9_3
informal	informell U4_9
informalidad, la	Unzuverlässigkeit; mangelnde Seriosität U8_Y
informe, el	Bericht U3_9
infusión, la	Kräutertee U4_6
Inglaterra	England U3_1
ingresar	einzahlen U5_1
ingreso, el	Einzahlung U5_5
iniciar	*hier:* antreten U10_T
iniciativa, la	Initiative U5_Y
inicio, el	Beginn U3_G
ininterrumpido/a	durchgehend U5_4
inmensidad, la	Unermesslichkeit U2_Y
inmersión, la	Immersion; Eintauchen U8_T
inmueble, el	Grundstück U5_5
innegable	unbestreitbar U7_Y
innovador/a	innovativ U1_8
inquilino/a, el/la	Mieter/in U10_1
insistir	betonen; beharren U10_G
inspirar	inspirieren U12_1
instalación, la	Installation U10_5
instalaciones, las	Einrichtungen U4_8
instituto, el	Gymnasium U9_Y
instrucción, la	Anweisung U3_4
insuficiente	nicht ausreichend U1_6
integrar	*hier:* beinhalten; bestehen aus U8_1
intenso/a	intensiv U6_2
intentar	versuchen U5
interés variable, el	variable Zinsen U5_T
intereses, los	Zinsen U5_5
interlocutor/a, el/la	Gesprächspartner/in U1_Y
interminable	endlos U3_4
internauta, el/la	Internetsurfer U7_1
intérprete, el/la	Dolmetscher/in U7_Y
interrumpir	unterbrechen U8
interrupción, la	Unterbrechung U3
intervención, la	Beitrag U11_Y
introducción, la	Einführung U6_5
introducir	einführen U3_1
intuición, la	Intuition U3_Y
inundación, la	Überschwemmung U10_1
inundarse	überschwemmt werden U10_5
inútil	vergeblich; zwecklos U9_3
invalidez, la	Invalidität U10_1
inventado/a	erfunden U6_7
inventiva, la	Einfallsreichtum U11_8
invento, el	Erfindung U3_8
inversión inicial, la	Anfangsinvestition U11_T
invertir (ie)	investieren U6_2
investigador/a, el/la	Forscher/in U1_T
invidente, el/la	Blinde U7_Y
invitado/a de honor, el/la	Ehrengast U6_Y
invitar	einladen U5_4
involucrar	einbeziehen U11_4
inyección, la	Spritze U4_6
ir	gehen U2
ir a pie	zu Fuß gehen U2_6
ir en avión	Flugzeug nehmen U2_6
ir en bici	Fahrrad fahren U2_G
ironía, la	Ironie U9_Y
irregularidad, la	Unregelmäßigkeit U2_G
irse de viaje	verreisen U2_2
Italia	Italien U3_1
itinerario, el	Route U2_Y
IVA, el = Impuesto sobre el Valor Añadido	MwSt. = Mehrwertsteuer U8_2

J

jabón, el	Seife U3_7
jarabe, el	Hustensaft U4_6
jardinería, la	*hier:* Pflanzen U6_1
jefe/a, el/la	Chef/in U1_G
jerarquía, la	Hierarchie U4_2
jersey, el	Pullover U2_11
jornada laboral, la	Arbeitstag U5_7
joyas, las	Schmuck U11_Y
jubilación, la	Rente U12_3
jubilado/a, el/la	Rentner/in U12_Y
juego de material, el	Dossier U11_6
juego, el	Spiel U1_9
juegos olímpicos, los (JJOO)	die Olympischen Spiele U9_Y
jugar (ue)	spielen U1_G
juguete bélico	Kriegsspielzeug U9_8
juguete, el	Spielzeug U3_6
junto con	*hier:* neben U1_6
jurídico/a	juristisch U8_T
justificable	zu rechtfertigen U10_Y
justificarse	gerechtfertigt sein U5_7
justo/a	gerecht U4_5
juzgar	(be)urteilen U10

K

kinésico/a	kinesisch (das Bewegungsverhalten betreffend) U11_Y

L

labor, la	Arbeit, Tätigkeit U3_5
laboratorio, el	Labor U1_3
lago, el	See U6_4
lamentar	bedauern U3_4
lancha, la	Motorboot U2_Y
lanzamiento, el	Werfen U3_Y
lanzar	*hier:* auf den Markt bringen U6_T
Latinoamérica	Lateinamerika U1_G
lavadora, la	Waschmaschine U3_8
le apasiona/n	begeistert/-n ihn/sie U2_6
Le cae mal a todo el mundo.	Niemand kann ihn/sie leiden. U1_5
le encanta/n	er/sie liebt, mag sehr gern U2_6
Le/les saluda	Mit freundlichen Grüßen
atentamente	U8_G
lealtad, la	Loyalität U4_Y
lector de braille, el	Blindenschrift-Lesegerät U7_Y
lector/a, el/la	Leser/in U9_6
leer (o)	lesen U3_G
lejano/a	fern U2_9
lenguaje no verbal, el	nonverbale Sprache U11_Y
lentes de contacto, las	Kontaktlinsen U3_8
lesión, la	Verletzung U10_Y
letra bancaria, la	Bankwechsel U8_2
letra de cambio, la	Wechselbrief U8_2
letra pequeña, la	kleine Schrift U5_3
levantado/a	erbaut U3_Y
levantarse tarde	spät aufstehen U2_6
ley, la	Gesetz U2_11
libre elección, la	freie Wahl U10_1
libreta de ahorro, la	Sparbuch U5_3
licencia de alta fiscal, la	Gewerbeanmeldung U5_T
líder	*hier:* Marktführer U3_T
ligero de equipaje	mit wenig Gepäck U12_1
ligero/a	leicht U2_4
limitación, la	Einschränkung U9_6
límite de edad, la	Altersgrenze U10_1
límite, el	*hier:* Kreditlimit U5_6
limpieza, la	Reinigung U5_7
liquidez, la	Liquidität U8_2
lista de espera, la	Warteliste U10_1
llamar para quedar	anrufen, um sich zu verabreden U10_2
llegados los 65	wenn sie die 65 erreicht haben U12_Y
llegar a alcanzar	erreichen U4_Y
llegar a objetivos	Ziele erreichen U1_8
llegar a un acuerdo	sich einigen; eine Vereinbarung treffen U8_3
llegar con retraso	zu spät kommen U8_Y
llegar tarde	(zu) spät kommen U10_G
llenar de vida	mit Leben füllen U12_Y

llevar	*hier:* führen, zuständig sein U1
llevar a cabo	realisieren, durchführen U5_T
llevar horas	Stunden beanspruchen U3_5
llevar las cuentas	für die Buchführung zuständig sein U1_3
llevar puesto/a	tragen U4_G
llevarse	mitnehmen U2_4
llevarse a cabo	durchführen U3_1
llevarse bien	gut auskommen U1
llevarse mal	schlecht auskommen U1
llevarse un poco de todo	etwas von allem mitnehmen U2_2
llover (ue)	regnen U2_2
lluvia, la	Regen U2_4
lo antes posible	so schnell wie möglich U8_5
Lo cierto es que	Ehrlich gesagt U8_G
lo ideal es que...	das Ideale ist U7_1
Lo que pasa es que *+ Presente*	Es ist so, dass U1_G
Lo siento, pero	Es tut mir leid, aber U8_G
loa, la	im 17. Jh übliche Einführung in ein Theaterstück U3_Y
localización, la	*hier:* Anordnung U7_T
localizado/a	*hier:* platziert U6_T
logotipo, el	Logo U7_8
lograr	schaffen; gelingen U10_Y
Londres	London U2_6
longevidad, la	Lebensdauer U12_Y
los que le rodean	Ihre Umgebung U10_1
lucha, la	Kampf U5_Y
luchar	kämpfen U9_3
luchar contra	kämpfen gegen U11_4
lugar de origen, el	Herkunftsort U10_T
lugar de residencia, el	Wohnort U1_6
lugar, el	Ort U8
lujoso/a	luxuriös U5_7

M

maceta, la	Blumentopf U6_1
mágico/a	zauberhaft, magisch U2_10
mal olor, el	schlechter Geruch U9_2
mal tiempo	schlechtes Wetter U2_G
malas condiciones	schlechter Zustand U12_2
malentendido, el	Missverständnis U8_Y
malo para la salud	schlecht für die Gesundheit U3_1
mamífero, el	Säugetier U10_8
mancharse	schmutzig werden U6_3
mandato, el	Befehl; Aufforderung U10_G
mando intermedio, el	mittlere Führungsebene U4_Y
manera de vestir, la	Art sich zu kleiden U4_2
manías, las	Abneigungen; Manien U2_6
manipulación, la	Verarbeitung U4_T
manipular	handhaben U4_3
mantenimiento, el	Aufrechterhaltung U1_Y
manual, el	Leitfaden U11_6
máquina de escribir, la	Schreibmaschine U3_9
maquinaria, la	Maschinen U3_T
marca, la	Marke U3_1
marcador conversacional, el	Diskursmarker U8
marcar las distancias	die Distanz betonen U4_5
marcarse objetivos	Ziele setzen U1_8
marcha, la	*hier:* viel los sein U10_7
mareado/a	übel; schwindelig U4_7
mareo, el	Schwindel; Übelkeit U4_G
margen inferior, el	unterer Rand U7_1
margen superior, el	oberer Rand U7_1
más	mehr U7
más ágil que	schneller als U7_G
Más allá de las cifras	Über die Zahlen hinaus U6_Y
Más cosas:	Mehr Dinge: U1_9
más que nunca	mehr denn je U7_6
máscara, la	Maske U4_3
material de oficina, el	Büromaterial U1_3
material de papelería, el	Papiermaterial U8_1
matrícula, la	Einschreibung U8_T
matricular	einschreiben U11_5
matrimonio de conveniencia, la	Vernunftehe U5_3
maya, el/la	Maya U3_1
mayoría de la gente (la)	die meisten Leute U2
mayúscula, la	Großbuchstabe; groß U7_3
me apasiona/n	ich mag leidenschaftlich gern U2_2
Me complace comunicarle...	Es freut mich, Ihnen mitteilen zu können ... U5_4
me da la impresión de que	ich habe den Eindruck, dass U9
me encanta probar...	ich probiere sehr gerne ... U2_2
Me explico:	Ich erkläre das näher: U1_6
Me lo pone difícil.	Das ist schwierig. U8_3
me molesta/n	mich stört/-en U2_2
me parece bien	ich finde (es) gut U10
me parece mal	ich finde (es) schlecht U10
me parece que	ich finde, dass U9
me pone/n de mal humor	ärgert/-n mich U2_G
me pone/n nervioso/a	macht/machen mich nervös U2_2
media, la	Durchschnitt U2_Y
mediano/a	*hier:* mittelständisch U1_Y
mediante	mittels U7_1
medias, las	Strumpfhose U2_4
medicamento, el	Medikament U2_4
Medicina Forense, la	Gerichtsmedizin U10_Y
médico, el	Arzt U4_7
medidas de ahorro, las	Sparmaßnahmen U5_7
medio ambiente, el	Umwelt U2_11
medio de comunicación, el	Kommunikationsmittel U1_G
medio, el	Mittel U11_9
medios de transporte, los	Transportmittel U2_7
mejorar	verbessern U3_8
membrete, el	Briefkopf U8_1
memorias, las	Memoiren U12_Y
mencionar	erwähnen U9_2
menos	weniger U7
menos mal que	ein Glück, dass U10_7
mensajería, la	Kurierdienst U_6
mensajero/a, el/la	Kurier, Bote/in
mensajeros	Kurierdienst U5_7
mensual	monatlich U5_6
mensualidad, la	Monatsgehalt U12_3
mentir (ie)	lügen U3_G
mentira, la	Lüge U3_2
menú, el	Menü U7_1
mercado, el	Markt U2_8
mercancía, la	Ware U8_2
merecer (zc)	verdienen U11_5
merecer (zc) la pena	sich lohnen U7
mérito, el	Verdienst U6_Y
mesa redonda, la	runder Tisch U2_11
metódico/a	methodisch U1_8
metro, el	U-Bahn U2_6
mezcla, la	Mischung U4_Y
mezclar	mischen U3_1
microcrédito, el	Mikrokredit U5_Y
micrófono, el	Mikrofon U11_1
microondas, el	Mikrowelle U3_5
mientras	während U6_G
mientras que	während U3_5
mimoso/a	lieb U9_Y
Ministerio de Sanidad, el	Gesundheitsministerium U2_11
minúscula, la	Kleinbuchstabe; klein U7_3
Mira/e,	Schau/Schauen Sie U8_G
mirada, la	Blick U11_Y
mitad de, la	die Hälfte U2_G
mítico/a	mythisch; legendär U10_8
mitología, la	Mythologie U3_1
mixto/a	gemischt U3_4
mobiliario, el	Mobiliar U4_8
mochila, la	Rucksack U2_6
mocos, los	Nasenschleim U4_6
moda, la	Mode U6_5
modalidad, la	Art U5_Y
molestar	stören U2_6
molestia, la	Unannehmlichkeit U3_4
moneda, la	Währung U5_6
monje/a, el/la	Mönch/Nonne U3_1
montacargas, el	Lastenaufzug U4_3
montaje, el	Montage U3_2
montar	aufbauen U11_8
monte, el	Berg U2_11
monumento, el	Denkmal, Sehenswürdigkeit U2_2
morder (ue)	beißen U10_5
morir (ue)	sterben U3_G
mostrar (ue)	zeigen U9_2
mostrarse (ue) contrario/a a	gegen (etwas) sein U10_4
mostrarse ofendido/a	sich beleidigt zeigen U8_Y
motivación, la	Motivation U4_5
motivado/a	motiviert U4_5
motivar	motivieren U4_5
motivo, el	Grund, Anliegen U3_4
movilidad, la	Mobilität U1_6
movimiento corporal, el	Körperbewegung U11_Y
movimiento, el	Bewegung U7_1

mucha gente	viele Leute U2_1
muchas felicidades	Herzlichen Glückwunsch U12
muchas personas	viele Leute U2
mucho/a/s/as	viel/viele U2_1
muela, la	Backenzahn U4_6
muertos muy vivos	sehr lebendige Tote U10_Y
multa, la	Strafzettel, Bußgeld U4_3
multiescénico	mit mehreren Bühnen U3_Y
múltiple	vielfältig U12_Y
multiplicarse	sich vervielfachen U7_G
multitud de problemas, la	zahlreiche Probleme U3_4
muñeca, la	Puppe U3_G
municipio, el	Gemeinde U2_11
muy	sehr U1_G
Muy señor/a mío/a	Sehr geehrter/-e Hr./Fr. U8_G
Muy señores/as mios/as	Sehr geehrte Damen und Herren U8_G

N

n/ref. = nuestra referencia	unser Zeichen U8_1
nacer	*hier:* ins Leben rufen U9_1
nacer como un champiñón	wie ein Pilz aus dem Boden sprießen U9_Y
nacimiento, el	Geburt U12_3
nada	überhaupt nicht U1_G
nadar	schwimmen U12_Y
nadie	niemand U2_G
nativo/a	*hier:* muttersprachlich U8_T
naturalidad, la	Natürlichkeit U11_6
náusea, la	Übelkeit, Brechreiz U4_G
nave, la	Schiff U2_Y
navegación, la	Surfen U7_1
navegar	surfen U7_2
necesario/a	notwendig U5
neceser, el	Kulturbeutel U2_11
necesidad, la	Notwendigkeit U5
negar (ie)	verneinen U10_G
Negarse (ie) (a)	sich weigern U8_6
negociador/a, el/la	Verhandlungspartner/in U8_Y
negocio, el	Geschäft U11_8
nervioso/a	nervös U1_4
nevar (ie)	schneien U2_5
niebla, la	Nebel U2_5
NIF, el (Número de Identificación Fiscal)	Steuernummer U5_2
ningún	kein U10
nivel del mar, el	Meeresspiegel U2_4
no considero que	ich bin nicht der Meinung, dass U9
no creo que	ich glaube nicht, dass U9
no dude en + *Inf.*	zögern Sie nicht U5_2
no haber línea	keine Verbindung haben U7_6
no le importa/n	es macht ihm/ihr nichts aus U2_6
no me apetece ir	ich habe keine Lust, hinzugehen U12_6
no me parece que	ich finde nicht, dass U9
no obstante	trotzdem; dennoch U3_Y
no pienso que	ich denke nicht, dass U9
No se preocupe	Machen Sie sich keine Sorgen U8
No sé, no sé...	Ich weiß nicht ... U1_9
no ser tal	nicht so sein U10_Y
no soporto	ich kann nicht ertragen U2_2
no tener nada que ver con	nichts zu tun haben mit U9_10
noble	adelig U3_Y
noble, el/la	Adelige U3_1
nómina, la	Gehalt, Gehaltsabrechnung U1_3
normas de circulación, las	Verkehrsvorschriften U4_3
normas de seguridad, las	Sicherheitsvorschriften U4_3
normas internas, las	interne Normen U4
nos alegramos de que	wir freuen uns sehr darüber, dass U12
Nos complace...	Wir freuen uns ... U8_2
Nos lo habíamos planteado...	Wir hatten es in Erwägung gezogen ... U6_2
nota, la	Note U2_G
notarse	wahrnehmen; spüren U9_4
notificar	mitteilen U8_2
novedad, la	Neuheit U6_6
novedoso/a	neuartig U11_Y
novio/a, el/la	Partner/in U9_Y
nube, la	Wolke U2_G
nublado/a	bewölkt, wolkig U2_5
Nueva York	New York U2_6
nulo/a	nicht vorhanden; gleich null U10_G
numerar	nummerieren U11_6
numeroso/a	zahlreich U7_9
nunca	nie, niemals U2_G

O

o lo que es lo mismo	oder, was dasselbe ist U4_10
o sea	das heißt U4_10
obesidad, la	Übergewicht; Fettleibigkeit U9_2
obligación, la	Pflicht, Verpflichtung U1_2
obligar	zwingen U3_4
obligatorio/a	verpflichtend, obligatorisch U1_2
obra humanitaria, la	humanitäres Werk U9_10
obra, la	Bau U4_3
obras clásicas, las	klassische Stücke U3_Y
obrero/a, el/la	Arbeiter/in U3_2
obrita, la	kleines Stück U3_Y
obsequiar	beschenken U8_7
obsequiar con	beschenken U12_1
obsequio navideño/a	Weihnachtsgeschenk U8_7
obsequio, el	Geschenk U8_7
observación, la	Beobachtung U6_2
obsesión, la	Besessenheit; fixe Idee U9_Y
obsesionarse	besessen sein; verbissen sehen U11_Y
obstáculo, el	Hindernis U7_Y
obtener (ie)	erhalten, bekommen U5_2
obvio/a	offensichtlich U5_3
ocasión, la	Gelegenheit U1_6
ocasión, la	Gelegenheit U1_6, U10_Y
ocasionado/a	verursacht U3_4
ocio, el	Freizeit U7_Y
ocupante, el/la	Insasse/-in U10_1
ocupar un puesto	eine Stelle besetzen U1_Y
odiar	hassen U2_2
ofender	beleidigen U12_G
ofensa, la	Beleidigung U8_Y
oferta de trabajo, la	Stellenangebot U1_6
oferta, la	Angebot U5_3
ofrecer (zc)	anbieten U1_G
oído, el	Ohr U4_6
oír (y)	hören U3_G
¡Ojalá!	Hoffentlich! U12
ola, la	Welle U2_Y
oler (a)	riechen (nach) U6_3
olvidarse (de)	vergessen U2_2
ONG, la = Organización No Gubernamental	nichtstaatliche Organisation U8_7
operaciones bancarias, las	Bankgeschäfte U5_1
operador/a, el/la	*hier:* Telefonist/in U3_4
operar	operieren U12_Y
opinar	meinen U9_4
opinión, la	Meinung U1_2
Oporto	Porto U2_G
optar	*hier:* sich entschließen zu U3_4
óptico/a	optisch U1_3
optimista	optimistisch U12_Y
oración, la	Satz; Rede U11_Y
orador/a, el/la	Redner/in; Sprecher/in U11_7
oral	mündlich U11_7
orden de pago, la	Zahlungsauftrag U1_3
orden decreciente, el	absteigende Reihenfolge U8_Y
ordenador, el	Computer U7_6
ordenar	aufräumen U4_8
organigrama, el	Organigramm U1
organismo, el	Organisation U9_Y
organismos, los	Organismen U2_Y
organizado/a	systematisch, ordentlich U1_T
orgullo, el	Stolz U4_Y
origen, el	Ursache U12_2
oscilar	schwanken U2_4
ostensiblemente	deutlich U12_Y
otorgar	verleihen U6_Y
oyente, el/la	Hörer/in U10_T

P

paciencia, la	Geduld U1_8
paciente, el	Patient U4_7
padecer enfermedades	an Krankheiten leiden U12_Y
padrón, el	Einwohnerverzeichnis U11_5
paga extra, la	Sonderzulage U12_3
pagar al contado	bar bezahlen U5_1
pagar las consecuencias	für die Folgen aufkommen U10_Y

pagaré, el	Schuldschein U8_2
pagarse por objetivos	nach erreichten Zielen bezahlt werden U1_Y
página web, la	Webseite U7
pago, el	Zahlung U5_1
país de habla hispana, el	spanischsprachiges Land U1_2
paisaje, el	Landschaft U2_10
palco, el	Loge; Rang U3_Y
pálido/a	blass U4_G
panel, el	Paneel; Stellwand U6_1
pánico escénico, el	Lampenfieber U11_Y
pantalla, la	Bildschirm U7_5
pantalón, el	Hose U4_T
panty, el	Nylonstrumpfhose U2_4
pañuelo, el	Taschentuch U3_9
papel de, el	Rolle U8_Y
papelera, la	Papierkorb U6_1
para	um zu, für, nach U1
para concluir	zum Abschluss U6_5
para terminar	zum Abschluss U11_G
paraguas, el	Regenschirm U2_2
paralelo/a	parallel U6_5
paralenguaje, el	Parasprache U11_Y
parapléjico/a	Querschnittsgelähmte U10_Y
parecer (zc)	scheinen, wirken U1
parecerse (zc)	ähnlich sein U5_T
parecerse a	ähneln U9_Y
pared de granito, la	Granitwand U2_Y
pareja, la	Partner/in U2_2
parque de atracciones, el	Vergnügungspark U4_T
parte (del accidente), el	Unfallbericht; Unfallmeldung U10_Y
participación, la	Teilnahme U6_5
particular, el/la	Privatperson U11_8
particularidad, la	Besonderheit U8_Y
partida presupuestaria, la	Budgetposten U5_7
pasajero/a, el/la	Passagier/in U2_Y
pasando por	über U11_5
pasaporte, el	Pass U2_3
pasar	passieren U6_G
pasar una mala racha	eine Pechsträhne haben U12_2
pasar unos días	einige Tage verbringen U2_G
pasillo, el	Gang U6_Y
pasión, la	Leidenschaft U2_6
paso del tiempo, el	Lauf der Zeit U12_Y
paso, el	Schritt U6_2
pastelero/a, el/la	Konditor U3_1
pastilla para dormir, la	Schlaftablette U2_6
patines, los	Rollschuhe, Inlineskates U3_6
patio de butacas, el	Parkett U3_Y
patio, el	Hof U3_Y
patrimonio, el	Erbe U6_Y
pausa, la	Pause U2_11
pauta, la	Richtlinie U7_T
peculiaridad, la	Besonderheit U11_Y
pedido, el	Bestellung U1_3
pedir (i)	bitten; bestellen U2_G
pedir (i) dinero prestado	Geld ausleihen U5_8
pedir consejo	um Rat bitten U2_5
pedir disculpas	sich entschuldigen, um Entschuldigung bitten U3
pedir perdón	um Entschuldigung bitten U12_2
pedir un crédito	einen Kredit beantragen U5_T
pedir una aclaración	nachfragen U8
pegar	(an)kleben U9_1
pelearse	*hier:* sich durchkämpfen U2_1
peli, la	Film (ugs.) U9_Y
película, la	Film U9_Y
penalizar	bestrafen U10_G
península, la	Halbinsel U2_Y
pensión, la	Pension U9_Y
pequeñín, el	Kleine U12_1
perchero, el	Garderobenständer U6_1
perder (ie)	verlieren U3_G
perder el avión	das Flugzeug verpassen U10_G
perder tiempo	Zeit verlieren U8_Y
pérdida, la	Verlust U8_Y
perdido/a	verloren U9_2
perdonar	verzeihen U3_G
Perdone,	Entschuldigen Sie U8_G
perfil, el	Profil U1
período de prácticas, el	Praktikum U1_3
perito/a, el/la	Sachverständige U10_3
permanecer (zc) en cartel	auf dem Spielplan bleiben U3_Y
permiso de trabajo	Arbeitserlaubnis U11_5
Permítame transmitirle mi más sincero pesar.	Ich möchte Ihnen mein aufrichtiges Bedauern ausdrücken. U12_2
permitido/a	erlaubt U4_9
permitir	erlauben U4_G
perplejo/a	perplex U8_Y
perseguido/a	angestrebt U9_6
personal especializado, el	Fachpersonal U1_6
personal, el	Personal U1_3
personalmente	persönlich U1_6
persuasivo/a	überzeugend U1_8
perteneciente a	zugehörig zu U1_Y
pesar, el	Bedauern U12_2
peso, el	Gewicht U11_Y
petición, la	Anfrage U8
picante	scharf, pikant U3_1
piel, la	*hier:* Pelz; Leder U6_5
pieza de ballet, la	Ballettstück U3_Y
pieza, la	Teil U9_Y
pijama, el	Schlafanzug U2_2
pilar, el	Grundpfeiler U3_5
pillar	erwischen; ertappen U10_Y
pintar	malen U6_3
pintura, la	Farbe U6_3
pisar	betreten U4_G
piscina, la	Swimmingpool U2_G
piso compartido, el	Wohngemeinschaft U8_T
piso, el	Wohnung U5_5
pistas, las	Hinweise; Fährten U10_Y
pizarra, la	Tafel U11_1
plan estratégico, el	strategischer Plan U7_G
plan, el	Plan U5_T
planificar	planen U2_1
planta de producción, la	Produktionsanlage U3_1
plantear	aufwerfen; stellen U11_7
plantearse	in Erwägung ziehen U6_2
plantearse	sich stellen U1_Y
plantilla, la	Belegschaft U4_5
plata, la	Silber U6_4
plataforma, la	Plattform U7_1
plato del día, el	Tagesgericht U7_9
plato precocinado, el	Fertiggericht U3_5
platos del país, los	Gerichte des Landes U2_2
plazo, el	Frist U5_5
pleno/a	*hier:* ausgefüllt U12_Y
pluriempleo, el	Mehrfachbeschäftigung U3_2
pobreza, la	Armut U5_Y
poción, la	Arznei U12_Y
poco/a/s/as	wenig/wenige U2_1
poder (ue)	können U2_G
poder adquisitivo, el	Kaufkraft U9_6
poder de decisión, el	Entscheidungsbefugnis U8_Y
polar	*hier:* im Polarmeer U2_Y
polémica, la	Polemik U9_2
política retributiva, la	Lohn- und Gehaltspolitik U4_5
póliza, la	Police U10_1
polo, el	Polohemd U2_11
ponencia, la	Vortrag U11_G
poner (g)	stellen, legen U1_G
poner a disposición	zur Verfügung stellen U2_1
poner de mal humor	verstimmen, aufregen U2_8
poner en común	abgleichen; abstimmen U8_Y
poner en marcha	in Angriff nehmen U12_2
poner en relieve	hervorheben U2_G
poner énfasis	Nachdruck verleihen U9_G
poner mala cara	ein unfreundliches Gesicht machen U4_5
poner orden	Ordnung machen U4_8
ponerse	*hier:* aufsetzen U4_3
ponerse nervioso/a	nervös werden U11_Y
ponerse tras la pista	die Spur verfolgen U10_Y
popular	beliebt U3_1
por	aus, wegen, durch, auf, von, U1
por cierto	übrigens U2_10
por ejemplo	zum Beispiel U6
por encima	über U6_4
por eso	deshalb U6_8
por este motivo	aus diesem Grund U8_7
por lo que respecta a	hinsichtlich U11_4
por lo visto	scheinbar U3_4
por medio de	durch; mit U8_6
por motivos laborales	geschäftlich, aus beruflichen Gründen U2_3
por motivos personales	aus persönlichen Gründen U1_2
por obligación	aus Verpflichtung U1_2
por otra (parte)	auf der anderen Seite; andererseits U6_8

por otro lado	andererseits U3_5
por placer	zum Vergnügen U1_2
por si acaso	für alle Fälle U10_7
por sí solo/a	für sich genommen U4_Y
por su cuenta	auf eigene Faust U2_1
por su parte	seinerseits U9_4
por suerte	zum Glück U2_10
por supuesto	selbstverständlich U1_6
por último	als Letztes; schließlich U6_8
por un lado	auf der einen Seite; einerseits U6_G
por una parte	einerseits; auf der einen Seite U6
por una razón u otra	aus dem einen oder anderen Grund U2_9
porcentaje, el	Prozentsatz U5_5
porque	weil U3_5
portada (de libro), la	Titelbild; Umschlagbild U7_5
portal, el	Hauseingang U9_Y
portátil, el	Laptop U7_G
portero, el	Torwart U10_8
portes debidos, a	unfrankiert U8_6
posibilidad, la	Möglichkeit U5
posición, la	Position U6_2
postura moderada, la	gemäßigte Einstellung U9_3
potencial	potenziell U5_4
practicar	*hier:* betreiben U4_5
prácticas en empresas, las	Firmenpraktikum U1_6
precario/a	unsicher; prekär U10_Y
precedente	vorhergehend U10_Y
precio total	Gesamtpreis U8_6
precio unitario	Stückpreis U8_6
precio, el	Preis U2_8
precioso/a	wunderschön U2_9
precipitado/a	voreilig, überstürzt U5_3
precisamente	*hier:* eben, nun mal U5_3
precisar	*hier:* präzisieren U1
preciso/a	präzise; genau U6_5
predecir	vorhersagen U11_3
preferencias, las	Vorlieben U7
preferir (ie)	lieber U2_6
premiar	prämiieren, belohnen U2_5
prenda, la	Kleidungsstück U2_4
prensa, la	Presse U3_9
preocupado/a	besorgt U1_4
preocuparse (por)	sich kümmern (um) U9_1
preparación, la	Vorbereitung U6_2
preparar	vorbereiten U1_3
preposición, la	Präposition U1_G
presencia, la	*hier:* Präsenz U6_2
presentación oral, la	mündliche Präsentation U11_Y
presentación, la	*hier:* Gestaltung; Aufmachung U8_1
presentar la documentación	Unterlagen einreichen U5_T
presentarse a alguien	sich jdm. vorstellen U1_1
presente	anwesend U9_4
presente contrato (el)	der vorliegende Vertrag U10_T

Presente de Indicativo, el	Präsens Indikativ U1_G
presión, la	Druck U9_Y
prestaciones, las	Leistungen U5_2
prestado/a	geliehen U5_5
préstamo vivienda, el	Wohnungsdarlehen U5_T
préstamo, el	Darlehen U5_3
prestar	(aus)leihen U4_3
prestigio, el	Prestige; Ansehen U3_Y
presupuesto, el	Budget U2_2
pretender	beabsichtigen U7_G
Pretérito Imperfecto, el	Imperfekt U2_G
Pretérito Indefinido	Historische Vergangenheit U2_G
Pretérito Perfecto, el	Perfekt U2_G
Pretérito Pluscuamperfecto, el	Plusquamperfekt U6
prevención, la	Vorbeugung U9_2
prevenir	vorbeugen; verhüten U9_2
prever	vorhersehen U2_2
previa presentación	nach Vorlage U10_T
previo/a a	vor U7_1
previsión, la	Prognose, Vorhersage U3_9
prima, la	Prämie U10_G
primordial	vorrangig U11_8
prioritario/a	vorrangig U5_Y
prisa, la	Eile U3_5
problemas de liquidez, los	Liquiditätsprobleme U8_2
procedimiento, el	Verfahren U10_T
procesador de texto, el	Textverarbeitungssystem U7_1
proceso gripal, el	grippaler Infekt U4_10
producir (zc)	produzieren U3_G
producirse (zc)	sich ereignen U3_5
producto estrella, el	Starprodukt U11_4
producto que adelgaza	Produkt zum Abnehmen U9_8
producto, el	Produkt U1_G
profe, el/la	Lehrer/in U12_Y
profundo/a	tief U6_4
programación, la	Programm U3_Y
programar	programmieren U9_1
programas de mensajería instantánea, los	Programme für sofortige Nachrichtenübermittlung (Instant Messenger) U7_6
progresar	*hier:* erhöht werden U1_Y
progreso, el	Fortschritt U12_T
prohibido el paso	Durchgang verboten U4_G
prohibido/a	verboten U4_4
prolongado/a	*hier:* länger U5_7
prolongar	verlängern U7_9
promoción interna, la	interne Beförderung U1_Y
promoción, la	Werbung; Verkaufsförderung U7_1
promocionar	promoten; werben für U9_7
propenso/a a	anfällig für U2_Y
propietario/a, el/la	Eigentümer/in U5_2
proponer	vorschlagen U7
proponerse algo	sich etwas vornehmen U5_9
proporción, la	Anteil U10_Y
proporcionar	verschaffen U5_2
prórroga, la	Verlängerung U10_7

prospecto, el	*hier:* Packungsbeilage U4_10
prosperidad, la	Glück; Wohlstand U8_7
protagonista, el/la	Protagonist/in U9_8
protección de datos, la	Datenschutz U10_4
protección, la	Schutz U2_11
proveedor/a, el/la	Lieferant/in U1_3
proveer	verschaffen U5_Y
provocar	*hier:* verursachen U10_3
provocar la risa	zum Lachen bringen U3_Y
provocativo/a	provokativ U9_2
proxémica, la	Proxemik (Raumverhalten) U11_Y
próximo/a	nächste/r/s U5_T
proyecto de empresa, el	Firmenprojekt U11_T
prudente	vorsichtig U10_4
prueba de nivel, la	Einstufungstest U8_T
prueba, la	Test U1_4
publicaciones, las	Veröffentlichungen U6_Y
publicar	veröffentlichen U2_2
publicidad comparativa, la	vergleichende Werbung U9_2
publicidad, la	Werbung U1_3
publicista, el/la	Publizist/in U11_G
público meta, el	Zielgruppe U7_T
publirreportaje de animación	Zeichentrick-Werbereportage U3_7
publirreportaje, el	Werbereportage U3
pueblo, el	Dorf U3_G
puede que	es kann sein, dass U9
pues	also, nun U2_G
puesta del sol, la	Sonnenuntergang U3_Y
puesto de trabajo, el	Arbeitsplatz U1_3
pulga, la	Floh U10_8
punto de encuentro, el	Treffpunkt U6_Y
punto de partida, el	Ausgangspunkt U2_Y
puntualidad, la	Pünktlichkeit U4_2
puntualizar	präzisieren U12_Y
puntualmente	pünktlich U8_2
PYME, la (Pequeña y Mediana Empresa)	KMU (kleine und mittlere Unternehmen) U6_2

Q

qué	was; welche/r/s U11
qué bien que	wie schön, dass U12_11
¡Qué calor!	Ist das heiß! U2_G
¿Qué está pasando?	Was geschieht hier? U1_6
que no son tales	die keine sind U10_Y
¡Qué raro!	Komisch! U9_5
qué raro que	komisch, dass U12
¿Qué tal?	Wie läuft's?, Wie geht's? U1_9
¿Qué tal os cae?	Wie findet ihr ...? U1_G
¿Qué tal por la oficina?	Wie läuft's im Büro? U2_10
¡Que te mejores!	Gute Besserung! U12_5
¿Qué te pasa?	Was hast du? U4_G
¡Qué va!	Ach was! U9_3
quedarse corto de tiempo	nicht genügend Zeit haben U11_6
quedarse en blanco	ein Blackout haben U11_6
queja, la	Beschwerde U3_4
quejarse	klagen; sich beklagen U10_Y
quemadura, la	Sonnenbrand U2_4

querer (ie)	wollen U2_G
Querido/a	Lieber/-e U8_G
quirúrgico/a	chirurgisch U10_1
quisiera dar las gracias a...	ich möchte mich gern bei ... bedanken U11
quitar el sueño	den Schlaf rauben U5_T
quizás	vielleicht U9

R

racha, la	Phase; Windböe U12_2
radical	radikal U9_3
ramo, el	Branche U10_4
rapidez, la	Schnelligkeit U3_3
rasgo distintivo, el	spezifisches Merkmal U4_Y
rato, el	Weile U1_G
razón de ser, la	Daseinsberechtigung U11_4
razón social, la	Firma U8_4
razonable	angemessen U11_5
reacción, la	Reaktion U9_3
real	real U6_7
realidad, la	Realität; Wirklichkeit U9_1
realmente	wirklich U1_G
recalcar	betonen; unterstreichen U10
recargar	aufladen U2_1
recargar las pilas	Batterien aufladen; *hier*: Energie tanken U2_1
recepcionista, el/la	Rezeptionist/in U1_Y
receta, la	Rezept U4_7
recetar	verschreiben U4_10
rechazo, el	Ablehnung U9_2
Reciba un cordial saludo,	Mit freundlichen Grüßen, U5_4
Recibí conforme:	Empfangsbestätigung U8_6
recibir	bekommen U3_G
recibo de la luz, el	Stromrechnung U9_Y
recién	soeben U9_1
recinto, el	Gelände U4_3
recitar	rezitieren; vortragen U3_Y
reclamación, la	Reklamation U1_3
reclamar	anmahnen U5_8
recoger	einsammeln U4_3
recogida de muestras, la	Probensammlung U2_Y
recomendable	empfehlenswert, ratsam U2_4
recomendación, la	Ratschlag, Empfehlung U4_9
recomendar (ie)	empfehlen U10
reconocer (zc)	zugeben U2_2
reconocimiento, el	Anerkennung U6_Y
recordar (ue)	erinnern U10_G
recorrer	durchfahren, durchgehen U1_G
recorrer todos los rincones	alle Ecken abklappern U10_7
recortar	kürzen U5_7
recorte, el	Kürzung U5_7
recuerdo, el	*hier*: Souvenir U2_2
recuerdo, el	Erinnerung U3_2
recuperar fuerzas	Energie schöpfen U11_4
recurrir a	zurückgreifen auf U7_Y
recursos humanos, los	Humanressourcen; Personalwesen U1_6
recursos, los	Mittel U5_Y
red, la	Netz U7_1
redacción, la	Abfassung U8_1
redactado/a	gut verfasst U8_1
redactar	verfassen U2
reducir (zc)	reduzieren U5_7
reducir costes	Kosten reduzieren U4_Y
reembolso, el	Rückerstattung U10_3
referencia, la (ref.)	*hier*: Zeichen U8_1
reflejar	widerspiegeln U9_1
reflexión, la	Überlegung U7_Y
reflexionar	nachdenken U7_Y
reforma, la	*hier*: Renovierung U5_T
reformular	wiederholen; wiedergeben U11_7
reforzado/a	verstärkt U2_Y
regalar	schenken U3_G
regatear	handeln, feilschen U5_3
registrarse	sich registrieren U7_G
reglas, las	Regeln U12_9
regresar	zurückkehren U10_T
regular	es geht so U4_G
regular	*hier*: mittelmäßig U6_T
reír (i)	lachen U3_G
relación sentimental, la	Liebesbeziehung U10_Y
relaciones personales, las	persönliche Beziehungen U1
relajación, la	Entspannung U11_4
relajarse	sich entspannen U2_6
relatar	schildern; berichten U6_G
relativamente	relativ U10_Y
relativo a	bezüglich U6_5
rellenar	ausfüllen U5_2
rellenar el impreso	den Vordruck ausfüllen U10_T
reloj, el	Uhr U2_G
remitir	senden U8_4
remoto/a	fern U2_1
remuneración, la	Entgelt, Gehalt U1_6
renovado/a	erneuert U7_G
renovar (ue)	erneuern U8_1
renta, la	*hier*: Einkommen U5_T
rentable	rentabel U9_1
reparación, la	Reparatur U5_7
repartido/a	verteilt U7_6
repartir	verteilen U9_5
repercutir	sich niederschlagen; sich auswirken U4_Y
repetición, la	Wiederholung U11_Y
repetir (i)	wiederholen U3_G
reportaje, el	Reportage; Bericht U3_Y
reposo, el	Erholung U10_7
representación, la	Vorstellung U3_Y
reproducción la	Wiedergabe U9_6
reproductor de DVD, el	DVD-Player U11_1
requerir (ie)	erfordern U4_5
requisito, el	Voraussetzung, Anforderung U1_6
resaltar	hervorheben; betonen U8
rescate, el	Rettung U2_Y
reservado/a	reserviert, gebucht U2_2
resfriado/a	Erkältung U4_6
residencia para animales, la	Tierheim U7_T
residuo, el	Abfall, Rückstand U2_11
resolución de problemas, la	Problemlösung U1_Y
resolver (ue)	lösen U3_4
respecto a	bezüglich U2_2
respetuoso/a	respektvoll U4_5
respirar	atmen U12_Y
responder (a)	entsprechen, erfüllen U3_4
responder a las necesidades	den Bedürfnissen entsprechen U9_3
responder de	haften U10_3
responsabilidad civil familiar, la	Familienhaftpflicht U10_1
responsabilidad, la	Verantwortung U1_Y
responsabilizarse de	Haftung übernehmen für U10_3
responsable, el/la	Verantwortliche U1
restauración, la	Gaststättengewerbe U11_8
restringido/a	eingeschränkt U4_T
resulta que...	es ist so, dass ..., nachweislich U1_6
resultar	sein U7_1
retirarse	sich zurückziehen U12_Y
reto, el	Herausforderung U11_Y
retomar	wiedergeben U10_G
retraso, el	Verspätung U2_8
retroproyector, el	Overheadprojektor U11_1
reunido/a	versammelt U5_7
reunión, la	Besprechung U2
reunir	zusammentragen U6_2
revelador	aufschlussreich U4_Y
revisar	überprüfen U5_1
revisión médica, la	medizinische Untersuchung U10_5
revista, la	Zeitschrift U2_2
revolucionar	revolutionieren, grundlegend umgestalten U3_3
Reyes Magos, los	Heilige Drei Könige U3_6
riesgo, el	Risiko U8_2
rigidez, la	Striktheit U8_2
rima, la	Reim U3_Y
riqueza, la	Reichtum U5_Y
risa, la	Lachen; Gelächter U3_Y
ritmo, el	Rhythmus U11_Y
robar	stehlen U10_5
robo, el	Diebstahl U10_1
rodar (ue)	drehen U9_5
rodear	umgeben U10_1
rodilla, la	Knie U10_7
rogar (ue)	bitten U3_4
romper	kaputt machen, zerbrechen U4_G
romperse	kaputt gehen U6_7
ropa, la	Kleidung U2_4
rotación, la	Fluktuation U4_Y
roto/a	kaputt U10_5
rotundamente	rundweg; entschieden U6_2
rumbo, el	Richtung U2_Y

rural	ländlich U11_8
rutas a caballo, las	Reittouren U11_8

S

s/ref. = su referencia	Ihr Zeichen U8_1
saber (é)	wissen U1_G
sabio/a, el/la	Weise U12_Y
sacar	*hier:* abheben U5_1
saco de dormir, el	Schlafsack U2_2
salario fijo, el	festes Gehalt U1_Y
salario, el	Lohn, Gehalt U4_5
saldo anterior, el	letzter Saldo U5_6
saldo, el	Saldo U5_6
salida en barco, la	Schiff- und Bootsfahrten U11_8
salir (g)	hinausgehen; ausgehen U1_G
salir con alguien	mit jdm. gehen U1_7
salir favorecido/a	begünstigt werden U10_4
salir perjudicado/a	beeinträchtigt werden U10_4
salón, el	*hier:* Ausstellung U6
salud, la	Gesundheit U2_11
saludo, el	Gruß U3_4
salvo	außer U5_7
sanitario/a	gesundheitlich U7_T
sano/a	gesund U3_5
santo, el	Heilige U12_1
satisfacción, la	Zufriedenheit U3_4
satisfactorio/a	zufriedenstellend U3_4
Se le dan muy bien los números.	Sie hat ein Händchen für Zahlen. U1_8
¿Se me oye bien?	Hört man mich gut? U11
sección de radiología, la	Röntgenabteilung U4_3
seco/a	trocken U2_4
sector, el	Sektor U3_3
sede, la	Sitz U12_9
sedentario/a	*hier:* im Sitzen; ohne Bewegung U11_4
seguimiento, el	Verfolgen U3_Y
¿Seguimos?	Machen wir weiter? U11
seguir (i) confiando en...	weiter vertrauen U5_T
según ella	ihrer Meinung nach
seguramente	sicherlich U9_G
seguridad, la	Sicherheit U11_Y
seguro a terceros, el	Haftpflichtversicherung U10_1
seguro a todo riesgo, el	Vollkaskoversicherung U10_1
seguro de asistencia sanitaria, el	Krankenversicherung U10_1
seguro de automóvil, el	Kfz-Versicherung U10_1
seguro de responsabilidad civil, el	Haftpflichtversicherung U10_1
seguro de viaje, el	Reiseversicherung U10_7
seguro de vida, el	Lebensversicherung U5_3
seguro del hogar, el	HausratversicherungU5_3
seguro multirriesgo del hogar	verbundene Hausratversicherung U10_1
seguro que	sicher(lich) U9_G
seguro, el	Versicherung U4_3
seguro/a	sicher U1_8
seguro/a de sí mismo/a	selbstsicher U1_8
selección, la	Auswahl U1_3
semanario, el	Wochenzeitung U9_6
semestral	halbjährlich U5_T
señal, la	Schild U4_4
señalado/a	wichtig; denkwürdig U12_1
señales de vida	Lebenszeichen U10_7
señalización, la	Beschilderung U6_T
sencillo/a	einfach U7_1
senderismo, el	Wandern U11_8
sensibilizar	sensibilisieren U9_1
sentar (ie) mal	kränken U12_2
sentarse (ie)	sich setzen U4_G
sentimiento, el	Gefühl U2
sentimientos, los	Gefühle U11_Y
sentir (ie)	fühlen; bedauern U3_G
sentir (ie) mucho	sehr leidtun U12_2
sentirse (ie)	sich fühlen U9_2
sentirse perdido	sich nicht zurechtfinden U9_2
ser	sein U1
ser admitido/a	*hier:* einbezogen werden U1_Y
ser capaz de	in der Lage sein U7_Y
ser clave	entscheidend sein U1_Y
ser compatible con	kompatibel sein mit U10_G
ser consciente de	sich (einer Sache) bewusst sein U11_Y
ser cuestión de días	eine Sache von Tagen sein U5_8
ser de utilidad	nützlich sein U12_3
ser el/la más tradicional	der/die Traditionellste sein U7_1
ser humano, el	Mensch U12_Y
ser más económico/a	ökonomischer sein U7_1
ser mayor	älter sein U12_Y
ser obligatorio	verpflichtend sein, obligatorisch sein U1_2
ser partidario/a de...	etwas befürworten U10_4
ser responsable (de)	zuständig sein (für) U1_G
ser viejo	alt sein U12_Y
seres humanos, los	Menschen U12_Y
seriedad, la	Seriosität U8_Y
serio/a	ernst U1_5
servicio anexo, el	Zusatzdienstleistung U6_2
servicio de jardinería, el	Gartendienst U7_T
servidor, el	Server U7_6
servir (i)	hilfreich sein; dienen; bedienen; servieren U3_G
sesión, la	Sitzung U2_11
si	wenn U8
Si les parece bien...	Wenn es Ihnen recht ist ... U11_G
si se queda corto de tiempo	wenn die Zeit knapp wird U11_6
siempre que puede	immer wenn er/sie kann U2_6
siempre y cuando	vorausgesetzt U8
siesta, la	Siesta U11_4
sigla, la	Akronym (Kurzwort aus den Anfangsbuchstaben mehrerer Wörter) U9_Y
significativo/a	bedeutend U3_5
silbido, el	Pfiff U3_Y
silencio, el	Schweigen U11_Y
simpático/a	sympathisch U1_5
simulación	Vortäuschung U10_Y
simular	vortäuschen U10_Y
sin (ninguna) duda	ohne (jeglichen) Zweifel U9_G
sin duda	zweifellos U4_5
sin duda alguna	zweifellos U6
sin embargo	jedoch U1_6
sin número (s/n)	ohne Nummer U8_4
Sin otro particular	Ich/Wir verbleibe/n U8_G
sin parar	ohne Pause, am Stück U1_9
sincero/a	aufrichtig; ehrlich U12_2
síndrome, el	Syndrom U4_Y
sinfín, un	Unmenge U7_Y
siniestro, el	Schadensfall U10_4
síntoma, el	Symptom U4_6
sitio web, el	Website U3_1
sobrar	zu viel sein; überzählig sein U6
sobre el nivel del mar	über dem Meeresspiegel U6_4
sobre la marcha	kurzfristig; bei Bedarf U9_6
sobre todo	vor allem U3_5
sobremesa, la	*hier:* (nach)mittags U9_6
sobrenombre, el	Spitzname U10_8
sobrepasar	überschreiten U1_Y
sobrino/a, el/la	Neffe/Nichte U3_6
sociedad agraria, la	Agrargesellschaft U5_Y
sociedad, la	Gesellschaft U9_3
sol, el	Sonne U2_G
soler (ue) + *Inf.*	gewöhnlich U2_6
solicitar	beantragen U5
solicitud de trabajo, la	Bewerbung U4_Y
solicitud, la	Antrag U5_2
solución intermedia	Zwischenlösung U9_3
somnolencia, la	Müdigkeit U4_10
sondeo, el	Umfrage U9_4
sonreír	lächeln U11_6
soplar las velas	die Kerzen ausblasen U12_Y
soporte publicitario, el	Werbeträger U9_1
soroche, el	Höhenkrankheit U2_4
sorprendente	überraschend U3_9
sorprender	überraschen U5_4
sostener	(fest)halten U11_Y
sostenible	nachhaltig U5_Y
spot, el	Spot U9_6
stand, el	(Messe)stand U6_1
submarinismo, el	Tauchsport U11_8
subordinado/a, el/la	unterstellte/r Mitarbeiter/in U4_5
subrayar	unterstreichen; betonen U6_5
subsistir	den Lebensunterhalt bestreiten U5_Y
subtítulo, el	Untertitel U10_Y
subvención, la	Subvention U1_G
sucesor, el	Nachfolger U10_8
sucursal, la	Zweigstelle U3_3
sudor, el	Schweiß U11_Y
sueldo, el	Gehalt U1_6

suelo, el	Boden U11_4
sueño, el	Schlaf; Müdigkeit; Traum U4_10
sufrir	erleiden; *hier:* bekommen U2_4
sufrir daños	Schäden erleiden U10_1
sufrir una atraco	überfallen werden U10_Y
sugerente	anregend; interessant U7_8
sugerir (ie)	anregen; vorschlagen U7
Suiza	Schweiz U2_3
sujetador, el	Büstenhalter U2_11
sumarse	hinzukommen U7_Y
sumergirse	eintauchen U6_Y
sumerios, los	Sumerer U3_7
superar la prueba	die Probe bestehen U11_Y
superfluo/a	unnötig U5_7
superior	obere/r/s U7_G
supervisar	beaufsichtigen, kontrollieren U1_3
suplementario/a	zusätzlich U5_T
suponer (ng)	annehmen; *hier:* kosten U5_3
supuesto/a	vermeintlich U10_Y
surgir	sich ergeben U2_2
suscribir	abschließen U10_3
sustancial	grundlegend U5_Y
sustantivo, el	Substantiv U1_G
sustituir	ersetzen U9_Y
suyos, los	*hier:* Ihre Familie U10_1

T

tabla, la	Brett U3_Y
tableta de chocolate, la	Tafel Schokolade U3_1
tacto, el	Berührung U11_Y
tal como	wie U6_G
tal vez	vielleicht U9
tal y como hablamos	wie besprochen U7_T
talento, el	Talent U2_6
taller, el	Werkstatt U5_Y
talón, el	Scheck U5_3
tamaño de letra, el	Schriftgröße U11_6
tampoco	auch nicht U1_G
tan poco/a	so wenig U5_Y
tan... como	so ... wie U7
Tarde o temprano...	Früher oder später ... U5_3
tardísimo	sehr spät U6_7
tarifa, la	Tarif; Preis U6_5
tarjeta de crédito, la	Kreditkarte U5_2
tarjeta de débito, la	Debitkarte U5_2
tarjeta de residencia, la	Aufenthaltserlaubnis U5_2
tarjeta, la	Karte U5_1
tartamudeo, el	Stottern U11_Y
tasación, la	Wertbestimmung U5_5
tasas aéreas, las	Fluggebühren U2_Y
tebeo, el	Comic-Heft U9_Y
teclado, el	Tastatur U7_Y
tecnología punta, la	Spitzentechnologie U5_4
tela, la	Stoff U3_9
telefónicamente	telefonisch U6_1
telefónico/a	telefonisch U3_4
televisión de ámbito estatal, la	staatliches Fernsehen U9_6

temblar (ie)	zittern U11_Y
temido/a	gefürchtet U3_Y
temor, el	Befürchtung U8_Y
temperatura, la	Temperatur U2_4
temporada turística, la	Touristensaison U2_6
temporal	zeitlich befristet U1_6
temporalmente	vorübergehend U11_5
tendencia, la	Tendenz, Trend U3_9
tener (g/ie)	haben U1_G
tener acceso a	Zugang haben zu U5_Y
tener acceso a internet	Zugang zum Internet haben U7_G
tener capacidad para	*hier:* fassen U3_Y
tener claro que	klar haben, dass U6_2
tener cuidado	vorsichtig sein U10_G
tener dificultades	Schwierigkeiten haben U9_Y
tener dudas	Zweifel haben U2_1
tener el gusto de presentar a	sich freuen, (jdn.) vorstellen zu können U11_G
tener en común	gemeinsam haben U1_1
tener en consideración	berücksichtigen U8_5
tener en cuenta	berücksichtigen U1_6
tener éxito	Erfolg haben, erfolgreich sein U3_1
tener experiencias	Erfahrungen machen U2_9
tener ganas de vomitar	übel sein, Brechreiz haben U4_G
tener intención de	die Absicht haben U5_T
tener lugar	stattfinden U6_T
tener paciencia	Geduld haben U1_8
tener prisa	es eilig haben U10_G
Tener un montón de trabajo.	Eine Menge Arbeit haben. U1_9
tensión dramática, la	dramatische Spannung U3_Y
tercera edad, la	Rentenalter; Rentner/in U7_6
terceras personas	Dritte U10_1
termómetro, el	Thermometer U4_6
terreno, el	Grundstück U11_8
terrestre	auf der Erde U12_2
terrible	schrecklich U9_1
tesis, la	Doktorarbeit; Dissertation U11_Y
tetrabrik, el	Tetrapak U3_5
tiempo libre, el	Freizeit U1_9
tiempo meteorológico, el	Wetter U2
tienda de barrio, la	Tante-Emma-Laden U3_5
tiene que haber	es muss geben U1_T
tipo de interés, el	Zinssatz U5_5
tipo de letra, el	Schrifttyp U9_T
tipo, el	Art, Typ U1_T
tirar	wegwerfen U5_4
titulado/a, el/la	Absolvent/in U11_5
titular, el/la	Inhaber/in U5_6
titularse	den Titel haben U11_4
título, el	Abschluss U1_6
toalla, la	Handtuch U2_2
tocar	berühren U11_4
toda la gente	alle Leute U2_1
todavía + *Presente*	noch U3

todo el mundo	die ganze Welt, alle U2_1
tolerancia, la	Toleranz U8_Y
tomar	*hier:* trinken U3_1
tomar el sol	sich sonnen U2_6
tomar medidas	Maßnahmen treffen U3_4
tomar nota	*hier:* aufnehmen U1_3
tomar una buena bocanada de aire	kräftig einatmen U12_Y
tomar una decisión	eine Entscheidung treffen U8_Y
tomarse	nehmen, einnehmen U2_6
tonalidad, la	Ton U11_Y
tono, el	Tonlage; Ton U11_Y
tormenta, la	Gewitter U2_G
tos, la	Husten U4_6
total, que...	also; folglich U6
tóxico/a	giftig U4_3
trabajar a diario	täglich arbeiten U12_Y
trabajar por cuenta ajena	nichtselbstständig arbeiten, angestellt sein U5_T
trabajar por cuenta propia	selbstständig arbeiten U5_T
trabajo en equipo, el	Teamarbeit U4_2
trabajo temporal, el	Zeitarbeit U4_Y
traductor/a e	Übersetzer/in U7_Y
traer (ig)	bringen U1_G
traerse	mitbringen U2_G
tráfico aéreo, el	Luftverkehr U12_2
tráfico, el	Verkehr U9_2
traje, el	Anzug U2_4
tramitar	bearbeiten, abwickeln U1_3
trámite, el	*hier:* Formalitäten U5_2
tranquilizar	beruhigen U8
tranquilo/a	ruhig U1_4
transacción, la	Geschäft U8_Y
transformación, la	Veränderung U3_5
transmitir	*hier:* vermitteln U3_3
transparencia, la	Folie U11_1
transportar	*hier:* tragen U6_3
transporte marítimo, el	Seetransport U10_7
transtorno del sueño, el	Schlafstörung U11_4
tras	nach, nachdem U5_7
traslado, el	*hier:* Versetzung U1_Y
trasplantar	übertragen U5_Y
tratamiento de los residuos, el	Abfallentsorgung U2_11
tratamiento médico, el	medizinische Behandlung U2_Y
tratamiento, el	Behandlung, Verarbeitung; *hier:* Entsorgung U2_11
tratar de	versuchen U12_1
tratar de usted	siezen U4_9
tratarse (de)	sich handeln (um) U9_1
trato al cliente, el	Kundenumgang; Kundenbetreuung U6_2
trato, el	Umgang, Behandlung U4_2
trayectoria, la	Werdegang U1_Y
trilingüe	dreisprachig U6_T
trimestral	vierteljährlich U5_T
triste	traurig U1_4
tristeza, la	Traurigkeit U12_G

tropezón, el	Stolpern U11_6
tropical	tropisch U2_4
turno de preguntas, el	Fragerunde U11_3
Turquía	Türkei U2_3
tutearse	sich duzen U4_2

U

ubicación, la	Lage; Standort U8_T
Un abrazo muy fuerte	Liebe Grüße U12_1
un montón	sehr viel; eine Menge U6_7
ungüento, el	Salbe U12_Y
unidad, la (/u.)	Stück U8_4
uniforme, el	Uniform U4_T
urbanismo, el	Stadtplanung U6_Y
uso, el	Gebrauch U2_G
usos sociales, los	soziale Bräuche U12_3
usted	Sie (Singular) U4_G
ustedes	Sie (Plural) U4_G
usuario/a, el/la	Benutzer/in U3_4
útil	nützlich U5
uve doble, la	w (Buchstabe) U7_3

V

vainilla, la	Vanille U3_1
vajilla, la	Geschirr U5_3
vale, el	Gutschein U5_3
Vale.	In Ordnung. U1_G
valer (g)	*hier:* einbringen U5_Y
valla publicitaria, la	Reklametafel U9_1
valor medio, el	Durchschnittswert U5_Y
valoración, la	Bewertung; Beurteilung U10_2
valorado/a	geschätzt U1_6
valorar	schätzen U3_3
vaqueros, los	Jeans U2_11
variación, la	Schwankung U2_4
variedad, la	Vielfalt U7_Y
velocidad, la	Geschwindigkeit U11_Y
venda, la	Verband U4_6
venir (g/ie)	kommen U1_G
ventaja, la	Vorteil U5_3
ventajoso/a	vorteilhaft U5_3
ver	sehen U2_G
Verá...	Schauen Sie ... U12_Y
verdad, la	Wahrheit U3_2
versátil	vielseitig U7_G
verse obligado/a (a)	sich gezwungen sehen U8_5
verso, el	Vers U3_Y
vertical	senkrecht U7_8
vertiente, la	*hier:* Aspekt U9_Y
vestido, el	Kleid U2_11
vestir (i)	kleiden, tragen U3_G
vestuario, el	Umkleideraum U4_4
vez, la	Mal U2_G
vía judicial, la	Rechtsweg U8_5
viable	machbar U7_T
viajar	reisen U2_G
viaje de incentivos, el	Incentive-Reise U2_5
viaje de negocios, el	Geschäftsreise U8_Y
viaje de placer, el	Vergnügungsreise U2_4
vida cotidiana, la	Alltagsleben U7_Y
videojuego, el	Videospiel U9_G
viejecito/a, el/la	alter Mann/alte Frau U9_Y
viento, el	Wind U2_5
vigente	gültig U10_G
vigilancia, la	Überwachung, Aufsicht U5_7
vínculo, el	Verbindung U9_2
vinilo, el	Vinyl U3_9
visible	sichtbar U7_5
visitante, el/la	Besucher/in U6_3
visual	visuell; optisch U7_5
vital	lebenswichtig U12_Y
vivienda, la	Wohnung U5_2
vocación, la	Ausrichtung; Berufung U11_3
volumen de negocio, el	Geschäftsvolumen U1_Y
volumen, el	Lautstärke U11_Y
voluntariamente	freiwillig U9_1
volver (ue)	zurückkommen, zurückgehen, zurückfahren U4_G
volver a	wieder, noch einmal U4_G
volver a + *Inf.*	wieder U2_2
voz, la	Stimme U7_Y
vuelo, el	Flug U2_2

W

windsurf, el	Windsurfen U2_6

Y

ya	schon U2_G
ya no + *Inf.*	nicht mehr U3
ya no voy tanto	ich gehe nicht mehr so oft U3_10
ya que	denn; da U6
Yo no diría tanto.	So weit würde ich nicht gehen. U9_3
Yo que tú...	Wenn ich du wäre ... U2_G
Yo, en tu lugar...	Ich an deiner Stelle ... U2_G

Z

zapatillas de deporte, las	Sportschuhe U2_4
zapatillas, las	*hier:* Sportschuhe U11_3
zapatos, los	Schuhe U2_11
zona de juegos infantiles, la	Kinderspielzone U1_9
zona rural, la	ländliches Gebiet U7_G
zona, la	Gegend, Gebiet U2_6